U0529525

本书受到教育部人文社会科学研究规划基金项目"新疆社会意识整合中的身份构建问题研究"（12YJA710082）、中国博士后科学基金面上资助项目"现代化历程中的新疆居民身份演变与认同问题研究"（2014M551541）和新疆财经大学马克思主义理论重点培育学科基金资助。

献给亲爱的父母：闫文义、李月萍

他者的游弋与自我的构建
西域-新疆居民身份认同的历史流变

闫国疆 著

中国社会科学出版社

图书在版编目(CIP)数据

他者的游弋与自我的构建:西域—新疆居民身份认同的历史流变/闫国疆著. —北京:中国社会科学出版社,2016.9
ISBN 978-7-5161-9237-5

Ⅰ.①他… Ⅱ.①闫… Ⅲ.①居民—社会认知—历史—研究—新疆 Ⅳ.①K294.5

中国版本图书馆CIP数据核字(2016)第258447号

出 版 人	赵剑英
责任编辑	熊 瑞
责任校对	韩海超
责任印制	戴 宽

出 版	中国社会科学出版社
社 址	北京鼓楼西大街甲158号
邮 编	100720
网 址	http://www.csspw.cn
发 行 部	010-84083685
门 市 部	010-84029450
经 销	新华书店及其他书店
印 刷	北京明恒达印务有限公司
装 订	廊坊市广阳区广增装订厂
版 次	2016年9月第1版
印 次	2016年9月第1次印刷
开 本	710×1000 1/16
印 张	25.5
插 页	2
字 数	379千字
定 价	118.00元

凡购买中国社会科学出版社图书,如有质量问题请与本社营销中心联系调换
电话:010-84083683
版权所有 侵权必究

目　录

序言一 …………………………………………………………（1）
序言二 …………………………………………………………（1）
前言 ……………………………………………………………（1）

第一章　身份认同危机：现代人类存在的理想性与现实性矛盾 ……………………………………………（1）
　第一节　人类存在的理想性与现实性矛盾 …………………（1）
　　一　实践性与矛盾性：人类存在的基本状态 ……………（1）
　　二　不同历史阶段人类存在矛盾性的表现 ………………（4）
　　三　解决人类存在的理想性与现实性矛盾的思路 ………（8）
　第二节　游弋与建构：身份与现代社会的认同危机 ………（13）
　　一　自我的建构与他者的界划：身份认同的基本内涵 …（13）
　　二　现代社会的认同危机与身份认同的理论研究 ………（16）
　　三　中国身份认同问题的理论研究 ………………………（27）
　第三节　民族国家与公民身份：一个从陌生到熟悉的历史发展之物 …………………………………………………（41）
　　一　危机与希望：近现代中国的社会重构之路 …………（41）
　　二　从陌生到熟悉："中华民族"身份的构建之路 ………（46）
　　三　熟悉而陌生的现代概念：市民社会与公民国家 ……（54）

第二章 百川归海：新疆社会发展与居民身份认同的历史流变 ……（74）

第一节 合众为一：远古至隋唐一统的西域社会发展与居民身份认同 ……（74）
一 从远古到西域三十六国 ……（74）
二 汉、匈西域之争与西汉统一西域 ……（89）
三 魏晋南北朝的西域之争与隋唐再统西域 ……（98）

第二节 割据与大统：从回鹘西迁到蒙元察合台汗国时期的西域 ……（124）
一 唐朝之后的西域纷争 ……（124）
二 西域大统与多民族交融：蒙元时期的西域社会认同与身份变化 ……（142）
三 明清时期中国西域的治理与西域社会居民的身份认同流变 ……（156）

第三节 多元归一：晚清民国时期新疆社会发展与居民身份变化 ……（177）
一 土尔扈特蒙古东归祖国 ……（177）
二 取其壅蔽、渐通情实：新疆建省及其后的社会发展与居民身份变化 ……（181）
三 分裂与统一：辛亥革命以后的新疆社会发展与居民身份变化 ……（195）

第三章 民族识别与民族区域自治：一种现代社会身份制度的构建 ……（221）

第一节 平等与自觉：新中国解决民族问题的基本原则与价值取向 ……（221）
一 民族平等：新中国实行民族识别的基本理由 ……（221）
二 民族区域自治：中国解决民族问题的基本政治制度 ……（236）

第二节 "兵团人"：一个新型共同体的身份构建 ……（252）
一 新疆生产建设兵团的由来 ……（252）

序 言 二

　　此书是近年难得的真正具有问题意识的学术专著，其涉及的问题都是我国现代化进程中所面临的重大的、亟须解决的问题。

　　如何在一个幅员辽阔的国土上构建一个多民族的现代国家，从世界历史的角度看，从来都是一个难以顺利解决的问题，在中国这样一个具有悠久历史的国家，从原来的王朝体制转化为现代民族国家体制，其难度更是超过了一般的类似国家。当然，从另一个方面讲，中国在几千年的文明发展进程中，也积累了许多宝贵的历史资源，尤其在协调不同民族建设一个文明共同体的问题上，有很多值得进一步挖掘的思路、经验和管理方式。比如，作者从西域—新疆数千年的历史流变，特别是清朝末年左宗棠、民国初年杨增新治理新疆的历史经验中看到，新疆改制建省，实现西域—新疆与全国政体的首次统一，不仅消除了宗教分裂势力的基础，促成了天山南北不同地域、不同族裔、不同信仰居民在广泛交流与互融互动中的身份重构，而且保证了新疆在满清分崩离析、全国战乱不休的情况下，始终未酿大乱、未被分裂，为后世边疆治理与社会整合留下了宝贵经验。其中三点尤为重要：

　　第一，新疆的安定发展与各族人民的幸福，需要大中华格局下的强有力的政治稳定。清末新疆大乱带给人民的灾难清晰表明，无论是何种原因所致的动乱，遭殃的都是百姓。阿古柏政权动辄万人的屠杀、万户伊犁居民被沙俄强制迁移、数十万民众因为战乱而流离失所，与左宗棠、刘锦棠西征平叛，一路所为的收留、安置与新疆建省改制后的区域复兴的对比则昭示我们：无论何时何地，社会要发展、百姓要幸福，都离不开稳定的政治环境。新疆离开了祖国怀抱的庇护，必遭灾祸，与民、与区、与国皆是百害而无一利。

第二，多元文化与宽容格局的形成需要打击任何极端的主张，尤其不宜强调个性差异与特点突出的宗教与族群身份。正如左宗棠、杨增新所言，新疆地广人稀，且多元文化特点突出，不同文化、族裔和信仰群体个体需要保持并张扬个性、彰显特色，但这种张扬更需要国家和区域共同体的同一与整体下的彼此宽容和理解。在千百万不同族裔、不同信仰居民构成的社会世俗生活中，尊重不同群体生活习俗和宗教信仰的同时，必须坚持政教分离、自由有界的原则，否则极易给予不法分子造谣生事、兴风作浪的空隙和机会，甚至出现类似阿古柏强制改宗、屠杀数万不同信仰居民的悲剧。对于那些借助"宗教""人权"之名的"所谓条勒阿浑，往往捏造邪说，肆其诱胁之术"，无论何时，我们都必须高度警惕，必须牢记"人心易为摇惑，祸乱每由此起"的历史教训。

第三，近一个半世纪的新疆和近五百年的世界发展历史彰显了一个规律：对相对落后的国家和地区来说，要缩小乃至拉平与发达国家和地区的差距，"国家的作用极为重要"，一个国家如"无法建立起强有力的国家机器，也就意味着它们在原有的（世界）体系框架内不可能获得任何'公平'发展的机会"[①]。数千年的历史事实则表明，无论哪个历史阶段，无论何种形式，对中央政府的认同甚至名义上的忠诚（比如蒙元后期），是维护西域—新疆和平发展的基本前提。因此，无论是观察还是治理新疆，作为边疆地区的一些历史前提（自然、人文）与内地的历史评价可能需要我们认真再做重新审视。

在新疆这样的边疆地区，由于行政权力的变迁和人口的迁移从未停止，这样的历史经验就更加值得我们重视和吸取。所以，作者以中国民族的现代意识和观念为抓手，利用历史资源，尝试用新的身份构建来逐步化解边疆地区的民族与宗教纷争，使各族人民在中国公民的身份上达成新的认同，从而构建一个稳定、和谐和繁荣的新疆的构想，

---

① 陈晓律：《社会主义实践对发展理论的贡献》，《史学集刊》2015年第5期。

是极具学术价值和实践意义的。从这样一个角度出发，可以为我国的边疆治理提供新的思路，也为探索新型大国的构建进行了理论上有益的尝试。因此，该书稿是值得出版的，它的出版将有利于中国的边疆建设，也有利于"一带一路"战略的实施。

当然，书稿也有值得进一步改进的地方。首先是书名嫌长，会影响中心思想的凝练；其次，语言应尽可能朴实，尽量避免一些抽象的哲学化术语，以使一般读者能更容易理解和接受，进而扩大本书观点和思想的影响力。

中国南海协同创新中心周边国家政治经济社会平台平台长、南京大学欧洲中心主任：陈晓律

前　言

2015年3月28日，国家发展和改革委员会、外交部、商务部联合发布了《推动共建丝绸之路经济带和21世纪海上丝绸之路的愿景与行动》，首次明确了各省区在国内外关注的"一带一路"战略规划中的定位及对外合作重点方向。新疆与福建分别被确定为"一带一路"的海陆两大"核心区"，让不少人大呼"意外"。其实，这种"出人意料"的结果完全是一种适应历史发展和时势所需的必然选择。

新疆成为国家重要发展战略的"核心区"之所以让一些人感到"意外"，主要是因为，长久以来，新疆一直作为中国的"边疆"深深根植于人们的记忆之中。并且，在近两千年的中国发展历史中，任何一届中央政府的文献记录里，今之新疆、古之西域均未以"核心区"的身份在国家战略规划中出现过——即便是晚清左宗棠与李鸿章的"海防、塞防孰轻孰重"的激辩中，新疆也不过是国家安全的重要屏障而非建设规划的重点。数千年的历史发展中，始终处于中央政府战略规划"边缘"地带的新疆，在对实现中华民族伟大复兴的"中国梦"有着重大影响的"一带一路"战略规划中，怎么会成为"核心区"？这恐怕是让人们感觉"意外"的根源所在。

事实上，大呼"意外"的人们或许是忘了，亦或许并不清楚，与数千年历史记忆同样厚重的一个事实：数千年的历史流变中，始终处于边疆地带的古之西域今之新疆①，早已发展成为中国最大的一个省

---

① 蒙元前期除外。

级行政区，对中国的国家安全与社会发展举足轻重，是国家战略核心区域之一。将新疆作为国家21世纪重大战略"核心区"的规划，凸显了党和国家基于历史和当下形势判断的准确与高瞻远瞩，是完全合乎历史发展规律与全球化趋势的必然选择。

当然，将新疆置于国家发展战略"核心区"的高度，确实属于中国数千年发展历程中的首次。并且，从世界历史来看，中央政府将一个处于国家自然地理边缘的省区设为国家重大战略规划的"核心区"也属罕见。如此历史鲜有，或曰"不按历史习惯出牌"的创新之举，确实难免有"出乎意料"之感。更为重要的是，从现实条件来看，2009年的"7·5"事件及其后几年，暴恐事件的频现凸显了新疆部分居民"重群体而远国家"的认同危机。民族身份资本化和不法分子与敌对势力借助"宗教""民族"和"历史"搅乱新疆的问题，已成为威胁中国国家安全与统一的重大隐患，对"一带一路"建设和中国道路前行影响巨大。

毋庸置疑，如何准确认识和解决认同危机，如何抵御和防范宗教渗透与各种不良社会意识对新疆发展的负面影响，如何彻底消除敌对势力借助民族、宗教、历史与传统习俗等实施暴恐和分裂中国的危险，不仅是新疆最大的现实问题，也是影响今日中国道路前行的重大问题。在如此现实面前，党和国家能将新疆置于国家重大战略规划的"核心区"，谋划现实和未来，不仅显示了中国共产党人对国家和边疆治理的自信和底气，而且显露出新一届党和国家领导集体借鉴历史、远瞻未来、把握现实、运筹帷幄、治国理政的魄力和能力。

当然，未来的规划是基于历史的发展而来。数千年的历史发展中，新疆经历了无数次的分裂与统一，不断整合，社会政治制度、区域文化、宗教信仰和居民的身份认同都数经变化，他者的游弋与自我的构建中不断形成新的居民身份认同，直接影响了社会的发展，为新疆提供了建设"一带一路"核心区的独特条件，使新疆具有其他省区无法比拟的发展优势。毋庸讳言，新疆近年频发的暴力恐怖事件，以数千无辜者的死伤凸显了影响新疆社会发展和长治久安的安全问题，暴露了新疆社会建设和管理的诸多问题，其中，对"7·5"事件以及相关问题的认识偏失，特别是传统"民族""宗教""历史"的褊狭视域，不仅使相关问题的处理效果低微而且遗患众多，比如，"7·5"事件之后长达10个月的封闭所带来的谣言泛滥和一定程度上的群众与政府间的互不信任，一小撮打着"民族"旗号实施暴力恐怖活动的犯罪分子的极端行为和由此引发的不同族裔群体间的关系紧张、隔阂与对立，新疆"反宗教极端主义"活动中的个别偏激行为引发的不同信仰群体之间的误解与紧张，一些学者对新中国成立60余年的民族理论与民族政策的质疑和彻底否定，等等，已极大地影响了新疆各族人民群众和国内外视听，影响了新疆的稳定与发展。

然而，瑕不掩瑜。客观地讲，新中国成立60多年来，中国处理国内民族问题的方略与相关举措总体来说是成功的。但在相关政策的具体执行中，由于具体工作人员的认识差别和个人工作能力的不同，实际工作中所出现的种种偏差所造成的负面效应随着时间的增长而日渐显现，这在新疆、西藏等边疆少数民族地区表现尤其明显。事实上，中国关于少数民族地区具体事务的许多政策或理论都是新中国成立初期仿效苏联而定的，时过境迁后，其中许多已难以满足现实的需要，需要我们在认真总结和反思已有经验与教训的基础上，做出必要的调整。如何根据具体历史条件的变化施以适合现实的社会治理，促使社会成员在获得良好个性发展的同时也能更好地处理不同个体之间的关系，使个人与社会、群体与国家协调一致、良性发展，这是国家现代化进程中必须解决的复杂社会问题，需要多学科、多视角的理论分析和把握，需要马克思主义哲学的把脉和给力，需要深入历史寻根问药。这是我们需以哲学社会科学的复合方法，研究新疆问题的重要原因之一。

除此之外，在对新疆已有问题做出必要反思之时，我们还需注意，当今世界处于一个高速发展的多元电子信息时代，思想活跃是其鲜明特征。改革开放以来，中国社会多样化、思想文化多元化的特点使日常社会治理不得不更多地强调和谐共存。如何在提倡个性自由的现代化科学发展之中构建一个多元共存、美美与共的"和谐社会"，已成为当前和今后相当长的一段时期内中国的重大理论和现实问题。与此相应，国家意识形态建设如何应对社会发展和转型中涌现的各种问题和社会思潮，以保证个体意识与社会主流意识的基本一致，也成为理论探讨的一个基本问题。

从历史来看，多民族统一国家的安全与发展依赖于不同地域、不同层次、不同社会群体成员对国家意识形态的认同。现代社会对人的管理更多是一种意识上的引导和管理，而不是简单的身体限制控制。苏联未能很好解决社会成员对国家的认同问题，导致其在转型之时大量涌现的不同社会意识特别是与主流意识形态不同，甚至对立的自由主义、民族主义等思想的冲击下解体，中国必须引以为戒。

毗邻苏联所属的俄罗斯、哈萨克斯坦等国的新疆地处亚欧大陆腹地，与巴基斯坦、蒙古、印度、阿富汗等八国接壤，边境线长达5600多千米，是连接中国与南亚、中亚、西亚及欧洲的战略要地，也是中国最大的少数民族自治区，自然资源极为丰富，但却地广人稀、发展滞后。自然环境特殊、多元文化特点明显、多种信仰特征突出的新疆所具有的重要地位正如左宗棠所说："伊古以来，中国边患，西北恒剧于东南……是故重新疆者，所以保蒙古，保蒙古者所以卫京师。西北臂指相连，形势完整，自无隙可乘。若新疆不固，则蒙部不安，匪特陕、甘、山西各边时虞侵轶，防不胜防，即直北关山，亦将无晏眠之日。"[①] 新中国成立以后至改革开放之前，新疆相对还比较稳定和安全。改革开放以后特别是加入WTO以来，这种稳定和安全则难以为继。亚欧大陆桥的建成和众多边境口岸的开启，特别是苏联解体和颜色革命以后，西方从经济和政治上全方位地争夺新疆的意图更加明显。在频频作怪的民族分裂主义和极端宗教思潮影响下，群众疏远甚至敌视国家意识形态进而形成民族和国家分裂已不再是杞人忧天。如何在应对异端和敌对势力对中国的干扰和围剿中维护国家安全与统一已成为亟待解决的战略性课题。

国家的安全和统一需要的是一个个活生生的人的支持，而人从现实性上讲，是"一切社会关系的总和"，是生活于具体自然与社会环

---

① 《左宗棠全集·奏稿六》，岳麓书社1992年版，第701页。

境、拥有特定角色和具体身份的感性的人。公民和民族是现代民族国家最为重要的两大身份，民族和对社会成员具有特殊同化作用的民族品性是历史发展之物，民族内的不同群体并非在任何时代都具有完全一致的性格特点。在统一的多民族国家中，同一民族内部的不同群体并不是在每一个历史时期都具有同质性。新中国成立以后进行的民族识别确立了今日中国的56个民族，在这一现代民族的建构过程中，国家政策的理解偏差和个别错误行为的延续衍生的"扭曲的集体记忆"，导致日常生产生活中更多实施的是一种群体身份的管理，而个人自主意识不足和社会共同信仰的匮乏则给予敌对势力和不良社会意识以可乘之机。在新疆，伊斯兰教在回、维吾尔、哈萨克等数十个民族中拥有众多信众，而分裂分子却多为个别族裔群体而非其他少数民族成员，并且"7·5"事件的参与者除了青壮年之外还有不少孩提少年。这一事实说明，新疆的问题绝不是目前许多人所认为的"宗教信仰不同所致"，也不是简单的"民族团结"问题。

为了国家安全和新疆良性发展，我们必须正确认识和处理现实社会矛盾问题。如何通过有效的记忆重塑和身份重构，纠正已为人熟知的错误身份意识与社会认同，使社会成员在更加全面的发展中，完成从自然、自在，走向自觉、自由的个体身份转换，使众多社会个体在充分表达自身特点的同时，明确自己的身份所属，自觉形成其对国家的认同与忠诚，从而彻底消除敌对势力借助"民族"或"宗教"问题分裂中国的威胁，是哲学社会科学研究义不容辞的责任，也是笔者著本书的重要原因。

历史唯物主义认为，任何一个现实问题的解决都离不开普遍联系的世界和具体问题具体分析的特定历史条件。今天，不仅是解决新疆问题，而且中华民族伟大复兴的中国梦的实现和"一带一路"的建设与发展，都需要稳定统一的和平环境，这种环境的获得需要"内外兼修"。

进入21世纪以后，日渐深入的经济全球化与高科技媒体革命，更加深化和加强了不同思想观念的碰撞与融合，带来了世人对世界政治经济模式等诸多看法的巨大改变，各国更加注重自身形象塑造并以此来提升国家的"软实力",为自己谋求更好的存在与发展。从构建"社会主义和谐社会""中国梦"到"一带一路",中国政府已向全国人民和世界发出了携手共建人类美好明天的呼吁。但是,受到历史成见与意识形态不同的影响,中国的呼吁在世界的回应不尽相同。面对迅速崛起的中国,西方国家爱恨交织,它们眼中的中国色彩复杂、褒贬不一。新中国成立60余年来,中国的国际形象从最初"封闭""独裁""好战""输出革命"的"红色恐怖"到"开放""专制""果断""具有侵略性"的"经济动物",再到今日"韬光养晦""有所作为""色彩斑斓"的"崛起大国"形象,几经起伏之后,中国在持续高效的良性社会发展当中获得了越来越多国家的认可与赞同。

伴随快速发展与社会转型而至的众多问题,特别是身份认同与国家安全问题,需要中国认真反思和正确处理社会存在的不同矛盾。面对社会发展中日渐拉大的群体与地区差距,以及西方世界频频借助"人权"攻击中国的现实,中国需要理性反思和认真总结自己在建设与发展中的经验和教训。从一定程度上讲,中国梦和"一带一路"建设的关键取决于"核心区"建设的状况,可谓"成也新疆败也新疆"。面对借助"民族""宗教"频频破坏新疆稳定发展的"三股势力",中国需要积极融入国际"反恐"行动,以更加有效的国家治理和更好的社会建设来推进和平、发展、合作事业,向世人展示自己维护和平、注重人权、关爱民生、担当责任的良好国际形象,并以此获得更多更好的国内国际身份认同,谋得社会更快更好发展,为"一带一路"建设和中国梦的实现提供保证。

总而言之,无论从国际与国内的角度,还是从现实与未来的纬度来看,正确认识和解决新疆这一中国重大战略规划"核心区"的现实问题,都必须从历史的考察入手。"以史为鉴可知兴替",要解决中国梦和"一带一路"的愿景规划等中国社会的理想性存在与现实性存在间的矛盾问题,我们必须深入历史,寻根问药。

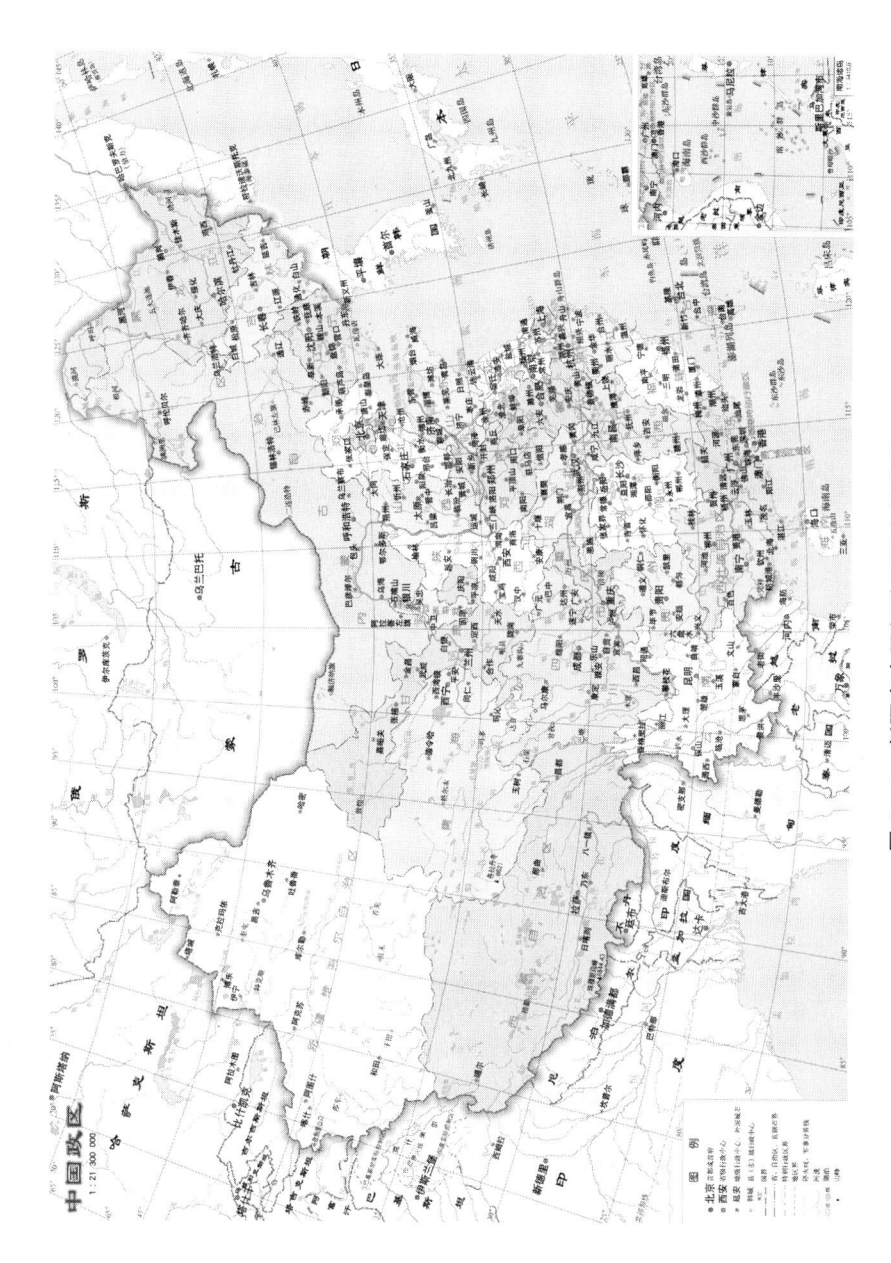

图 0-1 新疆在中国行政区域中的位置

8 他者的游弋与自我的构建

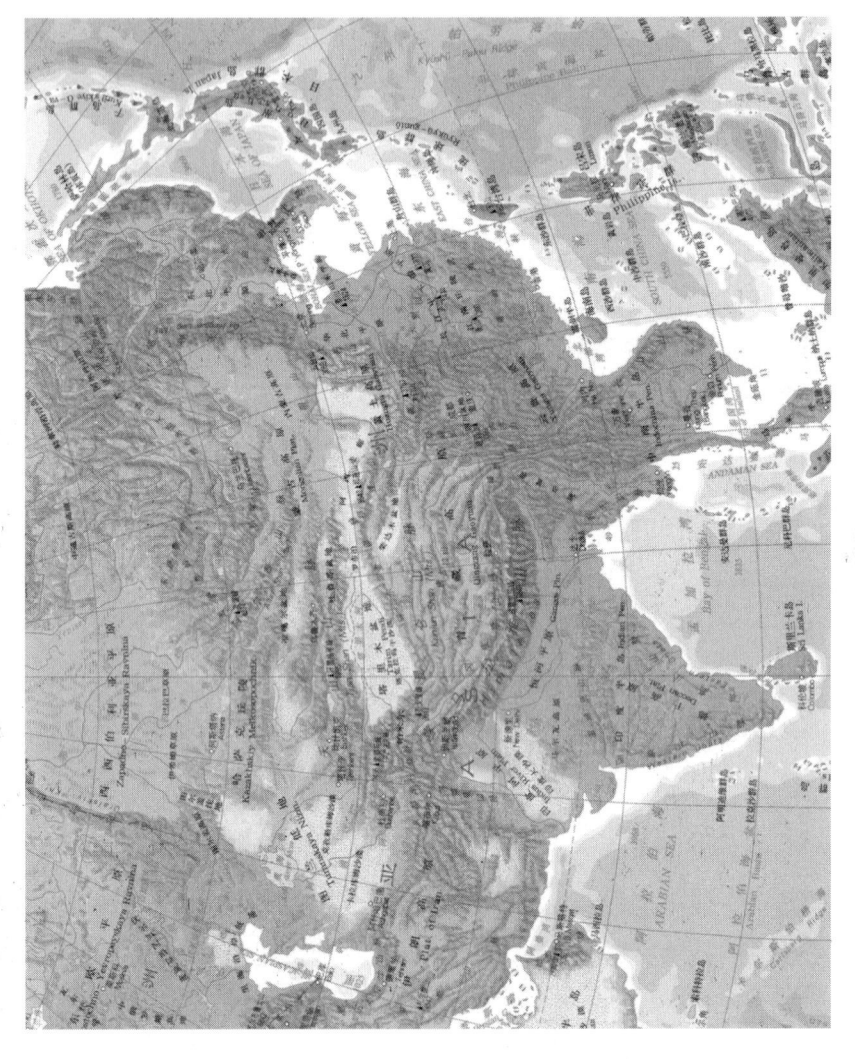

图 0-2 亚洲地形图

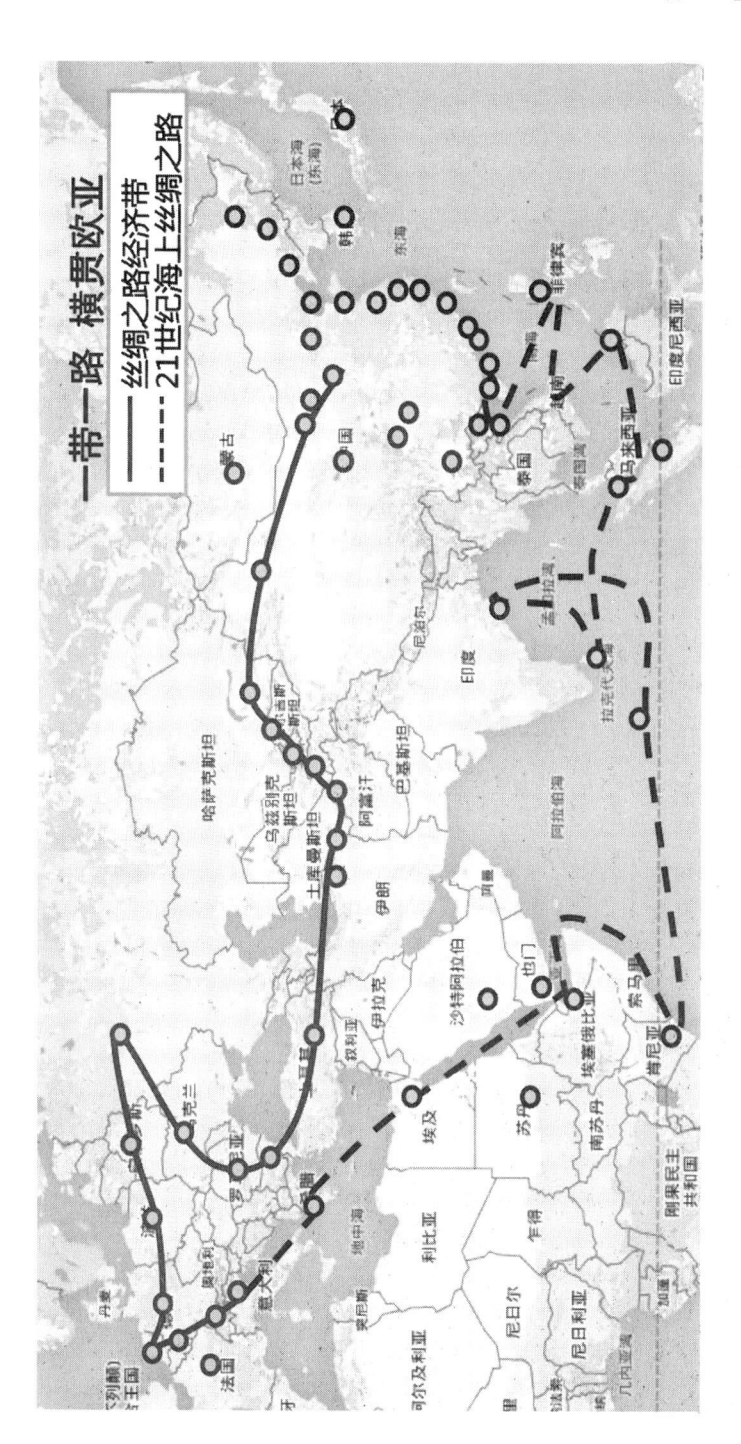

图0-3 "一带一路"线路

第一章 身份认同危机：现代人类存在的理想性与现实性矛盾

第一节 人类存在的理想性与现实性矛盾

一 实践性与矛盾性：人类存在的基本状态

让生活和周边世界按照自己心中所想的美好方式存在，使个人获得天堂般的生活，是每一个正常人都有的生活憧憬。然而，现实世界和生活并不总会按照个人意愿存在和运转，理想与现实总有着或多或少的差距。这种人类存在的理想性与现实性的矛盾，自人类诞生之日起就伴随人之左右，至今依然。想方设法解决这种矛盾，最终获得美好生活和存在也成为驱使人类努力认识和改变世界的核心动力，历史就在这种理想性存在与现实性存在矛盾的认识与解决中形成并展开。作为人类存在的一种基本状态，实践性与现实性的矛盾问题始终是人类必须面对和思考的核心问题之一。

在传统西方哲学中，人类存在的理想性与现实性之间永远存在着一道难以逾越的此岸—彼岸的鸿沟，理想与现实统一的矛盾问题始终难以解决。康德试图以一种"人为自然立法"的"哥白尼式革命"来实现此岸世界与理想的彼岸世界的统一和超越。但最终在其先验的统一中走向了失败。黑格尔通过"将人类的主观精神畸变为一种客观化的绝对本体，从而突出社会生活的精神主体性"①的方式，解决了康德以来的主体和客体的二元对立以及德国古典哲学本身作为理性主义的二律背反。但是，他在将现实的历史设定为绝对理念自我发展的历史从而也是自我意识最终完成的历史时，也在"定在中的自由"和"历史的终结"这两极间徘徊，最终将"国家中的'道德自由'视为'精神'的本性和历史的绝对的最后目的"，以思辨的方式回避了问题，使其最终不可避免地走向失败。其后，费尔巴哈认识到，"抽象的、逻辑的、思辨的表达"难以解决人与世界的统一问题，解决这一问题须从感性生活的人出发。但是，对感性世界的抽象规定使费尔巴哈同样走上了一条无法实现其使命的不归之路。

马克思指出，有关人类存在的理想性与现实性的矛盾问题的思考必须回到一定历史条件下的现实生活中去。因为，现实的感性事物是人的实践的产物，现实的世界是通过人的实践向人生成的属人的世界，实践是一定社会关系形式下实现的人和物、主体和客体相统一的能动的生活过程，是一种能动与受动、自由与必然的统一。社会生活在本质上是实践的，只有从现实的历史活动出发，才能真正找到解决人类存在的理想性与现实性矛盾的道路。

马克思的思考让我们看到，实践活动是人的最根本的存在方式。从自然自在的活动出发看待世界，人类统一于物质世界，根本属性是自然性；物质世界是人类生存和发展的根据，人类更多地只能体现出作为物质的一面，体现出更多的自然性，而不会体现出社会性来。马克思认为，在这种人类元初存在方式下，人与普通动物并无本质性差异。因为，"一个种的全部特性、种的类特性就在于生命活动的性质，而人的类特性恰恰就是自由的自觉的活动。生活本身却仅仅成为生活的手段。""通过实践创造对象世界，改造无机界，人证明了自己是有意识的类存在物，就是说是这样一种存在物，它把类看作自己的本质，或者说把自身看作类存在物。"② 在改造对象世界的过程中，特别是物质生活资料的生产过程中，人真正地证明了自己是类存在物。"这种

---

① 孙伯鍨、张一兵：《走进马克思》，江苏人民出版社2001年版，第4页。
② 《马克思恩格斯全集》第3卷，人民出版社2002年版，第273页。

生产是人的能动的类生活。通过这种生产,自然界才表现为他的作品和他的现实。"① 当人们在实践活动中开始意识到人和人的世界就是人类自己创造的产物的时候,人也就开始意识到社会性才是自己的根本属性。而"作为类意识,人确证自己的现实的社会生活,并且只是在思维中复现自己的现实存在;反之,类存在则在类意识中确证自己,并且在自己的普遍性中作为思维着的存在物自为地存在着"②。正是由于有了类意识,人类才真正成为一种自觉的类存在;意识到自己应该是自为的或自觉的存在,人类本身就是自己生存和发展的根据,人可能就可以摆脱自然性而不会单纯地追求经济利益,不会追求"物质至上"了,就会从一个"经济动物"转化为"社会动物",成为真正的人。因此,我们可以说,实践是人类存在的方式,人类的创造性、未完成性和无限的开放性,就是人类存在的实践性。从根本上讲,人类存在的矛盾性就是人类存在的实践性;或者说人类存在的实践性,是人类存在的全部矛盾性的根源。

作为人类有意识、有目的、能动地改造世界的客观物质活动,人的实践活动具有明显的二极性,即:实践主体的自然性与超自然性、实践活动的合目的性与合规律性、实践活动的两个尺度——人的尺度和物的尺度,以及实践活动的客观主体化与主体客观化。实际生活中,无论何时何地,人的所有实践活动都是在人为自己描绘的关于世界的客观图画以及把这种图画变成现实的决心这一理想性前提下进行的。但在具体实践中,"'人给自己构成'的关于'世界的客观图画',以及把这种图画变成现实的决心"③,却总要与"世界自己的'客观图画'——即尚未被人的决心所改变的世界"存在差距,存在着理想性与现实性的深刻矛盾。为了实现理想,现实中的人类总是在不断地努力克服这种差距和矛盾。人类实践活动的每次实现和个别实现是有限的,而人类实践活动本身却是一个无限的历史展开过程。在这一过程中,人类的实践得以完成和无限地展开,实践活动的理想性与现实性

---

① 《马克思恩格斯全集》第3卷,人民出版社2002年版,第274页。
② 同上书,第302页。
③ 孙正聿:《哲学通论》,辽宁人民出版社1998年版,第193页。

使人与世界间构成了独特的否定性的统一关系,也正是在这一过程中形成了世界历史。在这一过程中,自在世界的现实性变成了非现实性,自为的人的理想性变成了真正的现实性,并进而让世界变成了"自在自为"的现实——按照人的理想所创造的客观存在,而且这种转变也随着人类实践活动范围的扩大和深化,使越来越多的人逐渐开始脱离个体生命的短暂和有限,逐步走向完全的自由。基于这种实践的人类思维则总是表现为对无限的追求,"寻求作为世界统一性的'终极存在',寻求作为知识统一性的'终极解释',寻求作为意义统一性的'终极价值'"。人们总是"试图通过对'终极存在'的确认、对'终极解释'的占有、对'终极价值'的规定来奠基人类自身在世界中的安身立命之本,即人类存在的'最高支撑点'"[①],这是实践无限指向性的必然。

二 不同历史阶段人类存在矛盾性的表现

人类历史是"具有意识的、经过思虑或凭激情行动的、追求某种目的的人"[②]的活动过程。在具体实践中,人们对意义的创造与对意义的自觉是互为前提的。今天,现实生活中的人们多数已认识到:自己不仅是一种物质存在而且是一种社会存在;认识到人除了是自然自在之物,更多地还是自为的、自觉的和社会的人。因为,"自然界的人的本质只有对社会的人来说才是存在的"[③]。如今,摆脱了饥贫困扰的中国人已经不再是仅仅关心"现在能否生存"的问题了,越来越多的中国人开始关心"能否更好地、更长时间地生存"的问题,开始更多地思考"如何存在才能更有意义更有价值"这一问题。于是,实践中的人们不仅有了对意义的自觉,而且有了对意义的创造。

从世界历史看,经过工业革命后两百多年的发展,人类在享受了高度发达的生产力带来的物质生活,获得了比以往历史要少受世界约束得多的自由后,也看到了快速发展的现代社会中,"自由的"人为

---

① 孙正聿:《哲学通论》,辽宁人民出版社1998年版,第199—201页。
② 《马克思恩格斯文集》第4卷,人民出版社2009年版,第302页。
③ 《马克思恩格斯全集》第3卷,人民出版社2002年版,第301页。

了保证个人欲望和利益的满足所出现的尔虞我诈、丧心病狂,看到了大工业生产带来的环境污染与破坏,看到了人类对世界肆无忌惮的掠夺和对人类生活的世界的破坏,看到了人与人、人与社会以及人与自然之间日渐恶化的关系和被破坏的世界所给予人类的报复,更看到了按照自己的理想被改造的世界和已经被大大人化的世界依旧倔强地按照自己的规律所绘出的客观图画之间的不和。于是,人们不得不开始反思:究竟怎样才能保证我们不再为自己的实践活动付出惨痛的代价?今天和明天的人怎样才能活得更好、更有意义和更有价值?

受到具体历史条件差异的影响,不同历史阶段的人为自己构成的"世界客观图画"和世界自己的"客观图画"是有所不同的,人类对想要超越短暂和有限所寻求的无限的认识也就可能有所差异,展示出来的终极存在、终极解释和终极价值也就可能形象迥异。

中国传统阴阳学说中,阴与阳被看作世界的终极矛盾,它认为,阴与阳只有达到和谐才能使世间万事万物蓬勃发展,并且这种对立的和谐不是机械静止的,而是动态发展的。《易传·文言》提出了精湛的天人合一思想,它说:"夫大人者,与天地合其德,与日月合其明,与四时合其序,与鬼神合其吉凶。先天而天弗违,后天而奉天时。"所谓"与天地合其德",是指人与自然要相互适应,相互协调。所谓"先天",即为天之先导,在自然变化未发生之前加以引导;所谓"后天",即遵循自然的变化规律,从天而动。[1] 老子指出:"道生一,一生二,二生三,三生万物。万物负阴而抱阳,冲气以为和。"[2] 意思是说,道产生原初混沌的元气,元气生出天和地,天地生出阴气、阳气以及和气,和气生出千差万别的物质。显然,这里的"和气"讲的就是和谐,"阴阳混合适中",就是阴阳二气相互依存、相互协调、相互作用,进而产生一种和谐状态。

西周末年的史伯已经认识到,由不同元素相配合,才能使矛盾均衡统一,收到和谐效果。史伯说:"夫和实生物,同则不继。以他平他谓之和,故能丰长而物归之;若以同裨同,尽乃弃矣。故先王以土

---

[1] 张岱年、方克立:《中国文化概论》,北京师范大学出版社1994年版,第378页。
[2] 《老子·四十二章》。

与金、木、水、火杂，以成百物。"① 不同事物之间彼此为"他"，"以他平他"即把不同事物联结在一起。不同事物相配合而达到平衡，就叫作"和"，"和"才能产生新事物。如果把相同的事物放在一起，就只有量的增加而不会发生质的变化，就不可能产生新事物，事物的发展就停止了。这种"和"与"同"的区分说明其对矛盾的同一性已有一定的认识，解说生动而又深刻。"和实生物，同则不继"，如果仅有同种事物存在，那么发展就无法进行。构建和谐社会，必须承认差别，差别可能产生矛盾冲突，矛盾冲突而加以协调化解，最终达到和合。

儒家继承了这种重和去同的思想，主张"礼之用，和为贵"②。孔子曰："君子和而不同，小人同而不和。"③ 把"和"与"同"的不同取舍作为区分"君子"和"小人"的标准，表现了重和去同的价值取向。《荀子·天论》中讲道，"天行有常，不为尧存，不为桀亡。应以治则吉，应之以乱则凶。" 更是看到世界不为人而存亡的客观现实。因此，解决人之理想性与现实性的矛盾，只有"应以治"，在矛盾运动的过程中动态地实现"和"。《中庸》说："喜怒哀乐未发谓之中，发而皆中节谓之和。中也者天下之大本也；和也者，天下之达道也。致中和，天地位焉，万物育焉。" 达到中和状态，宇宙万物和人类社会便各安其位、各得其所了。这把孔子主张的持中原则提到"天下之大本""天下之达道"的高度，强调通过对持"中"原则的体认和践履，实现"和"之理想，达到和谐的秩序状态，实现最高的理想追求，实现人与人之间、人与自然之间的和谐平衡。这种和谐观是汉代以后历代思想家基本都认同、继承并且努力予以实践的，④ 而这种强调在动态中实现的和谐则意义深远。

正是在中国传统文化思想中以"和为贵""求同存异"为解决矛盾主导观念和方法的作用下，在人类其他古代文明一个个被外来文明瓦解与毁灭时，华夏文明虽然几度被外来文明所冲击，但却不仅没有

---

① 《国语·郑语》。
② 《论语·学而》。
③ 《论语·子路》。
④ 张岱年、方克立：《中国文化概论》，北京师范大学出版社1994年版，第392—393页。

被毁灭，反而融外来文明于一体，同化其他入侵文化而蓬勃发展，成为世界上唯一一个没有中断过的人类文明。事实说明，在矛盾处理中一概排斥的做法是不现实的，甚至是错误的、行不通的；作为处理斗争矛盾的一种方法，在矛盾中求得和顺或和谐，是有道理的也是可取的。

在人类社会发展的长河中，奴隶社会、封建社会和资本主义社会都出现过"和谐社会"这一历史现象。在中国，无论是商周以前禅让制的王道之治，还是《礼运》篇"大同"的理想世界，以至孙中山的"天下为公"的共和理想，都没有放弃和谐社会的追求。且不说先秦诸子百家所仰慕的"三代"是"天下大同"的和谐社会，就是在秦始皇统一中国以后的漫长发展进程中，历朝历代出现的"盛世"，也都可以说是和谐社会，或者说是"传统的和谐社会"。"传统的和谐社会"也有多种形式。在中国有典可考的历史中，有秦始皇所要建的专制集权式的和谐社会；有文化上"明教化"独尊儒术，建立大一统的精神文化的汉武盛世；也有"贞观之治"的大唐盛世和大清入关之后的"康乾盛世"。这些盛世虽然历时不同、各有千秋，但无论哪一种盛世都是一个多方面和谐发展的社会。

纵观历史，人与自然的和谐经历了由肯定到否定再到否定之否定三个阶段。在农业经济时代，人与自然的关系是和谐的，由于当时以手工劳动为主，人驾驭自然、改造自然的能力还比较低，人是附属于自然的一部分，抵御自然灾害的能力极差，大量的自然规律人们不能或者说不能完全揭示，人基本上可以看作是"自然界的奴隶"，因此这种人与自然的和谐实际上是一种蒙昧的和谐。面对当前全球性的能源短缺、气象灾害、土地沙化水土流失、物种灭绝等种种现象，人们不断反思，认识到人类只有能动地去关注自然、认识自然、顺应自然，实现人与自然的携手、生物与非生物的共进、过去与现在的统一、现在与未来的对话、时间与空间的协调，才能在维护人类利益的同时维护自然的平衡，确保社会系统和生态系统协调发展。

改革开放的30几年，中国人结合实际，遵循世界的客观规律进行着高速有效的、有中国特色的社会主义建设。这种实践就是人类实践

"合目的性"与"合规律性"的统一，是人类改变世界的"物的尺度"与"人的尺度"的统一。这种统一的实践既使自在的自然变成了"人化的自然"，又使人自身实现了自我发展，使13亿中国人走上了小康之路。

今天，处于转型期的中国，利益格局调整加快，矛盾冲突甚至激烈冲突增多，对传统的矛盾冲突消解模式也提出了挑战。"三期叠加"[①]情况下，"如何避免重复在一些国家和地区曾经出现过的一面是经济持续快速发展，一面是社会矛盾加剧积累，进而引发社会混乱的现象？"转型社会呼唤着"在坚持协调、全面、可持续这一正确的发展观的同时，必须进行矛盾化解的体制、机制和制度的创新，实现理想性和现实性矛盾处理模式的现代转型，消解矛盾，实现社会良性和谐可持续的发展"[②]。这是30多年来社会结构、社会体制类型变迁的必然结果，是理想性和现实性矛盾发展的必然结果。

凭借人民的聪慧和辛勤的劳动，中国开始步入全面建设小康社会的历史实践时期。虽然"经济运行中存在的突出矛盾尚未根本解决；制约经济健康发展的体制性、机制性问题仍很突出；城乡之间、地区之间发展差距和部分社会成员收入差距引起社会广泛关注；官僚主义、腐败现象和分裂势力等影响社会稳定的因素仍然不少"[③]，但是，已经摆脱饥贫困扰的中国社会总体是和谐稳定的，现在是要进一步提高中国社会的和谐程度与和谐水平，为实现国家富强、民族振兴、人民幸福的中国梦而努力。

三 解决人类存在的理想性与现实性矛盾的思路

历史总是在直面问题与矛盾中展开波澜壮阔的画卷。伴随着享受现代工业文明带来的日渐丰裕的物质生活，人们逐渐开始品尝被破坏

---

① 即中国经济增长速度进入换挡期、经济结构调整面临阵痛期和前期刺激政策消化期三期同时出现的叠加现象。
② 孙辉：《转型社会与社会治理工作的转型：转型期第三部门在社会矛盾消解中的作用分析》，《教学与研究》2004年第12期。
③ 曾庆红：《关于国内形势和构建社会主义和谐社会》，《学习时报》2005年3月7日第1版。

的世界给予人类报复的苦果。于是，有所醒悟的人们开始反思，并有许多人将其归罪于"利益最大化"：是"利益最大化"这一观念驱使着人们为了保证自己的利益目标得以实现，不再顾及他人与社会的利益，至于其他什么动物与自然的利益，更是无暇顾及，不予考虑。这才使得现代社会的人异化成了唯自我和物质为第一的"经济动物"。于是许多醒悟的人开始指责"利益最大化"，指责工业文明。认为世界报复的苦果是工业文明和"利益最大化"的观念结出的，是对"利益"的追求导致了日渐深入、持久化的环境污染与破坏，导致了今日人类岌岌可危的现实。

但是，单一的指责并不能解决现实的问题，而且这种指责也并不正确。"从人类历史的实际过程看，人类的各种群体，大到国家、民族、阶级、阶层，小到社群、团体、家族、家庭，以及属于各种群体的个人，在经历着矛盾对抗甚至冲突的同时，进行着联系、交往和合作。总的来说，在人类各个群体之中和群体之间，人与人的矛盾、对抗和冲突正在减弱，联系、交往和合作正在加强。"[1] 对于这种历史趋势，我们除了解释为人的类本质或类本性使然之外，还找不到更令人信服的其他解释。

康德认为，人类有"天生的理性要求"，"它要求人类不是表现为恶，而是一个从恶不断地进步到善，在阻力之下奋力向上的理性生物的类。于是人类的普遍意志是善的，但其实现却困难重重，因为目的的达到不是由单个人的自由协调，而只有通过存在于世界主义的结合起来的类的系统之中，并走向这个系统的地球公民的进步组织，才能够有希望"。[2] 希望建立起把所有群体和个人结合起来的"地球公民的进步组织"，形成一个真正和平、和谐的人类系统。现在看来，这一愿望并不完全是空想，其中有的已经在部分领域初步变为现实。

"人的个体生活和类生活并不是各不相同的，尽管个体生活的存在方式是——必然是——类生活的较为特殊的或者较为普遍的方式，

---

[1] 郭湛：《主体性哲学——人的存在及其意义》，云南人民出版社2002年版，第153页。
[2] ［德］康德：《实践人类学》，邓晓芒译，重庆出版社1987年版，第246页。

而类生活必然是较为特殊的或者较为普遍的个体生活。"① 只有与类生活内在联系的个人生活才是真正的个人生活,反过来说,也只有与个人生活内在联系的类生活才是真正的类生活。个人生活、群体生活与类生活的脱节、不和谐,是人类生活中不健康、不正常的现象,是应当在人类社会的发展中逐步解决的问题。解决这些问题需要必要的社会物质条件。恩格斯认为,这种条件是人类社会自身有能力创造的。他说:"人类社会拥有极其丰富的生产力,这些生产力只要合理地组织起来,妥善地加以调配,就可以给一切人带来最大的利益。"② 合理地、合乎人的本性地组织起来的人类成为自己生活的主体,完全有能力创造自己的幸福,使短暂的生命获得最大的意义和最高的价值。

马克思主义高度重视社会物质生产的决定意义,但并非"物质主义"和"利益至上",而是"认为人类真正幸福的生活只能建立在由生产力充分发展所造就的坚实基础之上。在物质生产得到充分发展的前提下建立起普遍富足的人类社会,只是实现个人、群体和人类主体性的第一步"③,是实现个人、群体和人类完全自由的第一步。物质文明、政治文明、精神文明的高度发展,加上人本身全面而又自由的发展,才是人类主体性、人类自由的全部内涵。后现代主义者大卫·雷·格里芬说:"我们产生了这样一种看法,认为自己完全是独立自主的个体,这些个体可以离开他人或群体的利益实现自己的利益。……后现代观念的一项任务就是要创造一种认为我们彼此相互依存的意识,这种意识深刻认识到,个人的利益和他(或她)作为其中一个部分的整体利益是分不开的……为他人的利益、为整体的(社会的、国家的、世界的)利益工作,就是为自己的利益。"④ 不仅为个人,同时也为群体和人类工作,具备这种意识的人正是康德曾经设想过的"世界公民"。

当前,两个重大使命摆在人类面前:一是处理好人类与自然界的关

---

① 《马克思恩格斯全集》第3卷,人民出版社2002年版,第302页。
② 恩格斯:《在爱北斐特的演说》,《马克思恩格斯全集》第2卷,人民出版社1957年版,第612页。
③ 郭湛:《主体性哲学——人的存在及其意义》,云南人民出版社2002年版,第155页。
④ [美]大卫·雷·格里芬:《后现代精神》,王成兵译,中央编译出版社1998年版,第224—225页。

系，保护好自然环境，避免生态危机，保证社会的可持续发展；二是处理好人类自身人与人之间的关系，减少以至消除由于同类相争而造成的内耗和灾难，使我们这个星球的"村民"们能够和睦相处。完成这两个使命，是对人类的最大考验，"它比以往任何时候都要求个人、群体和人类作为主体的一致性。人类在完成这两项使命的同时，就会使人类的主体性与群体和个人的主体性更加完善起来"①，也就使人类本身更加完善起来，从而使人类存在的理想性与现实性矛盾得以解决。

面对如何解决人类存在的理想性与现实性这一人类存在的矛盾性难题，2005年春，时任中共中央总书记的胡锦涛首次向世人全面阐述了中国要建设一个"民主法治、公平正义、诚信友爱、充满活力、安定有序、人与自然和谐相处"的社会主义和谐社会的思想。这种理想性社会既包括社会关系的和谐，也包括人与自然关系的和谐，体现了民主与法治的统一、公平与效率的统一、活力与秩序的统一、科学与人文的统一、人与自然的统一，是处理好人与自然、人与人以及人类自身关系，减少以至消除由于同类相争而造成的内耗和灾难，是保证人类社会可持续发展以及地球"村民"和睦相处的最好方式。"提出构建社会主义和谐社会，表明中国共产党清醒地把握了中国社会所处的历史方位和党的历史方位，清醒地把握了人民群众的根本利益和共同愿望，反映了中国共产党对中国特色社会主义事业发展规律的新认识，也反映了中国共产党对执政规律、执政能力、执政方略、执政方式的新认识。"②

十八大以来，以习近平为核心的党中央，在继承中国共产党人既有理想的同时，结合当下国内国际形势，将中国社会理想性的存在精辟地概括为"中国梦"，并以"一带一路"的伟大构想和规划，自信而友好地向世界人民展示中国人民携手世界共创美好未来的理想。然而，面对中国六十余年社会建设发展和三十余年改革开放累积下来的成就、经验和问题，特别是今天中国在经济总量领先世界多数国家情

---

① 郭湛：《主体性哲学——人的存在及其意义》，云南人民出版社2002年版，第156页。
② 曾庆红：《关于国内形势和构建社会主义和谐社会》，《学习时报》2005年3月7日第1版。

况下的人均落后、部分区域和部分社会成员先富起来后的"共同富裕"发展目标的挑战、资源环境有限和紧张约束下的转变压力、整体创新能力与社会发展需求脱节、国内外传统与非传统安全风险叠加交织等诸多现实的问题和矛盾，国家与社会治理现代化目标任重道远。面对问题，以习近平为总书记的党中央坚持问题导向与科学思维，以当代马克思主义者的全局视野、战略眼光和历史唯物主义的实践的科学方法论，立足中国实际和国际形势、总结中国经验、针对中国难题，提出了全面深化改革、全面依法治国、全面从严治党、全面建成小康社会的"四个全面"战略布局。为推动解决我们面临的突出矛盾和问题提出了总纲，确立了新形势下党和国家各项工作的战略方向、重点领域、主攻目标，为中国梦的实现提供了坚实而自信的保障。

"对社会主义的人来说，整个所谓世界历史不外是人通过人的劳动而诞生的过程"[①]，习近平总书记提出要通过"四个全面"和"一带一路"建设来实现中国梦，就是要中国人民通过劳动创造历史。这是一种既讲物资利益原则，又注重提高全民族整体素质的、理想性与现实性紧密结合的实践；也是使人类的主体性与群体和个人的主体性更加完善起来，使人类本身更加完善起来的实践。这种实践就是一种超越个体生命的短暂与有限，使人从自然的、自在的存在，变为自为的、自觉的存在，使人脱离在劳动中产生的异化成为真正的自由的人，使短暂的生命获得最大的意义和最高的价值的实践。

"哲学家们只是用不同的方式解释世界，问题在于改变世界。"[②]中国共产党人审时度势，在深刻分析和认真思考了中国实际之后，不仅对奠基人类自身在世界中的安身立命之本予以新的确认、占有和规定，并且在对中国传统哲学思想中的宇宙观及其最基本的运作法则——对和谐与均衡的追求——这一理念的传承与实践中改变世界、创造历史，这就是对马克思主义理论的伟大创新和实践。[③]

[①] 《马克思恩格斯全集》第3卷，人民出版社2002年版，第310页。
[②] 《马克思恩格斯文集》第1卷，人民出版社2009年版，第502页。
[③] 参见闫国疆《历史唯物主义实践的科学方法论与中国社会存在理想的实现》，《天府新论》2011年第1期。

第二节　游弋与建构：身份与现代社会的认同危机

一　自我的建构与他者的界划：身份认同的基本内涵

（一）身份认同的概念

"身份"是社会和国家所认同的人的出身、地位或资格。在社会中"通过身份及其认同系统的构成，人们既可认识社会生活中的政治制度及其价值定位，亦可认识在不同的社会秩序中怎样获得自己应有的权利和承担的责任、义务，从而达到理性秩序"。[①] 换言之，身份揭示的就是生活在社会中的个体与社会的关系，是主体在特定的关系中所处的一种不可让与的地位或资格——亦即阶序意识[②]，一种如何与他人相处的相应行为准则。

日常生活中，人有多种身份，其中最普遍的是一种社会制度意义上的身份，意味着社会等级、权利和责任。因为现实的人的本质（"一切社会关系的总和"）决定了生活在社会中的个人，由于不可避免地存在这样或那样的定位以区别于他人，并且人只是在需要区别于他人时才给自己定位，所以个人身份的确定无法脱离和他者的关联。正是由于他者已经成为我们赖以确立身份的一部分，因此生活于社会中的个人就不可避免地存在着各种权利和权力的界定、分配和对比。于是，在自己与他者的关系格式中出现的为了维护自己利益和权利所进行的价值论证或资格论证的自我认同，成为人之存在的一种必需。[③]

以确立身份找到自己归属为目的的认同，实际是一种辨识过程。在此过程中，个体通过与他者的比较，发现自己与他人的共同之处，以及自己与他人的区别所在，从而达到对自己身份亦即"我是谁"的一种确认。从这个意义上讲，"身份就是一个个体所有的关于他这种

[①] 邓伟志主编：《社会学辞典》，上海辞书出版社2009年版，第12页。
[②] "阶序"是一种比"身份、地位"更细致的区分，它不仅存在于不同地位的人之间，在相同身份、地位的人之间，也依据一定标准形成精细的等级阶序。
[③] 参见赵汀阳《认同与文化自身认同》，《哲学研究》2003年第7期。

人是其所是的意识。"① 而对人们需要依靠自己与他人和社会群体组织所具有的共同与差异的特征来确定自己的身份的特点，英文对 Identity 所做的解释更好地做出了说明。

根据约翰·艾图（John Ayto）的研究，英语 Identity 来源于拉丁词 Idem（"同一的、同一事物"），其由词根 id-（意为"它，那一个"）和后缀 dem 组成。该词最重要的含义蕴含于其衍生词 Identical（"同一的"）之中。在 17 世纪引入英文后，它被用作代词，指文章在先前出现过的作者或文本。后来，Idem 衍生出另外一个拉丁词 Identitās，其含义为"同一性"，也就是转为英语 Identity 所具有的整一性、个体性、独立存在或"一种固定的特性组合"等主要含义，通常用于表示某些事物是相同的、一致的，或者就是它本身（而不是其他的东西）。② 而 Identity 的动词形式 Identify（证明、识别、鉴定、承认、认同）则将"身份"所具有的两个紧密相连的概念特性——求同存异——彰显出来。也就是说，一种身份的确定，既有自我区别于他者的个体性与独特性，也有自我与他者所具有的同一性和一致性。因此，存在于社会中的个人必须通过自我与他人或人类整体所共有的特性的认同来确定自己的身份，身份是与各种各样的认同密不可分的。这也是汉语身份和认同两个词同时对应英语 Identity 和 Identification 翻译的一个重要原因。

在具体的使用中，究竟该使用身份和认同中的哪一个来对应"Identity"的含义，需要根据具体语境所表达意义的差别而取舍。一般对于生活在特定社会边界内部的社会成员（既包含个体性成员也包含群体性成员）来说，认同表示的是同，强调的是某一个体或群体性的社会成员对生活于同一社会边界内的其他社会成员（个体或群体）的所具有的同一性身份的识别与确定。超出了这个边界，认同实质上就变成了彰显个性的求异，也就是对自己不同于其他社会成员或其他种属的

---

① Peter Straffon & Nicky Hayes, *A Student's Dictionary of Psychology*, Edward Arnold, 1988, p. 87. 转引自钱超英《身份概念与身份意识》，《深圳大学学报》（人文社会科学版）2002 年第 2 期。

② 参见 John Ayto, *Bloombury Dictionary of Word Origins*, London, Bloomsbury, paperback edition published, 1991, pp. 292 - 293（世界图书出版公司北京·广州·上海·西安）。

特有身份的确定。实际上，身份所具有的同一性与特殊性、共性与差异性等内涵都是由其表示身份的基本内涵延伸出来的，它们都有帮助人们确定自己身份之用。人们的身份是同一性与共性、差异性与特殊性互动共演的结果。

值得注意的是，英语中的 Status 也会与汉语的身份一词相对应，只不过，Status 侧重于社会结构中较为稳定的社会位置，更多是指个人的社会、法律、职业位置或地位，通常强调一种由社会的组织与制度所架构的规范所界定的阶序性，其影响人们行为的程度则取决于个人与这些制度及组织的协调与安排。与 Status 不同的是，Identity 是对人或事物的本体、本身的认识，是一种事实判断。在这一意义上的身份，又可以分为个体身份和社会身份，其中社会身份由社会特征、群体特征建构而成。在实际生活中，由于每一个人不仅会在社会生活当中扮演形色各异的角色，还会在这种扮演中把自己所承担的角色内化成自身所具备的身份，因此，生活中的个体扮演有多少种角色，他就会形成多少相应的身份，"身份是所有社会必需的一种社会建构"[①]，所有身份的集合构成了完整的个体自我，并且个体的自我也总是在各种身份认同的过程之中才得以体现出来。

（二）身份认同的分类

一般来说，人们主要依靠类别认同与集体认同这对客观世界中的两个主要方面确定自己的身份。人们可以通过自己的物种所属、性别、语言、职业、宗教信仰以及所在的地域等特征来确定自己的身份，这就是通常所讲的类别认同。对于类别认同对人之确定身份的重要性，马克思做过形象的说明，他说："因为人最初来到世间，既没有带着镜子，也不像费希特派的哲学家那样，说什么我就是我，所以人起初是以别人来反映自己的。名叫彼得的人把自己当作人，只是由于他把名叫保罗的人看作是和自己相同的。因此，对于彼得说来，这整个保罗以他保罗的肉体成为人这个物种的表现形式。"[②] 也就是说，作为人

[①] Rodolfo D. Torres, Louis F. Mirón, Jonathan Xavier Inda. *Race, Identity, and Citizenship: A Reader*, Oxford: Blackwell Publishers Ltd., 1999, p. 161.

[②] 《马克思恩格斯文集》第 5 卷，人民出版社 2009 年版，第 67 页注⑱。

类物种表现形式的"名叫保罗的人"的存在，使彼得能够通过自己所具有的、与保罗相同的生理等特征来确定"自己当作人"的身份。以远离感性客观世界和具体表现形式的、纯粹抽象的"我就是我"的方式来识别身份的费希特等人，只会把需要确认自己身份的人们抛入迷宫，不知所是。除了类别认同之外，人还可以通过个人所在的家庭、工作单位、国家等集体组织来确定自己的身份，这就是通常所讲的集体认同。集体认同的缺失同样会使人不知所是。

现实生活中，对于特定的个人和群体来讲，实际存在的认同可能有多种，因为，社会成员个体的"角色"（例如，同时兼有以下身份：工人、母亲、邻居、社会主义战士、工会会员、篮球选手、教会会友、吸烟者）是通过社会制度和组织所构建的规则来界定的。它对人们行为的影响程度如何，取决于个人与这些制度和组织之间的协商和安排如何。认同是行动者自身的意义来源，也是自身通过个体化（individuation）过程建构起来的"[1]。因此，辨识身份，绝不能说什么"我就是我"，"我们无法一般性地抽象地来谈不同类型的认同是如何建构起来的、由谁建构起来的以及它们的结果如何"[2]。我们必须走进具体的现实生活和社会语境中去分析和把握。并且，在具体的辨识过程中，我们还应当注意，"建构社会时，每一种认同建构的过程都会导致一种独特的结果"[3]。否则，就有可能在让自己徒劳无功的同时还让他人对你不知所云的研究充满了疑惑。

二 现代社会的认同危机与身份认同的理论研究

（一）现代社会的身份危机

虽然早在古希腊哲学中就有关于 Identity 的理论研究，但那是作为一个逻辑问题出现的——今已为众人所知的著名三大规律中的同一律就是关于 Identity 的理论。然而，关于最一般意义亦即作为社会理论范

---

[1] ［美］曼纽尔·卡斯特：《认同的力量》，曹荣湘译，社会科学文献出版社 2006 年版，第 5 页。
[2] 同上书，第 9 页。
[3] 同上书，第 7 页。

畴的身份的理论研究，是到了20世纪以后随着社会发展所出现的身份危机才诞生并发展起来的。

在传统社会里，由于每一个人的生活空间基本上是固定的，与之发生关联的人基本上也是确定的，社会成员个体所担任的社会角色或者说身份相对也比较固定，甚至是先赋性的。在这种情况下，认同相对比较简单。但是，进入20世纪下半叶后，随着现代科技的进步所带来的生产力发展的巨大飞跃和日常生活的突飞猛进，人类社会进入一种急剧变迁中。尤其是进入狂飙突进的电子信息时代以后，全球的人们被抛入一种以现代高科技通信和交通技术为介质的流动存在中。瞬息万变的生活使传统确定的空间边界和交往网络渐趋消弭，人们原来所赖以识别自己身份的参照体系不断地被抽空和填充，各种传统的东西多数濒于崩溃或已经崩溃，传统型的社会认同之可能性越来越小，人类由此也进入了一种前所未有的既高度自由与解放又极端恐慌与紧张的生存状态，常常会处于一种不知所措的情境当中。高频变换和不断否定之下，失去确定性的恐慌使"我们是谁"的身份迷惑成为人们必须认真思考的重要问题，社会认同的必要性空前凸显。Identity（身份/认同）也因此成为社会科学中一个流行的词汇并很快普及开来。

事实上，身份认同问题的出现主要是因为身份的内在统一性和稳定性的破坏，这种破坏导致了个人无法进行自我认同的身份危机。从心理学角度来讲，身份危机就是一种因无法调和分裂的元素而在某些人格中造成的心理混乱和焦虑，是人的一种自我认同的迷惘和错失。这种危机一旦出现或得不到及时的解决，就会导致个人、群体乃至全部人类的精神分裂甚至死亡，由此衍生的社会问题则难以估计。因此，在彰显多元、强调个性的电子信息时代，人类虽然可以在高速前进的生活列车上尽享亲手制造的奢华之乐，但是，在为这种前所未有的自由与解放欢庆之时，人们又不得不为"我们是谁"的"本体性安全"而忧虑。因为，失去了身份确认的安全带，极端自由的飞驰只会将生活变作随时都可能脱轨翻覆的危车，一不小心就有可能丢掉性命。

值得注意的是,由于给人带来"本体性安全"的身份重叠有多种角色和认同,所以,我们在解决身份问题时,绝不能简单地强调一种认同而忽略其他认同。否则,就有可能引起一种因为身份的错失而导致的认同混乱乃至冲突——也就是通常所讲的认同危机。对于现代社会曾一度盛行的强调民族认同超越其他各种认同的现象,英国著名历史学家霍布斯鲍姆告诫说:千万不要将认同简单地看作是民族认同,在民族认同之外,还存在其他许多不同的认同,"对绝大多数人而言,我们无法预设他们的民族认同——如果有的话——必定会排斥或优先于其他社会认同。事实上,民族认同通常都会和其他社会认同结合在一起,即使民族认同的确高于其他团体认同,情况亦复如此"①。

稍稍回顾一下历史,我们就会发现,在人类争取自由与解放的过程中,因过度强调"民族认同"所致的偏差及其造成的消极影响往往是破坏民族乃至人类整体的存在与发展的,有时甚至是灾难性的。这一点,在多民族统一国家表现得尤为突出。苏联和南斯拉夫解体之后见于科索沃、巴尔干半岛之上的民族纷争,用战火和无以计数的无辜者的生命血淋淋地证明了这一点。身份问题因此成为现当代人文社会研究的一个重要领域。今天,身份已经成为一系列急迫的理论论争和政治问题的核心概念之一,对于身份问题的思考和解决已经成为关乎人类本体存在的重要问题,相关理论研究成果也颇为丰富。

(二)身份认同理论与社会认同理论:现代社会身份问题研究的发端及其理论要点

1. 身份认同理论。20 世纪初,精神分析学曾经创造性地把 Identity 变成一个心理危机问题,特别是埃里克森(Erik H. Erikson)的《Identity:青年与危机》一书使得自我认同成为日常生活中的重要问题。20 世纪 60 年代末,美国学者斯崔克(Stryker)②基于威廉·詹姆斯(James)的自我理论、埃里克森(Erik H. Erikson)有关自我认

---

① [英]埃里克·霍布斯鲍姆:《民族与民族主义》,李金梅译,上海人民出版社 2000 年版,第 11 页。

② 也译作史泰克、斯泰克等。

同的理论研究、米德（George Mead）的符号交互作用理论研究，创立了身份认同理论。皮特·伯格（Peter Boger）、G. 麦考克、R. 西蒙等人则与斯崔克一起推动了这一理论的发展。其中，伯格在奥斯古德（C. E. Osgood）、舒茨（G. Suci）等人的意义概念化的基础上，提出了测量身份认同的自我意义的方法，并在90年代以后，将其理论进一步具体化并提出了认同控制理论——认同过程的控制论模式。2000年，斯崔克与P. 伯格（20世纪60—80年代，两人在印第安纳大学共事近20年）应邀共同为《社会心理学季刊》撰写《认同身份理论的过去、现在和未来》一文①，对分别以二人为不同研究方向的身份认同理论做了介绍。

身份认同理论认为，人们在与他人持续不断地交往中获得身份并依此形成其自我观念，并且，在特定的情境中，个体还会按照特定的角色来规定自己的言行；生活于复杂社会结构中的个体会因自己在社会中所扮演角色的差别而形成多重的、复杂的身份，这些不同身份的排序是按照个体在与他人交往的实际行为和收益来确定的，身份的内在意义则在于扮演一定社会角色基础上形成的内在身份标准。强调社会结构与个体间的关系，以及身份所具有的稳定性和延续性是认同身份理论的突出特点。

对比而言，斯崔克与伯格理论的主要区别是：斯崔克聚焦于社会结构与认同的联系，从其结构化的立场出发，对认同理论中的关键概念进行了操作化处理，以演绎的方式提出了一系列启发性的命题，并在其理论发展后期开始关注社会运动等群体现象。其理论中的 Identity 一词更多地用以充当说明社会结构力量的解释性的变项。伯格则更为关注身份认同的自我确证的内部化过程，具有个体化的心理学特点，他更致力于发展具体的技术方法，并提出了认同的测量方法的具体方案，研究的领域主要集中在婚姻家庭身份、工作身份、性别身份等上。Identity 一词在伯格的理论中更多地充当了需要被解释和被剖析的问

---

① Stryker, S. & Buck, P. J., "The Past, Present, and Future of an Identity Theory", *Social Psychology Quarterly*, 2000（63）.

题。共同的理论取向和基本理论前提,[①] 使斯崔克和伯格的理论具有明显的互补关系,二人彼此为对方提供了语境:社会结构与认同的关系影响认同的自我确认过程,而认同的自我确认过程则再造或维持了社会结构。

2. 社会认同理论。社会认同理论起源于欧洲。20世纪70年代,泰弗尔(Tajfel, H.)在围绕个体与群体的关系所展开的群体行为的研究中,依据社会知觉方式和对种族主义、偏见和歧视的社会认知而提出了社会认同理论[②]。80年代中晚期,他的学生约翰·特纳(Turner, R. H.)与豪格(Hogg, M. A.)等人在其基础上又提出了自我归类理论,进一步完善了社会认同理论(也称作角色理论、社会身份理论)。到了90年代中期,社会认同理论被进一步丰富和系统化,形成了最优特质理论、群体动机理论等诸多分支理论。

社会认同理论认为,社会身份认同是社会融合的关键,要全面理解社会行为,就必须研究人们如何构建自己和他人的身份,而不能仅仅从个人心理因素来做解释;要实现社会融合,就必须重视个体的主动性和积极性。其理论要点是:人们总是在自觉对社会群体进行分类的同时对其给予评价,个体在此基础上来确定自己的身份,从而将社会群体划分为内群体和外群体;个体的言行总是与内群体成员的特征趋于一致,并以此来区分自己的身份与外群体成员身份,因此,身份的内在意义在于自我归类基础上形成的对身份的期望;[③] 社会群体身份的区分可以帮助内群体成员个体获得高自尊,同时可以造成偏见、

---

① 二人的理论都接受了符号互动理论的基本假设,即人类行为和社会互动的关键是由人的行动和社会互动情境来诠释的;从与他人的互动中形成的共享的意义是对行动和社会活动的诠释或界定的基础;人们所得之意义或人们之自我概念对产生现代和社会互动的过程具有至关重要的作用;人们的自我也是在与他人的互动中形成的。

② 泰弗尔开展了一系列精当的实验,其中最著名的是"微群体实验范式"(minimal-group paradigm)。研究结果表明,对群体成员身份的意识是产生群体行为的最低条件,造成群体间冲突的因素不仅包括客观的物质资源,也包括主观的认同差异。因此,社会身份认同就是指"一个人对其所属的社会类别或群体的意识"。

③ Goldberg, C. B., "Applicant reactions to the employment interview: A look at demographic similarity and social identity theory", *Journal of business Research*, 2003 (56), pp. 561 – 571.

敌意和冲突。① 既强调个体的能动性又看重社会情境的要求，同时还强调个体与情境之间交互作用的结果，是社会身份理论的一大特点。

作为研究现代社会身份危机问题的两大发端理论，身份认同理论和社会认同理论的主要区别是：第一，研究角度不同。社会认同理论根据社会分类来从宏观的角度进行身份研究，身份认同理论则根据角色的获得而从微观的角度来研究身份。第二，理论关注点不同。身份认同理论着眼于人们在社会生活中承担的角色和身份，强调的是行为角色和身份的认同，以及这些角色认同所赋予的各种身份相互间的关系，重点是社会期望所影响的社会成员的个体行为；社会认同理论则强调社会类别身份，着眼于群体间的关系和群体过程，重点是群体中身份认同的创造性作用以及行为的群际因素。第三，对身份状态的判定及认同驱动力的认识不同。身份认同理论倾向于将身份视为一种相对静态的角色特征，强调身份建构和再构的人际社会互动背景的动力特征；社会认同理论则将身份认同视为一种既能适应长期的群际关系变化也能对应瞬间的互动背景的动力结构。第四，理论优势不同。身份认同理论发源于微观社会学，较好地解释了个体间的社会互动对身份认同的作用；具有更大心理学背景的社会认同理论对身份如何内化以及身份认同如何产生与身份相符的行为有着更加细致的了解和说明。

身份认同理论和社会认同理论虽然理论诉求不同、学科背景相异、主要观点不一、具体研究方法也各有千秋，但是它们所涉及的主题、领域都是一样的。两种理论都强调社会与自我的交互联系，认为社会建构性是身份的鲜明特点。日常生活中，人的行为基本都是被组织到经过特定的自我界定分类的、有意义的单位中去的，并且它们都讨论了认同内在化并用这种内在化来界定自我的方式。理论的相似性与差异性决定了二者必然会有众多交合之处。因此，斯泰特（Stets）认为，为了更加全面地认识自我，可以把这两种理论予以融合。基于此，她将身份界定为："身份是由一系列的自我观点组成，这些观点是在特

---

① 参见周晓虹《认同理论：社会学与心理学的分析路径》，《社会科学》2008 年第 4 期。

定的群体或角色中，在自我归类或认同的基础上形成的。"① 这一定义突出了身份起源于社会情境并存在于具体社会中的建构性特点。这与马克思所强调的人都要依存环绕着自己的种种关系而存在，一切社会关系的总和构成了人的本质恰巧相合。实际上，身份就是一种存在于人们日常实践生活的主体性经验与客观周遭世界之间相互作用的关系和理解方式。②

（三）身份认同理论的繁荣与发展

1. 身份认同理论的繁荣与发展。20世纪80年代以后，越来越多的社会认同问题的出现，使关注人类身份认同问题的学者越来越多，身份认同问题逐渐成为主流社会研究理论的一大论域，各种不同研究取向的理论接踵而至。其中具有代表性的有哈贝马斯的交往沟通理论、吉登斯的结构二重性理论、霍耐特的承认理论和亨廷顿的文明冲突论等。

哈贝马斯认为：认同的意义是建立在沟通能力、理性和容忍之上的，社会认同则是从初级神话和亲族基础发展到当代理性和沟通关系，社会中的不同个体通过互动，发展、巩固和更新了社会群体中的成员关系及其自身的身份。安东尼·吉登斯则在其《社会的构成》一书中强调，社会研究必须注意社会的"结构的二重性"（duality-the duality of structure）。他认为，身份既不是某种客观条件的天然限定，也不是某种主观意识或幻觉支配下的随意构设，而是一种存在于实践之中的主客互动的社会生产和再生产的结果。自我是"社会我"同时也是"镜中我"，个人认同则是活跃于个人经验并内在于个人身体中的社会实在，它与其他意义一样也是社会建构的。"人类行动者正是通过他

---

① Stets, J. E., P. J. Burket, Identity theory and social identity theory. *Social Psychology Quarterly*, 2000, 63 (3): 224-237. 转引自吴小勇、黄希庭、毕重增、苟娜《身份及其相关研究进展》，《西南大学学报》（社会科学版）2008年第3期。

② 关于两种代表性理论（认同身份理论和社会身份/角色理论）的概述，参考了周晓虹（《认同理论：社会学与心理学的分析路径》，《社会科学》2008年第4期）、吴小勇、黄希庭、毕重增、苟娜［《身份及其相关研究进展》，《西南大学学报》（社会科学版）2008年第3期］、王莹［《身份认同与身份建构研究评析》，《河南师范大学学报》（哲学社会科学版）2008年第1期］、吴作富［《社会心理学视野下的两种认同理论：整合抑或分立？》，《南京师范大学学报》（社会科学版）2010年第5期］、孙频捷（《身份认同研究浅析》，《前沿》2010年第2期）等人的相关研究成果。

们的行动重新创造转而约束那些行动的社会实践（和制度）。他们也可以更改和改变其行动。因而，在最普通的例行（routine）活动中，人类社会生活被塑造和再塑造。"① 身份和关乎身份的各种制度既是这种"塑造—再塑造"的条件又是其结果。由于当今世界的"生活不是作为'结构'来体验的，而是作为日常（day-to-day）的绵延（duree）的存在"②，所以，解决身份认同危机必须从反思性的身份构建开始。

20 世纪 90 年代以后，高尔顿—彼得和拉奥（Golden-Biddle & Rao，1997）、布兰登和普拉特（Brandon & Pratt，1999）、查特托帕德亚和菲利普斯（Chattopadhyay & Philips，2000）等人分别从多重群体身份环境中的认同与群际行为、分散群体（如实体团队）的认同与群际行为、传统组织中的认同与群际行为等方面，对身份认同问题做出了有益的探索，并形成了以下理论要点：①基于群体自我利益的身份认同可能会滋长群际暴力冲突；②冲突会影响社会认同，文化观念和偏见会导致社会成员（个人或群体）的不认同甚至脱离；③社会身份认同始终介入各类（包括暴力或非暴力的、文化或政治领域内的）社会群际冲突之中；④选择合适的身份认同对减少某些冲突既是有用的又是十分必要的；⑤必须从社会学、心理学、人类学、政治学等多学科视角去分析身份认同在群际冲突中所扮演的角色。③

与上述研究不同，查尔斯·泰勒指出，由于个人身份的认同部分是由他人的承认构成的，因此这种他人的承认会对个人身份的确定和自我认同产生显著的影响。法兰克福学派新领袖霍耐特则更多地从伦理学的角度建构了一个"爱—法律—团结"的承认政治理论，将人类个体的身份确定与认同建构于"至善"之上。对此，埃利斯·马里恩·杨批判说，承认政治应该从霍耐特等人"谈玄"的神殿回到现实

---

① [美]鲁思·华莱士、[英]艾莉森·沃尔夫：《当代社会学理论——对古典理论的扩展》（第六版），刘少杰译，中国人民大学出版社 2008 年版，第 160 页。
② [英]吉登斯：《当代批评》（*A Contemporary Critique*），第 150 页。转引自 [美]鲁思·华莱士、[英]艾莉森·沃尔夫《当代社会学理论——对古典理论的扩展》（第六版），刘少杰译，中国人民大学出版社 2008 年版，第 162 页。
③ 参见邓治文《我们是谁——合并型组织的社会认同研究》，湖南人民出版社 2009 年版，第 14—17 页。

的人间开始。

随着承认理论的兴起和政治社会学的发展，公民身份研究开始复兴。并且，在公民身份研究和讨论中，出现了一种试图以公民身份认同替代其他各类身份认同的思潮。对于这种倾向，埃利斯·马里恩·杨反对说："我们需要的不是一般意义上的普适性公民身份，而是一种群体差异的公民身份以及异质的公众，在异质的公众中，差异被公开承认，并被看作是不可化约的。"① 加拿大学者威尔·金里卡则强调，在多元社会中，社会成员的公民身份和民族身份是不可混淆的，"个体自由与自己的民族性群体身份密切相关；以及因群体而不同的权利能够促进少数族群与多数族群之间的平等"②。但是，某一社会成员——无论是个体还是群体——追求自我的自由与权利绝不能以其他成员的权利牺牲为代价。他认为，国家与社会的统一"不仅要求有共同的原则，还要求有共同的归属感。……共同的认同感有助于维持信任和团结的关系，而这些关系对于公民接受民主决策的结果并接受自由主义公正的义务是必需的"③。因此，"对国家历史的认同感是在一个多元化国家中维护社会统一的少数几个可行方法之一；如果公民想履行拥护公共制度和纠正历史不公正的责任，可能需要这种认同感"④。

2. 利益与天堂：身份认同理论的本质与指向。20世纪末，亚历山大·温特（Alexander Wendt）通过多种身份认同的对比，将实际生活中所存在的身份认同概括为集体认同和类别认同两大主要形式，并将其运用于国际政治研究中，进一步拓展了身份理论的研究。他认为，身份表明了行为体是谁，而利益则表明了行为想要什么。利益必须以

---

① ［美］埃利斯·马里恩·杨：《难以驾驭的范畴：对南茜·弗雷泽二元体系的批判》，载［美］凯文·奥尔森编《伤害+侮辱——争论中的再分配、承认和代表权》，高静宇、周穗明译，上海人民出版社2009年版，第104页。
② ［加］威尔·金里卡：《多元文化公民权——一种有关少数族群权利的自由主义理论》，杨立峰译，上海译文出版社2009年版，第87页。
③ ［加］威尔·金里卡：《少数的权利：民族主义、多元文化主义和公民》，邓红风译，上海译文出版社2005年版，第345页。
④ 同上书，第350页。

身份为前提，因为一个行为体在明白自己是谁之前是不会明白自己需要身份的。① 正是出于一种利益维护的极端目的，身份认同理论在塞缪尔·亨廷顿那里被演变成为一种"人为地构建敌人"的理论——文明冲突论。他因此也对查尔斯·克劳萨默在冷战结束时宣称的"国家是需要敌人的。一个敌人没有了，会再找一个出来"的思想极为推崇，并且强调："对于美国来说，理想的敌人该是意识形态上与己为敌，种族上和文化上与己不同，军事上又强大到足以对美国的安全构成可信的威胁者"，否则，美国的特性将会削弱，作为一个美国人的身份意义可能就面临消失的威胁。② 对此，德国学者哈拉尔德·米勒批判说："这一理论模式过于简单，在现实中则可能付出高昂的代价。"约恩·内森则认为，"认同的力量最终体现在为我们与具有差异性的他者进行共同生活的能力"③，亨廷顿的观点"与其说是给出了解决问题的办法，不如说是在解决问题的外罩中使新的问题产生"④。

虽然饱受质疑和批判，但是亨廷顿的学说却为白宫寻找用以确认自己身份的敌人提供了理论依据。20世纪90年代以后，和美国对抗了近半个世纪的最大敌人（苏联）消失了，谁是这一敌人替代者的问题随之成为美国"20世纪90年代对外政策辩论中的主要问题"⑤。苏联的主要继承者俄罗斯经济长期停滞不前，使其难当此任，"似乎令人可信的潜在敌人"中国则由于专心致力于本国的建设与发展而"在近期内还不大可能"成为事实上的"敌人"，其他一些与己不同的"二流独裁者"国家虽然与美相异却也难堪其用。找不到苏联的接任者，美国又不能没有敌人，这该怎么办？惶惶之中，退而求其次的美国政府开始寻找一些虽然难及苏联之用但却与己不同的替代者。于是，

---

① 参见[法]达里奥·巴蒂斯特拉《国际关系理论》，潘革平译，社会科学文献出版社2010年版，第213—216页。
② [美]塞缪尔·亨廷顿：《我们是谁？——美国国家特性面临的挑战》，程克雄译，新华出版社2005年版，第217页。
③ [德]约翰·内森：《历史认识的新途径》，綦甲福、来炯译，上海人民出版社2005年版，第40页。
④ 同上书，第125页。
⑤ [美]塞缪尔·亨廷顿：《我们是谁？——美国国家特性面临的挑战》，程克雄译，新华出版社2005年版，第217页。

频繁公布并时常有所更新的美国敌人的名单上，一些不够听话的小国家，甚至一些原本影响很小的组织都被找了出来："恐怖组织（2003年列出了36个），资助恐怖主义的国家（2003年列出了7个），'无赖国家'（比较非正式的范畴，数目多少不定，2000年曾称作'令人担忧的国家'），2003年又提出过'邪恶轴心'，有伊拉克、伊朗和朝鲜，国务院又添上了古巴、利比亚和叙利亚。"[1] 白宫声称，这些"敌人"随时会威胁美国的安全。

21世纪初始，当美国因为金融风暴所致的国内危机再现风波之时，布什政府以"9·11"事件为契机，"名正言顺"地开始了新一轮打击"敌人"（阿富汗恐怖组织、伊拉克萨达姆政府）的行动，以期转移自己国内的压力。"斩首行动"成功后，布什政府获得了前所未有的高度支持，金融风暴所致的经济危机似乎也得到了平抑。但是，在"二流独裁者"萨达姆·侯赛因被消灭数年后，早在其前就被美国沉重打击过的本·拉登依然时不时地放出"要报复"美国的威胁话语来。伊拉克人民不仅没有在美国的帮助下获得白宫期许的美好生活，中东的战火还让美国跌入了至今未了的战争泥潭。在国内国际普遍的质疑与反对中，随着布什的下台，白宫寻找和打击敌人以巩固美国身份的行动宣告失败。

事实上，与美国有着巨大差异的伊拉克和众多其他不同国度的存在，不仅没有真正威胁到美国人民的存在与生活，[2] 反而使这个世界变得丰富多彩。差异性普遍存在于形成认同的同时，还意味着人类拥有基于多样生存选择之上的丰富生活经验与多种生存智慧，这恰恰是人类得以存在和发展的一种丰富资源。因此，无论是个人、群体还是国家，无论是以何种身份，都无权以自己的身份去量裁他者的身份，不能因为他人拥有因语言不同所致的不同身份就将与己相异的认同视

---

[1] ［美］塞缪尔·亨廷顿：《我们是谁？——美国国家特性面临的挑战》，程克雄译，新华出版社2005年版，第218页。

[2] 美国前国防部长拉姆斯菲尔德业已承认：萨达姆政府实际根本没有可以威胁美国的"大规模杀伤性武器"。先前认定的拥有威胁到美国人民生存安全的"敌人"实际上不过是布什政府的一个假设而已。

为"会威胁自己"的敌人,更不能简单地用一种认同去消灭其他认同。面对诸多不同,我们更应该注意,"超出其历史语境,就没有什么认同能够是本质性的,也没有什么认同具有进步的或落后的价值。另一件与此不同但也相当重要的事情,即是每一种认同能够给属于该认同的人们带来什么好处"①。我们必须把各种各样的认同看成是人类可以利用的资源。美国为了确认自己的身份而去寻找"敌人"所做的假设和认定,破坏的绝不仅是石油和天然气。2015年爆发的欧洲难民危机已对此做了绝佳注释。

身份的识别和认同可以制造出敌人,更能带来许许多多的朋友和用之不竭的资源,这是毋庸置疑的。但是,关于"身份认同"这一概念究竟意味着什么,迄今为止确实也没有完全明确的共识。究竟该如何进行判断和选择?曼纽尔·卡斯特的话语或许能为我们带来积极的启发:"它们全都是'我们是谁'的症候,也都是我们的社会转型的路途,因为转型可能通往天堂,可能通往地狱,也可能通往天堂般的地狱。"我们要做的就是"通过连续不断地观察不同文化和制度背景下的社会运动,从分析实践中揭示出理论"②。因此,对于研究者来说,更重要的是让理论回落于现实的生活,让其为人类能有更好的存在与发展服务,而不再成为束之高阁的学院玄虚。

三 中国身份认同问题的理论研究

虽然身份认同问题早在19世纪末就已在中国出现,并且"民族"之身份也被康有为、梁启超、孙中山等革命先驱用以启蒙和领导革命。但是,国内关于身份理论的研究却是在改革开放后,随着西方社会思潮的大量涌入和中国现代社会转型中凸显的身份问题与认同危机而发展起来的。尤其是2000年以后,因身份界线划分不清所致的社会成员间的利益纠纷和频繁出现的社会群体事件,使中国社会的身份认同问题变成了一个关乎中国社会发展和国家安全的重要问题,这种现实的

---

① [美]曼纽尔·卡斯特:《认同的力量》,曹荣湘译,社会科学文献出版社2006年版,第7页。

② 同上书,第3页。

需求催生了诸多理论研究,关于身份认同问题的研究才逐渐发展起来。

(一)寥若晨星:中国改革开放以后20年有关身份认同问题的研究

因为众所周知的原因,在1979年之前的几十年中,中国大陆人文社会科学研究基本处于停滞不前的状态。在1979年至1999年的20年中,中国基本处于现代社会建设发展的初始期,随着现代社会转型而至的身份问题和认同危机在中国的表现尚不明显。所以,这一阶段相关问题的研究自然也发展迟缓。据中国期刊全文数据库CNKI(1979—)统计,1979年至1999年的20年中,中国大陆一共只有43篇涉及身份认同主题的研究论文。其中前十年(1979—1989年)仅有2篇,并且都是海外华裔学者研究其他国家关于华裔居民身份认同问题的成果。[①] 20世纪90年代,随着中国进入转型期而逐渐显露的社会问题,以及西方相关理论的进入,中国大陆开始出现与身份主题相关的研究论文。但是大多是其他国家(比如犹太、日本等)非华裔群体的身份认同问题,以及海外华人和影视文学所塑造形象的身份研究,只有极少数的文章关涉现实国内身份认同问题,可谓寥若晨星。

早期研究中,较为突出的是潘自勉和王希恩两位先生对国家和社会认同问题的探讨。潘自勉提出,应"通过情感依赖的方式把个体对集体的忠诚与对社会制度的认同结合起来"的道德控制,来解决中国社会发展中出现的道德滑坡问题,而"强化个人与社会财产的直接联系,提高人们把自身利益与社会财产状况等量齐观的经济意识,是加强道德控制的根本途径"。[②] 王希恩则在阐释民族意识和民族认同两个概念及二者间关系的同时,对民族认同发生的前提、类型、扩展,及其与民族形成的关系等问题做出了说明。他认为,英文 Ethnical Identity 或 National Identity 的准确汉译应该是"民族身份的确认"。[③] 自在与自觉是民族发展的两个阶段,但从自在到自觉并不一定是每一个民族

---

① 两篇文章为:[美]杨发章:《论美籍亚洲人的认同身份、内外冲突和生存策略》,徐竹译,《国外社会科学》1985年第7期;[新]崔贵强:《新马华人国家认同的若干观察(1945—1959年)》,《南洋问题研究》1989年第2期。
② 潘自勉:《论道德控制》,《江汉论坛》1990年第8期。
③ 王希恩:《民族意识与民族认同》,《民族研究》1995年第6期。

都必经的阶段。民族认同作为民族发展到一定阶段的产物与民族形成并不同步,它是社会成员对自己民族归属的认知和感情依附,民族意识则是社会成员对自己民族归属和利益的感悟。并且,民族认同是通过民族利益感悟作为中介来表现民族意识的强度和层次。民族认同、民族利益感悟和民族意识三者之间存在着由前向后的转化过程,民族利益的感悟与表现程度直接影响到民族成员的认同程度,二者呈现一种正比例关系。其中,民族认同在民族意识中居于主导地位,它决定民族意识的性质,但不直接反映民族意识的程度。消极的民族认同不仅造就残缺的民族意识而且使其处于随时被瓦解的威胁之中,造成民族意识的畸形发展。因此,"落后民族获得振兴的重要任务之一便是对消极认同的根治改造"。但对于如何改造的问题,王希恩坦言:"这种改造涉及民族教育,也涉及民族政治、经济和文化等诸多因素,已非本文所能覆盖了。"[①]

总体来看,改革开放之后至21世纪之初,中国关于身份认同的研究稀少且研究主要关注于个人对集体和国家的认同问题之上,强调的是社会成员个体如何认同和忠诚于整个民族和国家,对个体自身的身份问题则无论及。显而易见,这与中国传统社会重集体而轻个人的习惯密切相关。

(二) 涓涓细流:21世纪头5年中国身份认同理论研究的基本情况

21世纪以后,逐渐显露出来的身份认同问题让国内学者开始关注国外相关理论研究,身份认同的概念、理论和实证研究逐步进入越来越多研究者的视野并随着时间的推移而发展起来。在21世纪的第一个五年中,国内人文社会科学研究呈现一派欣欣向荣之景,有关身份认同的研究也呈现出主题多样化、研究领域学科化、研究对象多元化、研究层次深入化的特点,整体态势已从此前20年的寥若晨星变成了涓涓细流,犹如星星之火,渐有燎原之势。据中国期刊全文数据库CNKI统计,2000—2005年,国内期刊刊发有关身份认同的论文总数达296篇,是之前20年的相关研究论文总数的6.9倍。这些论文的研究内容

[①] 王希恩:《民族认同发生论》,《内蒙古社会科学》1995年第5期。

以评介西方相关理论和文学文本与讨论影视形象为主，同时也出现了一些具体现实问题的个案实证研究，并且开始出现专题性研究著作。[1] 其中较有代表性的除了钱超英、方文、褚松燕等人有关身份认同概念和西方相关理论介绍的文章和著作之外，还有王春光、方文、赵志裕等人结合实际所做的个案研究，以及赵汀阳、姚建平等人从哲学理论高度所做的理论分析。[2]

众多研究中，中国社会科学院的赵汀阳从西文 Identity 一词概念内涵演变的历史分析入手，对身份现象和认同问题做了深入的哲学分析，强调了不同文化之间的对话、交往和混合对现代化进程中的中国的重要意义。这也是国内最早从哲学角度探讨身份问题的理论研究。他认为，现代社会建设中，后发展国家不应该对西方发达国家亦步亦趋，"在现代化语境中，东方以及第三世界试图为自己塑造某个符合现代化标准的自身认同"，但是，这种自强却不可取，因为它是以否定自己为前提的，而在今天，"人们意识到了我与他者的互动的复杂关系，自己和他者都不再是明确的概念了"，"自己和他者都只能在变化着的关系（对话、交往、混合）中获得重新定位和重新调整"。[3]

在诸多个案实证研究中，除了姚建平和张沁洁从消费文化理论和政治行为与社会认同的关系角度对身份认同进行了个案实证研究之外，王春光通过对日渐普遍的"农民工"问题的研究提出：身份越发趋于不确定化和模糊化的新生代农村流动人口在城市社会的融合问题，已对中国社会发展形成重大挑战。美国伊利诺伊州大学心理学系的赵志

---

[1] 褚松燕：《个体与共同体：公民资格的演变及其意义》，中国社会科学出版社 2003 年版。

[2] 参见钱超英《身份概念与身份意识》，《深圳大学学报》（人文社会科学版）2000 年第 2 期；付宗国《群际行为的社会同一性理论介评》，《山东师范大学学报》（人文社会科学版）2001 年第 5 期；何群《论民族认同性与多民族国家民族政策的成功调整》，《内蒙古大学学报》（人文社会科学版）2001 年第 1 期；王春光《新生代农村流动人口的社会认同与城乡融合的关系》，《社会学研究》2001 年第 3 期；赵志裕、温静、谭俭邦《社会认同的基本心理历程——香港回归祖国的研究范例》，《社会学研究》2005 年第 5 期；方文《群体行为的社会认同论》，载《国外社会学》2003 年第 6 期；《群体符号边界如何形成——以北京基督新教群体为例》，《社会学研究》2005 年第 1 期；姚建平《消费方式的身份认同功能分析：一个县城居民的实证研究》，博士学位论文，中国人民大学，2004 年；张沁洁《新疆生产建设兵团的社会认同研究：论社会认同与政治行为的关系》，硕士学位论文，中山大学，2004 年。

[3] 赵汀阳：《认同与文化自身认同》，《哲学研究》2003 年第 7 期。

裕、新加坡南洋理工大学心理学系的温静和香港大学心理学系的谭俭邦三人合作，以香港回归中国期间港人经历的身份认同过程为实例分析，阐述了社会认同的基本社会心理原理，并对社会认同的动态历程及其与社会成员普遍接受的社会信念之间的相互关系做出了特别强调。北京大学的方文教授则指出，社会范畴化使群体间的边界符号得以形成，由集体记忆所承载的群体文化、群体风格等社会表征体系及其边界符号，通过群体惯例性的、典范性的社会行动而不断地生产和再生产。这些研究为国内身份认同研究、群体行为与宗教研究提供了较好的范例，也带来了诸多启示，可谓本土实例研究中具有代表性和研究较深入的成果之一。

除了以上理论和实证研究之外，较为引人注目的还有《北京师范大学学报》（社会科学版）特约北京师范大学几位教师所做的一组笔谈，分别从认同危机的含义、人类学视野的共识即认同、文化认同的根源以及认同的未来重建等方面，对处于全球化过程中的民族国家如何应对社会转型所致的认同危机问题进行了探讨，既有理论介绍也有方法探讨，其中不乏思想交锋，具有相当的思想深度。其中，王成兵认为，认同危机实际上是一种"自我价值感、自我意义感丧失"的自我身份感的丧失，对于这种危机的考察，"必须充分考虑到当代认同危机的复杂性"，"需要一种整体性的、综合性的研究方法"。[①]

综合来看，进入21世纪以后，随着研究视域的拓宽，社会学、心理学、政治学和人类学多个领域的学者开始关注中国社会的身份问题，国内身份认同的研究已从先前的个别学科、个别领域的滴水之态发展成多学科、多领域的涓涓细流之势，为后面的进一步发展奠定了基础。

（三）溪汇江河、风云渐起：近十年中国身份问题与认同理论的研究

2006年以后，随着社会发展日渐凸显的身份问题和认同危机，特别是"7·5"事件凸显的新疆"重群体而远国家"认同危机以来，更多的学者投身到相关理论研究中来，使身份认同的研究呈现出一种前

[①] 王成兵：《对当代认同危机问题的几点理解》，《北京师范大学学报》（社会科学版）2004年第4期。

所未有的迅猛发展之势且成果众多。诸多成果中，除了吉林出版集团有限责任公司自 2007 年起组织翻译并出版的"公民理论书系"较为系统地推介了西方相关理论研究之外，[①] 国内有关身份认同的期刊论文和专题性研究著作（主要是博士学位论文）也开始增多，其中，近 5 年诞生的著作是 21 世纪头 5 年的 13.5 倍，期刊论文更是高达 18 倍之多。[②] 和此前相比，这 5 年的研究可谓溪汇江河、风云渐起，呈现出一种欣欣向荣的喜人发展势头，研究成果主要有概念辨识与理论介评、实证专题、理论总结与反思，以及边疆少数民族地区民族身份认同四大类。

1. 概念辨识与理论介评性研究。这一类研究是目前国内有关身份认同问题最多的一类。其中较有代表性的研究者是范可、杨威、钱雪梅等人。他们分别从不同身份的内涵、身份认同理论的形成与发展、身份概念的理解，以及身份认同的基本特性等几个方面，对身份认同概念及其相关理论研究进行了较为深入的推介。

范可认为，族群、民族与公民是三类不同的身份，后两种身份皆有清晰的历史发展脉络，政治内涵是无法忽视的，尤其是"意味着参政议政的权利、义务与责任"的公民身份，不可与日常生活中的其他身份随意混同。[③] 杨威提出，不应再给"可以被理解为社会意义上的身体"的身份强加具有深刻政治意味的阶级属性，而应将其仅当作一个可以"通过消费来表现'风格'，进而塑造身份"的"生存之寓所、依据和归属"。与之相应，人们的身份认同应该通过消费而非其他来

[①] 目前已经出版的有：德里克·希特的《何谓公民身份》、尼克·史蒂文森的《文化与公民身份》、巴特·范·斯廷博根的《公民身份的条件》、布莱恩·特纳的《公民身份与社会理论》、彼得·雷森伯格的《西方公民身份传统——从柏拉图至卢梭》、德里克·希特的《公民身份——世界史、政治学与教育学中的公民理想》等。

[②] 据中国期刊全文数据库 CNKI（1985—2015 年）统计，近 30 年，国内期刊有关身份认同的论文总数为 8282 篇，其中 99% 以上是 2000 年以后发表的，1985—1999 年相关论文不到总数的 1%，2000—2008 年则猛增至 1614 篇，2009 年至今井喷至 6599 篇，近 5 年的研究论文数量是 20 世纪最后 15 年的 96 倍。博士硕士论文共 5584 篇（全为 21 世纪以降之作），其中 3/4 产生于 2009 年之后。

[③] 范可：《历史脉络、权力与多民族国家——关于公民意识的若干问题》，《西北民族研究》2014 年第 2 期。

获得。① 与之不同，项蕴华和孙频捷二人则从语言学的角度提出，语言作为社会实践的一种动态形式建构了社会身份，社会身份存在于权力关系之中，人们可以在其自传性生活叙述中建构自己的身份；由于中国当下的社会认同受到具有明显等级特征的"制度—身份"体制（即户籍制度）影响，西方的身份认同概念以及角色互动理论并不适于解释中国人的身份认同状况。所以，中国的身份认同不仅应侧重于认同基础的集体利益的表达问题之上，还要从文化上对不同的身份群体加以区分，更要从社会资源分配机构上寻求其认同形成的基础。② 钱雪梅则强调，作为产生于社会经验中的一种观念，认同具有强大的行为驱动力，并且每个人的认同都是多重性的，它们统一并存于个人意识之中，族群认同和国家认同仅为其中的两种，"族群的现实生存和自我认同都离不开国家"，对于"人类社会的确存在的"族群认同和国家认同之间的矛盾冲突，应争取推进族群认同与国家认同的良性互动，进而达到和谐共存。③

与杨威、钱雪梅不同，王沛、刘峰对威胁社会和谐的因素做出对比之后指出，社会认同威胁是因社会比较中，个体因其所属群体地位的差异而导致的一种对自己和自己所属群体身份的不承认，以及由此产生的疏离感、剥夺感和自卑感。这种威胁结果有脱离群体、改变群体的状态和接受消极的社会认同三种。未来研究的重点是对社会认同威胁观念的建构、跨文化研究及其内隐过程的分析等。④ 可以看出，虽然论文形式是概念辨识和理论介评，但研究者的价值取向和现实关注同样也见于文字之中。知识分子的社会责任感可见一斑。

2. 实证专题类研究。目前，国内身份认同的专题研究（以博士学位论文为主）学科领域主要涉及社会学、政治学、语言学等。其中，中山大学的伍庆基于 Identity 概念的三层基本含义的辨析提出，现代消

---

① 参见杨威《身份的现代意蕴》，《学术新论》2006 年第 7 期。
② 参见孙频捷《身份认同研究浅析》，《前沿》2010 年第 2 期；项蕴华《身份建构研究综述》，《社会科学研究》2009 年第 5 期。
③ 钱雪梅：《从认同的基本特性看族群认同与国家认同的关系》，《民族研究》2006 年第 6 期。
④ 王沛、刘峰：《社会认同理论视野下的社会认同威胁》，《心理科学进展》2007 年第 5 期。

费的意义化和公共化，使消费认同逐渐成为社会的主导性认同形式。这一认同服务于既有的权力统治之后，就会成为一种通过对同一与差异的操控来实现的意识形态，它一方面制造出无数差异可供选择的自由幻象，另一方面又制造出所有人都平等的幻想，最终会形成真实与表现的混淆和相同与差异的悖谬，从而导致认同的终结。① 与该文对中国现实问题无甚关涉不同，上海大学的黄海波、王莹、胡全柱等人从社会学角度做了中国社会的个案实证研究。其中，黄海波、王莹的论文均以近些年在中国影响渐强的基督教为研究对象，对群体身份认同问题进行了个案实证研究。二人指出，身份的建构要受到多种社会因素的影响，基督教的有组织性则是基督徒身份建构的重要影响因素；组织身份是组织成员集体性对组织核心、持久以及与众不同特性的理解与认同，组织身份对组织具有引导与约束功能。② 胡全柱则从底层社会民众身份建构的分析框架出发，对拾荒者在建构身份问题时如何面对社会的歧视和偏见进行了探讨，他认为，矛盾性身份的形成是矛盾性身份认同缺失机制与身份延续机制共同运作的结果，二者构成矛盾性身份的形成机制。③ 与前四人不同，华东师范大学的俞楠则将研究上升到国家战略的高度，强调建构文化认同、提升国家文化软实力是实现中国"和平崛起"和"和谐社会"战略目标的关键。政府作为这一战略建构的主体，必须能在文化认同和政治认同之间建立起联系，中国必须建立良好的公共文化服务体系以具体实践国家发展战略。④

与上述五人的现代关注不同，外交学院的博士景晓强通过19世纪末清政府为解决与英、法、日等国，在缅甸、越南、朝鲜的争端而采取不同政策的影响因素的个案研究得出结论：来自他者的社会承认是

---

① 伍庆：《消费社会中的认同》，博士学位论文，中山大学，2007年。
② 参见黄海波《宗教性非营利组织的身份建构研究——以（上海）基督教青年会为个案》，博士学位论文，上海大学，2008年；王莹《地方基督徒的身份建构研究——以中原地区Y县基督教会为例》，博士学位论文，上海大学，2008年。
③ 参见胡全柱《拾荒者的身份建构研究——以上海市为例》，博士学位论文，上海大学，2010年。
④ 俞楠：《"文化认同"的政治建构：当代中国公共文化服务战略研究》，博士学位论文，华东师范大学，2008年。

身份建构与维护的必要条件，身份的指向和强度取决于社会承认的供需关系，因此，身份危机管理重点在于调节社会承认供需关系和疏导面子体验，"为承认而奋斗"是所有国家外交政策的持久动力，也是国际伦理和秩序建设的重要方向。① 华中科技大学的金艳和吉林大学的张焱从语言社会学的角度对身份认同问题进行了研究。其中金艳从文本、话语实践和社会实践三个向度，对改革开放后 30 年的中国身份认同的建构问题从阶层、性别和自我认同三个维度进行了考察，认为身份是在建构中走向了消解，并随着话语的循环生产而永无完结。② 张焱则通过"文化大革命"期间高校教师为了融入革命潮流而主动变异英语，并利用这一语言变异来重构自己身份的现象分析得出结论：语言的身份建构功能既可以成为缓解社会矛盾、促进社会和谐的途径，又可以成为激化社会矛盾、引发社会动乱的手段。③

从现有研究来看，它们分别运用哲学、政治学、社会学和语言学的研究方法，从不同的视角对不同领域、不同层次的身份问题进行了专题研究，既有对西方前沿社会思潮的理论分析，也有对现实社会底层群体身份打造问题的关注；既有对近些年于民间蔓延的基督教现象的关注，也有对历史身份问题的分析。虽然总数尚少，但却各有千秋，不乏创新之处。

3. 理论总结和反思类研究。理论的生命力在于其与现实生活的关联度，在于其对现实问题的解答。近十年来，随着社会的巨大变化和身份认同理论研究的发展，具体研究中所暴露出来的一些问题，引起了一些学者的注意，他们纷纷撰文总结、反思相关研究并提出建议以求推进研究进展。其中，周晓虹、黄希庭、王明珂等学者分别从社会学、心理学和民族人类学的角度对西方身份认同理论的研究做了介绍，并对国内外相关研究的历史、现状和发展趋势做出了很好的总结和说

---

① 参见景晓强《身份危机、面子与对外政策——19 世纪末清政府与英、法、日争端比较研究》，博士学位论文，外交学院，2008 年。
② 参见金艳《媒体服饰话语中身份认同的建构与消解》，博士学位论文，华东师范大学，2007 年。
③ 参见张焱《语言变异与社会身份建构——以"文革英语"建构高校英语教师身份为例》，博士学位论文，吉林大学，2007 年。

明,极大地推进了国内相关研究。①

中国台湾学者王明珂在对国内有关民族主义、民族和文化认同问题讨论中所出现的问题进行反思的基础上提出,时尚的"后现代"学术研究因忽略结构、延续与传承并以"近代"来割裂历史,在现实层面造成了不同文化体之间的冲突,不适合试图解决当代文化身份认同问题和危机的研究。应当用一种反思性的研究方法来进行历史文化和身份认同问题的思考。为此,他从"学者们皆提及但却未深入讨论的主题——中国历史文化,特别是其中所反映的族群性(ethnicty)入手,来思考中国人之现代性问题"得出的结论是:中国的民族认同从古至今,实际上是一个随着疆土边缘的变化而不断建构与重构的过程;作为一种建构之物,社会所熟悉的历史记忆对民族认同的影响是至关重要的。此文与其在2008年前后在台湾和大陆出版发行的3部著作遥相呼应,其所主张的"化熟悉为陌生和化陌生为熟悉"的反思性研究方法也为国内研究少数民族身份认同问题提供了重要理论启示。② 受其启发,大陆学者杨志强撰文描述了改革开放以后,苗族学者如何在国家支持下积极利用蚩尤崇拜成功进行民族认同和族性再造的过程,从人类学的角度对为何、怎样利用共同信仰进行群体族性塑造和民族认同做了理论探讨。③ 此文对如何利用传统文化进行新的历史叙事和民族重构,进而实现新的族性和群体意识构建研究做出了很好的实证说明,为如何通过身份构建解决认同危机问题提供了思路。

4. 关于边疆少数民族地区民族身份认同的研究。进入21世纪以

---

① 这一年,相关研究介评和理论综述性的文章主要有:周晓虹《认同理论:社会学与心理学的分析路径》,《社会科学》2008年第4期;吴小勇、黄希庭、毕重增、苟娜《身份及其相关研究进展》,《西南大学学报》(社会科学版)2008年第3期;王莹《身份认同与身份建构研究评析》,《河南师范大学学报》(哲学社会科学版)2008年第1期;龚培渝、颜德如《认同与身份:承认政治理论的两种模式及其争论》,《中共长春市委党校学报》2008年第6期;范可《历史脉络、权力与多民族国家——关于公民意识的若干问题》,《西北民族研究》2014年第2期。

② 参见王明珂《反思性研究与当代中国民族认同》,《南京大学学报》(哲学·人文科学·社会科学版)2008年第1期。

③ 参见杨志强《蚩尤崇拜与民族认同——论当今中国苗族树立"精神共祖"的过程及背景》,《青海民族研究》2010年第4期。

后特别是近十年来，国内学界开始更多讨论认同理论的研究取向、群体和国家身份研究的意义，"7·5"事件则让学界将关注目光更多地投向凸显认同危机的边疆少数民族地区。

吕普生撰文指出，在族裔少数群体的三重身份问题中，差异公民身份是多元文化主义构建族裔少数群体权利的事实基础，"公共公民身份是建构族裔少数群体权利的政治逻辑，而文化成员身份则是建构族裔少数群体权利的道德空间"[①]。贾英健将研究视角从个体认同延伸至全球化背景中的民族国家的认同问题，他认为，全球化带来人的存在方式从单一主体认同到多样主体认同，从身份认同到契约认同，从群体认同到类认同等多种认同之间的转换，这种转换所致的民族国家认同的危机必然带来民族国家认同的重建，为此应该保持民族国家认同的普遍性，坚持各文化之间的平等相处，着力体现认同的包容精神。[②] 而在罗志祥看来，多民族国家"出现地方的民族分离主义正是说明这个国家内出现了认同与合法性的危机"，"分离组织领导人会运用三种类型的身份认同包括领土、社群和意识形态"来达到其目的。当民族国家出现认同危机时，必须对其国家认同进行重建。[③] 谷禾则从中国民族政策与少数民族身份认同的关联角度出发，讨论了国家制度结构对少数民族身份认同建构过程的影响。他认为，"国家开展民族认同工作和实施民族政策，建立公民'民族成分'制度和民族区域自治制度"，"从制度上重构并确立了少数民族的身份认同"。[④] 骆莉通过对东南亚民族国家华族身份认同变化的考察，得出结论：族群身份称谓的改变实际上包含了政治身份和文化身份的重构，民族国家的建构过程实际上就是一个不同族群身份的认同构建和整合认同过程。[⑤]

与上述关注理论和国外的研究不同，贺萍、孙秀玲等人将视角投

---

① 吕普生：《多元文化主义对族裔少数群体权利的理论建构》，《民族研究》2009年第4期。
② 贾英健：《当代民族国家的认同变化及价值重建》，《中共济南市委党校学报》2006年第3期。
③ 罗志祥：《浅析民族分离运动中的认同因素》，《社科纵横》2006年第12期。
④ 谷禾：《民族政策与少数民族身份认同的建构》，《学术探索》2007年第12期。
⑤ 骆莉：《国族塑造与族群认同：二战后东南亚民族国家建构中的华族身份认同变化》，《东南亚研究》2010年第4期。

向现实当中已经凸显出身份认同危机的新疆。他们针对如何解决不同民族群体之间的矛盾冲突问题提出，公民身份是一种高层次的现代文明意识，应该用"超越民族界限、阶级和阶层界限、地域界线、宗教界限的""能够被各民族群众广泛理解和接受"的"公民意识"作为"各民族社会成员民族认同的思想意识"来解决新疆"民族认同和国家认同"问题，其中更多应该从加强大学生思想政治教育入手。① 与贺萍等人主张以一种认同整合其他认同的主张不同，金志远强调，虽然国家认同与民族（族群）认同的主体、客体、目的和标准依据不同，但它们同时也存在联系，理想之态应是既保持多民族共同体成员之间的平等关系和对普遍价值观的共享，同时又保护不同族群在文化上的多样性，国家认同与民族认同应该共生。② 牛汝极则依据新疆社会问题的综合性和复杂性提出，应从经济建设、政治教育、宗教文化等多方面进行新疆"中和共建"，③ 以期完成国家认同和民族认同建设。

上述研究新疆身份认同问题的文章虽然各有所长，但牛汝极文抑或是有意回避，对伊斯兰教占有明显优势地位、儒家文化和思想影响薄弱的新疆具体该如何进行基于传统儒家文化之上的"中和共建"并无论及。贺萍、莫红梅等人对于如何进行"超越民族、阶级和地域、宗教界限的公民意识"的建设，除了"借鉴西式"公民教育之外别无他法，并且这种公民教育如何实施也无论及，这使其"以公民教育保证新疆统一安全"主张的现实可行性极易受到怀疑。

与前面几位关注公民身份实际应用的学者不同，中国社会科学院的陈建樾强调：现行的普遍主义和文化多元主义都有失偏颇，它们均未注意到多民族国家中的公民身份和民族身份其实是一体两面的，民族群体更多地应该被看作政治集团而不是被剥离掉政治属性的文化集

---

① 参见贺萍《新疆少数民族群体身份认同现状分析与思考》，《新疆社科论坛》2009年第3期；孙秀玲、马丽萍《加强边疆民族地区大学生国家认同教育》，《高校理论战线》2010年第12期；莫红梅《多民族国家视域下的公民身份与国家认同》，《教学与研究》2010年第9期。
② 参见金志远《论国家认同与民族（族群）认同的共生性》，《前沿》2010年第19期。
③ 牛汝极所谓的"中和"就是合理，"凡事合理，即为中和，现代称之为'合理主义'追求合理的途径便是中和之道"。参见牛汝极《中和共建与认同重构——新疆稳定问题研究之一》，《西北民族研究》2009年第4期。

团,"即便从制度和法律上可以剥离掉民族群体的政治属性,也不可能使其真正成为没有利益诉求的非政治集团"。因此,对于不同的多民族国家来说,现今流行的西方政治理论只能是部分有效的。①

综合现有研究,我们发现,随着中国改革开放的深入和社会发展问题的增多,国内有关身份认同问题的研究者越来越多、理论视域越来越宽,研究成果水涨船高,总体发展已是溪汇江河、风云渐起,态势可谓喜人。但是,良好发展态势下问题依然不少,主要表现在:第一,从研究成果看,现有国内研究大多还集中于西方相关理论的介评和文献综述上,以中国为主位的理论探讨及理论反思较少。第二,从研究对象和理论视域来看,关注现实的个案研究主要集中于农民工、海外华侨群体和国内宗教群体身份认同的研究,其他则鲜有关注。具体研究身份构建问题的多是文学文本或影视作品形象的分析与解读,对现实社会问题的思考和具体身份构建的理论探索明显不足,尤其是关涉边疆少数民族地区已经出现的身份问题和认同危机研究较少,相关背景与成因剖析以及现实对策研究还很薄弱。第三,从研究方法上来说,虽然目前国内身份认同问题的研究已经涉及哲学、社会学、政治学、人类学、民族学等多个学科,其中不乏理论与实践的结合,但是,真正从哲学高度对理论整体进行审视,并对身份认同危机表现尤其严重的边疆少数民族地区的现实社会研究尚属空白,具体研究甚至因为学科的划分及关注的重点不同而在个别概念,比如Identity、民族的使用和翻译上都难达成统一,研究理论更难形成与西方理论相媲美的体系,整体水平只能在较低档次徘徊。这既无法与日渐强大的中国身份相匹配,也无法满足中国转型社会发展的现实需要。当然,这些问题的存在也为当下与今后理论研究的发展和拓新留下了相当大的拓展空间。

现实的需求是理论研究的强大推手。随着新疆日益严峻的形势和中央新疆工作座谈会(2010年5月)的召开,国内有关边疆治理和身份认同的研究迎来了一个高潮。2011年以来,时任中共中央统战部常

---

① 参见陈建樾《认同与承认——基于西方相关政治理论的思考》,《民族研究》2010年第3期。

务副部长的朱维群、清华大学国情研究中心主任胡鞍钢、北京大学社会学系教授马戎等人相继在不同场合发表演讲，并在《学习时报》《民族报》《新疆师范大学学报》《凤凰周刊》等刊物上发文提出，"给每一个公民都贴上一个低于国族的'民族'标签，把民族问题高度政治化"，使狭隘的身份意识危及了国家认同，于"国家的安全统一和长治久安"这一"中华民族的核心利益"不利。面对新疆现实问题，中国应尽早实施"第二代民族政策"。① 结果引发学界有关身份（民族、族群、公民等）和现代国家认同、中国民族政策与民族理论等一系列问题的激烈讨论。目前，讨论热度虽然有所降低，但是支持与反对"二代民族政策"的争论依然是学界热点问题之一，更多不同专业和学科的学者也随着讨论而卷入身份认同问题，进一步拓展了相关理论研究的广度和深度。

面对"二代民族政策"的争论，范可教授指出，胡鞍钢、马戎等提出的"'去政治化'之说正确地指出了民族划分所产生的一些问题，并提出了解决问题的设想"，但是，由于民族主体性已然确立，这样的建设性建议对于许多已经有着强烈民族认同的政界与学界人士是难以接受的。此外，这样的建议还触及了许多实际的问题，因此，"二代民族政策"问题引起的激烈讨论"是情理之中的事"。需要注意的是，"在我国各民族已经将国家所规定的族别认同和自身的存在与利益联系在一起，并由此产生强烈的族别意识和主体性之时，任何有关解决因此而引起的一些问题的建议与设想都必须考虑到可能存在的后果"，如果忽视了中国的这一现实，"不站在对方的立场进行换位思考，任何凭自身主观判断的建议与设想哪怕有再多的实证资料支持，都有被拒绝，被误读、误解的风险。因此，所面临的问题应该是如何在已建立起来的既有框架内来解决因为这种设计所带来问题"。② 显而易见，范可已经开始更多地触及各种身份背后的生存利益问题，并在立足中国现实的基础上，对以往相关理论的研究进行根基性的反思，

---

① 胡鞍钢、胡联合：《第二代民族政策：促进民族交融一体和繁荣一体》，《新疆师范大学学报》2011年第5期。
② 范可：《略论族群认同族别认同》，《江苏行政学院学报》2015年第4期。

这也反映出国内身份认同研究的理论跃升。这种跃升无疑可为解决现实问题提供更多的思想资源和理论尝试。

第三节 民族国家与公民身份：一个从陌生到熟悉的历史发展之物

一 危机与希望：近现代中国的社会重构之路

（一）救亡图存：中国现代民族概念的诞生背景

作为一个历史范畴，民族是在原始社会末期人类在由部落或部落联盟发展至国家之时形成的稳定的人民共同体，进入阶级社会后，这一稳定的共同体随着政权的更迭、国家疆域的变化，不断地分化、融合和重组，始终处于一种动态变化中。这一变化发展的情况早在中国的甲骨文、金文中就有记载。然而，在中国，民族作为一个现代概念的形成则要比民族实体晚了很多。如同科学、哲学等名词一样，"民族"也是随西方现代文化的传播进入中国的。此前，虽然中国在几千年的历史发展中，早已形成创造伟大文明的统一实体——中华民族和整个社会多民族居民小聚居、大杂居的人口分布格局。但是，"中华民族"这个概念的形成却是随着20世纪以后兴起的现代工业生产方式和西方文化的涌入而逐渐形成并成熟起来的。在此之前，一般是以历代王朝之名（如秦人、汉人、唐人等）来指称中国人的。因此，在几千年的错居杂生、交融与共的日常生活和历史变迁中，中国除了满、蒙古、汉、藏等建立过长期统一的帝国政权的成员——特别是社会精英具有较为明显的族裔群体身份意识之外，其他绝大多数社会成员对自己的种族所属和民族身份并无多少认识。并且，在新中国实行民族身份识别与认定之前，即便是有满、蒙古、汉、藏人群体身份意识的社会成员，多数也没有今日这般明确的民族划分，尤其在一般百姓的日常生活中，根本没有具体的"民族"概念。中国传统的历史记忆中，社会成员只要接受或认可以儒家思想为主体的中原文化，就可以归为"同族"。所以，一般所讲的"非我族类，其心必异"之"族"，通常只是指同一文化（其中又以儒家文化为主）之人，与今日之"民族"并非同一概念。这也是中原王朝屡遭灭亡但中国却能不亡的一个重要原因。在现代"民族"概念中，文化认同虽然是一个重要概念，但并非民族认定的唯一要素。

在中国，现代意义的民族概念和身份意识出现之前，人们通常以居住地区的名称来指称自己或他人。比如在新疆历史上，就有高昌人、于阗人、准噶尔人、哈密人、喀什噶尔人等，而且不同地域之间的居民彼此界线鲜明——即便是今日归为同一民族的喀什噶尔人与和田人彼此也鲜有认同。日常生活中，除地域之名以外，人们还会用诸如胡子、苗子、缠回等笼统且有歧视意味的族裔称呼来指认身份，但这些身份通常并不被所指群体认同。而另外一些族裔群体的自称也难被外界所认可，如穿青、傣雅、瓦乡等。可以说，在新中国进行民族身份识别与认定之前，除了汉、蒙、满等少数建立过强大统一帝国的民族之外，中国历史上的多数族裔群体并没有统一的名称，即便是今日看似完全相同的族裔群体也常常会叠加多种称谓，比如用以指认今日彝族的阿乌、撒尼、罗武、密岔等，庞杂模糊的称呼也难以统一群体的身份意识。

19世纪末20世纪初，为了免受亡国亡种之难，以严复、梁启超、康有为等为代表的改革维新派领袖，开始向西方思想文化积极寻求帮助。在他们看来，除了先进的科学技术、政治制度以外，西方的"民族"概念也可以当作武器用以凝聚民心，唤起民众自觉起来抵御和反抗帝国主义列强的侵略。正如马克思所讲，"批判的武器当然不能代替武器的批判，物质力量只能用物质力量来摧毁；但是理论一经掌握群众，也会变成物质力量"[1]。以孙中山为首的革命党人提出"五族联合、驱逐鞑虏"的口号，就是为了联合更多被压迫人民起来推翻清王朝的统治。这一口号中的"五族"（汉、藏、蒙古、回、苗），除了汉、藏、蒙所指较为清楚之外，回、苗实际只是一个模糊的通称。[2]因此，这一口号提出不久，孙中山就指出，中国"何止五族"，"五族

---

[1] 《马克思恩格斯文集》第1卷，人民出版社2009年版，第11页。
[2] 此处"回"并非特指"回族"，更多的是指新疆回部各族。因为此时的中国政府并不承认回回是一个民族。

共和"其实"很不切当",应将"五族"改去,以联合更多的中国民众进行共和建设。① 中华民国建立后,民国政府还专门组织了全国人口普查。但是,受到频频战乱的影响,这次普查并不彻底,对各族裔群体的称谓也无法统一。因此,毛泽东在《中国革命和中国共产党》(1939年)中强调:中国共产党人应该注意,四亿五千万的中国人中,除了90%以上的汉人之外,"还有蒙人、回人、藏人、维吾尔人、苗人、彝人、壮人、仲家人、朝鲜人等""数十种少数民族"②。至于这"数十种少数民族"究竟有哪些,毛泽东并没有说明,实际不过是众多民族的笼统指代而已。③

新中国成立后,中国共产党的革命目的和成功的革命经验,使新的政府必须吸纳最广泛的社会成员代表以组建真正"由各族人民群众当家做主"的政权和社会治理体系,以保证各族人民的平等与团结,让所有社会成员切实体会翻身当家做主人的感受以及新中国的各种好处。但是,面对由各种原因所致的名目繁杂的民族称谓(自称或他称),新中国实施民族平等、实现民族团结政策的具体落实,遇到了一种前提性的困难——正如邓小平所言:"少数民族究竟有多少,现在还不清楚……从这一情况就可以看出,我们对少数民族问题不仅没有入门,连皮毛还没有摸着。当然经过两三年工作之后,对各个民族有可能摸清楚。历史上弄不清楚的问题,我们可能弄清楚。"④ 于是,搞清楚中国到底有多少民族的民族识别自然就成为新中国必须进行的一项重要工作。

(二) 中国现代"民族"概念的产生与内涵

中国是一个传统的多民族统一国家,各个不同民族的劳动人民在

---

① 参见孙中山《在上海中国国民党党部会议上的演说》,《孙中山全集》第5卷,中华书局1985年版,第294页。
② 《毛泽东选集》第2卷,人民出版社1991年版,第622页。
③ 《中国革命与中国共产党》一文是1939年冬由毛泽东与其他几位共产党人合写的一个课本,其中关于中国社会及各民族状况的内容是由他人起草、毛泽东修改的。文中有关中国少数民族的称谓,可以反映当时中国共产党人对中国社会民族达成的一种共识。(参见《毛泽东选集》第2卷,人民出版社1991年版,第621页注。)
④ 国家民委政策研究室编:《中国共产党主要领导人论民族问题》,民族出版社1994年版,第51页。

数千年的生产生活、交融与共中，共同缔造了灿烂的中华文明。但是，新中国成立前，除了少数统治集团之外，封建专制王朝统治下的众多族裔共同体和劳动人民对社会的创造和贡献根本不被统治者所承认，大多数劳动人民及其所属的族裔群体应该享有的权益也就根本无从谈起。新中国成立后，为了保证劳动人民当家做主人和各族人民平等一致的地位，中国政府通过长期艰苦的民族身份识别与认定工作，确认了中国现存的56种民族身份。这在给予各族裔群体应有的社会地位的同时，很好地维护和完善了中国境内不同族裔群体及其成员的利益，保证了中国社会的良性发展。

中国政府从1950年开始陆续派出多个以专家学者为主体的访问团与调查团，分赴西南、西北、中南、东南、东北和内蒙古等少数民族地区进行访问、调查和研究，进行了基本的身份确认与甄别，民族识别工作在全国展开。截至1955年，先后对400多个民族称谓进行了识别、归并和确认。此后30年，中国又对国内数百个提出要求承认民族成分和其民族自称的族裔群体进行了甄别和确认。到了1979年，随着最后一个民族得到确认，中国55个少数民族和整个社会民族构成格局得以绘制完成，这也标志着全国性民族识别工作的基本完成。对此，国家民委党组在《关于我国的民族识别工作和更改民族成分的情况报告》（1986年5月）中总结道："我国的民族识别中，没有照搬苏联的经验，区分氏族、部落、部族和民族，而统称民族。根据我国各民族的实际，参照斯大林关于现代民族四个特征（共同语言、共同地域、共同经济生活和共同心理素质）的理论，从民族集团的现实特征出发，对其历史、族源、政治制度、民族关系等情况，经过具体分析研究……在民族称谓上，'名从主人'，尊重本民族的意愿。这符合我国的实际，得到了各族人民的拥护和支持。"[①]

在长达30年的民族识别工作中，中国对"民族"这一群体身份概念有了更加深入的认识并且有所创新和发展。2005年5月，中共中央、国务院在《关于进一步加强民族工作加快少数民族和民族地区经

---

① 国家民委党组：《关于我国的民族识别工作和更改民族成分的情况报告》，国家民委办公厅等编：《中华人民共和国民族政策法规选编》，中国民航出版社1997年版，第115页。

济社会发展的决定》中，集中表述了中国共产党人有关民族理论和政策的基本观点（简称"十二条"），首次正式阐述了这一概念的定义："民族是在一定的历史发展阶段形成的稳定的人们共同体。一般来说，民族历史渊源、生产方式、语言、文化、风俗习惯以及心理认同等方面具有共同的特征。有的民族在形成和发展中宗教起着重要作用。"这一概念的提出不仅表明中国共产党人对"民族"身份有了清晰的认识，而且对其所附着的历史记忆与社会权益也有明确的认识，意义深远。

首先，从内涵来看，新的概念取消了斯大林概念中的"共同地域"这一必备特征，增加了更被人们所看重的历史渊源、风俗习惯与心理认同等因素。其中，增加历史渊源实际是对一个社会集体记忆的强调，"其实就是指一个民族对自己的历史，尤其是对祖先、血统、来源的追溯和认同"[①]。这种追溯和认同，事实上是一种心理认同，一种个人在与他人对比之中形成的身份意识，一种社会成员个体的集体归属感，一种自我和群体概念的认知结果。这一要素的增加，既体现了尊重个体、名从主人的识别原则，也体现出民族识别所具有的主体性和主体间性，是一种较"共同心理素质"更为明确的内涵区分和个人主体地位的突出。对风俗习惯的强调则体现出这一概念对事实上更多影响个人和群体意识形成与变化的日常生活和文化传统的关注。

其次，这一定义把"共同经济生活"改换为"生产方式"，增添了"有的民族在形成发展中宗教起了重要作用"等内容，使概念更加贴近实际，也更具有说服力。比如，中国的回族这一群体身份的形成。与斯大林定义相比，这一改动更加突出了社会生产方式和宗教文化对特定社会意识——民族身份——的作用。对宗教在民族形成与发展中的作用的强调，弥补了以往中国共产党人对宗教文化的社会作用认识不足的缺陷，使人们能够更加客观地认识和把握精神文化因素对社会存在和社会（个人与群体）意识的作用，有助于我们在工作当中采取更加客观和科学的态度认识和解决具体现实问题。

最后，定义中的"在一定的历史发展阶段形成的稳定的人民共同

[①] 王希恩：《中国民族识别的依据》，《民族研究》2010年第5期。

体"，既强调了民族作为一个历史事实的结果性和稳定性，又突出了其作为一种历史形成与发展的阶段性与过程性，体现出一种静态存在与动态发展相结合的认识论特点，既与历史发展事实相符合，也与人类认识发展的规律相一致，是一种存在论与认识论的结合。这一概念以马克思主义哲学原理为基础，继承和发展了马克思主义民族理论，实现了中国共产党人对斯大林民族概念的本土化、时代化和具体化，使理论更加贴近生活现实，也更有利于具体工作的进行。

总体来说，新中国关于民族的概念，既是对马克思主义理论的重要发展，也是中国进行民族识别的理论依据；不仅体现了中国共产党人坚持以历史唯物主义实践的科学方法论认识问题、解决问题的马克思主义精神，也给出了今后解决现实工作问题必须坚持和弘扬的基本原则。

客观地讲，新中国的民族识别工作，在承认此前中国境内长期存在但却长久未被承认的诸多族裔共同体的群体身份和社会地位的同时，维护和完善了他们的利益，使众多民族及其成员在日常生产生活实践和交往中获得新的身份意识。对此，本书后面还将做出专题论述。随着实践与交往关系的发展，这些群体及其成员不断地发生量的变化，不断形成、更新和确认自己的身份意识和认同标准，从而明确了与其他群体相区别的内涵。这是一个群体内部与外部不断互动交往的发展过程，一个个人内部主观世界与外部客观世界不断交往发展的过程。在这一过程中，假若只有本尼迪克特所讲的"主体的想象"，是不可能存在稳定的人们共同体（民族）的。因此，可以说，作为一种静态存在与动态发展辩证统一的"稳定的人们共同体"，民族既是一个历史发展的结果也是一个历史的建构过程。

二 从陌生到熟悉："中华民族"身份的构建之路

（一）从"华夏""大清"到"中华民族"：一个多元群体交融与共的历史发展过程

既然民族是一个形成发展的过程，那么人类发展到什么状况才算有了这一稳定的人们共同体呢？恩格斯认为，民族是在原始社会末期，随着部落的合并和融合而形成的,"亲属部落间的联盟,常因暂时的紧急需要而结成,随着这一需要的消失即告解散。但在个别地方,最初本是亲属部落的一些部落从分散状态中又重新团结为永久的联盟,这样就朝民族〔Nation〕的形成跨出了第一步"①。为了便于区分和操作,翁独健提出,我们"可以把民族分为广义的和狭义的。广义的民族指具有或某种程度地具有民族特征的人们共同体,不管它处于原始社会、阶级社会,还是社会主义社会。狭义的民族是在原始社会末期或原始社会向阶级社会过渡期形成的,国家的产生则是它形成的标志"②。

对于中国来讲,狭义的民族是随着夏禹建国并成世袭朝代而形成的,"夏国和夏朝的建立与存在,既标志着我国从原始社会过渡到阶级社会,从野蛮时代发展为文明时代,也标志着我国形成了狭义的民族"③。也就是说,随着夏国的建立,传说的"五帝"时代宣告结束,分散的部落联盟开始成为一个永久的联盟——国家。这一永久联盟性的人们共同体因其国号(夏后)而获"夏"名;同时,又因其为舜传帝位,舜不仅颁行了新的历法,制定了诸侯的等级与礼节,而且还统一了天下的音律度量衡,并制定了官僚礼法制度,④ 四海之民则以其德而感服。因此夏禹接其帝位之后所建国家也被冠以舜的名字"华",⑤ 其国民及后人则被称为华人、夏人或华夏之人,⑥ 华夏民族就此而成。但此时的华夏主要指生活于中原地区的虞舜、夏禹之民,含义比较狭隘,与今日之义不可同日而语。

---

① 《马克思恩格斯文集》第4卷,人民出版社2009年版,第108页。
② 翁独健主编:《中国民族关系史纲要》,中国社会科学出版社2001年版,第6页。
③ 同上书,第5页。
④ 《史记·五帝本纪第一》曰:"帝尧老,命舜摄行天子之政,以观天命。舜乃在璇玑玉衡,以齐其政。……遂见东方君长,合时月正日,同律度量衡,修五礼、五玉、三帛、二生、一死为挚,如五器,卒乃复。"其中,"合时月正日"就是向各地诸侯颁行新的历法,统一了"四时"与"月"、"日"的计时方法;"同律度量衡"即统一了音律和度量衡;"修五礼、五玉"即制订了五种礼节,规定了五等诸侯所执的珪玉;"三帛、二生、一死为挚"即给不同等级的官僚士大夫规定了见面时应持的礼物。
⑤ 传说中舜生为双瞳,所以起名重华。
⑥ 参见《史记·五帝本纪》,线装书局2006年版,第2、7页。

随着时间的推移，夏亡商起、商亡周立，在华夏共同体的国号与统治者发生变化的同时，"华夏民族"随着国家疆域的扩大和成员的增多而进一步发展扩大。到了后来，替代夏商的周朝再次分裂，统一的王朝变为群雄争霸、诸侯林立的局面。直到秦始皇再次结束这一分散局面以及其后强大的汉王朝的建立，使华夏民族这一共同体得到了进一步的发展。尤其是度量衡的统一和"罢黜百家、独尊儒术"的思想文化整合，日渐完善的社会管理体系使生活于秦汉之内的居民有了前所未有的统一生活规范，从而使华夏民族这一稳定的人们共同体的特点日渐鲜明。于是，夏、华夏之人随着秦汉的统一和强大而改称为秦人、汉族，并逐渐固定为一个不断扩大的人们共同体的名称。需要注意的是，"汉族"名称在汉朝的出现并不等于这一稳定的人们共同体直到汉时才形成。

秦汉以后，虽然又屡经战火、多次分合，王朝国号也数经更迭。但战火纷争中，华夏民族共同体不仅没有消亡，反而在战火兼并中进一步融合、发展、壮大，凝聚力也越来越强，秦汉所形成的稳定的人们共同体特点也更加突出，以致每逢王朝更替之时，新的统治者都会颂古励今，以示承续，在新的统治中主动将自己融入华夏传统之中。因此，从一定意义上讲，中国历史上的王朝更迭已经不是一个民族代替另一个民族，而是同一个民族的政治发展和改朝换代。这种更迭变化不仅没有引起华夏民族本质的变化，反而使其发展成为更加强大和统一的稳定的人们共同体，而华夏这一称呼也随历史发展流传下来，成为一个特定的共同体成员的统一称呼，即使其中部分成员迁徙到海外，远离了华夏之原居地，也被约定俗成地称为"海外华人"——如果拥有其他国籍，则叫外籍华裔。今天，凡是华夏之人的后裔，均被称为"华人"，而历史上华人所建的一些强大的王朝，因其留给世人的深刻记忆也作为华人的别称流传，如秦人、汉人、唐人，甚至契丹在北方声名远播后，也成为华人的别称。

从数千年历史发展的过程来看，以夏、商、周等族为基础繁衍、壮大、发展而成的华夏族，在初始阶段的活动地域是极为有限的，并且人数稀少，是原本并非一家的数个部族相互融合的结果。依著名历史学家顾颉刚先生所见,这种融合是通过两个大的步骤完成的。"首先,是兼并战争在客观上带来的融合。春秋战国时期,越灭吴,吴又为楚所灭,则淮水、长江流域统一;秦灭义渠、蜀,则西北、西南统一;齐向海上开拓、燕向东北开拓、赵向北方开拓,统一了许多异族地区;中原的韩、赵、魏则不同程度融合中原诸戎狄。兼并战争的结果是'他们开辟了无数地方,这些地方是向不受中原文化浸润的;他们合并了无数部族,这些部族是向居于诸夏之外的。这样地工作了二百余年,于是春秋时的许多小国家和小部族全不见了。再经秦、汉的统一,于是他们真做了一家人了'。这是兼并战争带来的地域方面的融合统一。兼并战争在客观上造成了族属的融合,但较之于兼并战争,各族属之间在心理上、观念上的相互认同,恐怕更为重要。唯有心理上、观念上的相互认可,地域的融合、统一才能够稳固,才能够禁得起历史风雨的考验。"[1] 随着共同体的形成及其成员在族属、心理、观念与文化上的融合,人们观念中的疆域也随之发生了变化,"华夏"概念随之诞生。

"中国"是与华夏同时诞生的一个概念。由于夏国建立时,在其辖区周边还有许多氏族部落,它们有的是部落组织,有的与夏一样也建立了国家组织;有的与夏国有臣服关系,有的则没有这种关系。因此,这一时期,"与夏并存的尚有'万邦''万国'之称",而"夏"的含义就是"大国"和"中土"。夏商时期,"中国是指夏、商的王畿,是众国之中的意思,也具有大国的含义。到了周朝,中国除具有众国之中和中土之意,又具有与夏族或华夏族等同的性质"。历史发展之中,经过国家与部落间的长期战争和兼并,夏时的"万邦""万国"逐渐归并于夏商周之内,"逮汤受命,其能存者三千余国","周剋商制五等之封,凡千七百七十三国","春秋时尚有千二百国","至于战国,存者十余"[2]。随着夏商周的更替和万邦、万国的商周归并,"中国"的范围逐渐扩大,战国之时,"存者十余"的基本上都是夏族或华夏族建立的国家了。秦汉以后,中央集权制度下的统一社会管理

---

[1] 罗新慧:《顾颉刚先生对古代民族融合的考察》,《史学史研究》2011年第2期。
[2] 《后汉书》志第19郡国1。

和思想文化使其所辖之地及其成员更趋一致。"随着夏族或汉族的发展，中国便越来越成了夏族或汉族建立的中原皇朝的专有名词，所以，又出现了'中夏'和'中华'的名称。"① 秦汉之后，又经历了魏晋南北朝的分裂和隋唐的统一，以及其后五代十国的再分裂，直至大一统的元朝之时，"中华""中国"之称已随着中国疆域的扩展涵盖了包括胡、戎、蛮、夷等诸多民族后裔之民的人们共同体，所获得的社会认同也更加广泛，以致在元朝以后中国再次分裂时，以汉为主的明朝统治区和以蒙古为主的北方统治集团都认为自己乃中国之正统。后来，直到崛起于东北的满族所建立的清朝再次实现大一统，"中国"才具有了完整的含义。然而，作为实体的中华民族虽然此时早已形成，但是"中国""中华民族"的称谓在清朝一统时尚未出现，习惯上所说的清王朝、华夏、汉人、唐人、蒙元、炎黄子孙、大秦等，均非现代含义的民族国家之称。

（二）"中华民族"：一个从陌生到熟悉的社会记忆

虽然实体性民族早已形成，但是"民族"这一指称稳定的人们共同体的名词却是19世纪末才从日本传入中国的。此前，中国用以指称稳定的人们共同体的词汇主要有人、民、族、家等，并且这些词多为单用。在中国古代文献之中，偶然也有把"民""族"两个字连起来使用的，但其多是中国古代社会的各种社会组织和群体的复数概念。据考，今日熟知的"中华"一词，正式出现的最早记录是公元653年颁行的《唐律疏议》，在其卷三《名例》对"中华"一词的解释是："中华者，中国也。亲被王教，自属中国。衣冠威仪，习俗孝悌，居身礼仪，故谓之中华。"意思是说，凡行政区划及文化制度属于中国的，都称为中华。② 虽然远在唐代即已出现"中华"一词，但"中华民族"作为指称定居于中国领土上所有民族及其移居他地的后裔的特定概念的出现，则是近代以后的事情。

19世纪中叶以后，随着中国从一个泱泱大国沦为任由西方列强凌辱的"东亚病夫"，亡国亡种的危机迫使诸多仁人志士放眼世界去重新思

---

① 翁独健主编：《中国民族关系史纲要》，中国社会科学出版社2001年版，第6—7页。
② 参见佟言实《"中华民族"称谓的由来》，《中国统一战线》2007年第10期。

考许多问题。其中，严复通过《天演论》向世人传递了世界不同民族之间相互竞争的群体理念，使国人意识到"合群""保种"的重要性。1899年，流亡日本的梁启超在《东籍月旦》一文中，首次使用了具有现代意义的"民族"一词。[①] 两年后，在《中国史叙论》中他又提出了"中国民族"的概念[②]。1902年，在《论中国学术思想变迁之大势》一文[③]中，梁启超指出："上古时代，我中华民族之有海思想者厥惟齐。故于其间产出两种观念焉：一曰国家观，二曰世界观"[④]，这是目前所见到的关于"中华民族"的最早文献。不过，梁启超此时所用的中国民族、中华民族的内涵是比较混乱的，它们有时是指汉族，有时又指中国的所有民族。到了1903年，梁启超在《政治学大家伯伦知理之学说》中对"民族"和"中华民族"的内涵做了较为科学的解释，他说："民族者，民俗沿革所生之结果也。"只要同居一地，具有相同血统、语言文字、宗教风俗和肢体形状，并同其生计，"有此八者，则不识不知间，自与他族日相隔阂，造成一特别之团体，固有之性质，以传诸其子孙，是之谓民族"。[⑤] "吾中国言民族者，当于小民族主义之外，更提倡大民族主义。小民族主义者何？汉族对于国内他族是也。大民族主义者何？合国内本部属部之诸族以对于国外之族是也。……合汉，合满，合蒙，

---

① 梁启超在《东籍月旦》讲："惟著最近世史者，往往专叙其民族争竞变迁，政策之烦扰错杂。"(《梁启超全集》第1册，北京出版社1999年版，第332页。)有关汉语"民族"一词的最早使用，目前国内学界争议颇多，笔者采用了目前学界公认度较高的梁启超说。相关争议请参阅郝时远《中文"民族"一词源流考辨》，《民族研究》2004年第6期；佟言实《"中华民族"称谓的由来》，《中国统一战线》2007年第10期；侯德彤《汉文中"民族"一词的出现并非始自〈东籍月旦〉——质疑近年来民族研究中的一个学术观点》，《东方论坛》2002年第6期。

② 此时的"中国民族"实际仅指居于中原的民族亦即传统意义上的"华夏族"。梁启超曰："东北诸胡种，何以二千余年迭篡中夏？以其长于猎牧之地，常与天气及野兽战，仅得生存。故其性好战狠斗，又惯游牧，逐水草而居，故不喜土著而好侵略。而中国民族之性质适之与之相反。"(见《梁启超全集》第1册，第450页。)

③ 该文不是一次性完整见之于世的，自1902年3月起梁启超将其陆续刊发于《新民丛报》(半月刊)"学术栏"之中。

④ 梁启超：《论中国学术思想变迁之大势》，《梁启超全集》第2册，北京出版社1999年版，第573页。

⑤ 同上书，第1067—1068页。

合回，合苗，合藏，组成一大民族。"① 也就是说，中华民族是指包含汉、满、蒙古、回、苗、藏等民族在内的中国各民族的统一体。1906年，梁启超在《历史上中国民族之观察》一文中进一步强调了中国民族的多元性和混合性："现今之中华民族自始本非一族，实由多民族混合而成。"② 至此，梁启超完成了其对"中华民族"一词的革命性创造，现代意义上的"中华民族"和"中国"概念由此而生。

中国日渐严重的危亡时局和梁启超强大的个人影响力，使"中华民族"一词诞生之后便引起了巨大的社会反响。《浙江潮》《江苏》《二十世纪之支那》《民报》《童子世界》等众多留日中国学生创办的报刊，围绕"民族主义"和"中华民族"的含义展开了激烈的讨论。1907年，杨度在《金铁主义说》一文中提出，中华民族更多应被看作是一个文化共同体而不是简单的种族融合体。他认为，在数千年的历史发展中，中国"广进异种，互相混合，血脉繁杂，其国势遂以日渐强盛，至今尚有汉、满、蒙古、回、藏等族，同处一政府之下，为一国之国民"③ 是文化的一体性、凝聚性和不可分割性造就了中华民族，汉、满、蒙古、回、藏均为隶属于中华民族的小的群体；并且，"各国视汉人，与满、蒙古、回、藏人民无别焉，但知为中国之人民而已，毫无厚薄亲疏之意存在于其间。"④ 因此，我们不应当将生活于中国土地上的人民再人为地区分为汉、满、蒙古、藏、回等彼此有异的不同"民族"之人，也不应将清取代明当作"亡国"之变。满人取代汉人统治了中国，"以清国灭明国，犹之以汉国灭秦国，以唐国灭隋国，是为朝姓之迁移，而与国家之存亡毫无关系也"。⑤ 假如汉、满、蒙古、回、藏人各自操起彼此有异的"民族"之旗，那么中国必然出现"不仅我排彼，彼且排我。于是全体瓦解，外人乘之，俄罗斯之国旗，

---

① 梁启超：《政治学大家伯伦知理之学说》，《梁启超全集》第 2 册，北京出版社 1999 年版，第 1069—1070 页。
② 梁启超：《历史上中国民族之观察》，《梁启超全集》第 6 册，北京出版社 1999 年版，第 3420 页。
③ 杨度：《金铁主义说》，刘晴波主编：《杨度集》，湖南人民出版社 2008 年版，第 253 页。
④ 同上书，第 279 页。
⑤ 同上书，第 263 页。

必飞扬于长城之下"①的亡国之景。可以看出，杨度的阐释已经超越了狭隘的血统意识，使"中华民族"概念适合更担负救亡图存的"合群"之任。

与梁启超、杨度等人的文化探讨相呼应，革命先驱者孙中山在檀香山创立了中国第一个现代革命团体——兴中会，提出了"振兴中华"这一充满"救民族于危亡"使命感的口号，并使其迅速发展为凝聚海内外华人的一面旗帜，最终帮助革命党人推翻了腐朽的清王朝。辛亥革命成功后，孙中山认可了"中华民族"的概念，并提出了"五族共和"和"将各民族融合成一个中华民族"的构想，使"中华民族"这一多民族共同体的理念逐渐发展成为国人的共识并渐入人心。

随着新文化运动的兴起，中华民族逐渐成为几乎家喻户晓的概念，论述中华民族历史与起源的著作也不断涌现，代表性的有《中国历史上民族之研究》（梁启超，1922）、《三民主义》（孙中山，1924）、《说民族学》（蔡元培，1926）、《中国人种考》（蒋智由，1929）和王桐龄、吕思勉、林惠祥等人撰写的《中国民族史》②，以及康有为、傅斯年、蒙文通等人关于中国民族起源的激烈讨论。

20世纪30年代以后，日本侵华战争的发展使中国人民反对外来侵略、争取民族独立的爱国运动日益高涨。中华民族也在抗日战争中发展成为凝聚海内外华人、提升全体国民的民族自觉、反抗外来民族压迫的旗帜与偶像，唤起了亿万民众无穷的智慧和力量，深深融入每个中国人的血液之中，最终帮助中国取得了近百年反抗外来侵略的第一次完全胜利，使中国终于摆脱了鸦片战争以后屡受外国凌辱的命运。20世纪50年代初，刚刚成立的中华人民共和国政府又取得了抗美援朝战争的胜利，浇灭了世界头号强国欲在中国燃起的战火，同时也极大地增长了亿万人民的民族自豪感和自信心。此后60年，中国历经波折取得了世人惊叹的建设成就，实现了中华民族"救亡图存""民族复兴"的百年梦想，使中国获得了前所未有的国际地位，充分显示出

---

① 杨度：《金铁主义说》，刘晴波主编：《杨度集》，湖南人民出版社2008年版，第279页。
② 王桐龄：《中国民族史》，北京文化学社1928年版；吕思勉：《中国民族史》，上海世界书局1934年版；林惠祥：《中国民族史》，上海商务印书馆1936年版。

"中华民族"的巨大生命力,这在进一步增强中华民族凝聚力的同时也使"中华民族"成为深入人心的一个概念。

从数千年文明发展的历程来看,民族身份实际就是一个特定的历史记忆。华夏、秦汉、满清和中华民族事实上都是一个具体时空特定共同体的称呼,一个特定历史中的社会记忆,一个随着稳定的人们共同体由小到大的发展而从陌生到熟悉的社会记忆过程。历史的发展使稳定的人们共同体的内涵不断发生改变,社会记忆随之而一再被此变迁所改写。每一次改写之后,原先社会熟悉的记忆都会被改写后的社会新生的意识所淡忘,从熟悉走向陌生。随着人们活动的发展和时间的推移,这种陌生—熟悉—陌生……的过程不断地发生,周而复始,持续不断,历史乃成。时间久了,生活于同一地域的居民可能对千年之前生活于此的居民所熟悉的记忆毫无感知,以至于其随某一深埋于地下的文物偶然复出于世时,人们会在完全的陌生中产生巨大的惊诧,有些人即便面对众多"古物新出"或"故土新归"的确凿证据时,也会因为个人内心的陌生记忆而拒绝承认,甚至指鹿为马。但是,无论怎样,一个事实却不容抹杀——作为一个现代国家,中国不是由今日汉族或其他某一个民族单独创建的,中国的疆域也不是依据某一民族单一的历史活动场所所确定的,更不是按照某一民族精英集团的意志形成的,而是一系列复杂历史运动的结果。中国如此,中国的任何一个省区亦如此。数千年的历史演变中,拥有不同语言、不同文化和不同记忆的人口集团,在不同的历史时期,通过不同的方式进入中国疆域之中,共同构建起与世界其他民族相区别的人类共同体——中华民族,使中国呈现出一种典型的多元社会的性质,宣称中国或中国的某一个省区是某一民族单一的领土是完全违背事实的痴人呓语。

三 熟悉而陌生的现代概念:市民社会与公民国家

(一)何谓"公民":一个现代身份概念的理论内涵

历史让我们看到,中华民族这个由陌生到熟悉的身份,不仅成功凝聚了亿万人民起来取得抗争外强侵略的胜利,实现了中国救亡图存的梦想,而且唤起了亿万人民奋发图强积极建设伟大祖国的无限热情与空前力量,实现了强国富民的历史追求,使中国人民获得了前所未有的自由与解放。随着时间的推移,"终于站起来了"的中国人民日渐熟悉并深刻记忆了"民族"这一稳定的人们共同体的身份,并将其作为自己获得生存发展的根本前提之一。今日,每一个中国人都为自己作为中华民族的一分子而自豪,"我是一名中国人"业已成为众多人获取权利的保障。

前美国篮球男子职业联赛(NBA)著名球星马布里来到中国篮球男子职业联赛(CBA)以后,一改往昔NBA糟糕的"独狼"形象,以其超强的实力和敬业的精神将其效力的北京首钢队带入全新的境界,四年三夺CBA总冠军,创造了奇迹。就在球迷对其顶礼膜拜时,他多次面对媒体真诚地表达了想要"学习中国文化",成为一名"中国人"的愿望。而在今日,成为一名"中国人"的正式标志就是获得中国国籍,成为一名"中国公民",换言之,"中国公民"即为"中国人"的正式身份表征。然而,这一身份却非人皆可得之物。依照现行《中华人民共和国国籍法》规定,想要获取"中国公民"身份的个人,必须达到一定条件并办理申请手续,经由相关机构审批之后方才具备。[①]这与许多人的想象相去甚远。创造CBA奇迹的马布里因为不具备这一条件,所以球迷眼中的MVP只能与其擦肩而过。这一让人欷歔不已的事实告诉我们:想当一名"中国人"并非易事。实际上,虽然"公民"是人们耳熟能详的一个词语,但对多数人来讲,"公民"仅仅是一个名称熟悉内涵陌生的身份指称而已。

1. 公民的内涵。《辞海》对"公民"一词的解释是,"具有一国国籍的人。包括未成年人和被剥夺了政治权利的人等在内"[②]。《不列颠百科全书》则将"公民"解释为:"指个人同国家之间的关系,这种关系是,个人应对国家保持忠诚,并因而享有受国家保护的权利。"[③] 可以看出,"公民"实际是表明人们国家属性的一种现实身份

[①] 参见《中华人民共和国国籍法》,http://www.gov.cn/banshi/2005-05/25/content_843.htm。

[②] 《辞海》,上海辞书出版社1990年版,第316页。

[③] 同上。

的指称，是一个人能否拥有其在一个国家享有生存与发展所需要的基本权利和资格的身份。[1] 依照《中华人民共和国宪法》的规定，"凡具有中华人民共和国国籍的人都是中华人民共和国公民。中华人民共和国公民在法律面前一律平等。国家尊重和保障人权。任何公民享有宪法和法律规定的权利"[2]。这些权利主要有：选举权和被选举权；言论、出版、集会、结社、游行、示威、宗教信仰、人身、通信，以及进行科学研究、文学艺术创作和其他文化活动的自由；人格尊严、通信秘密和住宅不受侵犯；劳动、休息、教育和从国家与社会获得物质帮助的权利等。[3] 当然，在享有权利的同时，公民还需履行宪法和法律规定的义务，诸如劳动、依法纳税、服兵役和保守国家秘密、遵守公共秩序、维护国家统一和全国各民族团结等。[4] 简而言之，"公民"就是"具有一国国籍"者的身份，是作为主体的个人在国家这一特定的共同体中一种不可让与的地位或资格，是一种教育个人在日常生活当中如何与他人和群体相处的行为准则，揭示的是生活在社会中的个体与国家的关系，是对个人拥有的地位与资格的一种解释。

从概念内涵的考察中，我们看到，"公民资格意味着伴随有责任的自由身份"[5]。但这种身份既非天然就有的也非人皆可得的，更不是恒久不失的。依照现行《中华人民共和国国籍法》第十四条规定：中国国籍的取得、丧失和恢复，必须办理申请手续。未满十八周岁的人，可由其父母或其他法定代理人代为办理申请。[6] 而申请"中国公民"身份的条件则有"天赋"和"后天"两类，"天赋"即由先天出生所

---

[1] Bryan S. Turner, Petter Hamilton, *Citizenship: Critical Concepts*, London and New York: Routledge, 1994, p. 2.

[2] 中国政府网：国务院公报，http://www.gov.cn/gongbao/content/2004/content_62714.htm。

[3] 参见《中华人民共和国宪法》第二章"公民的基本权利和义务"（第三十三条至第四十九条）。

[4] 参见《中华人民共和国宪法》第二章"公民的基本权利和义务"（第四十二条至第五十六条）。

[5] 《辞海》，上海辞书出版社1990年版，第316页。

[6] 参见《中华人民共和国国籍法》，http://www.gov.cn/banshi/2005-05/25/content_843.htm。

赋予的，主要分为三种情况：第一，父母双方或者一方为中国公民，本人出生在中国；第二，父母双方或一方为中国公民，本人出生在外国（父母双方或一方为中国公民并定居在外国，本人出生时即具有外国国籍者除外）；第三，父母无国籍或国籍不明，定居在中国，本人出生在中国。不具备上述三种条件的人，想要成为一名中国的"公民"，必须具备一定的"后天"条件，即在愿意遵守中国宪法和法律的前提下，具有"中国人的近亲属、定居在中国的、有其他正当理由"三个条件之一的外国人或无国籍人，在提出申请并获得批准之后才能获取"中国公民"的身份。由于中国不允许个人同时拥有两个国籍亦即两种公民身份，所以，即便已经拥有中国国籍具备"中国公民"身份的人，一旦"自愿加入或取得外国国籍的，即自动丧失中国国籍"①。总而言之，想要成为一名具有"中国公民"身份的"中国"人确实不太容易，并不会像歌中所唱的那样——只要是个"龙的传人"，拥有一颗"澎湃着中华的声音"的"中国心"，就能自然而然地获得"中国公民"身份。

　　事实上，想象与事实的差距恰恰反映出"中国公民"与"中华民族"这两种身份的区别：一个是注重语言文化、风俗习惯、心理认同和血缘宗亲的稳定的人们共同体的民族身份；一个是强调政治、经济、文化等多方面权利与义务，强调个人意愿与客观条件相匹配但却不问血缘宗亲的稳定的政治共同体的身份。由于民族身份是一种更强调主观意识和主体认同的集体身份，其受外在客观条件变化的影响不会太多，因此，一个人无论身在何处，无论意愿如何，只要是一个"龙的传人"就属于"中华民族"的一员——即便不是"龙的传人"，只要拥有一颗"澎湃着中华的声音"的"中国心"，同样也可以不论何时何地获得"中华民族"这一共同体的身份，并且这一身份无须申请也不用批准，是一个完全不受任何他人或权力机构以及社会结构制约的群体身份的象征，不会因为个人所处时空或社会现实的变化而消失。公民身份则不同，不论个人意愿如何、不论血脉怎样，只要不具备

---

① 《中华人民共和国国籍法·第九条》，中国政府网，http://www.gov.cn/banshi/2005-05/25/content_843.htm。

《国籍法》所规定的条件,哪怕是土生土长于中国的人,也不会成为"中国公民",这一身份既须具有主体意识的个人申请也须具备国家权力的客体批准,是一个完全受到"个人—国家"这一现实社会结构的人类共同体制约的一种资格与地位的表征,并且这种身份会随着时空的变化或个人条件的改变而改变(取得、丧失或恢复)。仅有血缘相亲和个人意愿但无主观与客观两个向度的统一,公民身份绝对不可能存在。

2. 公民:一个主体意识觉醒的标识。从上面的讨论中,我们看到,公民身份是伴随国家这一固定结构的人类共同体的存在而存在的,而"国家并不是从来就有的。曾经有过不需要国家、而且根本不知国家和国家权力为何物的社会"[①],那时是不可能存在公民身份的。随着社会生产力的发展,"在经济发展到一定阶段而必然使社会分裂为阶级时,国家就由于这种分裂而成为必要了"。当国家这一必要的结构出现之后,公民身份随之而生。并且,这种必然的伴生也伴随着必然的覆灭,"正如从前它们不可避免地产生一样。随着阶级的消失,国家也不可避免地要消失"[②]。国家消失了,公民身份也就随之而去了。所以说,公民—国家这种关系既非天然铸就也非一成不变的,"公民身份仅存在于具有分化的、合理的政治体制的社会中"[③],这就是随着私有制的产生而出现的阶级性共同体——国家制的社会。因此,公民身份实质不过是存在于人类一定发展阶段的历史之物,一种个人生存与发展权利的保证,一种与国家同生死的政治身份。

然而,公民—国家以及公民—国家意识如何产生?答案只能从具体历史条件下的现实生活去寻找。人和人类社会的一切现象都是自然界长期发展的产物,而"一切人类生存的第一个前提,也就是一切历史的第一个前提"就是"人们为了能够'创造历史',必须能够生活"。为了生存和生活,"首先就需要吃、喝、住、穿以及其他一些东西。因此,第一个历史活动就是生产满足这些需要的资料,即生产物

---

① 《马克思恩格斯文集》第4卷,人民出版社2009年版,第193页。
② 同上。
③ [英]尼克·史蒂文森编:《文化与公民身份》,陈志杰译,吉林出版集团有限责任公司2007年版,第46页。

质生活本身，而且，这是人们从几千年前直到今天单是为了维持生活就必须每日每时从事的历史活动，是一切历史的基本条件"①。在人类实践活动中，已经得到满足的第一个需要本身、满足需要的活动和已获得的为满足需要而用的工具又会引发新的需要，这种需要是经由人的生产和再生产出来的，已经不是自然的需要而是历史的需要，而"这种新的需要的产生是第一个历史活动"。就在这种物质生活的生产与再生产中，人的生命得以生产与再生产，社会得以存在和发展。这一过程中，人一方面建构着自己与自然的关系，另一方面又建构着自己与他人的关系亦即社会关系，由此形成了社会存在的有机整体。这一有机整体，"一开始就有一种物质的联系。这种联系是由需要和生产方式决定的，它和人本身有着同样长久的历史；这种联系不断采取新的形式，因而就表现为'历史'"②，而用以标识个人社会关系属性的身份，不过是这种历史的一种意识之物而已，并且这种"意识一开始就是社会的产物，而且只要人们存在着它就仍然是这种产物"③。

在人类发展的早期，受到生产力低下、生活资料稀少的限制，人的吃、喝、穿、住等一切生存需要的满足完全依靠自然的取舍，对自己身外的自然界具有无限的敬畏，"人们就像动物一样慑服于自然界"，与其他动物不同之处在于，人能"意识到必须和周围的个人来往，也就是开始意识到人总是生活在社会中的"④。此时，人与社会、人与自然的关系是浑然统一的，人类及其赖以存在和发展的主观、客观条件都是与自然同体的。在这种马克思所称的"人类社会历史'原生形态'"下，与自然同体的人们还没有什么主体意识，也不会有什么用以标识主体地位与资格的身份。对于个人来说，进入一个什么样的共同体，纯粹是一种个体无法选择的偶然性结果，不存在什么个人的身份意识，自然也不需要类似"公民"这样独立的个体身份来做什么利益保证，同一共同体中的人们，处于一种以个人无法选择的天然

---

① 《马克思恩格斯文集》第1卷，人民出版社2009年版，第531页。
② 同上书，第533页。
③ 同上。
④ 同上书，第534页。

血缘关系为基础的地方性联系之中，一切都是听天由命。

随着生产力的发展、人类需要的增长，以及人口数量的增多，人的群体意识获得了进一步的发展和提高。人类的分工也随之发展起来，"起初只是性行为方面的分工，后来由于天赋（例如体力）、需要、偶然性等才自发地或'自然形成'分工"，在生产发展到一定程度亦即"只是从物质劳动和精神劳动分离的时候起才真正成为分工"，而分工的出现，不仅使劳动和享受、生产和消费以及其他各种活动可以由不同的人来分担的情况成为可能，而且成为一种现实。伴随着分工同时出现的还有分配，"而且是劳动及其产品的不平等的分配（无论在数量上还是质量上）"①，个人因为分工和分配所得到的生存生活资料因此而有了区别，私有制由此而产生。"其实，私有制和分工是相等的表达方式，对同一件事情，一个是就活动而言，一个是就活动产品而言。"② 于是，先前一切皆由自然取舍决定的人的关系，开始被有选择性的人之行为——分工和分配——所改变，原本与自然同体的人类生存生活不再是听天由命，共同体的成员开始出现具有不同生存和生活条件的个人地位与资格的区别。就在个人自我与他人相互区别的生活当中，人们开始具备一种个人的主体意识，保障个人社会地位与资格的身份由此而生。从此以后，人类开始进入一种"次生形态"，同一共同体内的成员个体因其在共同体中的位置不同而出现个人生存生活状况有所差别甚至大相径庭的情境，人不再仅仅是臣属于自然并彼此依赖的圣灵之物，而且同时要臣属于国家这一人为的社会体系，处于这一体系中的个体从此成为一个权力体系中的臣民。但是，这种臣民并不就是今日所讲的公民。因为，这些臣民既非人人平等也不可能拥有完整的权利义务关系。即便是在"高度民主"的古希腊和古罗马，"人们的不平等的作用比任何平等要大得多。如果认为希腊人和野蛮人、自由民和奴隶、公民和被保护民、罗马的公民和罗马的臣民（该词是在最广义上使用的），都可以要求平等的政治地位，那么这在古

---

① 《马克思恩格斯文集》第 1 卷，人民出版社 2009 年版，第 536 页。
② 同上。

代人看来必定是发了疯。"① 也就是说,古希腊和古罗马国家中的个人并不具备今日所说公民的基本特征——人人平等地享有宪法和法律所规定的权利。

诚然,今日公民所对应的英文 Citizen 一词源自拉丁语 Civis。但其本身同今日的公民却有明显的区别。古希腊人将自己的政治共同体称为 Polis,将构成这一共同体的要素(个人)称为 Polites;而古罗马则将自己的政治共同体称为 Civitas,其构成要素则为 Civis。这种 Polis 或 Civis,是一种特权的象征,这种特权是建立在对占共同体的多数的非 Polis/Civis 的奴役之上的。换言之,Polis/Civis 仅指城邦的统治者、治理者而非城邦的所有成员。按亚里士多德的说法,公民就是参与无定期官职的人:"凡有权参加议事和审判职能的人,我们就可说他是那一城邦的公民。"② 但是,并非所有城邦居民都可以成为公民,除了妇女不具有参与政治的资格之外,亚里士多德还强调:"我们不能把维持城邦生存的所有人们,全都列入公民名籍","最优良的城邦形式应当是不把工匠作为公民的"。③ 显然,这与本质上所有共同体成员"一律平等"的 Citizen 是完全不同的。在罗马共和国,Civis 也是分为多种等级和种类的,不同种类的 Civis 之间地位悬殊,权利义务并不平等。④ 公元前 6 世纪,罗马公民 Civis 的范围仅限于罗马城的贵族,直到公元前 287 年,为争取法律上与贵族平等的地位而进行了两百多年斗争的罗马平民,才通过《霍尔腾西法》所规定的"平民会决议对全体人民具有约束力,平民会决议被等同于法律"⑤ 获得了 Civis 资格。从这个意义上讲,保证成员个体拥有不平等性质特权的 Polis/Civis 与今日保证成员个体拥有平等性质权利的 Citizen 是完全不同的两种概念。既然如此,将古希腊古罗马的 Polis 和 Civis 当作今日的 Citizen(公民)显然有失偏颇。

---

① 《马克思恩格斯选集》第 3 卷,人民出版社 1995 年版,第 444—445 页。
② [古希腊] 亚里士多德:《政治学》,吴寿彭译,商务印书馆 1965 年版,第 113 页。
③ 同上书,第 126—127 页。
④ 罗马共和国的公民分为"罗马公民""自治市公民""无投票权公社的公民""拉丁殖民地的公民"等,不同类别的公民所享有的权利与承担的义务差别很大。[详见谢维雁《公民的历史变迁》,《四川师范大学学报》(社会科学版) 2007 年第 3 期。]
⑤ [古罗马] 盖尤斯:《法学阶梯》,黄风译,中国政法大学出版社 1996 年版,第 2 页。

除了概念内涵的本质区别以外，从公民身份的获得过程来看，个人必须具备一定条件，向国家权力机构提出申请并经由国家权力机构的审核批准后才可以获得公民身份。关于获得生活于国家这一特定共同体中的利益（地位与资格）的保障，没有申请不可获得，有了申请而没有批准也不可获得。一旦申请并获得批准之后，个人就可以获得谁也无权剥夺的权利和地位。这实际上是一种契约生成过程，其前提是契约双方的平等和选择，一旦生成之后契约双方就会出现一个必须彼此互尽义务的规定。这种平等在国家权力属于特权集团的贵族与君王的奴隶、封建时代是不可能存在的。在古希腊和古罗马共和国内部，特权体系是不容选择的：不仅享有特权的元老院的贵族与平民和奴隶之间没有平等可言，就是在特权集团内部的贵族与平民之间也没有什么彼此平等的选择可言——"君权神授"不会给予人人平等的现实供人们去做选择。人们的选择权利往往是受他们生活本身的条件所制约的，"人们每次都不是在他们关于人的理想所决定和所容许的范围之内，而是在现有的生产力所决定和所容许的范围内取得自由的"[①]。无论个人意愿如何，农民和奴隶实质不过是"会说话的工具"而已，他们只有如何进行生产的选择自由——有时甚至连这种选择的权利都没有——至于生产什么和生产与否则无权选择。人是否愿意接受他所面对的现实，"绝不取决于他，然而即使我们暂时接受他的前提，如果他要进行选择，他也总是必须在他的范围里面、在绝不由他的独自性所造成的一定的事物中间去进行选择的"[②]。因此，无论孔子向往的周礼时代，还是法学家们崇尚的古希腊、罗马共和国时代，贵族与平民和奴隶之间根本不会存在有"法律面前一律平等"的可能，奴隶永远不可能拥有 Polis/Civis 那样进行选择的权利。今日所言的公民在那里不过是一种空无而已。

（二）市民社会与公民国家：一个现代实践——工业创造的社会关系之物

1. 托古创新：公民概念诞生的思想历程。沿着人类思想史的进程

---

① 《马克思恩格斯全集》第 3 卷，人民出版社 1960 年版，第 507 页。
② 同上书，第 355 页。

考察，我们发现，虽然 Polis/Civis 与今日所言 Citizen（公民）相去甚远。但在现代政治学鼻祖马基雅维里那里，罗马的 Civis 概念却受到了热烈追捧，并因马基雅维里的思想在世界的传播和现代国家政治的发展而成为世人所熟知的一个名词。不过，对马基雅维里来讲，"罗马只是一个托词，并不是历史的真实状况"[①]。

在被公认为罗马"公民"概念复兴之作的《论李维》一书中，马基雅维里在表达其对罗马共和国无限向往的同时将共和国的构成要素（君主、贵族与平民）改造为现代意味的公民。在他看来，平民与贵族、君主具有同等意义的政治力量。其中，平民与贵族作为一对平衡力量，是罗马共和国保证自由和实现稳定的基础。"罗马城内大多数专制政体的原因是一样的：它既来自于人民的自由欲望过于强烈，也来自于贵族的支配欲望过于强烈。当他们不同意制定有利于自由的法律，而要制定有利于党派的法律时，则专制统治即现。"[②] 平民与元老院因为利益的不同而出现的"不和"使其中任何一方都不至于力量过于强大，这是保持罗马自由的原因所在。但是，仅有平民与贵族这样一对维持自由共和的平衡力量是不够的。因为，"共和国的常规制度动作迟缓（因为议事会或官员不能擅自做主，在许多事上需要相互合作，集思广益也需要时间），利用它们去对付那些刻不容缓的事，便成了风险极大的手段"[③]。为了建立能够使罗马共和国发展和强大起来的丰功伟业，还必须要有一种能够迅速行动以对付"那些刻不容缓的事"的力量——君主。但是，作为独裁官的君主没有绝对的权力，因为"能够为所欲为的君主，无异于疯子"[④]，其设置仅是一种行政的考虑和需要。如此一来，罗马共和国的每一个构成要素（君主、贵族和平民）所拥有的权力都是有限的，换言之，每一个 Civis 都具有一种有限性的特征，而这种"有限性"的存在必须以自由为前提。如此一

---

① 张康之、张乾友：《对"市民社会"和"公民国家"的历史考察》，《中国社会科学》2008 年第 3 期。
② [意] 尼科洛·马基雅维里：《论李维》，冯克利译，上海人民出版社 2005 年版，第 152 页。
③ 同上书，第 135 页。
④ 同上书，第 196 页。

来，理想的罗马共和国中的平民就拥有了与元老院相匹配的力量，平民由此获得了参与政治生活的权利。

但是，现实历史中的平民在罗马共和国并没有这种权利。从公元前494年，罗马平民为争取法律上与贵族平等的地位而第一次撤离到圣山，到公元前287年《霍尔腾西法》"平民会决议对全体人民具有约束力，平民会决议被等同于法律"① 规定的出台，罗马平民经过两百多年的斗争才获取了"会议决议等同于法律"的权利。但即便如此，享有参与政治生活权利的罗马平民与贵族在权利分配方面依然是存在等级性差别的。②

除了马基雅维里言辞中罗马共和国事实上没有一律平等的公民之外，将平民视为与贵族、君主具有同等意义的政治力量的马基雅维里也未对公民概念进行理论上的阐发。对他来说，一个名实相符的"共和国"就是一种"自由建制"，就是能够为所有的共和国成员（当然不含不被当作人的奴隶）提供参与公共生活的机会。"尽管所有这些都是一种托古行为，但在这种托古中所表达的真实思想则是一种共和国的理想，提出了属于近代的公民概念，并在这一概念的基础上构想其国家形态。"③ 通过现代政治学之源的考察，我们发现，虽然马基雅维里有关公民国家的构想没有立即变为现实，但它却为公民概念和公民国家的出现奠定了思想基础。

马基雅维里向世人所提供的伟大构想虽然是借古说今而来的，但这种通过独立、自由、平等的不同主体之间建立契约的方式来实现政治权利的分配，保证人类共同体的自由和稳定的构想，却是"对于16世纪以来就作了准备、且在18世纪大踏步走向成熟的'市民社会'的预感"④。当然，这也是对其所生活的现实世界变化的一种反映，并且，这种意识一开始就是现实社会的产物。

---

① ［古罗马］盖尤斯：《法学阶梯》，黄风译，中国政法大学出版社1996年版，第2页。
② 参见谢维雁《公民的历史变迁》，《四川师范大学学报》（社会科学版）2007年第3期。
③ 张康之、张乾友：《对"市民社会"和"公民国家"的历史考察》，《中国社会科学》2008年第3期。
④ 《马克思恩格斯文集》第8卷，人民出版社2009年版，第5页。

马基雅维里（1469—1527年）出生于意大利佛罗伦萨一个没落的贵族家庭，1495—1512年参与共和国的外交和军事。在他生活的时间内，意大利正处于一个社会发展转折与动荡期。一方面是伴随着工业生产方式和资产阶级的兴起而爆发的破除宗教神权、追求个人解放的文艺复兴运动；另一方面是内忧外患下的意大利的停滞与衰退。意大利因其优越的地理位置和商业贸易传统，早在14世纪至15世纪就已有了资本主义的萌芽。但到16世纪，它的经济发展却显得迟滞而落后。这使早已萌芽的资本主义仅局限于城市商业和少数手工业部门，南部和西北部依然都保持着闭塞的封建经济。而导致这种现象的原因是多方面的。

首先，就国内经济生产来讲，自15世纪末起，意大利重要经济支柱之一的呢绒纺织业，因其原料主要供给国（英国和西班牙）的国家统一和经济的发展，停止了向意大利输出羊毛而受到沉重打击。在原料供给中断的同时，原来畅销于东方市场的佛罗伦萨呢绒则因受到威（尼斯）土（耳其）战争（1464—1479年）的影响中断了商路，失去了主要销路。16世纪，威尼斯运送呢绒的船队就不再开航。就在意大利失去东方市场的同时，欧洲的市场也逐渐被新兴的英国呢绒商所抢占，曾经盛极一时的佛罗伦萨呢绒业陷入四面受挫的危机之中，意大利经济受到很大打击。

其次，就海外商贸业来讲，在长期的威土战争导致意大利与东方贸易瘫痪的同时，15世纪末至16世纪初新航路的发现，以及随之而来的商路转移则给意大利带来更为不利的影响。正如马克思所讲："15世纪末以来，世界市场的革命破坏了意大利北部的商业至上权。"葡萄牙人开辟绕好望角到达印度的航线以后，控制波斯湾和红海的人口，东方贸易受其垄断。从此里斯本代替了威尼斯，成为东方商品的集散地。威尼斯从14世纪起穿过直布罗陀海峡直接开往英国和尼德兰的楼船队，也遇到其他国家的竞争，到16世纪初就逐渐绝迹。这样，意大利的经济从16世纪起就开始落后。到17世纪，威尼斯虽然还是一个富庶的商业共和国，但在世界贸易中的地位远不如昔，它的商业仅限于与其相邻不远的周边各国，贸易额也在逐渐缩小。

再次，城市共和国、王国、公国、教皇辖地以及众多小封建领地的林立并存，在为意大利贸易提供便利条件的同时难以形成统一市场，经济整体自给力不足，难为经济持续稳定的发展提供更多更好的资本。作为传统商贸大国，意大利的经济繁荣和城市发展一向取决于中介贸易，资本主义能够在意大利早期萌芽则与这种中介贸易所带来的资金、原料和劳动力的快速流动和集中密切相关。但同样由于中介贸易的这种优势，意大利的资本多为商业活动所吸收，投入工场手工业和农业的部分则相对薄弱。并且，多个城邦国家的林立并存使整个意大利难以形成能够带来更多更大资本的市场，主要依赖对外贸易的城市经济的自给力严重不足，极易受到外部条件变化的影响。

最后，国内政治的四分五裂和外来势力的不断侵扰，难为意大利经济的发展提供持续稳定的社会环境。意大利直到16世纪仍然四分五裂，有势力的商业贵族、佣兵首脑和行政长官等纷纷僭窃政权，成为独裁者。各邦君主盘旋于各势力之间，朝秦暮楚，一切以自身利益为断。各个小国之间钩心斗角，战争频发，为了自身利益的统治者们甚至不惜勾结外国，引狼入室。罗马教皇则在各小国之间纵横捭阖，制造分裂，以防止它们协调一致，妨碍教廷的权力。长期垂涎意大利财富的法国、西班牙和神圣罗马帝国则乘机进入意大利，并于1494—1559年在意大利领土上进行了长达几十年的战争，给意大利人民带来了巨大的灾难。

目睹着城市共和国的危机以及法国、西班牙和神圣罗马帝国对意大利的蹂躏，马基雅维里心中充满着焦虑，迫切希望能有一个变革现实、励精图治的统治者统一意大利，驱逐外国侵略者，使意大利成为一个不受外辱的富强之国。生活也给予他亲自参与社会变革的机会。1494年秋，法国军队入侵佛罗伦萨，就在城市居民奋起抵抗时，当时的统治者美第奇家族却到法国军营去投降。这激起了原本就对美第奇暴政心怀不满的佛罗伦萨人民的愤怒，继而爆发了为推翻美第奇家族统治的平民起义，马基雅维里也参加了这次起义。在成功推翻美第奇家族统治后，起义者们建立了新的政权，恢复了共和国并实施了驱逐高利贷者、取消穷人债务、对不动产收入征收累进税等许多有利于百姓的改革。但不久之后，佛罗伦萨就发生了饥荒，众多工厂关闭，工人失业，无数苦于战争的农民也涌入佛罗伦萨，新政权的低利贷款并没有使百姓的处境得到显著的改善，生活困境使新政权在百姓中的威信迅速降低。美第奇家族的拥护者以及丧失权力的佛罗伦萨贵族借机与教皇一起串谋夺回失去的政权。1498年4月，贵族煽动群众推翻了起义政权，恢复了贵族对佛罗伦萨的统治。马基雅维里因为参与了反对美第奇家族的政治军事活动而失去了其在政府的职位并遭到了逮捕，获释后他隐居于佛罗伦萨郊外的一个农庄，基于自己的实践和观察完成了《论君主》《论李维》等著作，详细阐释了自己的政治学说，并向美第奇政权提交了《君主论》以求重返政治。

在《君主论》中，马基雅维里提出，统治者不仅应该励精图治统一意大利，而且应以国家利益为政治行为的唯一准则，为达到目的可以不择手段，在外交上则应依靠实力，不必遵守信义和诺言。同时，为了国家强大和永世长存，统治者不仅需要善待平民并通过各种方式努力使财产增益，而且还应当重视各种行会与社会集团，建立生命力更加强大的共和国。① 在《论李维》一书中，他提出了应该在强大统一的共和国内实行君主—贵族—平民的混合政体和公私分明的社会秩序；为了国家的长治久安则应将权力分享与众人，使其存续与众人休戚相关；应以个人德行的塑造、共和与专制共同来维护自由并保证国家的稳定和强大；等等。② 此即为前文所讲的托古而建的公民国家的构想。

从马基雅维里的著作中，我们可以看出他的学说与其前政治学说的不同：他自现实生活的观察和经验而非抽象的神学概念出发，以历史事实为例证，经过分析后得出应该如何建构国家的结论，他把权力作为法的基础，主张人生而平等而非"君权神授"，从而将政治学从宗教和道德的束缚中解脱出来，把世俗的权力置于现实生活中，把国家强大的基础从美德和正义转向了实力——完备的法律和精良的

---

① 参见［意］马基雅维里《君主论》，张志伟、梁辰、李秋零译，陕西人民出版社2001年版，第29—30、58—62、104—1107、130、145—149页。
② ［意］尼科洛·马基雅维里：《论李维》，冯克利译，上海人民出版社2005年版，第49—52、62—64、71—73、98—100、105页。

军队，使政治学由为统治者辩护的理论变为更具针对性和可操作性的治国之学。

马基雅维里的政治思想实际上反映了伴随新的生产方式兴起于市民社会中的资产阶级，渴望破除世袭贵族垄断社会权力以获得更多支配社会财富的追求，以及希望通过国家的统一和中央集权制度的建立所带来的统一的市场、商业贸易的恢复和城市的繁荣，加速资本的流转和增值，以使自己获得更多更好的利益，进而获取更高社会地位与更多政治权力的强烈要求。在生产力条件还不足以产生更多的产品用来进行以增值为目的的生产和交易，因而也不存在通过市场交换来实现剩余产品价值的市场经济形态的前资本主义社会中，没有依托市场而生的市民社会，没有普遍性的独立主体意识，也不可能产生普遍性的平等的身份要求，附着有平等权利和义务的公民身份自然也不可能产生。

因此，托古而作的"公民"概念不过是新兴资产阶级渴望通过国家权力的重新分配，来建立更加有利于个人发展的社会权力体系的现实追求的一种反映而已。马基雅维里托古而作的"公民"不过是"对古代自由的追忆"，这种追忆召唤包括君主、贵族、封建领主和新兴资产阶级在内的所有社会成员"离开那片既安全又可靠、富足但自私的领地"，开拓一个全新的领地和生活空间，[①] 这一领地和空间只能是废除君主与贵族特权的给予所有市民平等权利的公民国家而非其他。

2. 个人自由与国家认同：公民国家存在与发展的两个基本向度。马基雅维里之后，霍布斯在其著作《论公民》中提出，人们在体力、经验、理性和激情等自然天赋上是相互平等的，但这种能力的平等却由于人所存在的伤害意愿而使人们具有互相残杀的可能。因此，自然状态下的人们是没有安全感的，恐惧和战争也由此而生。为了保证生命，克服生存恐惧，人们需要一种联合，在联合之时，人们彼此定约并让个人的意志一律服从于某个单一的个人或会议的意志，联盟由此而成。这样的联盟则为 Citiy 或 Civil Society。

与霍布斯将战争看作自然本性所致不同，洛克认为，战争是人为

---

① 参见哈维·曼斯菲尔德为《论李维》所作的导论。

的结果,是处于自然状态下的人们在相处中,因为缺少裁判者而变得无序和争斗乃至战争。假如有了人们如何相处的明文法律规定和具有裁判纷争的权威者,人们可以向其做出诉请,战争就可以结束。为了避免战争,人类组成了社会,而霍布斯所讲的国家则是一种灾难,因为"谁企图将另一个人置于自己的绝对权力之下,谁就同那个人处于战争状态"[①]。在洛克看来,社会是先于国家而存在的,而这个社会是由众多平等的市民所构成的市民社会,它是具有独立地位的,而不是国家的附属物,是处于自然状态的人们"进入社会并组成一个民族,形成一个受制于最高统治权的政治实体（国家）"[②]。因此,国家并不是霍布斯所说的 Civil Society。

可以看出,"洛克试图用不同的权力来对国家和市民社会作出区分,他认为,'立法权'属于社会,'行政权'属于国家。人们首先结成市民社会,然后才授权给'社会的'立法机关为其制定法律,立法机关成了裁判者,有了这个裁判者,才使人们进入一个有国家的状态。所以立法权先于行政权,引申而言,是市民社会创造了公民国家"[③]。显然,洛克的"市民社会创造国家"是比较贴近于大家熟知的历史进程的,而且也与其后的历史进程非常吻合。洛克生活的时代恰好就是工业革命发生的时代,迅速发展的社会生产力在生产出空前数量的物质财富的同时,也生产出了具有独立"自我意识"的个人与摆脱古典时代和中世纪共同体的财产关系。正如马克思所讲,"工业的历史和工业已经生成的对象性的存在,是一本打开了关于人的本质力量的书,是感性地摆在我们面前的人的心理学"[④],"自然科学却通过工业日益在实践上进入人的生活,改造人的生活,并为人的解放做准备,尽管它不得不直接地使非人化充分发展"[⑤]。强大的工业生产生产出越来越多的物质财富和越来越多的人类需求,如何分配工业生产的财富以满

[①] ［英］约翰·洛克:《政府论》（二）,杨思派译,九州出版社2007年版,第321页。

[②] 同上书,第413页。

[③] 张康之、张乾友:《对"市民社会"和"公民国家"的历史考察》,《中国社会科学》2008年第3期。

[④] 《马克思恩格斯全集》第3卷,人民出版社2002年版,第306页。

[⑤] 同上书,第307页。

足个人的需要,成为越来越多的个人必不可少的思考,于是个人权利的保证,如何分工、分配、交换、消费等诸多问题日益成为一个普遍性的问题摆在了人们的面前。于是才有了个人自我主体意识觉醒的市民,有了由诸多具有自我意识的市民所构成的市民社会——资产阶级社会。

但是,原有社会并没有给这些创造和掌握越来越多的社会财富者们参与管理和分配他们所创造的社会财富的权利、地位和资格,资本无限扩张的需求和"利己的市民个人"对于政治自由的渴望被旧的国家结构牢牢捆住,原有的生产关系和社会制度日渐成为制约生产力发展的桎梏,变革社会权力体系的要求随着工业生产方式的普及和发达而日渐强烈起来,新兴阶级与掌握国家权力控制社会分配的贵族和君主之间的冲突不可避免,一种追求理想性的个人自由与解放的需求和控制个人自由存在与发展的现实矛盾日渐凸显。恰如马克思所说:"都根源于生产力和交往形式之间的矛盾"[1],当"社会的物质生产力发展到一定阶段,便同它们一直在其中运动的现存生产关系或财产关系(这只是生产关系的法律用语)发生矛盾,于是这些关系便由生产力的发展变成生产力的桎梏。那时社会革命的时代就到来了"[2]。当市民社会中的资产阶级积聚起来而达到足够的力量时,否定原有法律制度和国家的革命运动便发生了,适应市民社会经济基础的上层建筑随之而生,资产阶级通过身份平等的协商和契约开始分享支配财富的权利,公民国家从一个美丽的构想变成了现实。

从现实的历史进程来看,从《自由大宪章》到《人权宣言》,从《威斯特伐利亚和约》到《共产党宣言》,随着工业革命的发生与发展,反对宗教神权、呼唤平等、追求个人自由与解放的生存理想鼓舞了无数个人,向束缚生产发展与个人自由的天然的血族与宗法神权羁绊发起了强有力的挑战。在现代工业生产方式打造的威力无比的革命战车的帮助下,新兴资产阶级推翻旧有社会权力体系的社会革命迅速弥散至世界各地,工业革命的战车将旧的社会权力体系碾得粉碎,国

---

[1] 《马克思恩格斯文集》第1卷,人民出版社2009年版,第567—568页。
[2] 《马克思恩格斯选集》第2卷,人民出版社1995年版,第32—33页。

家从此不再是神授予个别君主或贵族集团的神秘之物,依托天然血族与宗法神权庇护的君王与贵族从此不再拥有高于其他社会成员许多的特权,想要生存下去,他们也不得不担负更多的义务与责任。与此同时,解除了天然枷锁的奴隶从此不再是除了服从别无选择的个体。更多拥有同等义务和自我选择权利的个体开始依靠工业生产方式所创造的物的体系构建个人的生活,具有平等的自然状态和经济地位的市民因为拥有平等的政治权利而变为国家公民,权利和义务相统一的社会权力体系——现代国家体系在工业化生产方式所打造的强大经济基础上逐步建立起来。由此,"公民"从个别思想家的概念和政治家的理想追求变成现实生活中大众所熟知的一种身份,一种地位和资格的象征,一种权利和义务的标志。

历史表明,公民不是天赋之物,无论何人,只有作为具有自觉之意识和自由之权利的独立个体,他才能成为国家公民。[①]"公民"身份下,个人尽其所能为自己创造可以让其少受或免受周边世界原有生活条件束缚可能的权利得以保证,与此同时,为了保证每一个同样自由的个体所拥有的这一身份的权利的行使,生活于统一共同体中的人们又不得不彼此签订一种协议,在共同体内部共同遵守统一的规则,承担起共同的义务,规范起个人的行为。如此权利与义务统一下,每个人都获得了一定空间内的个人自由生存与发展的可能。这既是一种彼此平等的权利,又是一种彼此相同的义务。义务和权利统一于"公民国家"这一共同体中,个人的自由成为一种最大接近于理想性存在的现实。从这个意义上讲,个人自由与解放的主体性诉求促成了公民国家与公民身份的形成,而自由的个人必须向共同体——国家所承担的责任与履行的义务则是保证每一个人自由得以实现的客观前提,公民国家是个人自由得以保证的客观基础。在公民—国家这一现代的个人与共同体的结构中,个人的自由与解放是"公民"身份的主体向度,共同体——国家则是公民身份的客体向度。二者统一于公民—国家这一结构中,彼此依存,密不可分。

[①] 参见《马克思恩格斯全集》第3卷,人民出版社2002年版,第97页。

与公民国家出现之前的人类共同体相比，生存于公民国家这一新型共同体中的个人无疑获取了更多的自由与解放，是一种人的解放与自由的发展。这种解放"无情地斩断了把人们束缚于天然尊长的形形色色的封建羁绊"①，将个人从自然血缘与宗法神权的篱笆中解放出来，使人类进入"以物的依赖性为基础的人的独立性"②的次生状态。这种解放不是自发的也不是依靠某一思想家的理论运演形成的，它"是一种历史活动，而不是思想活动，'解放'是由历史的关系，是由工业状况、商业状况、农业状况、交往状况促成的"③。没有工业生产方式的出现，就不可能有创造并掌握越来越多的社会财富的资产阶级和市民社会的形成，没有资产阶级为了满足资本扩张需要的工业、商业和交往状况的变化，就不可能有新的权利与义务需求的产生，也就不可能有将权利与义务统一起来的新的身份——公民——的形成。

概言之，生产力发展所带来的生产方式和社会结构的变化带来了处于其中的人与人关系（社会地位与身份）的变化，公民国家和公民身份就是现代实践——工业所创造的社会关系之物。公民国家诞生后，社会成员个体开始身兼两种身份：以个体的形式活动于私人领域中的市民和以整体的形式活动于公共领域中的公民。公共的生活将市民和公民联结成为一个整体：对于国家这一共同体来说，公民拥有国家政治生活中的权利和义务；对于社会这一人类集合来说，市民有着个人的追求和责任。与此同时，在公共领域，个人的正义感、良心和守法意识等是社会公共利益的支柱；在私人领域，个人是理性化的经济动物，追求个人利益的实现；在日常生活当中，各种传统、习俗和基本的伦理道德观念通过身兼市民和公民两种身份的个人得以保持和延续。④

通过以上分析我们发现："公民"是工业文明伴生的一种个人权利与义务相统一的身份，它的出现打破了传统社会借助神权和血缘垄

---

① 《马克思恩格斯文集》第2卷，人民出版社2009年版，第34页。
② 《马克思恩格斯文集》第8卷，人民出版社2009年版，第52页。
③ 《马克思恩格斯文集》第1卷，人民出版社2009年版，第527页。
④ 参见张康之、张乾友《对"市民社会"和"公民国家"的历史考察》，《中国社会科学》2008年第3期。

断权力制造压迫的权力体系，斩断了束缚人们的天然血族和宗法羁绊，将个人从血缘与宗法神权的篱笆中解放出来，使人类由人依赖人的原生形态进入以物的依赖性为基础的个人独立并普遍联系的次生形态的生活当中。这种状态下，人和人之间除了更多权利与义务相统一的利害关系之外无甚其他联系，社会成员彼此依靠签订契约来保证个人的生存与发展，自然远离了天然血族和宗法神权，"重群体而远国家"的可能性自然大大降低乃至消失。

回顾世界历史，任何一个国家和地区在从传统社会向现代社会转型的发展过程中，都会遇到天然血族与宗法神权的羁绊，现代工业化的生产方式是斩断这种羁绊的利器。只是，这种打破因为各个国家与地区的具体条件不同，所需的过程与条件也不尽相同。在中国，东西部发展的巨大差异决定了现代新型社会关系与身份意识的产生和发展必然有所区别，这是当代新疆出现与中国其他省区迥然相异的社会认同危机的一个必然。"冰冻三尺非一日之寒。"新疆的问题是长久历史发展的结果，要解决这种危机问题，必须进入历史去寻找问题的根源。

第二章 百川归海：新疆社会发展与居民身份认同的历史流变

第一节 合众为一：远古至隋唐一统的西域社会发展与居民身份认同

一 从远古到西域三十六国

（一）新疆的自然环境

新疆维吾尔自治区（简称新疆或新①，维语名：ئۇيغۇر ئاپتونوم رايونى）占地面积166.31万平方千米，相当于3个法国，与俄罗斯、哈萨克斯坦、吉尔吉斯斯坦、塔吉克斯坦、巴基斯坦、蒙古、印度、阿富汗八国接壤，边境线长5600多千米（中国陆地边境线的1/4），是中国面积最大、陆地边境线最长、毗邻国家最多的省区。由

---

① 1884年，清朝政府正式设立"新疆省"，将传统的"西域"地区（狭义范围）改称"新疆"，含有"故土新归"之意，此后"新疆"成为一个固定地名沿用至今。在新疆建省前，"新疆"并非特称。清朝政府通过"改土归流"，废除世袭土司制度并以新设立的行政机关管理的少数民族地区，通常皆冠以"新疆"之名。乾隆年间，除今日新疆之外，云南乌蒙府（今昭通、永善一带）、贵州的古州（今榕江）、贵州西部（今安顺、镇宁一带）以及四川的大小金川等地也被称为"新疆"——此"新疆"实为中国固有领土，并无"新辟疆域"之意。在《清朝一统志》《钦定西域图志》等历史文献中，今日新疆多以"西域新疆"之名出现，并且具体领土范围较今日新疆还要大出许多（参见余太山主编《西域通史》，中州古籍出版社2003年版，前言第1页，第483页；苗普生、田卫疆主编《新疆史纲》，新疆人民出版社2004年版，第4—7页；尹伟先、马啸主编《西北通史》，兰州大学出版社2005年版）。

于新疆地处欧亚大陆腹地，居于中国西北边陲，故史称"西域"①，意为西部疆土，是中国内陆通向欧洲和西南亚洲的门户和陆上桥梁。新疆维吾尔自治区下辖3个地级市、6个地区、5个民族自治州②、12个市辖区、24个县级市、68个县、6个民族自治县③，176个兵团团场。现主要居住有汉、维吾尔、哈萨克、回、蒙古、柯尔克孜、锡伯、塔吉克、乌兹别克、满、达斡尔、塔塔尔、俄罗斯等55个民族的2568万余人（2015年）。

新疆的地理特点是"三山夹两盆"，由北向南依次为阿尔泰山脉（古又称金山）——准噶尔盆地——天山山脉（古又名白山或时罗漫山）——塔里木盆地——昆仑山脉。其中，呈西北、东南走向的阿尔泰山脉拱卫于新疆的东北部，长约800千米，南北宽80—150千米，平均海拔不到3000米，山势由西北向东南呈阶梯状递降，夏日雨量充沛，冬日积雪丰厚，气候湿润，草木丛生，是十分理想的牧业场所。源出于阿尔泰山南坡的额尔齐斯河，从东向西流入哈萨克斯坦境内的斋桑泊，之后再入额毕河而流向北冰洋，是新疆境内唯一的一条外流河，也是中国唯一的北冰洋水系河流。

---

① "西域"一词是中国史籍常用的一个地理概念，是中国历史中各朝中原政府就其地理知识所及对"西方"地区的泛称，有广义西域和狭义西域之分。东汉之前，"西域"泛指汉朝郡县辖区以西的地区，没有严格的地理界限，直到东汉班固撰写《汉书·西域传》时，西域作为一个地理概念才开始固定下来，指"东接汉，阨以玉关、阳关，西则限以葱岭"的西部地域，就是通常所讲的狭义的西域，亦即西域三十六国之地，包括玉门关、阳关以西、巴尔喀什湖以东、以南的广大地区。广义的西域泛指中亚细亚，直到地中海东岸古罗马等地的广大地域。在中国几千年的历史文献中，各史所记"西域"范围大小不一，但其核心部分均为包括今日新疆在内的中亚地区。清乾隆皇帝重统天山南北之后，将此大片领土称为"新疆"，以炫耀自己的功绩。此后，开始以"西域新疆""西域"称呼天山南北的广袤土地。"西域"作为一个历史地名的使用，主要分两个时段：从西汉宣帝设置西域都护府至清朝乾隆皇帝设置伊犁将军府时期，"西域"作为一个历朝历代的现存地名或现实使用地名而存在；从乾隆年间设置伊犁将军府至今，"西域"则成为一个历史地名，主要用于古代边疆史地的研究（参见余太山主编《西域通史》，中州古籍出版社2003年版，前言第1页，第483页；侯丕勋、刘再聪主编《西北边疆历史地理概论》，甘肃人民出版社2008年版，第11—14页）。

② 巴音郭楞蒙古自治州、博尔塔拉蒙古自治州、昌吉回族自治州、克孜勒苏柯尔克孜自治州和伊犁哈萨克自治州。

③ 焉耆回族自治县、察布查尔锡伯自治县、木垒哈萨克自治县、巴里坤哈萨克自治县、塔什库尔干塔吉克自治县和布克塞尔蒙古自治县。

横亘于新疆中部的天山山脉，西起乌恰东迄伊吾，在新疆境内绵延达 1900 多千米，平均海拔高度约 4000 米，山体平均宽度为 250 千米，约占新疆总面积的 1/4，将新疆大地分割为环境、气候、物产差别很大的南北两大地块。由于高大宽厚的山体截留了来自大西洋的暖湿气流，因此，天山山脉水源丰裕，海拔 3500 米以上终年覆盖冰雪，分布着约 7000 条大小不等的冰川，构成了内陆"固体水库"，成为新疆广袤土地最重要的河水补给源。除了天山前后冰川雪水下泄处形成的大片绿洲和乌伦古—额尔齐斯河流域平原为宜农宜牧的肥沃土壤之外，在宽厚的天山山脉中间分布有不少大小不同、水草丰美、宜牧宜农的山间盆地和谷地，其中，全长约 1500 千米的伊犁河（约一半在新疆境内）发源于天山北坡，从东向西流入哈萨克斯坦的巴尔喀什湖，河谷地区雨水充沛、林深草茂、气候宜人，被喻为"塞外江南"。介于天山、阿尔泰山之间的准噶尔盆地东西长约 850 千米，南北宽约 380 千米，面积约 5 万平方千米，盆地呈三角状，大多土地为荒漠，部分地区生长有可供畜牧业生产的耐旱之物，中心是古尔班通古特沙漠。

喀喇昆仑山、昆仑山和阿尔金山屏列于新疆南缘，平均海拔为 5000 米，由于东南受到喜马拉雅山和青藏高原的阻隔，西北方向受到帕米尔高原和天山影响，海洋湿气很难进入这一地区，因此，这里水源稀少，海拔 5000 米以上才有冰川积雪，山地、森林、草场资源贫乏，多处形成干旱的高山沙漠景观。天山及喀喇昆仑山和昆仑山西与号称"世界屋脊"的帕米尔高原相接，在天山、昆仑山与帕米尔高原之间则是中国最大的内陆盆地——塔里木盆地，东西长约 1500 千米，南北宽约 600 千米，中心是面积达 33.7 万平方千米的塔克拉玛干沙漠，盆地近山区为戈壁砾石带，砾石带外缘是散布的片片绿洲。发源于喀喇昆仑山的奇普恰普河由北向南，汇入印度河，最终流向印度洋。发源于天山南坡和昆仑山北坡的塔里木河，汇集了叶尔羌河、喀什噶尔河、和田河等九条水系，从西往东流入台特马湖，全长 2437 千米，是中国最大的内陆河。由于盆地西高东低，西部水源较为充足，分布有诸多适于农业种植的绿洲沃土。盆地东端是一处宽约 70 千米的天然

图 2-1 新疆地貌（卫星影像）图

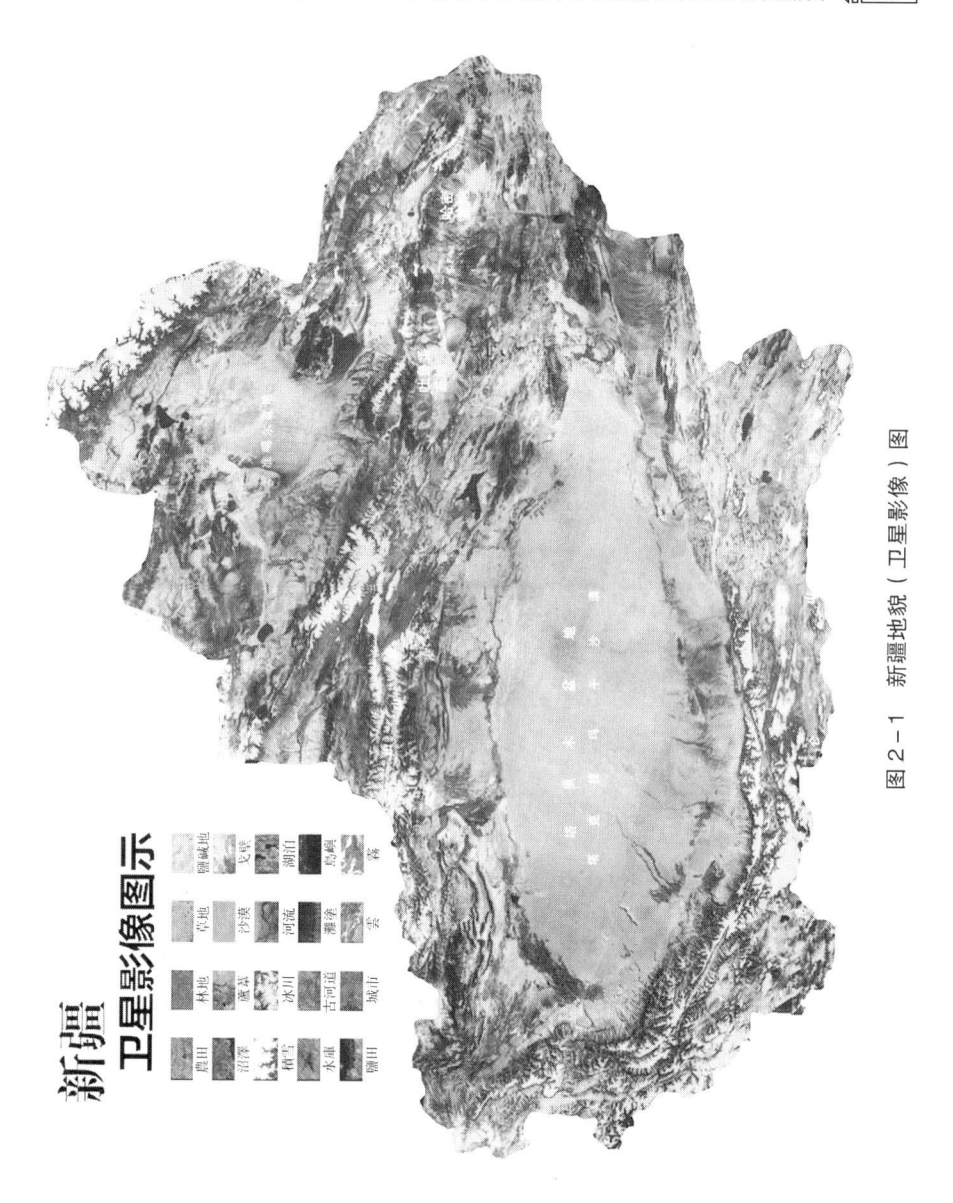

豁口，正好与河西走廊相连，是新疆与中原地区交通联系的天然走道。

远离海洋、深居内陆、高山环绕的自然地理环境，使新疆形成了具有极强大陆性的气候特点，极大地影响了新疆地区的文化生活习俗。习惯上，人们将天山以北的地区称为北疆，天山以南的地区称为南疆，把位于东部天山尾端的吐鲁番、哈密地区称为东疆。其中，北疆地区纬度较高，气温低寒，属于典型的温带干旱半荒漠和荒漠气候。冬季漫长，1月平均气温为-15℃——20℃①；夏季较短，7月平均气温为22℃—26℃，年均降水量一般为150—300毫米，阿尔泰山和天山山地则多达500—600毫米。南疆地区纬度较低，气温高热，属于暖温带极端干旱荒漠气候；冬季较短，1月平均气温为-8℃——10℃；夏季较长，7月平均气温与北疆地区相当；年均降水量一般不到100毫米。②东疆地区的纬度介于南北疆之间，其北部的巴里坤、伊吾等地气候与北疆区大致相同，南部的吐鲁番、哈密等地则与南疆区基本一样。其中吐鲁番的艾丁湖低于海平面154米，是中国最低之处，夏季最高气温可达48℃，是中国最炎热之地。受地形和气候影响，新疆的河流基本上都是源于高山冰雪融水的内陆河，流程不长，或消失于沙漠之中或渗入地下或流入洼地湖泊。全区地表水年总径流量884亿立方米，湖泊面积5500平方千米；③冰川面积2.63万平方千米，占中国冰川储量的50%。目前，中国已发现的168个矿种中，新疆有138种，其中有5种储量列全国首位，27种列前5位。煤炭储量占全国预测量的40%，且质优易采并有多种伴生矿可综合利用；油、气储量占中国陆上总量的30%和34%；可用于林牧业的土地面积达68.5万平方千米；可利用草原面积占中国总量的23%。辽阔的土地、特殊的地理位置和丰富的自然资源使新疆在中国的地位举足轻重，正如左宗棠所说："伊古以来，中国边患，西北恒剧于东南……是故重新疆者，所以保蒙古，保蒙古者所以卫京师。西北臂指相连，形势完整，自无隙可乘。"④

（二）史前时期的新疆

新疆很早就有人类居住。考古发现，帕米尔高原塔什库尔干县城

---

① 最低的富蕴、青河一带可达-52℃，是我国最冷的地区。
② 且末和若羌一带仅有10毫米左右，是我国降水量最少的地区。
③ 其中主要湖泊有：位于玛纳斯河尾部的玛纳斯湖（面积约500平方千米）；面积达980平方千米的博斯腾湖是开都河的宿端，又是孔雀河的开源，古时称敦薨（hōng）之渚，是新疆最大的淡水湖；位于天山西段的高山盆地中的赛里木湖，湖面海拔2073米，水域面积约460平方千米，最深处达92米，是新疆海拔最高、面积最大的高山冷水湖；位于阿尔泰山布尔津县境内的喀纳斯湖是流向北冰洋的额尔齐斯河源头，湖面海拔1374米，面积44.78平方千米，湖水最深处达196米左右，是中国唯一的西伯利亚区系动植物保护分布区。
④ 《左宗棠全集·奏稿六》，岳麓书社1992年版，第701页。

东南的吉日尕勒、和田市南哈因达克以南的玉龙喀什河右岸、洛浦县东南的干河床岸边、民丰县尼雅河两个主源汇合点以北的纳格日哈纳西北的干河岸边，均发现有旧石器时代的打制石器和人工用火遗迹；哈密七角井和三道岭、鄯善县的迪坎儿和英都尔库什、木垒县七城子均有大量中石器时代文化遗址。在七角井采集的千余件石器中，主要有细石器、石片石器和石核石器三大类，其中细石器中的"船底型石核是我国细石器传统中较早期的代表物，更具有中石器时代的特征"[1]。吐鲁番市的阿斯塔那、托克逊县的韦曼布拉克、鄯善县的克孜勒库木、乌鲁木齐市的柴窝堡、尉犁县的辛格尔和罗布淖尔周围一带、疏附县的乌帕尔等地，发现多处新石器时代的磨制石器、陶片、彩陶和小件铜器。

从目前新疆考古发掘的细石器、彩陶等史前文物的研究来看，新疆与其东边的甘肃、青海的联系远远大于西边的联系，这与其地理环境有着很大的关系。在巴里坤的南蓝湾、兰州湾子，伊吾的军马场、卡尔桑，吐鲁番的哈拉和卓，尉犁古墓沟，和硕的新塔拉和曲惠，库车的哈拉敦、阿克苏喀拉玉尕，疏附的阿克塔拉等多地发现青铜时代文化遗址，其中有不少马、羊骨和皮革、毛织衣物。[2] 分布于哈密三堡至五堡一带的焉布拉克文化和东起和静西至温宿县的察吾乎沟口文化是新疆早期铁器时代的文化代表。散布于哈密、吐鲁番、乌鲁木齐、木垒、尼勒克、且末、洛浦等地文化遗址中出土的大量铁器则表明，新疆"早期铁器时代的开始时间为公元前1000年左右，这与世界各地相比，基本是同步的，但与我国中原地区相比，则明显为早"。据保守估算，"新疆地区开始出现铁器的年代也要较我国中原地区传统认为的春秋中晚期早出三四百年"。[3]

文化遗址和考古发现表明，新疆很早就有人类居住，并且进入铁器时代的时间可能还要远远早于中原地区。与同期中原地区相比，居

---

[1] 安志敏：《哈拉尔的中石器遗址——兼论细石器的起源和传统》，《考古学报》1978年第3期。

[2] 参见余太山主编《西域通史》，中州古籍出版社2003年版，第13—17页。

[3] 同上书，第31页。

住于新疆地区的人种和族属则要复杂许多。在 20 世纪 20 年代以后，诸多中西方学者通过对分处于新疆各地的史前墓葬的头骨研究发现，其中既有欧罗巴人种也有蒙古利亚人种，同时还有欧罗巴和蒙古利亚人种的混杂型。从新疆诸多文化遗址和考古发现可以看出，从青铜时代到铁器时代，最早生活在西域中部地区的欧罗巴人种逐渐向东部、北部和南部地区散开，而生活在新疆东部地区的蒙古利亚人种则向北部和中部、西部地区移动，"哈密地区是欧罗巴人种向东扩展的最东界线，而蒙古利亚人种则向西发展到了伊犁河流域"①，最后都同当地原住的人种类型相混杂，新疆地区就是欧罗巴人种和蒙古利亚人种相互交会的一个地带。至于两个人种中究竟哪一个先生活于新疆地区，目前的文化研究则难以确定。仅从目前发现的史前墓葬来看，基本上没有单纯某一人种族属的单独文化遗址，多数都是交互混合型的。一般认为，在秦汉之前，居于西域的主要有羌人、塞人、车师、月氏（又作月支，音：Ròuzhī）、秦人等多个古老部族。美国学者纳兰（A. K. Narain）则认为，"甘肃西部到新疆应是印欧人的故乡"②，他们在后来数千年的迁徙互动当中，形成了更多族裔群体。

据《后汉书·西羌传》所记，唐尧时，曾把活动在江淮、荆州一带的三苗部落驱赶到了敦煌附近的三危山，三苗部落与当地居民融合、发展，成了羌族的祖先，他们的活动地域一直及于阿尔金山、昆仑山。因此，汉代文献中，对阿尔金山、昆仑山中的居民一概以"羌"人相称。婼羌（今若羌）地名也因此而来。1976 年，在塔什库尔干县发掘的香巴拜古墓地（公元前 5 世纪到公元前 4 世纪），发现有火葬和土葬之别，其中火葬与活动于中国西北地区的羌人传统一致；而依据该墓地土葬墓出土的文物情况来看，则属于塞人的遗址，并且体质特征也与南帕米尔人相近。20 世纪 60 年代于沙雅发现的"汉归义羌长"铜印则说明，直到汉代，还有羌人活动于南疆诸绿洲。吐鲁

---

① 余太山主编：《西域通史》，中州古籍出版社 2003 年版，第 37 页。
② A. K. Narain (University of Wisconsin), On the First Indo-Europans: The Tokharian-Yuezhi and their Chinese Homeland, in *Papers on Inner Asia*, No. 2, Indiana University, Research Institute for Inner Asian Studies, Bloomington, Indiana, 1987, pp. 15–16.

番地区的交河故城则是车师前部王国的都城。在《史记·大宛传》中所记"宛城中新的秦人,知穿井"一事,到了《汉书》中,则由"秦人"变成了"汉人",都是包括今日新疆在内的广大西域地区的最早居民之一。①

考古学家曾经在阿勒泰市西南的骆驼峰发现了一幅岩画,画面是鹳鸟啄鱼,旁边立有一匹马。此画构图与陕西北首岭出土的彩陶壶上的"水鸟啄鱼图"和河南临汝出土的陶瓮上的"鹳鸟石斧图"中的图形几乎一模一样,而陕西、河南出土的彩陶属于新石器时代文物。相隔如此遥远的三个地点出现如此惊人相似的画面,其背后的文化联系是显而易见的。1934年,在中瑞西北考察团发掘的罗布淖尔孔雀河下游的小河五号墓地中,F.贝格曼采集到了500多粒白色小珠,后经专家研究,发现这些小珠是用只见于我国东南部沿海区域的海菊类贝壳制成的。这说明,早在4000多年前,罗布淖尔的小河墓地的主人就已经使用了距离3000千米之远的东海海域的海贝,中国东西部的联系在此时就已经比较多了。② 20世纪70年代,在河南安阳殷墟发掘了保存完好的王室陵寝——妇好墓(里面葬的是商王武丁的妻子妇好,故名妇好墓),墓中出土了756件大小各异的玉器,其中大部分是和田青玉所制,有三件小型玉雕,分别是和田羊脂玉雕成的羊、鸟。这表明,殷商时期,位于中原腹地的殷商王国就已同新疆有大量的往来。在俄罗斯境内的南阿尔泰山发掘的巴泽雷克古墓中,出土了大量公元前5世纪遗存下来的文物,其中既有中原地区的织锦、刺绣、铜镜,也有古波斯阿赫美尼德王朝时期的毛织物。而在相对比较偏僻的天山阿拉沟峡谷发掘的春秋—战国时期的墓葬中,发现两千六百二十年前来自中原的菱纹罗、凤鸟纹刺绣和漆器(目前陈列于新疆博物馆)。这些说明,早在春秋战国时期以前,中原与包括今日新疆在内的西域各民

---

① 参见苗普生、田卫疆主编《新疆史纲》,新疆人民出版社2004年版,第50—54页。
② 1933年,杨钟健等人在距今七八千年至一万年的新疆哈密七角井细石器遗址发现,除了大量细石器的广泛使用和保存火种的遗迹之外,七角井还有来自海洋的珊瑚珠。这说明,这个新疆境内所发现的最早的原始文化有着和东部沿海的交流(参见《哈密文物志》,新疆人民出版社1993年版,第2—3页)。

族的联系和交往就已相当多了。①

(三) 月氏、匈奴与西域三十六国

从现在出土的文献来看,最早记载有关今日新疆地区情况的文献当属公元前 7 世纪后期希腊诗人阿里斯铁阿斯旅行中亚所著的长诗《独目人》,后来希腊历史学家希罗多德(前484—前430/420年)根据《独目人》和他从斯基泰人所了解的情况,对中亚北部做了若干描述。根据希罗多德的描述,大致可以知道,在中亚北部分布着三个部族,其中居住在今日伊犁河、楚河流域的主要是伊塞顿人,自斋桑泊抵阿尔泰山麓主要生活着阿利玛斯普人。大约成书于公元前 4 世纪的《穆天子传》在描写河套附近的一段文字中提到了"禹知之平"(即禹知人所居之平原),"禹知"也即"禺氏"或"月氏""月支"。后来,月氏部族向西一直扩张到阿尔泰山和天山东部,成为"第一个见诸我国古代史乘,由我国向西迁出,建国于遥远的西方的民族"②。公元前 3 世纪末,月氏势力达至极盛,迫使蒙古高原的游牧部族匈奴臣服。匈奴曾将太子冒顿送至月氏作为人质,以换取安宁。战国末期,匈奴与东胡先后崛起,常扰掠秦、燕、赵三国北部边郡,三国相继修筑长城以拒扰。公元前 221 年,秦始皇统一六国后,派蒙恬统 30 万众连成万里长城。

公元前 209 年,由月氏返回匈奴的冒顿杀其父并自立为单于,随后又在不长时间里征服了周围地区,日益强大的匈奴向西击退了月氏东进的势头,南并楼烦、白羊王,并使曾经强大的东胡、外贝加尔湖地区的居民屈服,向北使屈射、丁零、鬲昆、薪犁各族屈服,米努辛斯克盆地、图瓦和阿尔泰地区先后也都归附匈奴。于是,匈奴人先以漠南,后以漠北为中心,建立起北方草原历史上的第一个游牧帝国,其领地东至辽河、西至葱岭,北抵贝加尔湖,南达长城。③ 其主要分

---

① 参见苗普生、田卫疆主编《新疆史纲》,新疆人民出版社 2004 年版,第 56—58 页;刘迎胜《丝绸之路》,江苏人民出版社 2014 年版,第 26—28 页。

② 刘迎胜:《丝绸之路》,江苏人民出版社 2014 年版,第 56 页。

③ 《史记·匈奴列传》记载,"匈奴,其先祖夏氏之苗裔也,曰淳维。唐虞以上有山戎、猃狁(Xiǎn yǔn)、荤粥,随畜牧而转移。……自淳维以至头曼千有余岁,时大时小,别散分离,尚矣,其世传不可得而次云。然至冒顿(mòdú)匈奴最强大,尽服从北夷,而南与中国为敌国,其世传国官号乃可得而记云。"

为东、西、中三大部分：直辖匈奴中部的是单于庭，其南与汉朝的代郡（今河北省蔚县一带）和云中郡（今内蒙古托克托县一带）相接；管辖匈奴东部的是左贤王庭，其南与汉地的上谷郡（今河北省怀来县一带）相连，东接秽貉（hé）、朝鲜；右贤王庭管辖匈奴西部地区，南接汉朝上郡（今陕西榆林县一带），西与月氏、氐、羌相连。匈奴帝国存在了三百多年创造了最初的游牧国家的政治、经济、文化和生活模式，影响和决定了中亚地区许多民族的命运，与中原王朝、西域各族以及北方诸古老部落都发生过密切的接触。其历史主要见于汉晋时期的中国文献，其中又以《史记》《汉书》《后汉书》最为集中。①

据《史记·匈奴列传》记载，公元前176年，西汉文帝接到冒顿单于的信，此信叙述的是匈奴征服楼兰（位于罗布泊西南）、乌孙（今哈密附近）、呼揭（阿尔泰山南麓）和塔里木盆地绿洲诸国之事。匈奴的西进使月氏人在其故地已无处容身，幸存的月氏人大部分西迁至伊犁河、楚河流域，史称这些月氏人为"大月氏"，留在原地的少数月氏人则被称作"小月氏"。随着月氏人的来到，原居住在伊犁河、楚河流域的塞种人除部分南下散落于帕米尔各地，大部分则退缩到锡尔河北岸。约公元前140年，这些塞种人渡过锡尔河南下，经索格底亚那进入阿姆河以南地区，灭亡了希腊人的巴克特里亚王国，建立了大夏国，而另一些进入费尔干纳盆地的塞种人建立了大宛国。与此同时，西迁咸海、里海以北的便是奄蔡，留在锡尔河北岸的则为康居。散落于帕米尔各地的塞种人中的一部分越过兴都库什山，进入乾陀罗地区，建立了罽（jì）宾国。还有一些向东进入塔里木盆地各绿洲，建立了若干城郭小国。

由于西迁至伊犁河、楚河流域的月氏族的存在，匈奴不仅不可能继续向西发展，而且难以确保对准噶尔盆地和塔里木盆地的控制。因此，大月氏和匈奴在天山以北的地区一直处于敌对战争局面。这种对

---

① 参见余太山主编《西域通史》，中州古籍出版社2003年版，第48页；苗普生、田卫疆主编《新疆史纲》，新疆人民出版社2004年版，第62—63页；马利清《原匈奴、匈奴——历史与文化的考古学探索》，内蒙古大学出版社2005年版，第38—39页。

峙局面直到公元前130年由乌孙人对大月氏的进攻才被打破。公元前50年前后,月氏五部之一的贵霜翕侯(Yavugasa)丘就却建立了贵霜王国并逐渐扩张,至1世纪中叶,强大的贵霜王国疆域北至咸海、康居,南达恒河,东越葱岭含括了今日新疆南部地区,成为当时的西域强国。《汉书》《后汉书》等史籍当中也因此将贵霜和月氏(月支)两个名称并用。①

乌孙原为游牧于今哈密附近的一个小部落,一度被月氏所役属,前176年,冒顿大举进攻月氏时,向西溃逃的月氏人掠入乌孙人牧地并杀死了乌孙昆莫(王)难兜靡。②迫使乌孙人外逃,外逃乌孙部众带着难兜靡之子猎骄靡投奔匈奴,冒顿单于收养了猎骄靡,并让其成年后统率乌孙旧部,镇守故地。公元前130年,乌孙人远征大月氏并大获全胜后占领了伊犁河、楚河流域,并在后来逐步向东扩张并成为西域大国。

公元前139年,张骞出使西域,历时十余年,先后到了统治费尔干纳盆地的大宛国、阿姆河流域的大月氏国、大夏和锡尔河北岸的康居等地,在其归国后递交汉武帝的报告中还提到了乌孙、奄蔡、安息、条支、黎轩和身毒等国。③其中,安息即帕提亚波斯,条支即塞琉古朝叙利亚,黎轩即托勒密朝埃及,身毒即古印度。安息北方自黑海北面,经里海、咸海往东,直至楚河、伊犁河流域,是游牧于此的奄蔡、康居和乌孙部族。据《后汉书·西域传》记载,"武帝时,西域内属,

---

① 参见刘迎胜《丝绸之路》,江苏人民出版社2014年版,第79页。
② 又作"昆弥"是乌孙语"Kūn ming"的音译,乌孙部族最高首领的称谓,即君王。其中,"昆"为太阳,"莫/弥"为"一千",引申为"广大",合起来意为"像天一样广大","靡"与"弥"为同音异写,是ming的音译,乌孙最高统治者把靡作为自己名字的附加尾音,意在表示自己的无边权力和尊严(参见余太山主编《西域通史》,中州古籍出版社2003年版,第263—264页)。
③ 西汉张骞第一次出使西域后对大宛等国的描述为,"大宛在匈奴西南,在汉正西,去汉可万里。其俗土著,耕田,田稻麦,有蒲陶酒。多善马,马汗血,其先天子马也。……其北则康居,西则大月氏,西南则大夏,东北则乌孙,东则扜罙、于窴。"而乌孙"在大宛东北可二千里","康居在大宛西部可二千里","奄蔡在康居西北二千里","大月氏在大宛西可二三千里,居妫水北。其南则大夏,西则安息,北则康居。""安息在大月氏西可数千里","条枝在安息数千里,临西海","大夏在大宛西南二千里妫水南","身毒国又居大夏东南数千里,有蜀物,此其去蜀不远矣"。详见《史记·大宛列传》。

有三十六国。"公元前 116 年,张骞奉命二次出使西域,试图劝说乌孙与汉联盟以实现"断匈奴右臂"之战略,未果。但随张骞赴汉答谢的乌孙使节,亲眼看到了汉朝的强大并促使乌孙对汉朝的态度发生了改变,为日后乌孙与汉朝结盟创造了条件。张骞在此次出使西域的过程中还派遣副使节到了大宛、康居、月氏、安息、身毒、奄蔡等国,诸国皆遣使节随副使东归,"于是西北国始通于汉矣"[①]。

实际上,"西域三十六国"是大小几十个国家的泛称(实际并不止 36 个),由于这些国家多以城郭为中心,所以又称"城郭诸国"。其分布大致为:沿塔里木盆地南缘自东向西,昆仑山前有楼兰(公元前 77 年改称鄯善)、且末、精绝(今民丰县)、扜弥(yūmí,今策勒县)、于阗(今和田县)、皮山、莎车 7 国,昆仑山谷有婼羌、小宛、戎卢、渠勒、西夜、子合(今叶城县境内)、依耐、无雷、乌秅(chá)9 国。上述 16 国,一般称为"南道诸国"。沿塔里木盆地北缘自西向东,天山山前有疏勒(今喀什)、温宿、姑墨(今阿克苏)、龟兹(今库车县)、乌垒(今轮台县)、渠犁、尉(yù)犁、危须、焉耆 9 国;天山山谷有车师前、车师后、车师都尉、车师后城长、蒲类、蒲类后、郁立师、狐胡、山、卑陆、卑陆后、劫、单桓、东且弥、西且弥、乌贪訾(zī)离、乌孙、尉头 18 国(其中,蒲类前后、卑陆前后和东西且弥国被称为"山北六国",均自车师分出),习惯上称上述 27 国为"北道诸国"。葱岭山谷的帕米尔南部有蒲犁(今塔什库尔干塔吉克自治县),北部有休循、捐毒(均在今吉尔吉斯斯坦境内)、桃槐 3 国,葱岭以西有大宛国,共计 48 国。这些国家大小不等,少的只有几百口人,多的可达几十万。其中最小的卑陆后国只有 27 户(194 口人),乌孙国多达 12 万户(63 万人),是西域最大的国家。[②] 这一时期,人们皆以所属国名称呼该地居民,没有类似今日的"民族"身份。

---

① 《汉书·张骞传》。
② 参见余太山主编《西域通史》,中州古籍出版社 2003 年版,第 60—64 页;苗普生、田卫疆主编《新疆史纲》,新疆人民出版社 2004 年版,第 61—62 页;刘义棠《中国边疆民族史》,(台北)中华书局 1992 年版,第 111—116 页。

图 2-2 秦代西域

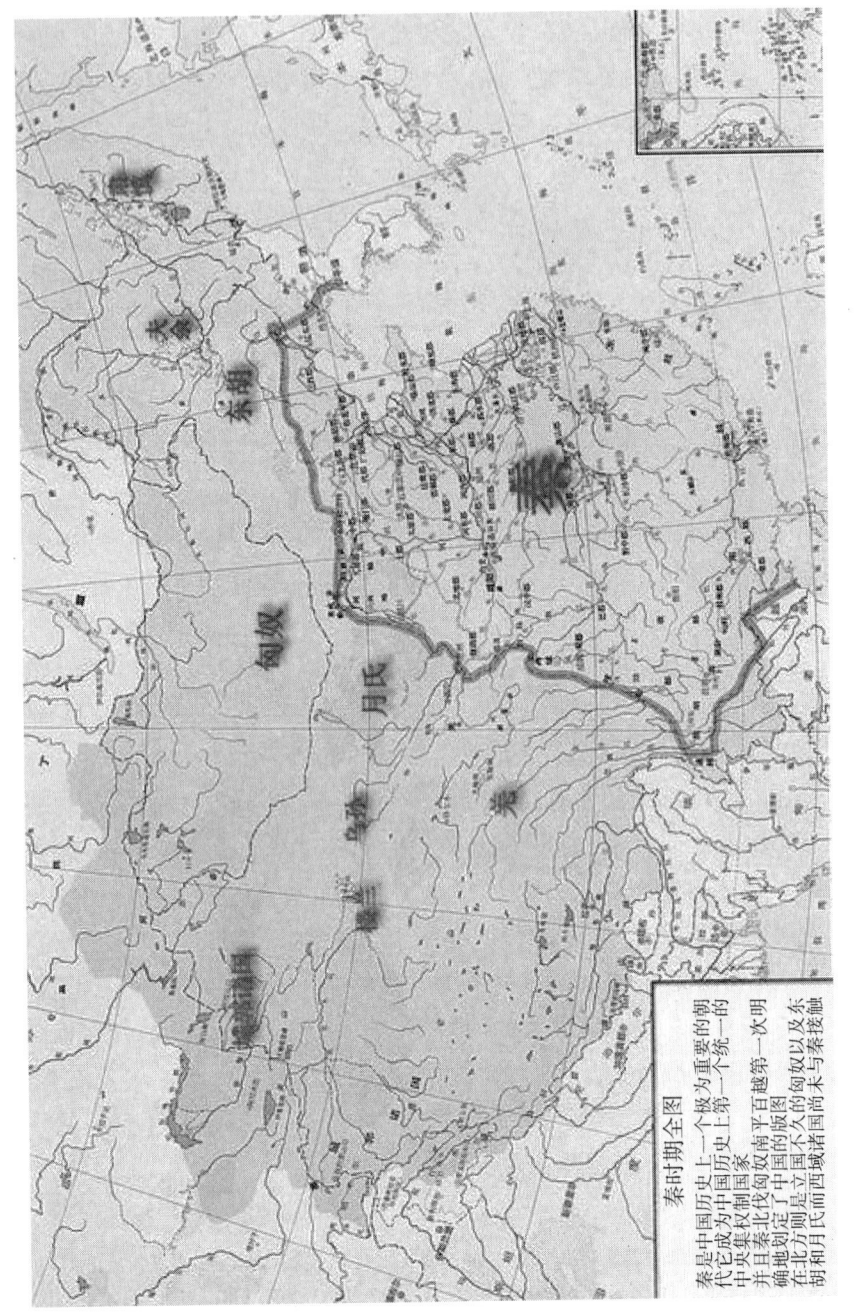

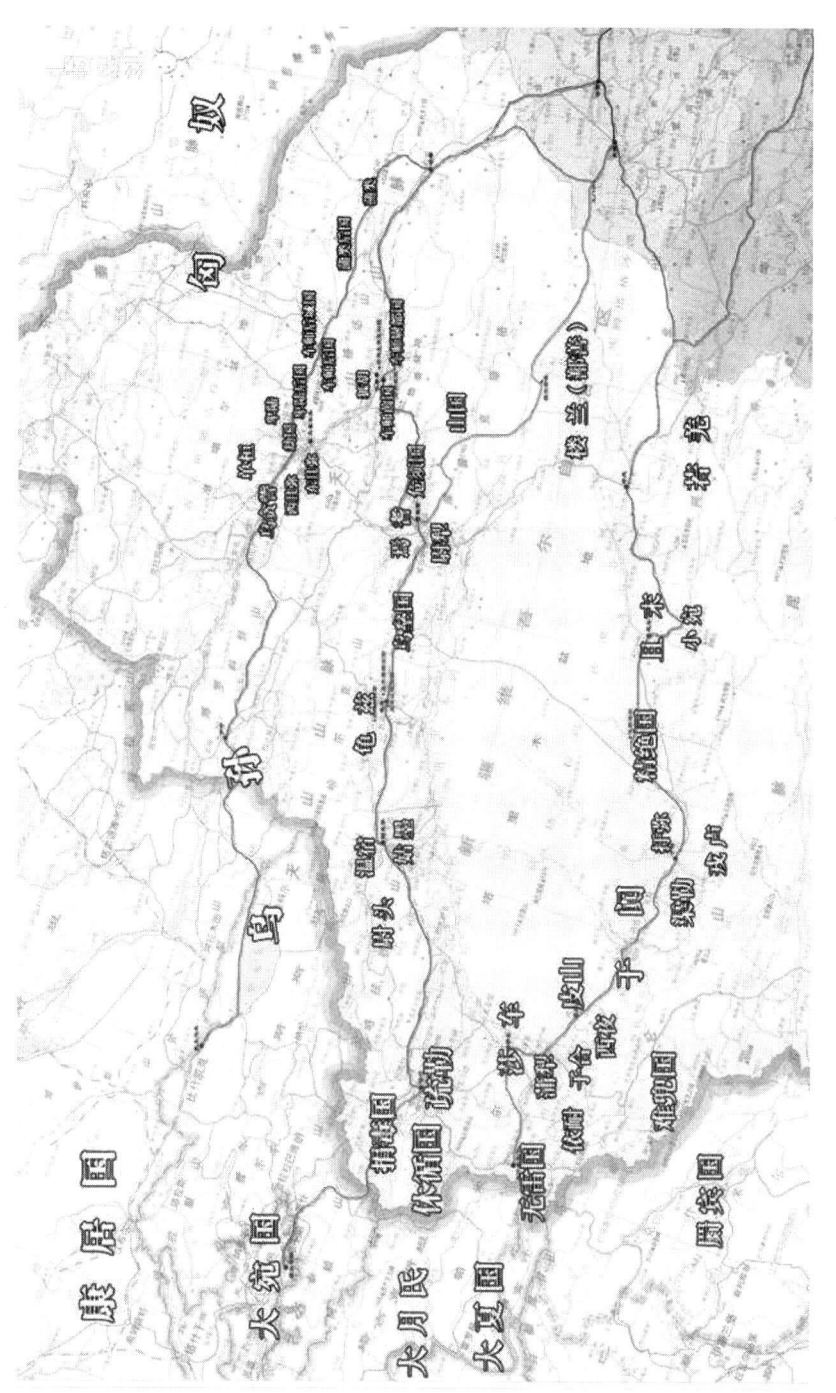

第二章 百川归海：新疆社会发展与居民身份认同的历史流变 87

图 2-3 西域三十六国

88 | 他者的游弋与自我的构建

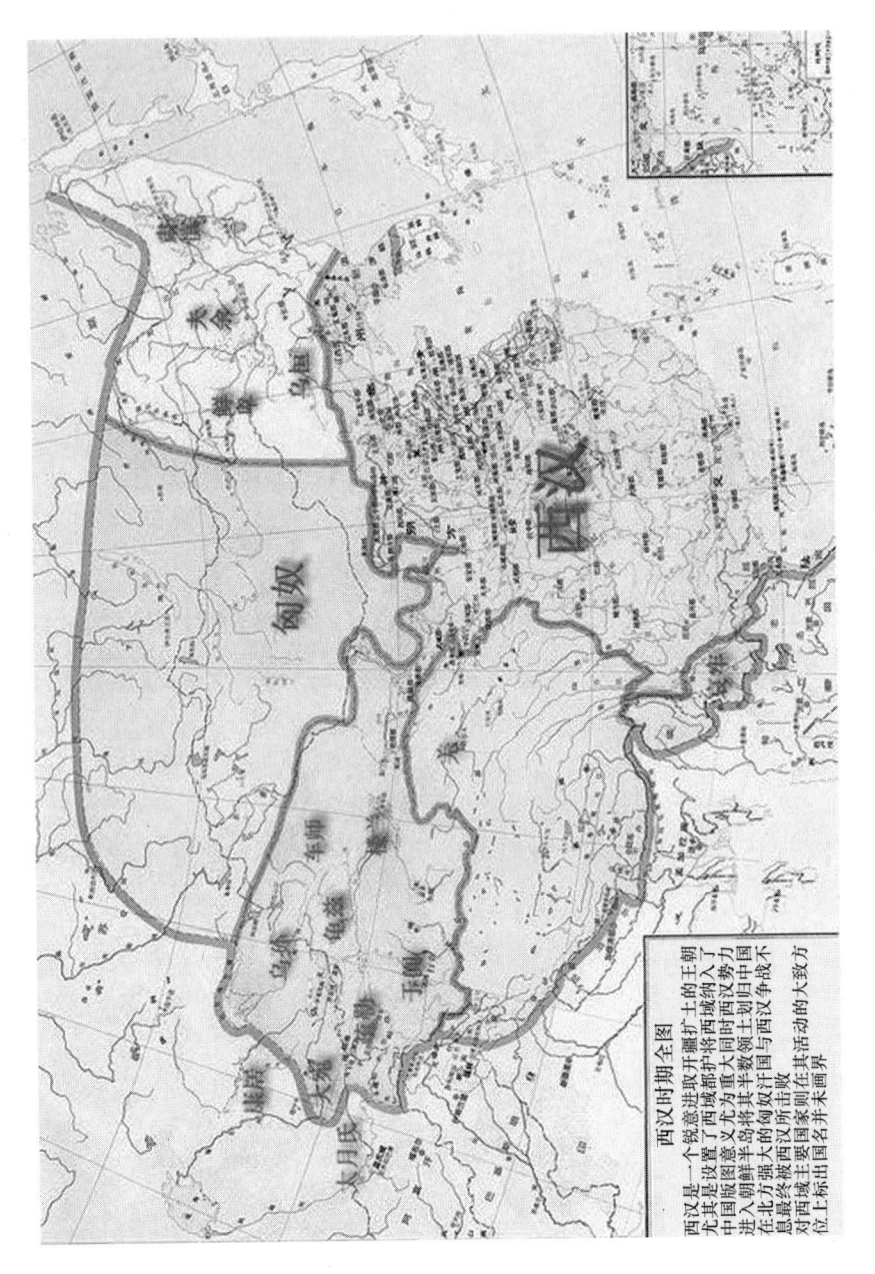

图 2-4 西汉初期的西域

二 汉、匈西域之争与西汉统一西域

（一）汉、匈西域之争与西域都护府的设立

由于匈奴在西域的强大势力和其对中原汉王朝地区的频繁侵扰，中原地区通往西方的商路不仅无法保持畅通，而且自身不得安宁。因此，如何彻底排除匈奴等游牧民族的干扰，保证商路的畅通，进而确保国家的长治久安成为秦汉各帝王的梦想。汉武帝即位后，国力日渐增强，彻底解决匈奴侵扰问题的条件也逐渐成熟起来。公元前120年，汉武帝派霍去病、公孙敖率军西击匈奴并取得了胜利。同年秋，河西地区的匈奴浑邪王归降汉朝，西汉政府于其地先后设置武威、酒泉、张掖、敦煌四郡，并移民屯垦，使汉朝的辖地直接与西域相连，西域成了汉朝与匈奴争夺的重要场所。

张骞二次出使西域所示汉朝之强以及此后与大宛、月氏等国的结好，使害怕陷于孤立的乌孙遣使献马给汉廷并提出"原得尚汉公主，为昆弟"[①]。汉武帝遂先后将细君公主、解忧公主[②]嫁给乌孙昆莫军须靡，大大加强了汉与乌孙的关系。汉昭帝末年，匈奴连续发兵乌孙并索要解忧公主。乌孙向汉朝求援并建议组成联军反击匈奴。公元前72年，汉朝出军15万与乌孙军队一起攻击匈奴并大获全胜。次年，匈奴出兵报复乌孙，恰遇大雪而冻死兵马无数，乌孙趁机携西域诸国出兵，再次取胜，俘获无数。此后，匈奴便衰败下去。公元前64年，乌孙昆莫上书汉朝，"愿以汉外孙元贵靡为嗣，得令复尚汉公主，结婚重亲，畔绝匈奴"[③]，汉朝与乌孙的联盟正式确立。

公元前104年，因向大宛索买"汗血马"遭拒并被大宛王杀使掠财而大怒的汉武帝派李广利率军征伐大宛，因路途遥远且沿途各小国"各坚城守，不肯给食"，边打边走，损失过大，最后失败而归。公元前102年，汉武帝再派兵6万，兵分南北两路共进的汉军此次得到了

---

① 《汉书·西域传》（下）。
② 细君公主为江都王刘建之女。细君公主卒后，汉武帝又封楚王刘戊之女为解忧公主嫁与乌孙。
③ 《汉书·西域传》（下）。

沿途各国的积极支援，最后大宛以汉军不进贵山城为约，降于汉朝。李广利立大宛贵族昧蔡为王并与之结盟，之后选优种"汗血马"数十匹及中马三千匹返回。此次胜利极大地提高了汉朝在西域的威望。两次伐宛的经验和教训也使汉朝认识到，粮草供应是关乎西域战争成败的关键。于是，自公元前101年起，汉朝开始设置使者校尉，率士卒数百，在轮台、渠犁一带屯田积谷，以供应来往使者并守护交通。这是中原王朝首次在西域建置管理机构。

公元前99年至公元前62年，为了控制车师（今吐鲁番地区）以保证汉朝顺利进入西域并抗拒匈奴，汉朝派李广利、李陵、郑吉等人率军收服车师，之后将征服的楼兰国改名为鄯善并派兵屯田，使其成为汉朝经营西域的重要根据地之一。公元前60年，匈奴统治集团发生分裂，因与新单于争夺权位而处境危机的日逐王先贤掸为了摆脱危险，毅然率众归属汉朝，被汉宣帝封为"归德侯"。不久以后，西汉在车师国北胥鞬屯田，并将车师国分为前后两国。从此，自车师前王庭沿天山南麓向西的交通通道，即所谓的"西域北道"，以及自车师后王庭向西伊犁河流域的道路开始畅通。这一时期的匈奴则因内乱纷争而日渐衰落，其中呼韩邪所部因为受到汉朝扶持而于匈奴权力之争中夺得胜利，之后其向汉朝称臣，匈奴无力再与汉朝争夺西域。随着西域都护府的建立和呼韩邪单于称臣于汉，[①] 汉朝统一西域，包括今日新疆在内的"西域三十六国"所辖的广大土地正式列入汉朝的版图。此前游弋于中原王朝之外的诸多西域群体，由此从彼此相隔的他者变成为互动共融、不断发展的新共同体，诞生了新的自我。

（二）汉与西域的"三绝三通"

西汉末年，中原王朝的一系列错误政策，引起了西域各民族的反抗，[②] 公元13年，匈奴进击汉朝北部，西域瓦解。随着南北匈奴的分

[①] 一般认为，设立西域都护府的时间为公元前60年，而根据最新文献考证，实际设立时间应为公元前59年（参见殷晴《悬泉汉简和西域史事》、刘国防《西域都护府的设置及其年代》，载《西域研究》2002年第3期）。

[②] 其中，王莽即帝位后就派使者到匈奴收回西汉所授"匈奴单于玺"改赐"新匈奴单于章"，并将西域诸国王一律改称为侯，结果引起匈奴单于的不满乃至反叛，并最终导致不满王莽政权的西域部族重新确立了匈奴在西域的统治。

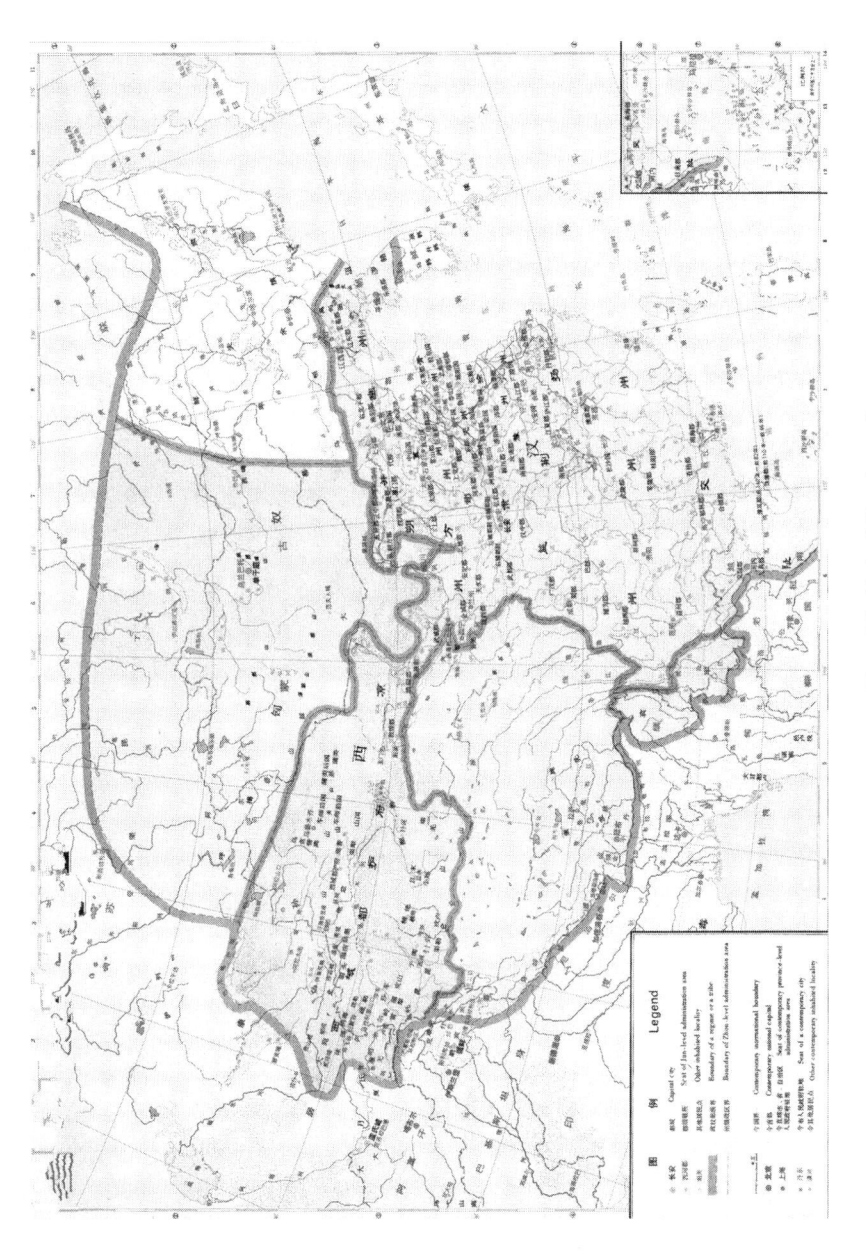

图 2-5　设置西域都护府后的西汉疆域

立和西域城邦之国的兴盛，汉与西域一度出现"三绝三通"的局面。公元16年，王莽派王骏（五威将）、李崇（西域都护）、郭钦（戊己校尉）等出兵焉耆，结果焉耆与姑墨、尉犁、危须等国兵袭并杀王骏，郭钦引兵还，李崇收余众保龟兹，数年后，随着李崇的死亡，西域与汉朝断绝了来往。公元29年，河西大将军窦融立康为"汉莎车建功怀德王、西域大都尉，五十五国皆属焉"（《后汉书·西域传》）。四年后康死，其弟贤即位莎车王。公元38年，贤与鄯善王安一起派使者向汉王朝进贡，西域与汉朝又恢复了往来。葱岭以东诸国都归莎车王管辖。

后来，莎车王派使者赴汉被光武帝赐予"西域都护"印绶，但随后不久，光武帝听信"夷狄不可假以大权"的谗言，又将都护印绶收回而改授以"大将军"印绶。随后，自负兵强的莎车王"诈称大都护"，要求西域各国向其纳税，一统西域。鄯善、车师前、焉耆等18国不服，于是请求汉朝另派都护，未曾想光武帝以"中国初定，北边未服"为由婉拒。之后，莎车攻打抗拒其命的鄯善和龟兹，鄯善王向汉朝求护，却被告知：汉朝无力救助他们，他们可以另作其他选择。无奈之下，鄯善、车师投向了匈奴以求庇护。之后不久，龟兹也归属了匈奴，于阗王杀贤而灭莎车。匈奴在听说后，派西域15国兵围于阗，于阗降匈奴。于是，西域再次归北匈奴统治，第二次与中原断绝了关系。

公元73年，汉派窦固、耿秉等率军北伐匈奴，破匈奴专控制西域的呼衍王于天山，留兵屯于伊吾。之后，窦固派班超出使西域。鄯善、于阗等国王先后杀匈奴使者而降汉，西域诸国乃复通汉（此为二通）。第二年，窦固又在蒲类海攻击白山匈奴，进入车师，复置西域都护和戊己校尉，屯兵车师后王部金蒲城和前王部柳中城。两年后（76年），因匈奴的争夺，焉耆、龟兹杀都护陈睦，车师复叛汉降匈奴。于是汉朝撤了都护和戊己校尉，并命班超返回汉朝，后因一些亲汉国家的极力挽留，班超留在于阗，绥集诸国。公元80年，在班超的请求下，汉又派假司马徐干率兵千人入西域，并派使联结乌孙。公元88年，汉发于阗等国兵，先后击败莎车、疏勒、龟兹等国，威震西域，南道遂通。公元89年，汉车骑将军窦宪大败北匈奴。两年后，又在金微山大破北单于，车师、姑墨、龟兹、温宿诸国皆降汉。汉复置西域都护和戊己校尉，任命班超为都护，徐干为长史。公元95年，班超又用兵讨杀焉耆王和尉犁王并重立其王，"于是西域五十余国悉纳质内属"①。任尚接任都护（102年）后，改变了班超"荡佚简易，宽小过，总大纲"的统治策略，导致西域诸国不满并反叛。西域第三次与汉朝断绝了来往。北匈奴再次统治西域后，不断侵扰汉朝。不甘侵扰的敦煌太守曹宗派其部属索班率军屯兵于伊吾，并先后招抚了车师前、鄯善王等国。公元120年，北匈奴率车师后军队攻杀了索班，汉政府听取了班勇的建议，在敦煌设置西域副校尉以羁縻西域。三年后，又任命班勇为西域长史率兵屯于柳中。其后六年中，班勇先后收服鄯善、龟兹、姑墨、温宿、车师等六国，并率所属西域诸国军队击败匈奴，迫使匈奴呼衍王远徙枯梧河上。公元127年，汉朝派兵协助班勇击降焉耆，西域诸国再次全部归属于汉朝。②

（三）民汉错居、动态交融：汉王朝对西域的治理和西域居民的身份变化

汉朝统一西域后，西汉政府除了对其驻军设制、镇抚地方，绘制舆图、统计户口，正史列传、制度传承之外，还采取了委派官吏、册封地方首领并颁发印绶、驻兵屯田等一系列措施加强和巩固其对西域的统治，其中，西域都护是汉朝政府在西域设置的最高军政长官，负责维护地方安宁，保障"丝绸之路"畅通，有权直接任命和撤换属官，除直接掌管驻军之外，还可以奏请中央批准调遣西域诸国的军队，打击来犯之敌。此外，汉王朝在册封各个地方首领的同时，还颁发印绶并委托他们管理西域各地的民政事务，西域诸国"自译长、城长、君、监、吏、大禄、百长、千长、都尉。沮渠、当户、将、相，至侯王，皆佩汉印绶，凡三百七十六人"③。至汉昭帝时，西域屯田范围已由汉武帝时的轮台、渠犁扩大到伊循、车师、姑墨（今

---

① 参见《资治通鉴·汉纪》。
② 详见翁独健主编《中国民族关系史纲要》，中国社会科学出版社2001年版，第125—128页。
③ 《汉书·西域传》（下）。

阿克苏）、焉耆、金满（今吉木萨尔）、赤谷（今伊塞克湖附近）等地。屯田士卒平时生产，战时御敌，寓兵于农，既减少了当地人民的负担，又解决了军队的后勤供应问题，对国家统一和边疆安定起了十分重要的作用。

自汉通西域以后，打开了中原通往西域乃至更远的"丝绸之路"，①加强了汉与西域和中亚地区的经济文化联系。西汉时期，"丝绸之路"在新疆境内主要分南北两道，北道以敦煌为起点，经横坑，绕过三龙沙（今疏勒河西端沙漠），穿过白龙堆（今罗布泊东北岸）到楼兰古城，然后折向北行至车师前王庭（今吐鲁番交河故城），再沿天山南麓塔里木盆地北缘，经尉犁、焉耆，到达龟兹（今库车县）；或经楼兰直接西行，沿塔里木河故道到达龟兹，再经姑墨（今阿克苏）、温宿（今乌什县境内），至疏勒（今喀什）。继而向西北，翻越葱岭，出大宛、康居（今锡尔河以北地区）、奄蔡（今里海以北地区）。南道自阳关西行，取道鄯善（今若羌一带），沿车尔臣河岸西行抵达且末，然后顺昆仑山北麓，经精绝（今民丰县尼雅遗址）、扜弥（今策勒县东北）、于阗（今和田）、皮山，至莎车。然后经蒲梨（今塔什库尔干）、翻越葱岭（今帕米尔高原），到达大月氏（今阿富汗北部）、安息（今伊朗）；或翻越葱岭后向南经罽（jì）宾（今克什米尔），达到身毒（今印度）。西汉末年，为了避开三龙沙和白龙堆的艰险，又开出一条新北道，即出敦煌后直接向北，取道伊吾（今哈密巴里坤县），越过博格达山，经车师后国（今吉木萨尔），沿天山北麓往西直达乌孙。原北道则被称为中道。

为了保护丝绸之路的畅通，汉政府在沿途各重要关隘路口都建有

---

① "丝绸之路"是指古代东西方之间政治、经济、文化交往的交通路线。分为海路和陆路两条，海路是指经由南海通往西方的海上交通路线，陆路则指经由西域前往西方的道路。从现在出土的文物来看，通过河西走廊、新疆葱岭以西中南亚以及欧洲的东西方经济文化交流的通道——丝绸之路——事实上并不是始于汉朝，而是更早。只是因为此前西域小国林立，号令不一，且未断绝过月氏、乌孙、匈奴等不同部族之间的战乱纷争，所以难以真正顺畅。到了汉朝，由于汉朝的政治军事力量可以直接到达天山南北和葱岭地区，并且设有都护府等专门机构负责管理，所以，这一道路才比较广阔地打开和通行了，中原与西中南亚和欧洲的交通贸易往来才真正多了起来。

城垒亭燧。① 今库车县西克孜尕哈的汉代燧台和拜城喀拉达格山麓的石刻《刘平国治关亭诵》② 都是这方面的见证。随着"丝绸之路"的开拓,中原与西域、中亚以及西亚乃至欧洲的经济文化交流日渐增多。③ 随之而来的是西域的人种、族属、文化等各方面的多元化和多样化,以及彼此交融更加突出的社会变化。

据《汉书·西域传》记载,属西域都护府管辖的"西域三十六国"实际有44国之多,总人口大约有124万。如按经济状态对其予以区分,西域诸国大致可分为三类,即以畜牧业为主的和随畜游牧类国家④、以农业田耕为主的和定居城邦类国家⑤、以畜牧为主但亦知田耕的国家⑥。这些国家的居民除了先秦时期就已进入西域并散居于西域各地的"秦人"(此时已统称"汉人")之外,从族属上大致可以分为狄羌系统(主要分布于今新疆南部一直延伸到帕米尔)⑦、田耕土著(族属有的可能从氐羌系统发展而来,有的则与大宛同类)⑧、阿拉伯系统(大宛人)、匈奴人。其中,西域最大的国家乌孙与大月氏同属于氐羌系统,后来乌孙被匈奴击败迁至伊犁河流域与当地塞种人相融合,原来的塞种人则有的融合于乌孙,有的仍居于伊犁河流域及其以南的天山帕米尔山区,称为休循、捐毒等。"乌孙势力大,这些古塞种人国小势弱,便种于乌孙,记为'同俗'或'同种'了",而居住在今日

---

① 亭燧又称列亭,既起候望、烽燧之军事作用,也兼为馆舍、邮驿之用,起着保护交通稽查来往行旅的作用。

② 公元158年,龟兹左将军刘平国在当时由龟兹通往乌孙的道路上率人修建亭燧,亭燧完工后,刘平国刻石作诵以示纪念,即为今日所见《刘平国治关亭诵》。

③ "丝绸之路"陆路到了唐朝时期,又分为南、北、中三道和"吐蕃道",其中吐蕃道是从河州境内北渡黄河,到达青海乐都,尔后沿湟水西行至青海湖以西,再转而西南行,经都兰、格尔木、越昆仑山口、唐古拉山口进入西藏,经安多、那曲抵拉萨,再经由拉萨西南行,经日喀则,由聂拉木进入尼泊尔。

④ 主要有乌孙、婼羌、鄯善、西夜、依耐、无雷、蒲梨、休循、捐毒、尉头、乌贪、訾离、卑陆、卑陆后、劫、狐胡、山国等国。

⑤ 主要有且末、于阗、莎车、疏勒、姑墨、温宿、龟兹、乌垒、大宛、渠犁、尉犁、危须、焉耆等国。

⑥ 主要有蒲类、蒲类后、车且弥、车师前、车师后等国。

⑦ 婼羌属于狄羌系统,楼兰(后称鄯善)、西夜、依耐、无雷、蒲梨、子合等都与婼羌具有同族关系,均属氐羌系统。

⑧ 主要有于阗、莎车、疏勒、温宿、姑墨、龟兹、尉犁、渠犁、危须、焉耆等国居民。

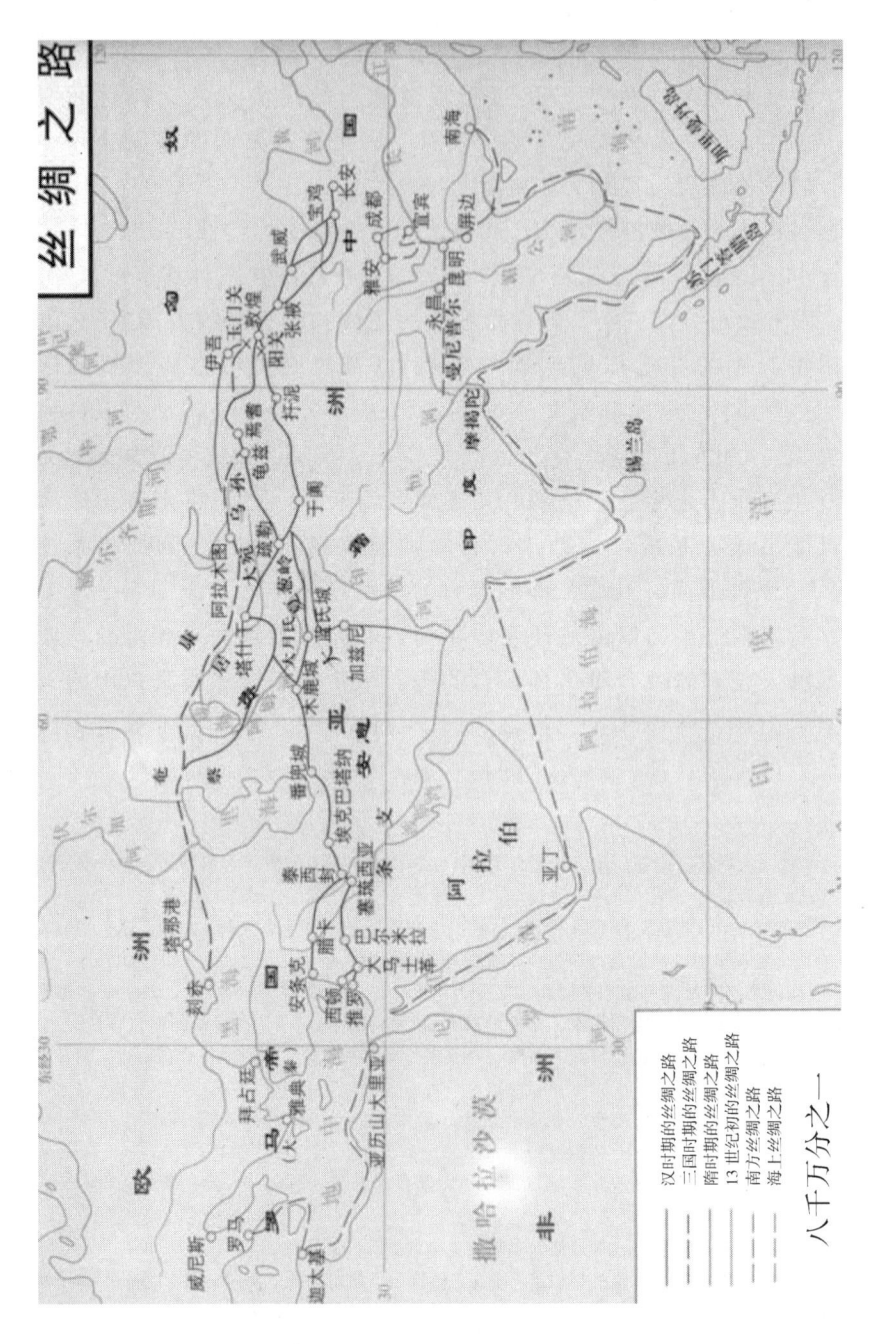

图 2-6 西汉之后的丝绸之路

哈密、吐鲁番地区的居民习俗与匈奴大致相同但不属于匈奴,是介于氐羌和匈奴之间的一种民族。①

从汉武帝到东汉末年,西域诸城在经历了汉王朝约350年的统一管辖后,普遍把自己当作汉王朝的一分子。中央政府和中原广大人民也把西域当作汉朝的一部分,消除了此前"华夷相异"的自我—他者界划。其间,中央政府因自身原因无力管辖而罢都护之时,西域诸国还"遣子入侍,献其珍宝","流涕稽首,愿得都护"②,声称"倚汉与依天等"③。汉朝以后,中原王朝与西域虽然有疏有密,但是无论哪一个王朝都将西域视为中国的领土,即便是处于分裂局面也总要努力将其统一起来。在各代王朝遣使和亲、入侍习文、驻兵屯田、贸易往来之中,汉人已经遍布各地,并形成了大分散、小集中(主要以屯点为主)、民汉交错、错综而居的人口分布格局,西域成了东西方文化交汇融合的聚宝盆。不仅中原的丝绸、漆器等物经由此地传入欧洲,在中原先进的生产技术促进西域各国经济发展的同时,汉服制度、典章仪礼在西域各国也普遍流行,汉朝统一西域后,从政府文告到民间书信契约,多用汉字书写,④ 西域的葡萄、苜蓿、宝马等动植物被引入中原,⑤ 西域(龟兹)舞乐流入中原后也深受民众喜爱,而汉朝末期经由西域传入中原的佛教文化则更多地影响了中国

---

① 翁独健主编:《中国民族关系史纲要》,中国社会科学出版社2001年版,第118页。
② 《后汉书·西域传》。
③ 《资治通鉴·汉纪38》。
④ 近几十年,考古学家在新疆尼雅遗址、楼兰古城等地发掘出土的文物中,除了发现大量嵌织有隶体汉字"万事如意""延年益寿大宜子孙""长乐明光"等吉祥字句的丝绸制品外,还发现有不少汉代各个时期流通的钱币,并在于阗发现了用篆体汉文(钱重)和佉卢文分刻(于阗王名和年号)正反两面的圆形钱币。在罗布泊西汉烽燧遗址出土过《论语·公冶长篇》一简,瑞典考古学家斯文·赫定在海头遗址也发现了约为东汉末年的《战国策》残卷及《九九术》残简,这说明,随着汉文的流行,汉文典籍也传到了西域。这些都反映出中原汉文化对西域的影响。2003年2月,笔者在哈密五堡考察之时,在一亭燧遗址的墙壁上刮去一些泥土,意外地发现贴在墙上的一纸用篆文体书写的告示,纸张大小约50厘米×30厘米。后经相关专家辨识,初步判定此为汉之物,且纸质为工艺先进的"皮宣"。
⑤ 除了熟知的葡萄、苜蓿之外,今日内地普遍种植的胡麻、胡豆(蚕豆)、胡桃(核桃)、胡瓜(黄瓜)、胡蒜(大蒜)、胡萝卜、西瓜(西域瓜)、石榴(安石榴)等作物也都是由西域传入内地的。而原产于内地的杏、桃等物也传入西域。

历史文化。

历史证明，包括今日新疆在内的西域自古就是一个种属复杂的地区，随着历史的演变，这里的居民种属和文化形态一直是动态变化的，游弋而来的他者与此地的原住民不断融合形成新的自我。在这种建构与交融的互动中，不会有哪一个族属能够成为这一土地上唯一纯粹的原始土著居民。

三 魏晋南北朝的西域之争与隋唐再统西域

（一）鲜卑在西域的崛起与魏晋南北朝时期的西域

1. 鲜卑的崛起及其与柔然的西域之争。东汉末年，随着汉王朝自身的没落和此起彼伏的战乱，中原王朝已无力经略西域。西域也几经分合，纷争不断，西域36国到西汉末年已分裂成55国，后又进一步分裂成100余国，[①]之后不久西域各国又开始逐步兼并，至3世纪20年代曹魏时期，大约只剩30余国，分属于鄯善、于阗、焉耆、龟兹和疏勒五大政权。中原曹魏政权唯一能够直接控制的西域地区只有高昌，并与焉耆、龟兹、于阗、鄯善等几个西域政权保持一定的联系。匈奴此时也已分为南北两部，其中南匈奴自东汉便居于北边诸郡，匈奴单于庭在河西美稷（今内蒙古准格尔旗纳林）。

东汉末年以来，西北诸族先后建立了汉、凉、秦、燕、魏等诸多国家，此即历史上的"十六国"。其中，以匈奴为主要民族所建的政权有汉（前赵）、夏，以卢水胡为主建立的北凉，以鲜卑为主建立的前燕、后燕、南燕、西秦、南凉，以羯为主建立的后赵，以氐为主建立的前秦、后凉，以羌为主建立的后秦，以賨（cóng）人为主建立的成（后改称汉），以汉族为主建立的前凉、西凉、北燕，以及鲜卑的西燕、丁零的翟魏、吐谷浑建立的政权，拓跋鲜卑也已建国称代，后又改称魏。

鲜卑原居于辽东，西汉时期役属于匈奴，乘汉王朝和匈奴皆衰之时，在其首领檀石槐统率下大规模扩张，建立了"南抄汉边，北拒丁零，东却扶余，西击乌孙，尽据匈奴故地"的强大部落联盟，并将整

[①] 参见《三国志·魏书·臧洪传》注引谢承《后汉书》："（臧）旻具答言西域本三十六国，后分为五十五国，稍散至百余国。"

个辖境分为东、中、西三部，其中西部包括上谷以西至敦煌、乌孙的大片土地。① 虽然部落联盟随着盟檀石槐的死亡而土崩瓦解，但西部鲜卑的势力始终时强时弱地出现在中原王朝的西北及西域地区。

公元305年，率兵讨伐河西鲜卑的凉州刺史张轨斩鲜卑部酋若罗拔能并俘其十余万口，为建立前凉政权打下了基础。公元329年，张轨的后裔张骏征讨高昌并大获全胜，之后设郡于高昌，此为中原政权在高昌设郡的开始。其后十年中，张骏又先后征服龟兹、鄯善、尉犁和当时"葱岭以东莫不率服"②的焉耆，包括今日甘肃、新疆大部，青海和宁夏部分地区的广阔领土都成为前凉的属地。③

公元376年，苻坚击灭前凉，其所建的前秦政权取代前凉在西域的统治角色并基本统一了北方，所辖地域远远大于前凉。东北的新罗、肃慎，西北的大宛、康居、于阗等六十二王，均遣使于秦，表示臣服。公元383年，苻坚派骁骑将军吕光率军10万余出征西域，征服了焉耆、龟兹两个大国，原属龟兹的三十余国和远方诸国也纷纷臣服于前秦。公元386年，吕光建后凉政权，在高昌直接设立行政机构，并委任儿子吕覆为西域大都护、都督玉门以西诸军事，亲自镇守高昌，这一措施对后凉控制西域和密切西域与中原的关系起了很大的作用。公元403年，后凉亡于后秦，其后占据河西的是北凉、西凉、南凉。其中，沮渠氏的北凉政权与西域关系最为密切。

就在中原和西域乱象丛生、政权更迭不已之时，原居于西拉木伦河流域徒河鲜卑慕容的支庶吐谷浑部落开始崛起。④ 鲜卑吐谷（yù）浑因与单于不和而率其部一千七百户从辽东西迁至阴山，⑤ 后来又从阴山南下，经河套至陇西，据有今甘、青、川三省部分地区并役属了当地的羌族。公元329年，吐谷浑的孙子叶延自立为王并以其祖吐谷浑作为国号和姓氏。⑥ "吐谷浑"从此由人名转为姓氏、族名和国名，

---

① 《后汉书·鲜卑传》。
② 《晋书·焉耆国传》。
③ 参见余太山主编《西域通史》，中州古籍出版社2003年版，第82—84页。
④ 吐谷浑又称吐浑，原为鲜卑慕容部的一支。
⑤ 《晋书·吐谷浑传》。
⑥ 《梁书·河南传》。

100 ▷ 他者的游弋与自我的构建

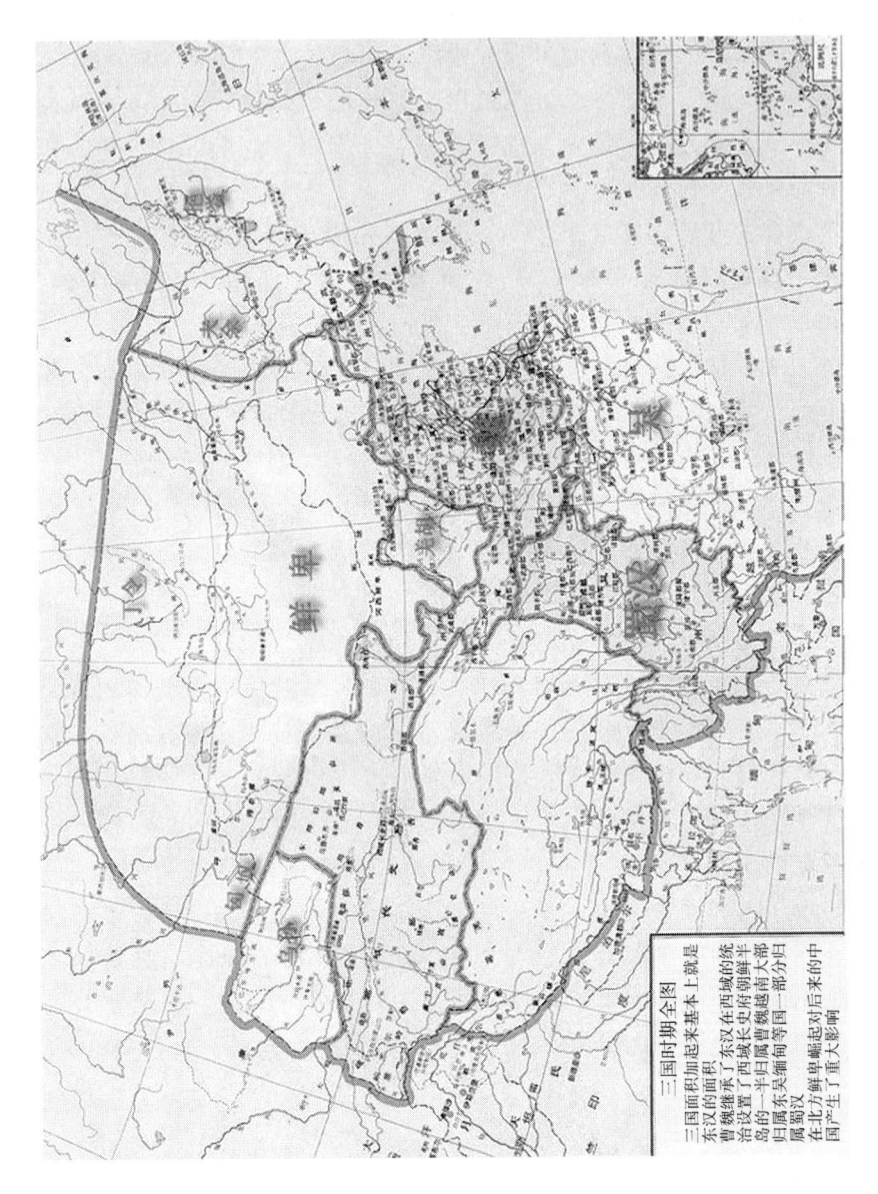

图 2-7 三国时期的西域

因其地处中原南北诸国争锋的战略要地,所以吐谷浑国成为魏晋时期各大政权拉拢的对象。中原南北政权的竞相册封使吐谷浑处于左右逢源的有利环境之中,既向北魏遣使朝贡,保持密切关系,又和南齐、梁联系频繁,同时还与柔然及西域诸族发生密切联系。

柔然(又作蠕蠕、芮芮、茹茹等)是继匈奴、鲜卑之后在蒙古高原兴起的又一个强大的游牧政权。公元402年,柔然首领社仑自建豆伐可汗(又称丘豆伐可汗)称号,所属领地东达朝鲜,西至焉耆北,5世纪初,其影响已达西域南北诸国。[①] 北魏时期,柔然的势力已经扩张至伊犁河流域,原居于此处的乌孙则西迁入葱岭山中。乌孙西迁后,原居于乌孙西北、巴尔喀什湖以南伊犁河流域的悦般迁入乌孙故地并一度与柔然结好,悦般是匈奴西迁后留在龟兹北的属众。但其迁入后不久就与柔然反目成仇并屡次交战。不堪侵扰的悦般西迁之后,包括伊犁河流域在内的西域大部分地区都已进入柔然的势力范围。这一时期的吐谷浑则充当了中西陆路交通的中介,在一定程度上为东西经济文化的交流做出了贡献,并起到了北方与西南民族的桥梁之用,同时也促进了自身的发展。

2. 魏晋南北朝的西域纷争所形成的民族融合条件。除鲜卑、柔然之外,这一时期活跃在天山以北的还有悦般、坚昆、丁零、呼揭等族属居民。天山以南,塔里木盆地周围的绿洲上仍然是一些分散的互相争斗的城邦。公元460年,柔然灭高昌沮渠氏,以阚(kàn)伯周为高昌王,从此开始了高昌称王的时代。公元487年,柔然战争惨败于北魏,此时,最初游牧于漠北后役属于柔然的高车[②]十二姓部落之一的酋长阿伏至罗乘机率众反叛西至车师前部的西北地区(今吐鲁番地

[①] 《通典·边防十二·蠕蠕传》,转引自余太山主编《西域通史》,中州古籍出版社2003年版,第96页注①。

[②] 高车,又称敕勒、铁勒,原居于贝加尔湖及其以西地带,东晋时期部分从贝加尔湖的南部逐渐迁徙到鄂尔浑、土拉河一带,有的则迁至长城内外,部分则继续留在贝加尔湖东部游牧(史称"东部高车")。"敕勒"是其本族自称。由于敕勒部众乘高车而被北朝汉人和汉化鲜卑人称为"高车"。高车人在辽阔的草原上游牧,喜引声长歌,其歌舞在北魏后期已深入宫廷。著名的《敕勒歌》就是此时期流传下来的。这一族系甚为分散,与汉至晋时的丁零有渊源关系。故南朝史籍往往沿用两汉以来对该族之称,称为"丁零"。"丁零"之称,在《魏书》等北朝史籍中又用来专指东晋十六国之前早已入居黄河流域的敕勒族。

区）居住下来建立了高车国（又称阿伏至罗国），开始与柔然争夺对西域的控制权。

公元491年，高车杀阚伯周并立敦煌人张孟明为高昌王。随后两年中，高车又先后占领了车师前部、焉耆和鄯善国。[①] 公元509年，高车杀柔然可汗伏图将柔然势力挤出西域[②]。但在其后不久，高车就在来自西方的嚈哒[③]和来自南方的吐谷浑的排挤下失去了塔里木盆地东部的许多属地。公元540年，高车被卷土重来的柔然阿那瑰击灭。西域东部高车势力范围又归柔然所属。6世纪40年代，在柔然、嚈哒、吐谷浑纷争于西域之时，原役属于柔然的突厥逐渐强盛起来并建立起空前强大的强权，开始加入争霸西域的行列。对此，后文将再做叙述，此不赘言。

魏晋南北朝时期，随着纷争不已的战乱和时分时合的领土变更，北方民族大规模向内地迁徙并与汉族错居杂处，促进了不同族属居民的共生和交融。其中，北方民族的迁徙从东汉末至北魏，大致可分为三个阶段。第一阶段是三国至西晋末，第二阶段是十六国时期，第三阶段是北魏时期。而割据政权的长期混战所酿成的中原人口锐减则为北方诸民族内迁中原创造了有利条件。这一时期，由汉、匈奴、羯、鲜卑、卢水胡、氐、羌等族所建的北方诸国，纷纷将所征服地区的居民大规模迁至自己的都城或军事重镇，一方面是为方便控制，另一方面则可以补充兵源、扩充军队，并通过众多劳动力的生产来发展经济，稳固政权。此间，除了因为战乱、天灾和阶级压迫而出现北方人口的大量流亡迁徙之外，各个政权为获取更多劳动力为其服役而经常掠夺

---

① 《魏书·高昌传》。
② 据《魏书·高车传》记载：高车西迁中，柔然"豆仑追讨之，频为阿伏至罗所败，乃引众东徙"，柔然势力逐渐退出了西域。
③ 嚈哒（yàn dā，又作嚈哒、挹怛、挹阗）"有可能与乙弗鲜卑同一族源"，约于公元4世纪70年代初越过阿尔泰山西迁中亚的索格底亚那，"控制了素以富庶闻名的泽拉夫善河流域"，一度役属于强盛时期的柔然。嚈哒自5世纪20年代中期开始向南扩张，曾多次战胜萨珊波斯王朝并占领其部分领土和兴都库什山以南的地区，同时还南侵了印度。约5世纪末6世纪初，嚈哒势力北抵焉耆、南至于阗。"疏勒、姑墨、龟兹等国均役属之"，领土"南至牒罗，北尽敕勒，东被于阗，西及波斯"（详见翁独健主编《中国民族关系史纲要》，中国社会科学出版社2001年版，第103—104页）。

人口。这种人口大量交错迁移、分散与汉人或他族错杂而居,不仅打破了内迁各族原有组织,而且也使军队的族属成分更复杂化。北魏统一北方后,强制性的民族迁徙事件便逐渐减少了,各族基本上稳定下来。此后所出现的一次较大的人口迁徙是孝文帝迁都洛阳和大批南徙北人变为洛阳人。通过这一时期的发展,我国北方各族人民在共同生活发展中,增强了相互间的了解,原有的隔阂逐步消除,促进了不同族属和群体之间的彼此融合,不同族属之间你中有我、我中有你、杂交相融的现象开始大面积出现。

除了迁徙与杂居所致的民族大融合之外,不同政权的统治者特别是北方游牧部族所建政权的统治者为了固土拓边和谋求发展而采用的重用汉族世家、采用汉族管制礼仪、兴办教育、崇尚儒学、劝课农桑、制定租赋制度等措施,也十分有利于不同族属居民间的融合。与此同时,汉朝中晚期自西而东逐步传入并影响中国——尤其是盛行于南北朝北方各民族间的共同信仰——佛教则成为不同族属居民间的思想情感和心理沟通的良好桥梁,对民族融合起到了积极的促进作用。①

3. 魏晋南北朝时期的民族融合。这一时期中国北方各民族的融合发展主要表现在以下几个方面:第一,不同族属统治者在政治上的联合。第二,内迁的北方各族在不同程度上都发展了农业经济,使北方社会的整体生产水平逐渐与中原地区接近。第三,中原地区各个不同民族间的语言差异开始逐渐消失。西晋时期,匈奴、羯、氐、羌、乌桓等族大多已采用汉语,至北魏统一后,汉语和鲜卑语成为中原地区的通行语言。而自孝文帝改制明令断"北语"、从

---

① 佛教在2世纪前后传入西域,一直到17世纪才因伊斯兰教的大规模进入而逐渐衰落。今日在新疆境内还存有多处佛教遗迹,除了中国仅次于莫高窟的第二大石窟——克孜尔石窟(今拜城县克孜尔镇)之外,还有库木土拉石窟(今库车)、吐峪沟石窟(今鄯善境内)、柏孜克里石窟(今吐鲁番市东北木头沟),还在和田、库车、喀什、哈密等地发现多处风格不同的寺院、壁画、雕塑等佛教遗迹。其中,今存于和田以北130千米处的丹丹乌里克佛教遗址中的"波斯菩萨"画像(此像身着萨珊波斯王朝式锦袍,红面浓须,由此而被发现此像的斯坦因命名为"波斯菩萨"),是完全不同于内地相同素材的画像。佛教在西域1200多年的发展中,极大地影响了当地居民的生活并成为多国的国教。据《法显传》所记,400年(东晋隆安四年)法显所见鄯善"其国王奉法,可有四千余僧,悉小乘学",而此时鄯善总人口不过八千人户,佛教在西域的兴盛之景由此可见一斑。

104 ▷ 他者的游弋与自我的构建

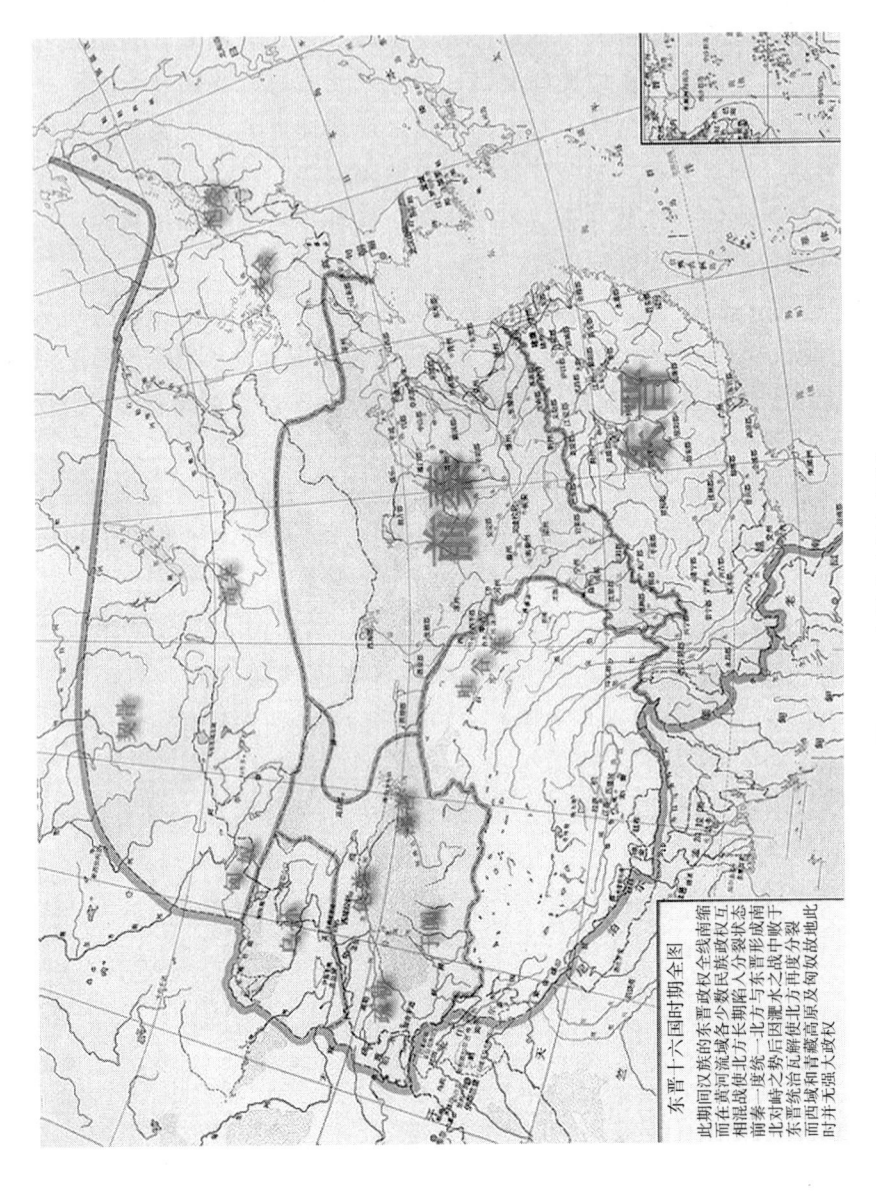

图 2-8 东晋十六国与西域

"正音"之后，汉语则成为主要通用语言。第四，随着政治、经济、文化、语言文字日趋一致，随之而来的是胡汉或夷夏区别观念的淡薄。第五，杂居共生使原来生活习俗中存在的差异逐渐变小乃至消失，在血统共融中，居民心理素质也发生了变化，彼此间的思想感情随着交往沟通的深入而日渐深化，日益增加的共同性促成了共同身份的认同，于是，原本种属、族性差异明显的他者们融合成了新的拥有共同身份的共同体。这种融合发展，给社会注进了新鲜血液，使其成为更加富有创造力的勃勃机体，同时还从物质和精神两个方面极大地丰富了中华民族文化。

需要强调的是，虽然汉族是这一时期民族融合的核心，但汉化和夷化常常是交互进行的，不同民族间出现了合而复分、分而复合、交叉融合的现象。正是这种大融合，促使各族居民在经济生活、社会制度、心理素质、语言、习俗等多方面发生了变化，社会整体前进中，自东西南北不断游弋而来的他者，在多元交汇融合中，不断求同存异，建构起居于同一土地上的新"自我"，差异较大的群体（部落、族属）身份逐渐被共同性趋多的整体（地域共同体、国家）认同所取代。这也为更加统一强大的国家的诞生创造了条件。中国历史上空前强盛的隋唐王朝就是在这一民族大融合的基础上形成的。

（二）突厥的崛起、分裂与隋唐再统西域

1. 突厥的崛起与突厥雄霸西域。突厥[①]原是铁勒的一部，一个以狼为图腾的游牧部落。[②] 6世纪初隶属柔然的突厥被迫迁居于金山（今阿尔泰山）南麓，以锻铁生产服役，柔然可汗称之为"锻奴"。公元546年，突厥首领阿史那土门先后征服了散居于准格尔盆地的铁勒诸

[①] "突厥"一词最早见于成书于542年的《周书》，据载："是岁十二月，突厥连谷入寇，去界数十里，（宇文）测命积柴之处，一时纵火。突厥谓有大军至，惧而遁走，自相蹂践，委弃杂畜及辎重不可胜数。"

[②] 在汉文史籍《周书·突厥传》、《隋书·突厥传》和《北史·突厥传》中，关于"突厥"起源的传说有三种：一是说阿史那氏初居西海之右，为领国所破，仅剩一10岁男孩由母狼哺育长大。后来此子与母狼逃往海东高昌国西北的山中，繁衍后代，经数世而臣属于柔然。第二种传说是，突厥原本为平凉杂胡，魏太武帝灭沮渠氏时以500家投奔柔然，世居金山（阿尔泰山）南麓，成为柔然铁工。金山形如兜鍪（dōu móu），兜鍪俗称为"突厥"，因以为族名。第三种传说则认为，突厥先出于匈奴之北额度索国。阿史那族由狼之子与夏神、冬神结合后繁衍而成。

部（约 5 万余户），力量大振。六年后，土门大败柔然并自称伊利可汗（又作布民可汗），建立了以漠北为中心的突厥汗国。伊利可汗死后，其子燕都（一名俟斤）木杆可汗通过不断扩张，逐步控制了自蒙古高原向西直达黑海地区的几十个铁勒（又名敕勒、高车）部落。555 年，突厥击灭柔然政权并取代了其在漠北的统治地位。此后，突厥向西征战，控制了葱岭以东的西域地区。558 年左右，突厥与萨珊波斯联合消灭了嚈哒政权并与萨珊波斯以阿姆河为界瓜分了嚈哒领土，阿姆河以北广大地区归突厥所有。567 年，突厥挥师南下渡过阿姆河直达罽宾，将原属嚈哒的全部领土占为己有。至此，突厥建立起一个东起辽海以西，西达里海，南自漠北（西北地区南至阿姆河流域），北至贝加尔湖五六千里的强大游牧政权。这一时期，中原北部的北齐、北周等政权，为了巩固政权都想拉拢突厥作为自己的外援，于是竞相"竭生民之力""倾府库之财来笼络突厥"。① 这为突厥立足漠北并迅速强盛提供了良好的外部条件。②

  作为一个短时间内迅速崛起的游牧帝国，突厥政权的构建和维持主要是依靠其强大的武力来完成的。突厥汗国内部又分为东西两部，其中东突厥辖地为阿尔泰山以东的漠北地区，西突厥则占有阿尔泰山以西的广大地区。突厥的最高首领大可汗是东西突厥的共主，其下所设的小可汗分别由大可汗的子弟或宗族担任，分领不同地区，具有相当强的独立性，加上许许多多被武力征服的异姓部落或政权与突厥汗国之间缺乏必然的政治、经济和文化方面的联系，甚至征服之后依然完全保留了自己原有的政治、文化传统，具有相当大的离心倾向。并且，不堪突厥压迫的被征服部落和政权也会伺机起来反抗。游牧帝国的政治结构和相对弱小的内聚力和向心力使突厥所属居民认同感相当弱小，一旦失去了强大武力支撑或强势领袖，貌似强大的突厥帝国必

---

  ① 《隋书·突厥传》所记隋文帝的一纸诏书之中对此做了生动描述："往者魏道衰敝祸难相寻，周、齐抗衡，分割诸夏。突厥之虏，俱通二国。周人东虑，恐齐好之深，齐氏西虞，惧周交之厚。谓彼意轻重，国逐安危，非徒有大敌之忧，思减一边之防。竭生民之力，供其来往，倾府库之财，弃于沙漠，华夏之地，实为劳扰。犹复劫剥烽戍，杀害吏民，无岁月而不有也。"
  ② 参见余太山主编《西域通史》，中州古籍出版社 2003 年版，第 106—109、115—117 页。

然会四分五裂。

2. 突厥的分裂与隋朝对西域的初步统一。公元581年,突厥内部因大可汗的继承权而出现分裂倾向。① 为了摆脱内部不利倾向,新即位的大可汗沙钵略率领东突厥军队并联合西突厥达头可汗,以40万兵力全线进犯隋朝边境,在隋军节节败退之中,突厥将武威、天山、延安等地的牲畜劫掠一空。后来,沙钵略欲乘胜继续南下,未曾想已与隋朝密立盟约的西突厥达头拒不从命,加之此时沙钵略又得到铁勒部欲袭击空虚的沙钵略牙帐的消息,于是沙钵略不得不匆匆撤军。次年,沙钵略再次进犯中原,但被与达头、阿波可汗结盟的隋军大败。沙钵略兵败后得知结盟一事,恼羞成怒,发兵击破阿波可汗并杀害阿波的母亲,导致东突厥内部的公开分裂。随后,这种分裂又因阿波可汗西走投奔西突厥,以及西突厥达头可汗的介入演变为东西突厥间的战争,突厥汗国进入全面内战中。

公元600年,东突厥都蓝可汗被部下所杀,达头可汗在漠北自立为步迦可汗,正式成为突厥汗国的大可汗,但未曾想这随即引起突厥诸部的强烈反对,突厥国内大乱。603年,达头可汗在突厥诸部和铁勒诸部的打击下溃败,后投奔吐谷浑而去,不知所终。此后,室点密系西突厥与东突厥分裂势力结成的联盟退出漠北,隋朝册封的东突厥启民可汗占据了漠北并表示要"千世万世与大隋典羊马"② 完全臣服于隋朝。后来,不堪突厥压迫的铁勒部拥立契苾歌楞为莫何可汗,占据了阿尔泰山以南,博格达山以北的大部分地区,控制了今新疆北疆东部的大部分区域,高昌、伊吾、焉耆诸国也先后归附。东突厥被迫西迁至裕勒都斯河与楚河之间,占领了原属于西突厥室点密系的大片地区,原居于此的室点密系则被迫向西南迁,并在名义上臣服于西迁来的东突厥处罗可汗。

609年,隋炀帝平定吐谷浑,设置了鄯善(今新疆若羌)、且末、西海(今青海湖西)、河源(今青海兴海东南)四郡,控制了西域南道的交通,扫清了隋朝通往西域的障碍。此前,隋朝已在张掖开始了

---

① 《隋书·突厥传》。

② 同上。

与西域间的互市,恢复了中原与西域因战乱而中断已久的商业往来,受到西域各国的欢迎。为了方便互市和经营西域,隋炀帝又派薛世雄、裴矩二人率军队赴伊吾,在汉朝所建伊吾城东再建"伊吾新城"以作互市之地,并留下千余人戍守。609年6月,击败吐谷浑的隋炀帝在张掖召开了声势浩大的27国大会,① 慑于隋朝声威的伊吾、高昌等国"献西域数千里之地"。次年,隋朝正式在伊吾设置了伊吾郡。其与鄯善郡的设置,标志着隋朝成功控制了西域南北二道的要冲之地,为进一步深入西域铺平了道路。这一时期,隋王朝采纳长孙晟所提的"远交近攻,离强合弱"策略,利用突厥内部矛盾,联合其中弱小力量共同抗击强势部族的同时,对与隋朝相邻但不友好的突厥部落施以军事打击,并根据突厥各部势力强弱的变化而不断调整盟友和打击对象,从而灵活周旋于突厥各势力之间。

611年,西突厥重新夺回被东突厥处罗可汗抢占的地区,东突厥兵败后投降隋朝,彻底结束了阿波系突厥在西域的统治。此后,西突厥射匮可汗继续向东发展并控制了西域东部地区,征服了铁勒各部,原受铁勒控制的西域东部诸国也归附射匮。② 但此时居于漠北的东突厥受到了隋朝的保护,射匮领导的西突厥也无力东进,于是东突厥君临漠北,西突厥统治着广大的西域地区,东西突厥正式成为两个独立的政权,难对中原形成强大威胁。强大突厥帝国的分裂也标志着隋朝"远交近攻,离强合弱"策略的巨大成功。612年冬,隋炀帝将华容公主嫁给来朝的高昌国王麹(qū)伯雅,麹伯雅归国后即下诏国内改服易色,表示臣服隋朝。而在此前,早已厌倦了战乱纷争的西域诸国为了实现正常的经济交往表现出迫切要求政治统一的愿望,但多年来又因突厥、吐谷浑阻断而无法实现。当隋炀帝派裴矩往来于武威、张掖之间时,就引致西域三十多国的相继来朝,

---

① 这一数目是《隋书·裴矩传》所记,在《资治通鉴》、《隋书·文帝纪》和《北史·西域传》中分别记为"二十余国"、"三十余国"和"四十余国"。由于《隋书·裴矩传》中保留有掌管互市的裴矩依据考察而成的《西域图记》一书的序(《西域图记》今佚),介绍了裴矩所记西域44国的基本情况,所以本书采用《隋书·裴矩传》所记数目。

② 据《旧唐书·突厥传》记载:"射匮者,达头可汗之孙也。既立后,始开土宇,东至金山,西至(西)海,自玉门以西诸国皆役属之。"

隋炀帝为此还专门设置了西域校尉以应接。① 这说明，隋朝的政治影响使西域一统、臣服中央，已成为西域人心所向、大势所趋之事。但是，隋炀帝的穷兵黩武和横征暴敛最终带来了隋朝的短命灭亡，中原王朝再次统一西域之事终于功亏一篑。

3. 远交近攻、离强合弱：唐朝统一西域方略。618年，唐高祖李渊登基，隋朝灭亡。唐朝初期，由于连年战乱，百业待举，且唐高祖初取政权，国内割据势力尚待平定，因此，不得不对当时强大的东突厥采取"优容"态度。627年，薛延陀、回纥（hé）② 突厥部属起兵反叛，唐朝也已基本平定了各方割据势力，于是形势大转。629年，突厥国内因连年遭遇雪灾，"上下不堪命，内外多叛之"③，部分部落首领率部请降唐朝，唐太宗乘机派兵分道征讨。630年，唐军大破东突厥，在伊吾设立西伊州（两年后更名伊州），对率十万余部众归附的一百余突厥部落首领均授予五品以上将军、中郎将等京官武职，同时还优待、安置迁入长安的近万家突厥人。之后，在原突厥领地设置羁縻府州，"其部落列置六州县。其大者为都督府，以其首领为都督、刺史，皆得世袭"④，并封多位东突厥首领为王、将军、都督或刺史⑤，将西起阴山北至大漠的广阔土地尽收入唐王朝版图。

---

① 参见《隋书·西域传》序文。
② 回纥又作袁纥、韦纥、乌护等，原为部落名称（该部自称为"Uyghur"），该部落群还有狄历、敕勒、铁勒、丁零等名称，都是相同发音的音译，是公元前3世纪之前分布于贝加尔湖以南的部落联合体——铁勒各部（共有袁纥、薛延陀、契苾等十五部）中的一支。由于使用一种"车轮高大，辐数至多"的大车，曾又被称为高车。到了隋代，逐渐发展强大起来的韦纥不堪忍受突厥的奴役，于是就联合铁勒中的仆骨、同罗、拔野古等部落，成立总称"回纥"的同盟，并建牙帐于娑陵水（今蒙古色楞格河）上。隋末，回纥开始出现酋长世袭制。唐朝初年，回纥在助唐灭亡东突厥的战争中名声大振。742年，回纥在唐支持下，联合葛逻禄、拔悉密等部击灭突厥汗国，成为漠北最强大的部落。788年，回纥更名为"回鹘"。9世纪中期，回鹘自漠北分四支外迁，其中南迁入唐的回鹘渐趋汉化，融入当地居民；西迁回鹘建立了高昌回鹘王国和喀喇汗王朝，生活于西域的回鹘部族与当地居民相融，部分成为今日维吾尔族的先民。后文会有详述。
③ 《旧唐书·突厥传》。
④ 同上。
⑤ 唐太宗除了封突利可汗为北平郡王、右武侯大将军、顺州都督，封阿史那泥失为怀德郡王、北宁州都督，封阿史那斯摩为北开州都督之外，还封被俘的颉利可汗为右卫大将军，并在其死后（634年）追封为归义郡王。唐朝在元突利可汗辖地设顺、佑、化、长四州都督府，在颉利可汗辖地设置六州并归定襄、云中两都督府统辖。

110 他者的游弋与自我的构建

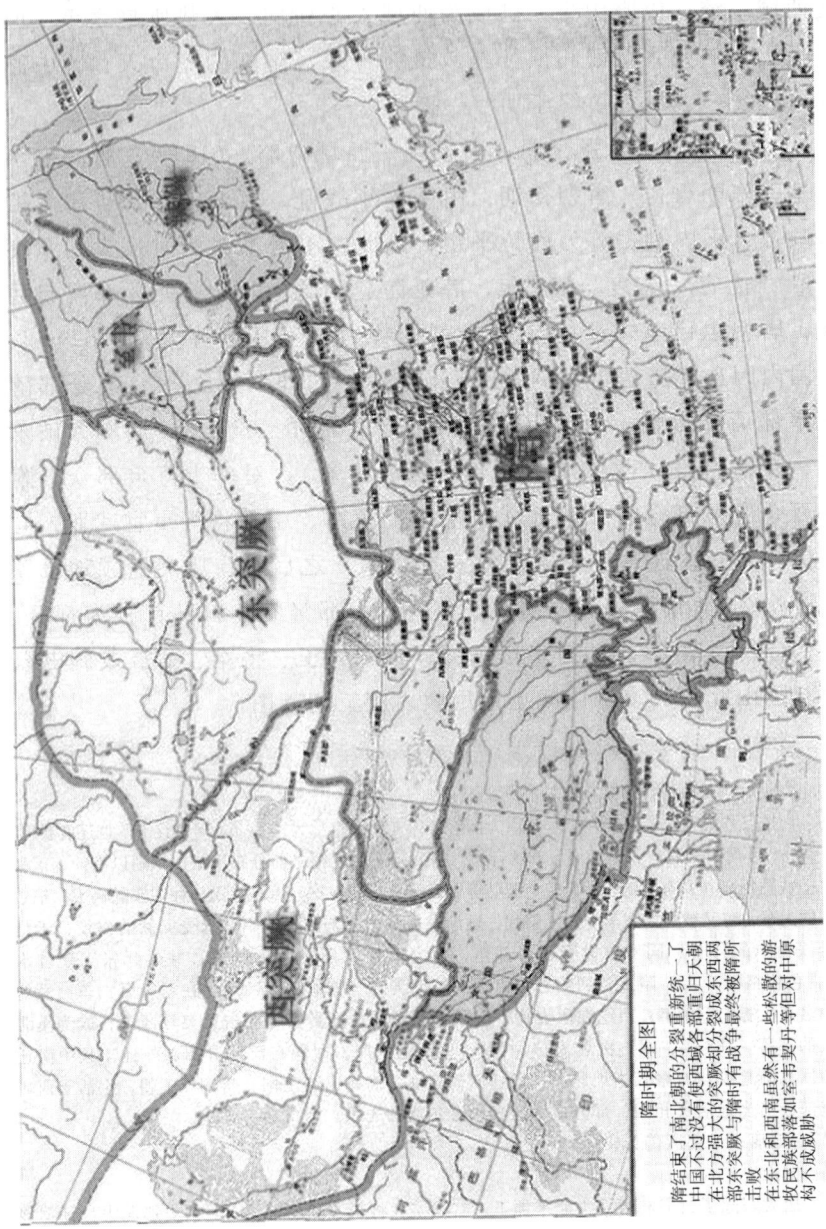

隋时期全图

隋结束了南北朝的分裂重新统一了中国不过没有使西域各部重归天朝，在北方强大的突厥却分裂成东西两部。东突厥与隋时有战争最终被隋所击败。

在东北和西南虽然有一些松散的游牧民族部落如室韦契丹等但对中原构不成威胁。

图 2-9　隋与东西突厥

唐朝优待东突厥的措施极大地提高了唐朝的威望，西域、北疆各族君长纷纷放弃与唐相异的他者形象，尊请唐太宗为各族共同的大首领——天可汗，成为共存于大唐之下的共同体的一员，以新的身份认同谋得更好的自我发展空间。630 年 3 月，唐太宗"令后玺书赐西域北荒之君长，皆称皇帝可汗，诸蕃渠帅有死亡者，必下诏册立其后嗣焉"①，从此确立了对边疆各族首领的册封制度，唐朝也由此减轻了来自西北边境的压力。

632 年，曾到过长安并与唐太宗结为兄弟的泥孰即位为西突厥大可汗后，立即"遣使诣阙请降"。次年，泥孰成为接受唐朝册封的第一位西突厥可汗。从此以后，新可汗即位必须得到唐廷"册授"，才为合法。第二年泥孰去世，唐太宗又册封其弟同俄设为沙钵罗咥利失可汗并正式将西突厥各部分为十部，号称"十设"②。635 年，唐军征伐吐谷浑，吐谷浑可汗伏允败亡，其子慕容顺归降唐朝被封为西平郡王，为唐朝进一步深入西域解除了后顾之忧。

639 年，唐朝派出包含铁勒和突厥数万兵在内的 15 万军队出征西域，先后征服高昌改设为西州，收降可汗浮图城（今吉木萨尔）改设为庭州，并在西州设置了唐朝在西域的第一个高级军政机构——安西都护府，统领西域军政，控制了西域东部地区，为唐朝统一西域奠定了基础。③ 646 年，唐太宗又派兵征服了龟兹、处月、处密、焉耆等地，并设龟兹（今库车）、于阗（今和田）、碎叶（今吉尔吉斯斯坦共和国托克马克城附近）、疏勒（今喀什）四镇亦即"安西四镇"④，随后又将安西都护府从高昌迁至焉耆，任命西突厥阿史那贺鲁为瑶池都督，统领西突厥各地，归安西都护管辖。650 年，阿尔泰山北部突

---

① 《唐会要》卷 100 杂录，中华书局 1955 年版，第 1796 页。转引自翁独健主编《中国民族关系史纲要》，中国社会科学出版社 2001 年版，第 291 页。

② "设"为突厥官职，在突厥史上，凡为设者，大都自建牙帐，辖有军队并专制一方，具有相当强的独立性。

③ 参见余太山主编《西域通史》，中州古籍出版社 2003 年版，第 150、155—156 页；马大正等《新疆史鉴》，新疆人民出版社 2006 年版，第 30—32 页。

④ 719 年（开元七年），唐朝以焉耆替代此前所设"安西四镇"的碎叶（参见翁独健主编《中国民族关系史纲要》，中国社会科学出版社 2001 年版，第 297 页注⑪；余太山主编《西域通史》，中州古籍出版社 2003 年版，第 179 页）。

厥车鼻可汗率部归附，唐朝设狼牙都督府。657年，唐朝歼灭阿史那贺鲁军队并生擒贺鲁父子，西突厥汗国亡。661—663年，唐朝又先后设立单于、瀚海两个都护府，分辖碛南、碛北的十个都督府二十二州，① 大漠南北的广袤土地从此正式列入唐帝国版图，唐朝统一西域并成为继秦汉以后的强盛统一多民族国家，烦扰中原的他者也销声匿迹。

（三）多元共生：隋唐西域治理与西域居民身份认同的变化

1. 隋唐时期西域内地的经济文化交流。与漠北突厥相比，西域诸国在自然环境、族属差异、风俗习惯、宗教信仰、文化类型和社会发展程度等各个方面相对都要复杂得多，因此，在西域的治理相对也要复杂许多。突厥强大之时，对西域诸国或以直接派遣官员担任国王或"摄领"②的方式实施直接统治，或以派遣监国方式施以间接统治，此外还以积极的联姻方式作为辅助手段帮其统治西域。与突厥相比，短命的统一王朝隋则结束了中国自魏晋南北朝以来的长期分割混战局面，稳定了北方和西部边疆地区的形式，成功阻止和打击了突厥的南侵，加速了突厥汗国的灭亡，恢复并加强了西域与中原间的社会交往，促进了西北地区的社会经济文化发展，为后来唐朝的一统奠定了基础。

面对突厥和日益崛起的回纥，唐朝延续并发展了隋朝"远交近攻、离强合弱"的策略。自回纥建国之后，唐太宗就接受回纥诸首领"愿得天至尊为奴等天可汗"的请求，③并在对回纥大加封赏的同时，在回纥诸部设置六府七州，"府置都督，州置刺史，府州皆置长史"④，

---

① 单于都护府管辖碛南的狼山、云中、桑乾三都督府及苏农等十四州，瀚海都护府则统领金徽、新黎等七个都督府，以及仙崿、贺兰等八州，管辖碛北（参见翁独健主编《中国民族关系史纲要》，中国社会科学出版社2001年版，第291页）。

② "摄领"是一种临时性的统治，具体统治官员不直接称王，而只是冠以"摄""领"等头衔。而"吐屯"一职则是臣服突厥的一种标志，担任其职者可以是突厥直接派遣的官员，也可以由"自愿"臣服的部落或政权主动地请求设置。根据《旧唐书·突厥传》所记"其西域诸国悉授颉利发，并遣吐屯一人监统之，督其征赋"。可知，吐屯的主要职责是监督属国向突厥政权的"征赋"，而不一定监督其国政。

③ 《资治通鉴》卷198《唐纪》14。

④ 《旧唐书·回纥传》。

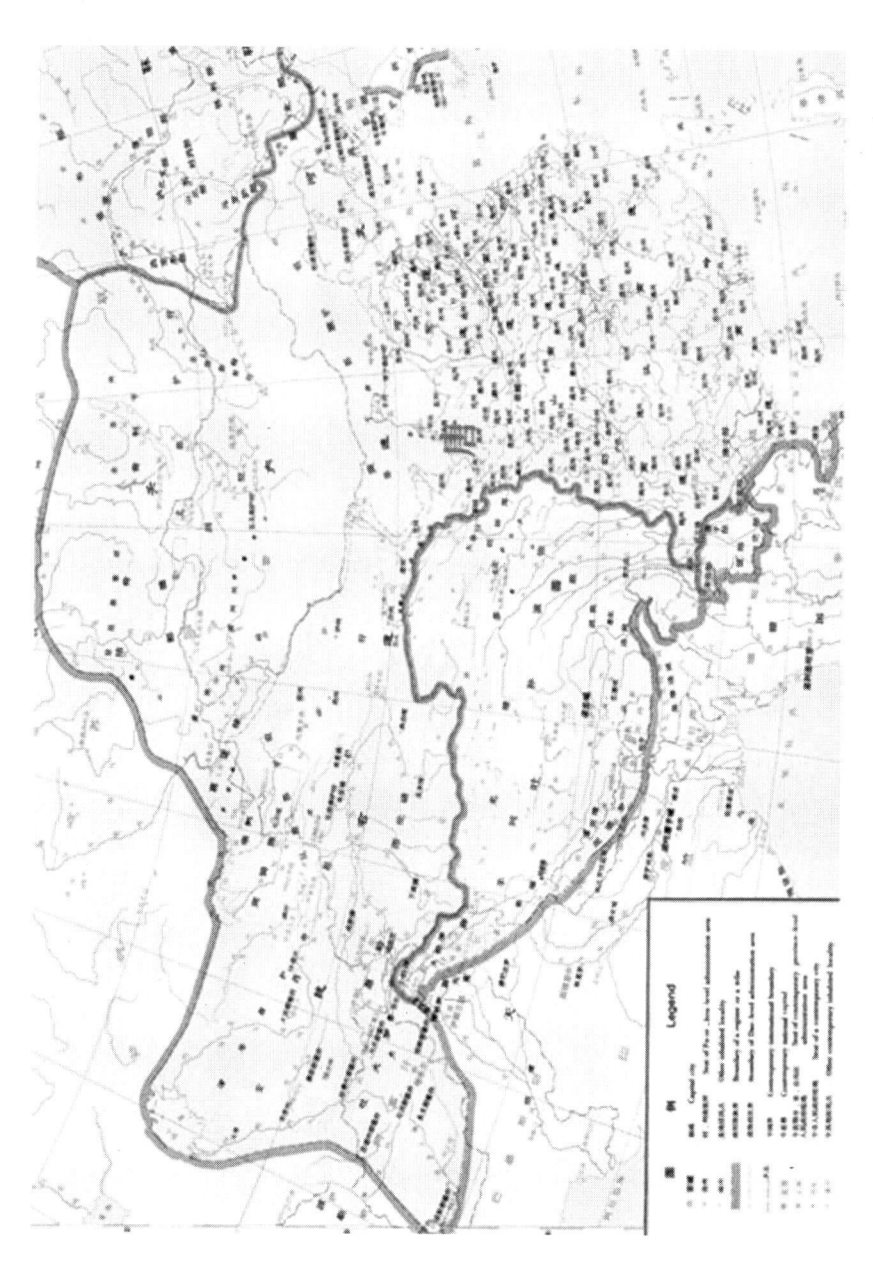

第二章 百川归海:新疆社会发展与居民身份认同的历史流变

图2-10 唐朝与西域

目的在于通过分散诸部联盟的方式取消回纥的盟长地位,以用都护对回纥诸部实行羁縻统治。回纥首领在自称为可汗的同时又接受唐朝封授的都督之职,既获得与唐朝和好的益处,又消除了府州设置对自己权力的不利因素,这也是后来回纥不因唐朝势衰而转弃,始终与唐朝保持良好关系的重要因素。

除了上述政治策略之外,唐朝在接受漠北诸部臣服并岁贡貂皮等物之时,还对西域诸部担负了救济灾难、平息争端的责任。与此同时,唐朝还积极采取各种措施促进西域与中原王朝的经济文化交流和发展。其中重要的一条是在回纥以南、突厥以北开了一条分设有68个驿站的大驿道(时称"参天至尊道"),并在各驿站为往来贡使提供马匹和酒肉,对促进中原与西域地区的政治、经济文化的相互交流起到了积极的促进作用。因为,西域诸国多是以绿洲为中心的城市小国,其四边要么是沙漠戈壁,要么是崇山峻岭,这就天然形成了一个相对封闭、孤立的空间。在这样的空间中生活的物种种类、数量和人类生产生活的方式相对都比较单一,社会的发展必然因此受到极大的限制。一旦绿洲难以满足居民人口的增长以及居民日益增长的物质文化生活需求,向邻近绿洲甚至更远的其他人类居住区域发展并寻求补助自然会成为必然,随之而来的以补足发展需求为目的的周边贸易或征战也就成了自然而然的事情,这在无形之中沟通了绿洲之间的交通路线。丝绸之路就是这样一条形成于相对稳定时期的贯通东西必经西域的商道。基于这种条件所产生的绿洲文化受到各自社会生活中的语言、风俗、宗教以及政治的聚散分合的制约而呈现出不同的内涵,兼备封闭和开放、彼此联系但又不尽相同的特点。

通过考察,我们发现,早在先秦时代就已经有包括汉族在内的众多内地居民来到西域繁衍生息,与当地的土著居民一起创造了早期的绿洲文明并成为今日西北各族的祖先。汉唐统一西域后,迁至内地生活的西域居民大量增加,派往西域屯田和实施社会管理的军政人员则促进了这种互动交融,西域与中原地区的政治、经济和文化交往更加频繁,彼此间的影响也非一般,主要表现在以下几个方面。

(1)历法和语言文字方面。据《资治通鉴》记载,586年初,

"隋朝颁历于突厥",自此中原汉地的十二生肖历开始流行于东、西突厥境内。后来,汉十二生肖历去掉了天干,被改造成只存地支的突厥十二生肖历。这种历法的排列顺序与汉历基本相同,只是十二生肖中的"龙"被鱼所替代。这种生肖历在今日维吾尔人、柯尔克孜人和哈萨克人等突厥后裔民族中依然广泛使用。①

统一的突厥汗国时期,突厥没有单独的文字,东、西突厥汗国分立时期也不见任何有关突厥人存在文字的记录,汉文和粟特文为突厥汗国的官方文字。俄国考古学家雅德林采夫于1889年在鄂尔浑河流域和硕柴达木湖畔的两大发现:突厥《阙特勤碑》和《苾伽可汗碑》,上面镌刻的文字外形与古代日耳曼人使用的儒尼文②近似,故被称为鄂尔浑儒尼文。芬兰学者阿斯培林通过对鄂尔浑河古代碑铭《阙特勤碑》《暾欲谷碑》的研究,提出了"突厥儒尼文"的名称,这一名称后来被学术界广泛应用并沿用至今,用以指称大约在7世纪开始出现、后被东突厥汗国正式定为官方文字的符号系统,此文字后又传入唐朝所属的后西突厥两厢汗国及突骑施汗国,并形成了以粟特字母拼写的突厥文,也就是通常所讲的回鹘文。③ 据考,"漠北回纥汗国最早的文献如《磨延啜碑》等,原本也都是使用突厥儒尼文,但后来也改用粟特字母拼写的突厥语言,以致这种文字因其约定俗成,被称为回鹘文"④。著名考古学家黄文弼在吐鲁番发现的一件形成于9世纪中后期至10世纪上半叶的回鹘文摩尼教寺院文书上,有11处回鹘文官印和同样数目的汉字篆文方印,其汉字印文为:"大福大回鹘国中书省门

---

① 维吾尔十二生肖是鼠、牛、虎、兔、鱼、蛇、马、羊、猴、鸡、狗、猪;柯尔克孜十二生肖为鼠、牛、虎、兔、鱼、蛇、马、羊、狐狸、鸡、狗、猪;哈萨克十二生肖是:鼠、牛、虎、兔、蜗牛、蛇、马、羊、猴、鸡、狗、猪。
② "儒尼"又作"卢尼",英语"Rune"的音译词,原意为"神秘性(或魔术性)的符号""像北欧文字的石碑饰纹等"。
③ 这是一种由38—40个字母组成的音素、音节混合型文字,其形成可能和中亚的粟特人有关。因为,3世纪由摩尼(216—276年)创立于波斯的摩尼教在传播到粟特地区之后,又随着善于经商的粟特人由西向东传入中国,粟特文化也随之进入中国。到了唐朝初期,在长安、沙州、吐鲁番、阿尔泰、罗布泊等地形成多个粟特人聚居区。763年,回鹘牟羽可汗宣布摩尼教为国教。随着粟特人的大量涌入和摩尼教成为国教,粟特文被突厥、回鹘等西域民族采用或借鉴自是必然(参见马大正等《新疆史鉴》,新疆人民出版社2006年版,第218—220页)。
④ 苗普生、田卫疆主编:《新疆史纲》,新疆人民出版社2004年版,第192页。

下颉于（？）伽思诸宰相之印。"① 这一由高昌回鹘官府颁发给摩尼教寺院的文书说明，由"突厥儒尼文"发展而来的回鹘文与汉文在这一时期是同为西域地方政府的官方文字的。

在鄯善出土的文献之中，曾经发现有数目众多的"中外交合"的简牍。这种简牍是用佉卢文书写的，使用了典型的中原"封泥"封扎形式："木简分上下两片，上面一片起信封的作用，书写地址和发信人的姓名，下简书写信件正文，上简盖住下简，用三道麻绳结扎，麻绳结扣处用粘土封住，在上面加盖发信人的印章，叫做'封泥'，这完全是中原的遗俗。"此外，这些"佉卢文书上的封泥，有作古希腊神像雅典娜和厄洛斯形象者，亦有用'鄯善都尉'等篆文汉字者"，而在楼兰则出土了织有"延年益寿宜子孙"的汉锦和具有希腊—罗马古典风格的毛织品。②

20世纪初，欧洲语言学家通过对新疆出土的各种木牍文书、贝叶经文以及古币之上的文字研究发现，在西域各绿洲所用文字中，"焉耆、龟兹一带通行一种用婆罗谜字母斜体书写的文字，属印欧语系，称吐火罗语，或焉耆—龟兹语；和阗一带通行一种用婆罗谜字母直体书写的文字，属印欧语系东伊朗语支，称和阗塞语；鄯善、尼雅一带通行用阿拉美字母书写的文字，称佉卢文……不同文字各自通行的地区自然形成了不同的文化圈"③。而在这些地区出土的同期文物中，同时发现了大量汉文铭刻、文献、经卷，许多铸币之上同时还在正反两面篆刻有包括汉文在内的两种不同文字。这些说明，"即使在当时普遍使用佉卢文的情况下，汉文仍作为与之并行的书写工具"，共同在西域绿洲的政治、经济、军事和文化等方面发挥着重要作用。这些都是中西不同文明交汇相融的明证。这一点，从汉唐王朝在西域所设州府的考

---

① 该文书由黄文弼以图版形式刊布于《吐鲁番考古记》中，文书原件现存于北京历史博物馆，编号为：总8782t，82。
② 参见余太山主编《西域通史》，中州古籍出版社2003年版，第224—225页。
③ 佉卢文（kharosth）是公元前3世纪以后流行于西北印度、阿富汗一带的文字，我国佛经译本称作"佉卢虱吒"，"佉卢"二字即"佉卢虱吒"的简称。

察也得到了证明。① 更为重要的是，在这片土地上错居杂处、交融共生、不同族属的居民，随着自身的变化、流动而不断更新着自身，离开了这种交融和发展，就不可能有形色各异的绿洲文化，也不可能有璀璨深厚的中华文明。今日世界三大宗教之一的佛教就是汉代经由西域传入中原以后，融合中原儒道文化而成的中印文明交合之物。

（2）科技文化方面。唐朝统一西域后，遣军戍边、屯田驻守，中原地区的许多人口也迁往西域谋生。这些屯戍的军队和迁来的劳动人民，把中原地区先进的生产技术带到西域，推动了西域社会的发展。同时中原地区的传统文化和科学技术在西域也得到了广泛的传播，对西域居民曾产生巨大的影响。唐朝在以礼待之的同时也对回鹘实施和

---

① 根据《旧唐书》、《新唐书·地理志》和《资治通鉴》等历史文献记载，唐朝在西域所设的羁縻府州，除了著名的龟兹都督府（今库车）、毗沙都督府（今和田）、疏勒都督府（今喀什）和焉耆都督府（今焉耆）之外，还有匐延都督府（大致在今塔城以东）、嗢（wà）鹿州都督府（大致在今伊犁河中游地区）、絜（jié）山都督府（大致在今伊犁河以西，谢米列契地区）、双河都督府（大致在今艾比湖以西，博尔塔拉河流域）、鹰娑都督府（大致在今焉耆西北裕勒都斯河流域）、盐泊州都督府（大致在今艾比湖以东到玛纳斯湖一带）、阴山都督府（大致在今塔城西南至阿拉湖之间）、大漠州都督府（大致在今额尔齐斯河以南至乌伦古河之间）、玄池州都督府（大致在今斋桑泊一带）、千泉州都督府（大致在今吉尔吉斯境内的明布拉克）、俱兰州都督府（大致在今吉尔吉斯境内的卢格沃伊附近）、碎叶州（今吉尔吉斯托克马克城附近）、轮台州都督府（今乌鲁木齐附近）以及今已难查设置的具体年代和地点的颉利都督府、金附州都督府、咽面州都督府、盐禄州都督府、哥系州都督府、孤舒州都督府、西盐州都督府、东盐州都督府、叱勒州都督府、迦瑟州都督府、凭洛州都督府、沙陀州都督府、答烂州都督府和金满州都督府（有三地说：空格斯河流域，乌鲁木齐附近，吉木萨尔以北）等27个都督府州。在葱岭以西设立的羁縻府州有月氏都督府（今昆杜兹附近）、大汗都督府（今巴尔赫）、条支都督府（今喀布尔东南，加兹尼附近）、天马都督府（今吉尔吉斯坦共和国首都附近）、高附都督府（今库尔干秋别）、修鲜都督府（今阿富汗贝格拉姆）、写凤都督府（今巴米扬）、悦般州都督府（今阿富汗科克恰河上游一带）、奇沙州都督府（今马里与巴尔赫之间）、姑墨州都督府（今铁尔梅兹）、昆墟州都督府（大致在今昆都兹以东的塔里干）、至拔州都督府（今喀喇特勒）、鸟飞州都督府（今阿富汗东北境的瓦罕）、王庭州都督府（今卡菲尔纳甘河下游的卡巴迪安）、波斯都督府（波斯国疾陵城）和旅獒州都督府（不详），以上16州是以"吐火罗故地"为主所设的羁縻府州。另有大宛都督府（今塔什干）、康居都督府（今乌兹别克斯坦撒马尔罕城以北Afrasiyab故城遗址）、南谧州（近撒马尔罕以南）、佉沙州（今撒马尔罕以南的沙赫里夏勃兹）、贵霜州（撒马尔罕西北约60英里）、休循州（今费尔干纳盆地）、安息州（今布哈拉附近）、木鹿州（今撒马尔罕与布哈拉之间，泽拉夫善河之北）等8府州。通过上述州府的地名考察可以发现，包括今日新疆在内的西域广阔土地实际上既广布有中华文明，也分布有波斯、印度文明，确实为今天一般意义上所讲的"东西"文明交汇之处。

亲政策。① 每个和亲回鹘的唐朝公主都会带去大量丝织品、金银器皿和各种工匠，随之而去的是汉文化和技艺。据记载：由漠北逐渐迁居于西域的回鹘首领和人民"慕朝廷之礼""思觌（同睹）汉仪"②。"近代出土的一些回鹘碑刻，形制都是汉式的。《九姓回鹘碑》不仅有回鹘文还有汉文，明显出自汉族工匠之手。"③ 此外，近些年吐鲁番出土的唐代儒家典籍和史书（《郑弦注论语》《孝经》《急救篇》《千字文》《针经》等）也是西域汉文化的例证。④

当然，同期西域文化对隋唐文化的影响也是很大的。除了出生于碎叶的唐朝著名诗人李白这一文化交融的典型例证之外，唐代十乐中的龟兹乐、疏勒乐、高昌乐皆为西域乐，唐代著名音乐家白明达、裴神符则分别为龟兹人和疏勒人，二人所作的《春莺鸟》《火风》《胜蛮奴》《倾盆乐》⑤ 等曲目则深为世人喜爱。在美术方面，西域则因地处中西交通中介孔道，对佛教艺术的东传起了很大作用，中国绘画中的晕染法就是于阗人尉迟拔迟那、尉迟乙僧父子由西域传到内地的，吴道子、李思训等唐代著名画家就受到了这种画风的影响。⑥ 事实说明，西域作为东西方文化交汇之处，其文明的形成和发展是多元文化、多裔民族交融共生的结果。西域文化当中的胡风、汉化现象为中华民族文化的发展注进了源源不断的新鲜血液，推动了中华文明共同体的发展。作为一个多元文化共同体，构成中华文明的各个组成部分虽然彼此相对独立、各有特点，但又有着共同的传统，绝对不是彼此孤立、互不相通的，将中原地区以汉为主的文化与表征各异的少数民

---

① 唐朝和亲回鹘的公主共有7位，即宁国公主（肃宗之女）、小宁国公主（宗女）、崇徽公主（仆固怀恩幼女）、咸安公主（德宗第8女）、永安公主（宪宗第15女，未出婚）、太和公主（宪宗第17女）、寿安公主（宗女）；仆固家族还有两位和亲回鹘的，一个是后来被肃宗封为光亲可敦的仆固女，另一个是仆固怀恩之孙女，和亲忠贞可汗受封为少可敦叶公主。

② 《册府元龟》卷965，转引自翁独健主编《中国民族关系史纲要》，中国社会科学出版社2001年版，第320页。

③ 翁独健主编：《中国民族关系史纲要》，中国社会科学出版社2001年版，第320页。《九姓回鹘碑》即《九姓回鹘可汗碑》，全称《九姓回鹘登里罗汩没密施合毗伽可汗圣文神武碑》。

④ 参见新疆社会科学院考古研究所《新疆考古三十年》，新疆人民出版社1983年版，第14页。

⑤ 四曲中除《春莺转》为白明达所作之外，其余均为裴神符之作。

⑥ 参见翁独健主编《中国民族关系史纲要》，中国社会科学出版社2001年版，第298页。

族文化割裂开来,甚至视为界划分明的他者,忽视甚至对立边远地区和少数民族文化与中原地区汉文化之间的关系,是与历史事实不符的。

地理位置和自然条件等决定了西域成为东西文明交汇处的必然。受地理环境等自然条件所限,绿洲上的西域城郭诸国的发展,需要与外界的交往才能维持和进行。从西域三十六国到百国纷争,西域诸国之间时起时落的兼并与分裂,以及来自匈奴、突厥等北方强大游牧政权的侵扰和压迫,使西域诸国更难以实现完全自给的社会生产和正常的社会发展。在这种情况下,统治者和广大百姓渴望以和平、安定的政治统一来实现社会发展,自然就会成为一种必然。与此同时,自从汉代以来,西域诸国与中原王朝就在政治、经济、文化等多方面建立了密切联系。在长期的历史进程中,这种联系日渐巩固和发展并形成了一股强大的统一潮流。正是以上多种因素的共同作用,才会出现608年隋炀帝到重开互市的张掖之时,"数十国来朝"的盛大场面,和裴矩在《西域图记》中所描述的西域诸国"并因商人密送款诚,引领翘首,愿为臣妾",渴望统一的局面。唐王朝统一西域正是这种统一潮流的产物。

2. 唐朝统一西域的主要治理措施。唐朝在西域的治理措施主要有以下几点:

第一,完备的防卫系统和先进的屯田制度保证了西域地区的长治久安。自贞观年间,唐朝陆续在西域诸地建治设府,同时还设置了大量的烽、戍和守捉,打造出以丝绸之路为主线,以伊、西、庭三州以及安西四镇等战略中心为重点的比较完备的守卫系统。这在有效维护西域社会安定、保证正常社会交往、促进当地经济文化发展的同时,还有效地保证了经由西域的行旅安全和正常的商业贸易往来,在促进社会经济交往秩序的同时,推动了东西方文明的交流与融合。此外,唐朝在西域地区实行了广泛的屯田制度。这种制度在解决军队粮饷供应的同时,还以来自中原地区的先进生产技术和管理制度,积极影响并促进了西域社会的发展。屯留人员与当地居民的错居杂处和交融共生则在改变西域居民族属构成的同时,促进了多元文化的发展和繁荣,使西域居民在这种多元共生的发展之中,具备了更加明显的多元统一的身份认同特点。

第二,军政合一、蕃汉结合的羁縻府州体制在有效保证日常社会治理的同时,推进了中原—西域社会的一体化进程。自汉朝创立军政合一的都护制度以来,历朝相继沿袭,收效甚佳。唐朝除了继承这一体制之外,还在日常管理中实行了蕃汉结合的治理模式。羁縻府州是唐朝在西域治理体制上的重大变革。654年,唐于西突厥处月部故地设置金满、沙陀两个羁縻府州,各设都督节制。[①] 平定阿史那鲁贺之后,唐朝在西突厥故地全面铺开羁縻府州制度。据《新唐书》记载,"自于阗以西、波斯以东,凡十六国,以其王为都督府。凡州八十八,县百一十,军府百二十六"。后设安西和北庭两大都护府分掌西域全境,实行"汉蕃合治"的管理,而在其下则分别设立州、县或羁縻制的都护府和都督府,实行"汉蕃分治"的管理。在塔里木盆地周围都督府及葱岭以西诸都督府,一般是王号与都督、刺史官职并称;在西域东部伊州(今哈密)、西州(今吐鲁番)、庭州(今乌鲁木齐和昌吉)则实行了与内地完全一样的州县管理体制。羁縻府州本身具有羁縻制度和州县制度的双重性质,这使中央政府对西域的管理更加直接、更为强化,进而使西域边疆与中原地区社会、经济向一体化过渡。

第三,镇抚结合、积极参与的日常管理策略有效防治了自我—他者界划鲜明所致的身份差异和排斥,以及由此而来的认同危机。唐朝时期,西域各地所设的都护府主管安辑宣抚,军镇则主管驻兵防守,执行防务和社会日常治安的军队则实行守军蕃汉杂处、统兵将官蕃汉搭配的制度。这在调动各种力量积极参与社会共同治理、有效实行地区统管的同时,大大加强了西域居民的自我管理意识。这在使来自中原地区的派驻军队士兵与来自当地的土著居民的士兵共同承担守卫家园、安保西域的任务的同时,积极防治和化解了外来人员与土著居民之间可能存在的隔阂或矛盾,有效防治了因为族属、文化身份的差别

[①] 《新唐书·沙陀传》。

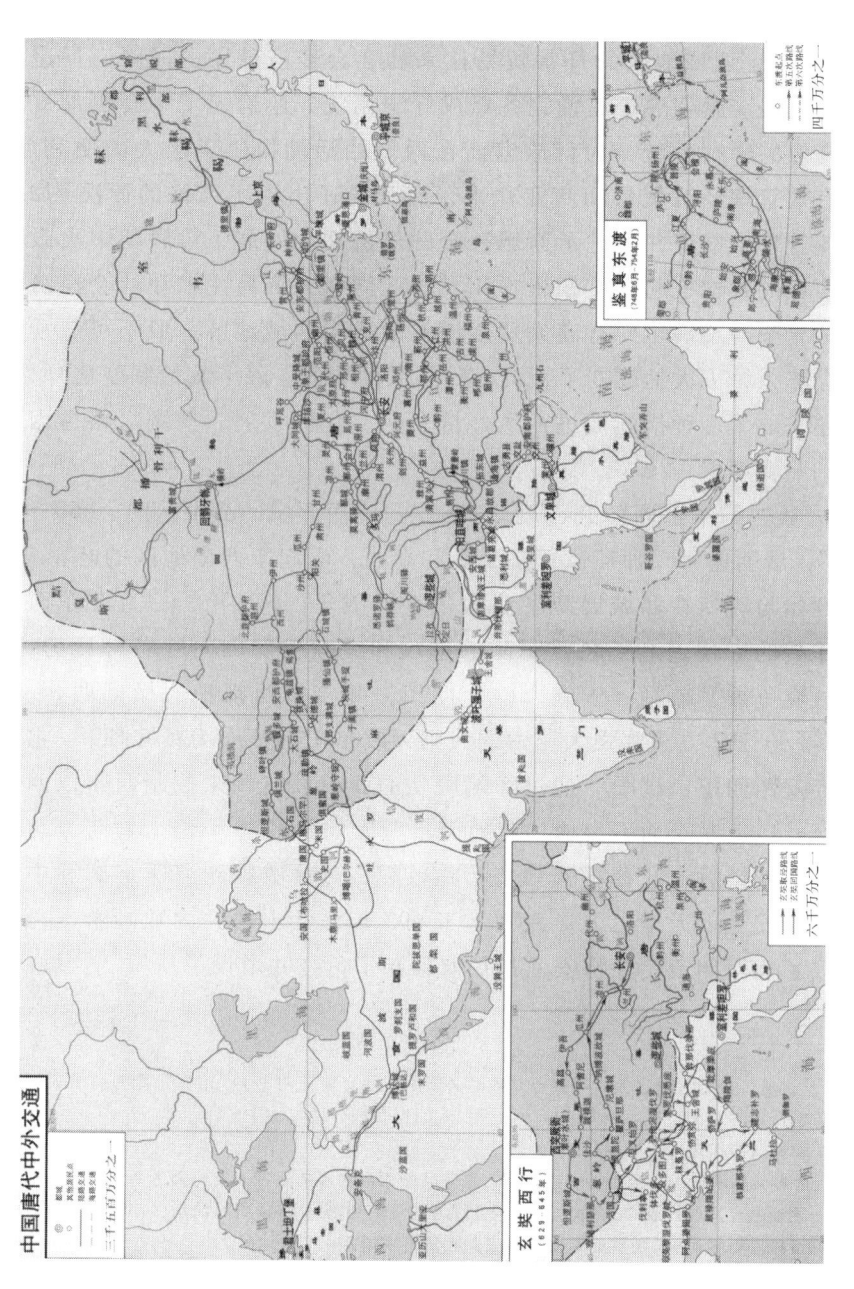

第二章 百川归海：新疆社会发展与居民身份认同的历史流变

图 2-11 唐代中国的交通

所致的认同矛盾或危机。

第四，严密高效的驿馆系统和严格统一的"过所""市券"制度。① 在保证西域地区的日常贸易往来和社会经济秩序的同时，促进了社会发展。唐朝除了建置完备烽戍守卫系统，还构建了一套更加严密、高效的驿站系统，为行旅客商在西域的活动提供了极大的便利。为了有效管理经济贸易和商业往来，唐政府还出台了严格的律法②加强商业管理，繁荣并推进了西域社会的经济文化发展，对唐朝中央政府在西域的管辖也起到了积极作用。与此同时，贸易往来和社会经济文化的繁荣与发展也使富商大贾逐渐发展成为西域地区一股不可忽视的社会势力，极大地改变了社会身份认同的构成。除了政治制度之外，唐朝还采取了多种措施促进西域经济贸易文化的发展，丝绸之路也因此达到鼎盛期。

3. 从"与华不同"到"爱之如一"：隋唐西域的身份认同。660—666年，唐朝连年兴师征伐百济、奚和高丽，崛起于西南地区的吐蕃③乘机开始与唐朝在西域展开了势力争夺的战争。670年，一直在东西两线作战的唐朝，迫于吐蕃军队的进攻和突厥残部倒向吐蕃的压力，被迫放弃龟兹、疏勒、于阗、碎叶四镇，并将安西都护府撤回西州。686年，迫于北方边疆强大压力的武则天改单于都护府为镇守使，④ 主动放弃安西四镇，试图"通过降附唐朝的西突厥酋领来控制西州以西的地区，以达撤军而不失地，广地而不劳人的目的"⑤。但未曾想，唐王朝放弃四镇后，吐蕃军队马上兵临敦煌，直接威胁到河西走廊和中原王朝的安全。无奈之下，武则天于692年派兵出征并大败吐蕃，再次恢复了安西四镇，并将安西都护府移到了龟兹并增设了坎城、兰城、

---

① "过所"是行人通过关戍守捉等要隘时必须出具的交通证明书，"市券"则是官方发给买卖双方的统一券契。

② 参见《唐律疏议·杂律》。

③ 吐蕃又称图伯特、土伯特、退摆特，是生活于西藏高原的远古人类与邻近部族——特别是羌——逐渐融合发展而成的。7世纪初，吐蕃首领松赞干布统一西藏高原的众多部落，建立政权并定都逻些（今拉萨），随后逐渐发展强大并控制了中国西南广大地区。

④ 《唐会要》卷73，转引自余太山主编《西域通史》，中州古籍出版社2003年版，第174页。

⑤ 余太山主编：《西域通史》，中州古籍出版社2003年版，第174—175页。

胡弩、固城等镇，①切断了吐蕃经由于阗进入西域的通道。从此结束了与吐蕃在塔里木盆地相持不下的拉锯战状态，重新控制了西域。

702年，唐朝在原金山都护府的基础上设立了北庭都护府，统领天山以北，一直属于安西都护府管辖的碎叶镇也转归北庭都护府管辖。715年，唐朝军队又在费尔干纳盆地击败了试图控制葱岭地区而谋西域的吐蕃，并在葱岭至疏勒的交通要道塔什库尔干地区设置了葱岭守捉，②增强了对葱岭方向的军事防务，同时，还以积极的外交活动，争取了葱岭诸国的支持，确保了唐朝西门的安全。719年，焉耆替代转归北庭都护府的碎叶补入安西都护府，与龟兹、于阗、疏勒一起构成了新的"安西四镇"，进一步加强了对西域地区的统治，唐朝由此进入经营西域的全盛时期。

隋唐时期的西域进入了一个稳定的快速发展期。此时，中原王朝的统治者已放弃了长期存在于中原政权中"夷狄兽心，不与华同"的错误观念，将原视北方游牧民族为"侵扰""异族""他者"的陈旧观念，转变为以西域统一而得国家统一"自我"的一体思想。611年，西突厥处罗可汗降附隋朝时，隋炀帝说："今四海既清，与一家无异，朕皆欲存养，使遂性灵。"③唐太宗则宣称："自古皆贵中华，贱夷狄，朕独爱之如一。"④摒弃"不与华同"的强烈身份差别观念，将不同族属之民视为"爱之如一"的"自我""一体"思想，促使唐朝制定并执行相对开明的国家和社会治理政策。大量不同族属的人物直接掌握和参与从中央到地方的各种国家政治、经济、军事和文化活动，在大大提高少数民族政治和社会地位的同时，极大地加强了西域地区不同族属居民对唐王朝的身份认同和对国家的忠诚程度。此外，稳定平和的政治环境以及东西互通的商业往来，带动了西域社会经济、文化等多方面的发展，有力促成了共同社会心理，大大增强了国家向心力和

---

① 坎城镇在于阗东300里，兰城镇在于阗东600里，胡弩镇在于阗南600里，固城镇在于阗西390里。
② 《新唐书·地理志》《新唐书·喝盘陀传》。
③ 《隋书·突厥传》。
④ 《册府元龟》卷18帝王部，转引自马大正等《新疆史鉴》，新疆人民出版社2006年版，第159页。

内聚力，社会整体的身份认同感更加强烈。

除政治、文化因素之外，隋唐时期大规模的人口迁移，使中国北方和西域广大地区的居民在双向流动之中更加多元，尤其是在西域错居杂处中，彼此交融更加促进了社会的发展。据考，这一时期，因屯驻、为官、和亲、掳掠而由中原迁至西域的居民有20万以上，由西域各地迁至中原的居民则要数倍于前者——仅贞观元年，由塞外内迁的人口就高达"一百二十余万"[①]。隋唐几百年间，先后统治中国北方和西域广大土地的突厥和回鹘两个强大汗国，也使民族分布格局发生了变化，中亚地区居民的突厥化和新疆南部地区居民的回鹘化则对今日新疆的居民族属格局形成了决定性的影响。

第二节　割据与大统：从回鹘西迁到蒙元察合台汗国时期的西域

一　唐朝之后的西域纷争

（一）割据与纷争——唐朝失守与回鹘西迁后的西域

8世纪中叶以后，唐朝由鼎盛走向衰落。"安史之乱"后，唐朝将西北驻防军队大批调往内地，经营西域的势力随之衰退，给西部大食（阿拉伯）帝国和西南崛起的吐蕃进入西域提供了机会。截至763年，吐蕃军队已经控制了河西、陇右的大部分地区。在此期间，原臣属于东突厥的游牧联合体——回纥的势力逐步兴盛起来占据了漠北草原。646年，回纥配合唐朝军队灭掉与唐朝矛盾激化的薛延陀汗国，之后，唐封回纥首领吐迷度为怀化大将军、瀚海都督府都督。682年，原归属于唐朝的东突厥酋长骨咄禄叛乱并重建突厥汗国（史称后突厥汗国），回纥又处于后突厥的统治之下。742年，后突厥汗国发生内乱，回纥首领骨力裴罗在唐朝支持下，联合葛逻禄、拔悉密等部击灭突厥汗国，回纥就此成为漠北最强大的部落，取代东突厥成为漠北草原诸

[①] 参见袁祖亮《丝绸之路人口问题研究》，新疆人民出版社1998年版，第155、169页。

游牧部落的共主。744 年，骨力裴罗自称可汗，次年唐玄宗封其为骨咄禄毗伽阙怀仁可汗（又作骨咄禄毗伽可汗），统领整个漠北草原。此后，回纥汗国的势力迅速向西延伸，到达传统东西突厥的分界线阿尔泰山一带，原居于此的"回纥十一部"之一的葛逻禄部落被迫南迁，西域形势也由此发生了很大的改变：回纥汗国占据了阿尔泰山以东的漠北草原，"尽得古匈奴地"①，发展成为继突厥之后的又一强大汗国。

788 年，回纥可汗顿莫贺上表唐政府，请求自改"回纥"，汉字译音为"回鹘"，"言捷鸷犹鹘然"，取健如鹘之意，获准之后回纥就被称为"回鹘"。同年北庭被吐蕃攻破。790 年，西州又被吐蕃攻陷，唐朝西域守军与内地联系的通道被彻底切断。次年，回鹘出兵西域并击败吐蕃，收复北庭、西州，并以此为自己在西域的落脚点，从此由游弋于西域外的他者（群体）逐渐转化为西域的自我居民。收复北庭之后不久，回鹘继续西进，先后从吐蕃手中夺取了龟兹、西州，推进到锡尔河流域，将一度在葱岭以东的西域地区占优势地位的吐蕃势力逐出，控制了塔里木以北的天山南北地区。虽然收复北庭之后的回鹘可汗向唐政府派遣使节"献败吐蕃、葛（逻）禄于北庭所捷及其俘畜"②，但此后的唐朝因为战乱频繁，一直再无力恢复其对西域的统治。西域由此而分由回鹘、吐蕃控制。其中回鹘统治了北庭、西州以及塔里木盆地北缘的焉耆、龟兹、温宿、拨换（今阿克苏）和疏勒（今喀什）以东一带的大片领土；吐蕃则占有了以于阗为中心的塔里木盆地南缘广大地区。此时，葱岭以西中亚河中地区也已被大食所占，于是，唐朝在西域长达一个半世纪的经略活动就此宣告结束。③ 此后西域再陷回鹘、吐蕃等的战乱纷争之中，又进入一个新的动荡分裂割据期。随着吐蕃的分崩离析，唐朝、吐蕃和大食三方争夺西域的时代也宣告结束，西域再次陷入一种小国割据状态。

8 世纪末，回鹘汗国的中心依然在漠北蒙古草原。9 世纪 30 年

---

① 《新唐书·回鹘传》。
② 《旧唐书·回纥传》。
③ 参见余太山主编《西域通史》，中州古籍出版社 2003 年版，第 194—195 页；马大正等《新疆史鉴》，新疆人民出版社 2006 年版，第 36—38 页。

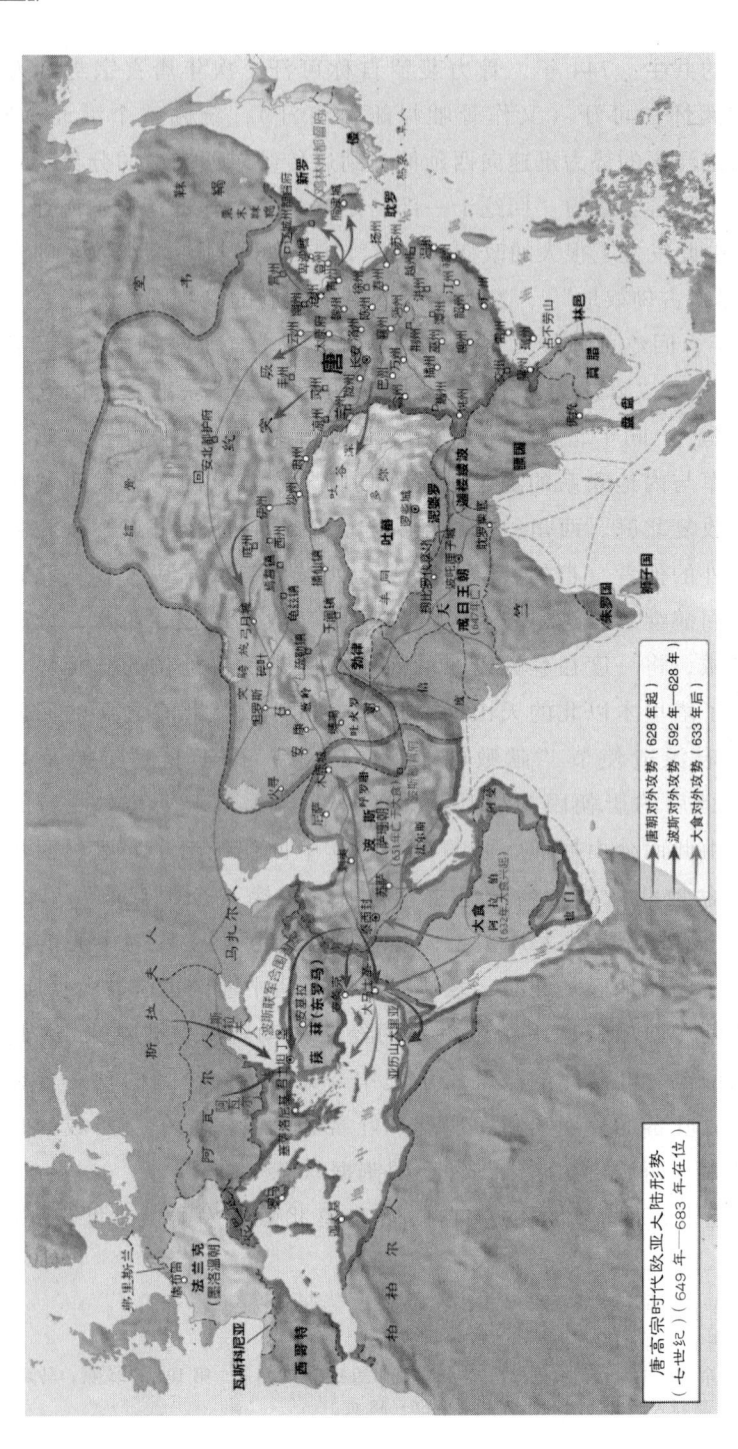

图 2-12 7 世纪下半叶欧亚格局

代，漠北草原连年遭受严重自然灾害，加之内部各部内讧不止，回鹘汗国的国势大衰。840年，回鹘将军句禄末贺引黠嘎斯兵10万袭回鹘汗国，杀其可汗，回鹘各部溃散后分4支外迁以求生计，外迁路径主要是南下和西迁。其中南下回鹘分为两支，一支由可汗兄弟乌介可汗率领共27部约30万人，南走依附唐朝，一部分南迁至振武军（今内蒙古和林格尔北）及天德军（今内蒙古乌拉特旗西北），后归室韦，逐渐融入契丹人中；另一部分进入长城以南后定居下来，后渐趋汉化并融合到当地居民中。另外一支南下至河西走廊，[①] 于甘州设立牙帐，先依附于控制此区的吐蕃，后又依附于逐走吐蕃势力的张义潮，于861年攻据甘州，自立可汗并请唐朝册封，史称"甘州回鹘""河西回鹘"[②]。

西迁的回鹘部众在庞特勤[③]和宰相的率领下，沿西南方向越过阿尔泰山进入天山北麓，抵达北庭（今吉木萨尔），与以前留守此地的原回纥部属会合后，一部分回鹘部众驻牧附近的草原，活动于金莎岭（今吉木萨尔与吐鲁番之间的天山山脉）一带（后建立了高昌回鹘王国），其余部众随庞特勤继续西迁。848年庞特勤自称可汗，正式建立政权，因政权活动地域主要在焉耆、龟兹等原唐朝安西都护府所辖境内，所以史称安西回鹘政权。857年，唐宣宗遣使册封庞特勤为"嗢禄登里罗汨没密施合俱录毗伽怀建可汗"，西迁回鹘各部也共奉庞特勤为共主。[④] 虽然被共奉为主，但在回鹘西迁后的20余年中，庞特勤安西回鹘政权始终无法有效统一天山南北的各股回鹘势力。即便如此，回鹘西迁立国时期，西域的形势也非常有利于回鹘的发展，从客观上

[①] 传统上将此支回鹘归为"西迁回鹘"，但因以甘州（今甘肃张掖）为中心的河西地区实际在漠北回鹘汗庭所在地（鄂尔浑河畔的哈剌巴剌合孙，在今外蒙古额尔德尼昭西北）的南部，所以本书将其归入南下回鹘。

[②] 河西回鹘在唐朝的支持下迅速强盛起来，9—10世纪，河西回鹘的统治范围以甘州为中心，西至肃州（今甘肃酒泉）、瓜州（今甘肃安西）、沙州（今甘肃敦煌），东南至凉州（今甘肃武威）、兰州、秦州（今甘肃天水），东北至贺兰山，西北至合罗川（今额济纳河）。明代时期，河西回鹘被称为"撒里畏吾尔"（黄头回鹘），一般认为是今天裕固族的先民。

[③] "特勤"是回鹘可汗子弟的称谓。

[④] 余太山主编：《西域通史》，中州古籍出版社2003年版，第271—274页。

促进了西域的突厥化和回鹘化进程。①

这一时期,在涉足西域的几大政治力量中,曾经强盛一时的吐蕃王朝因长年对外战争和内部纷乱而迅速衰败。810年,大食军队大败吐蕃军队,吐蕃在葱岭地区的势力遭受重创。836年,禁灭佛教、复兴苯教的活动激化了吐蕃内部的各种矛盾,造成社会动荡。848年,张义潮在沙州(今敦煌)起义,河西诸地和伊州摆脱吐蕃的统治,吐蕃在西域的统治也随之瓦解。851年张义潮派人入唐献上11州地图户籍,②被唐朝任命为沙州归义军节度使、河陇11州观察使。同年,自汉代以来一直治理于阗的尉迟氏王族摆脱吐蕃统治,建立于阗李氏王朝,统治区域包括塔里木盆地南缘的几个相邻的绿洲,南抵昆仑山;西北接喀什;东北至今若羌附近。912年,继承王位的尉迟逊跋伐给自己取名"李圣天"并自称为"大(唐)朝大宝于阗国大圣大明天子"是唐之宗属。938年,李圣天遣使中原,被后晋王朝册封为"大宝于阗国王"。1006年,于阗被喀喇汗王朝军队攻陷,于阗李氏王朝灭亡。③

866年,西迁入安西的回鹘诸部建立起高昌回鹘王国,所辖之地"东起哈密,西北至伊犁河地区,西南近阿克苏,东南与和田、敦煌一线隔碛相望"④,其最高统治者自称为"阿尔斯兰汗"(突厥语意为狮子王),下设有宰相、枢密使等一系列具有中原王朝特点的官职,并沿用唐朝时期回鹘对中央政权自称"外甥"的方式,加强自己与中原王朝的关系。1132年,高昌回鹘归附西辽,1209年归顺蒙古,1275年高昌回鹘王国被察合台汗国兼并,回鹘残部退入甘肃永昌,高昌回

---

① 8世纪中叶以后,突厥帝国逐渐衰落并被崛起的原部属回纥建立起的回鹘王朝所取代。此后,西域除了强大的回鹘之外,仍存在有许多原属突厥的部族,在长期发展中,他们与这一地区的原住居民相互融合同化并形成新的突厥语族。因此,历史上通常将突厥帝国和回鹘王朝统治下的族属同化现象,称为"突厥化""回鹘化",并常用"突厥化"泛指突厥后裔族属同化现象,涵盖有"回鹘化"。后文除特殊说明外,"突厥化"一词通常取其泛义。

② 11州是:西州(今新疆吐鲁番)、伊州(今新疆哈密)、沙州(今甘肃敦煌)、瓜州(今甘肃安西)、甘州(今甘肃张掖)、肃州(今甘肃酒泉)、兰州、鄯州(今青海乐都)、河州(今甘肃临夏)、岷州(今甘肃省岷县)、廓州(今青海省尖扎县)。

③ 参见苗普生、田卫疆主编《新疆史纲》,新疆人民出版社2004年版,第215—219页。

④ 同上书,第212页。

鹘王国至此灭亡。

（二）喀喇汗王朝：中国境内第一个接受伊斯兰教的王朝

喀喇汗王朝又名黑汗王朝，是9—13世纪活跃于中亚西域地区的重要政治力量，[①] 见于史册的奠基者是毗伽阙·卡迪尔汗，840年，他联合西迁至伊犁河中下游七河地区的回鹘部众在巴拉沙衮（今吉尔吉斯斯坦共和国托克马克）建立政权。[②] 毗伽阙·卡迪尔汗死后，他执政于巴拉沙衮和怛罗斯的两个儿子巴兹尔和奥古尔恰克分别被称为阿尔斯兰汗（狮子汗）、博格拉汗（公驼汗），统治中心仍然在西天山北麓和七河地区。公元893年，怛罗斯城被萨曼王朝攻破，奥古尔恰克被迫南迁至喀什噶尔。此后不久，皈依伊斯兰教的萨图克（巴兹尔次子）在河中圣战者的支持下，打败并杀死叔父奥古尔恰克，自称博格拉汗。之后，萨图克又挥师北上，从萨曼王朝手中夺回怛逻斯。943年，萨图克占领巴拉沙衮，确立了对塔里木盆地西部、费尔干纳地区和七河流域的统治，成为喀喇汗王朝唯一的可汗。

萨图克死后，长子木萨即位称阿尔斯兰汗，驻于喀什噶尔，次子苏莱曼驻巴拉沙衮。木萨在苏菲派教士的帮助下，在境内大力推广伊斯兰教。960年，木萨汗宣布伊斯兰教为国教，中国境内首个接受伊斯兰教的王朝就此诞生。962年起，喀喇汗王朝分别向东西两面发动了征服他国的"圣战"。999年，喀喇汗王朝联合今阿富汗境内的哥疾宁王朝（977—1186）攻灭萨曼王朝。1006年，于阗李氏王朝被喀喇汗王朝攻灭。喀喇汗王朝由此进入全盛时期，疆域"东南至婼羌与西

[①] 该王朝具有许多不同的称谓，在成书于1077年的《突厥语词典》中，该王朝自名"哈卡尼耶"（意为"可汗王朝"）；《宋史》称其为"黑韩（汗）王朝"；西方学者又以"伊利可汗王朝""阿弗拉西雅普王朝""桃花石王朝"等称之。后世学者因其汗王常带有Qara han称号，故称为"喀喇汗王朝"或"哈剌汗朝"；因其在新中国成立初期以葱岭以西的河中地区为主要疆域，故也称为"葱岭西回鹘"。现今学界习惯上称为"喀喇汗王朝""黑汗王朝"。

[②] 由于史料缺载，至今还无法确定喀喇汗王朝的具体创建者和创建民族究竟为何。故学者从现有历史文献判断，喀喇汗王朝是见诸史册的最高首领毗伽阙·卡迪尔汗所建立；也有学者认为，喀喇汗王朝是西迁回鹘中的庞特勤所建（参见余太山主编《西域通史》，中州古籍出版社2003年版，第272页；苗普生、田卫疆主编《新疆史纲》，新疆人民出版社2004年版，第22页；马大正等《新疆史鉴》，新疆人民出版社2006年版，第38页；翁独健主编《中国民族关系史纲要》，中国社会科学出版社2001年版，第324页；《中国伊斯兰教百科全书》，四川出版集团、四川辞书出版社2007年版，第281—282页）。

130 ▷ 他者的游弋与自我的构建

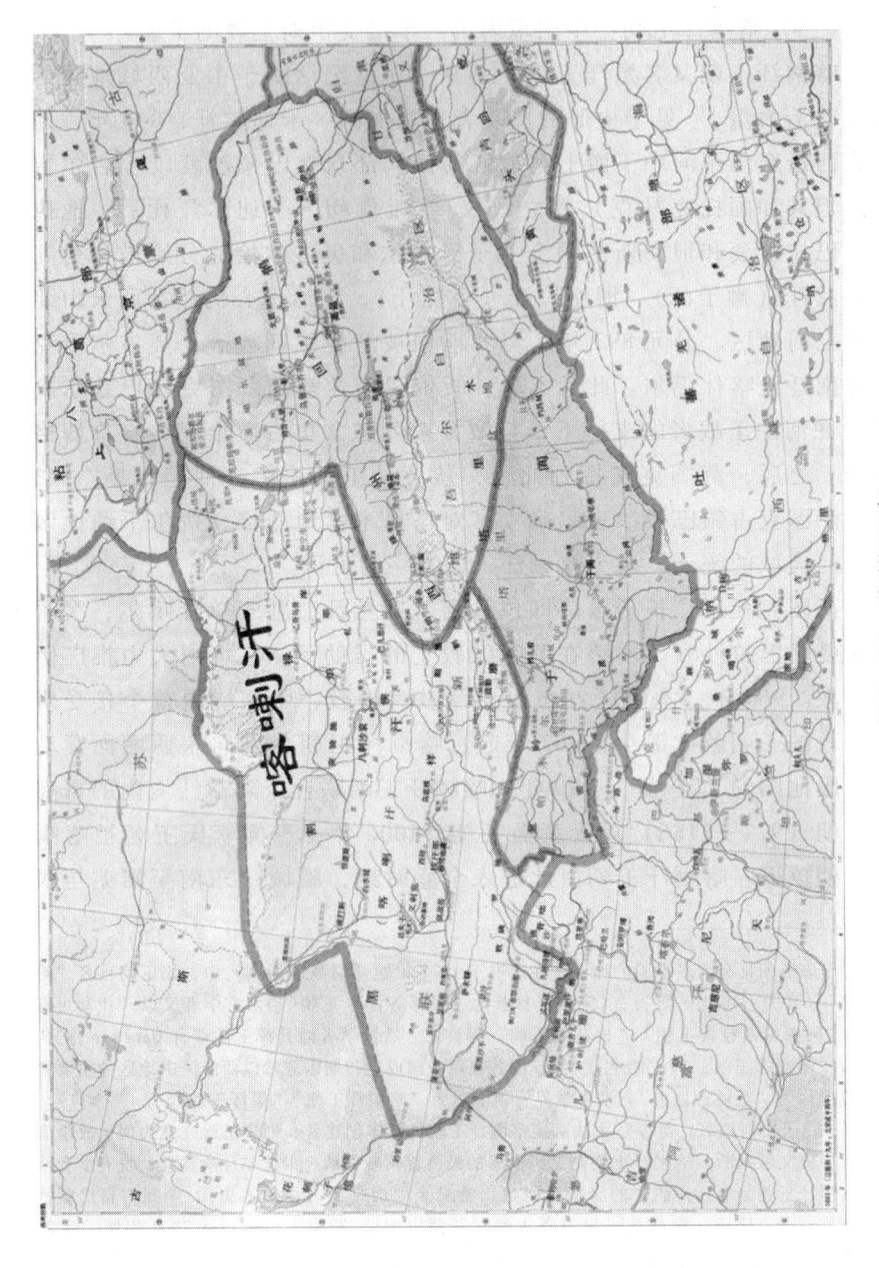

图 2-13 喀喇汗王朝

夏分界，东部在阿克苏与拜城之间与高昌回鹘为邻；东北至阿尔泰山与中原北方辽朝交界；北至巴尔喀什湖一线；西至咸海及花剌子模；西南和南部分别以阿姆河、兴都库什山、喀喇昆仑山、昆仑山及阿尔金山为界"①。

喀喇汗王朝在东、西两个方向进行的近半个世纪的征战中，逐渐形成了相隔甚远的东、西两个不同的强大支系。由于与所有游牧帝国一样，喀喇汗王朝也将国家当作整个汗族的财产并将其分成许多封地，"有时强大的附庸完全不承认帝国首领的统治权"②，因此在长期征战中发展起来的不同强大支系自立为朝也是必然。1041年，控制了整个河中地区的易卜拉欣·本·纳赛尔自称"桃花石·博格拉·喀喇汗"③，喀喇汗王朝正式分裂为东、西两个王朝。西部以撒马尔罕和布哈拉为统治中心，拥有河中地区；东部喀喇汗王朝以巴拉沙衮和喀什噶尔为统治中心，占据费尔干纳盆地、七河流域、伊犁河谷、塔里木盆地西部和南部。1134年，东喀喇汗王朝沦为西辽的附庸，七年之后，西喀喇汗王朝也成为西辽附庸。1211年东喀喇汗王朝灭亡，次年，西喀喇汗王朝灭亡。④

（三）突厥化与伊斯兰化：9—13世纪西域居民的身份变化

9—13世纪，唐朝灭亡以后的中国出现了五代十国和宋辽金夏等对峙的局面。西域地区的政权除了喀喇汗王朝、于阗李氏王朝和高昌回鹘王国之外，还先后存有黠嘎斯（又称黠戛斯、辖戛斯）、乌孙、西突厥、沙陀、斡朗改等几个势力较小的政权。诸政权中以喀喇汗王朝势力最大，高昌回鹘王国存在时间最长。⑤ 此间，高昌回鹘王国和喀喇汗王朝虽曾一度沦为西辽附庸，但西辽对其原属地的统

---

① 马大正等：《新疆史鉴》，新疆人民出版社2006年版，第39页。
② ［俄］《巴托尔德文集》第1卷，莫斯科1963年版，第330页。转引自苗普生、田卫疆主编《新疆史纲》，新疆人民出版社2004年版，第222页。
③ 13世纪以前的西域一直用"桃花石"称呼"汉人"或"中国人"、"桃花石汗"意即"中国汗"。易卜拉欣·本·纳赛尔同时还拥有"东方与中国之王"的伊斯兰封号。
④ 参见余太山主编《西域通史》，中州古籍出版社2003年版，第271—281页；《中国伊斯兰教百科全书》，四川出版集团、四川辞书出版社2007年版，第281—282页。
⑤ 从仆固俊"尽取西州、轮台等城"建国起，至1275年亦都护火赤哈儿请降元朝（后迁居永昌仍称"高昌王"并仍"治其部"）灭亡止，高昌回鹘王国存在时长约410年。

治实际还是以两个附庸国为中介的，所以，本书对西辽涉及西域的统治不做单列叙述。① 河西回鹘因其势力范围已鲜及西域，因此也不多言。

　　这一时期，因为于阗李氏王朝是自汉代以来一直治理于阗的尉迟氏王族所建的，有着与中原王朝保持紧密联系的传统，所以其采用的政治经济制度也与中原大致相同。同时由于这一地区是佛教最早传入地之一，近千年的佛教传统和众多的佛教信徒使其拥有发达的佛教寺院经济和文化，所以其与吐蕃也有较为密切的往来，社会整体发展较好。高昌回鹘王国所在的东天山地区，位于丝绸之路中枢，传统农业发达，地理位置也有利于其和周边各政权发展关系。因此，高昌回鹘王国借助前世留下的许多遗产，在积极经营所辖领地的同时，向南与于阗李氏王朝修好，向西与喀喇汗王朝相望，并先后向东、北，与唐、宋、辽、金和蒙元等前后更迭的强大政权保持了良好关系，其间虽几度成为强大政权的附庸，但却保证了这一区域社会长达数百年的基本稳定。免受战乱之苦的"王国内部秩序很好，精神生活活跃，物质生活富裕"②，社会获得了良好的发展。喀喇汗王朝虽然征战不断，但这种"征服并未伴随着大规模的屠杀、抢劫和烧毁"，从而使"未遭到严重破坏"的被征服地"不久就恢复，并且继续向前发展"③。回鹘西迁、伊斯兰"圣战"和高昌回鹘王国与喀喇汗王朝内部良好的社会秩序和相对稳定的社会发展，使这一时期的西域社会结构和居民身份发

---

　　① 10世纪初，契丹族兴起，在中国北部建立了一个东濒太平洋，西至额尔齐斯河上游地区，北至外兴安岭和贝加尔湖一线，南逾鸭绿江、长城和大戈壁，同高丽、北宋、西夏接壤的强大辽王朝。1125年，被女真族首领阿骨打所建金朝推翻。辽朝覆灭前夕，皇族耶律大石北走漠北建立政权。1132年耶律大石称帝后又率部西征，先后降服高昌回鹘王国和东、西喀喇汗王朝，花剌子模王国和康里部等中亚西域政权，建立起强大的西辽。西辽以首都巴拉沙衮为中心，所辖领土除了以巴拉沙衮为中心的直辖地——七河地区（北至伊犁河、南至锡尔河上游、西抵塔拉斯河、东至伊塞克湖以东地区）之外，还包括诸多附庸国家和部族，疆界西达咸海、正东至突兀剌河（今蒙古共和国土拉河）、东北至谦河（今叶尼塞河上游）、东南至哈密力（今哈密）、南抵阿姆河、北越巴尔喀什湖，包括钦察草原康里部落游牧地，称霸亚洲东部，影响远及欧洲。1211年众叛亲离的西辽帝国灭亡。

　　② 葛玛丽（A. V. Gabain）：《高昌回鹘王国（公元850—1250年）》，耿世民译，《新疆大学学报》1980年第2期。

　　③ 余太山主编：《西域通史》，中州古籍出版社2003年版，第274页。

生了巨大变化。

1. 从天牧移徙到城郭定居:居民社会生活方式的改变。高昌回鹘王国和喀喇汗王朝所辖地区包括今日新疆和中亚地区的广袤土地,这一地区除了大面积的沙漠戈壁和高山等不利于居住的地方之外,还有幅员辽阔的草原和拥有发达水利灌溉设施的平坦绿洲,高山积冰川雪和散布于各地的诸多大大小小不同的湖泊与河流为这些地方提供了丰富的水资源,这些都为定居农业的发展提供了良好条件。与此同时,相对安定的社会环境也使更多的人定居下来从事农牧业。因此,自 9 世纪 30 年代开始,在这些地区,随着回鹘的西迁,除了传统土著居民和少部分新迁至此的游牧部族继续从事早在 9 世纪之前就已相当发达的畜牧业,游牧于漠北草原的回鹘和其他一些游牧部落开始并完成了由游牧生活向定居农牧业生活的过渡。根据玉素甫·哈斯·哈吉甫的《福乐智慧》①、耶律楚材的《西游录》、丘处机的《长春真人西游记》和《宋史》等历史文献记载,高昌回鹘王国和喀喇汗王朝境内的绿洲、河谷地区有着发达的水利灌溉设施和单产很高的粮棉种植业,以及发达的园艺业,瓜果、菜蔬很丰富,桑蚕纺织、造纸和葡萄酿酒工艺也很发达,居民生活富裕。②

2. 社会生产方式转变导致社会制度与生活方式的转变。随着从游牧到定居农牧业过程的完成,社会生产方式从游牧改为农耕兼畜牧、狩猎,同时也从事工商业生产,使封建制度在中亚西域农业地区得以普遍建立。高昌回鹘王国、喀喇汗王朝和西辽帝国所采取的一系列促

---

① 《福乐智慧》书名意为"给予幸福的智慧",是尤素甫·哈斯·哈吉甫于回历 462 年(1069—1070 年)创作并献于喀什噶尔黑汗王朝的统治者布格拉汗阿勒·哈三·本·苏来曼的一部长诗。全诗共八十二章,一万三千余行,系用古维吾尔语写成。作者出生于虎思斡尔朵(今巴拉沙衮)城,后迁居喀什噶尔并在那里创作完成了《福乐智慧》。流传于今的《福乐智慧》有三个抄本,其中最早的一个是 12 世纪末 13 世纪初用阿拉伯文(纳斯赫体)抄写而成的,1914 年发现于苏联乌兹别克斯坦纳曼干城的抄本(故亦称"纳曼干抄本"),现存于乌兹别克斯坦科学院东方学研究所。另一个抄本现藏于奥地利维也纳国立图书馆(故称"维也纳抄本"),是 1439 年(回历 843 年)于今阿富汗赫拉特城用回鹘文字抄写而成的。第三个抄本是 19 世纪末于埃及开罗开地温图书馆,又称"开地温抄本"。由于《福乐智慧》涉及内容广泛、艺术技巧高超,因此,既被后人视为黑汗王朝时期的一部重要文学作品,也被当作研究黑汗王朝社会的一部百科全书。

② 参见余太山主编《西域通史》,中州古籍出版社 2003 年版,第 281、300 页。

进措施,①使封建经济制度在中亚西域地区得到了进一步的巩固和发展。与此同时,较其前其后王朝都要轻一些的喀喇汗王朝的赋税和徭役,在一定程度上减轻了广大劳动人民的负担,使农业、畜牧业、手工业和商业在这一时期都得到了相当大的发展,特别是手工业和商业获得了前所未有的发展。据元代刘郁《西使记》记载,喀喇汗王朝所属孛罗城(今博乐)"城居肆闾间错,土屋厢户皆琉璃(玻璃)"②;东西贸易往来频繁,"行旅如流",保证了西域地区的繁荣和发展。随着工商业的发展,这一地区城镇规模得以迅速扩大,一批新的城市也随回鹘西迁所致的常住居民的增多而兴起。

社会生产生活方式的转变直接带来了社会成员的习性改变。就生活习俗而言,回鹘西迁之后,从单一游牧到定居农牧生活的转变,在饮食方面表现为"由牛、羊、肉、乳酪文化型成为麦、米、牛、羊、肉、乳酪文化型",在服饰方面则"由素简而趋于豪华,甚至有金银珠宝之饰"。③整个群体在放弃游牧转而定居以后,逐渐远离了定居之前抢掠为习的日常生活,使其剽悍、暴戾的游牧民性格逐渐转向为安分、平和和朴实,更加有利于社会文明的发展。

3. 多元共生、动态交融:西域新文明格局的形成。在社会经济发展的基础上,这一时期西域的科学文化也获得巨大的发展。多元共生、动态交融的社会格局"会集中国、希腊、罗马、波斯、印度诸民族社会文化而合成一种西域回鹘新文明"④,使其兼具东、西方不同文化的特点,其中,汉文化在科学技术方面的影响尤为明显。据历史文献记载,这一时期的西域除了造纸和桑蚕丝织技术之外,高昌回鹘王国的

---

① 高昌回鹘王国和喀喇汗王朝在保留北方游牧民族的传统政治制度的同时,均仿效中原王朝设置了相应的文官制度和社会经济管理模式,并积极引进中原地区和阿拉伯地区先进的科学和生产技术,促进了本地社会的发展。后来成为这两个回鹘王国宗主国的西辽帝国则在立国纲纪、典章制度、生产技术、社会习尚等各方面都有中华之风,且汉文、契丹文同为官方文字,从政治、经济和文化等多方面将汉文化传播至所辖区域,影响了中亚社会的发展(参见余太山主编《西域通史》,中州古籍出版社 2003 年版,第 281—287、300—302 页)。

② 《王国维遗书》第 13 册,转引自苗普生、田卫疆主编《新疆史纲》,新疆人民出版社 2004 年版,第 248 页。

③ 刘义棠:《维吾尔研究》,(台北)正中书局 1997 年版,第 276 页。

④ 同上书,第 265 页。

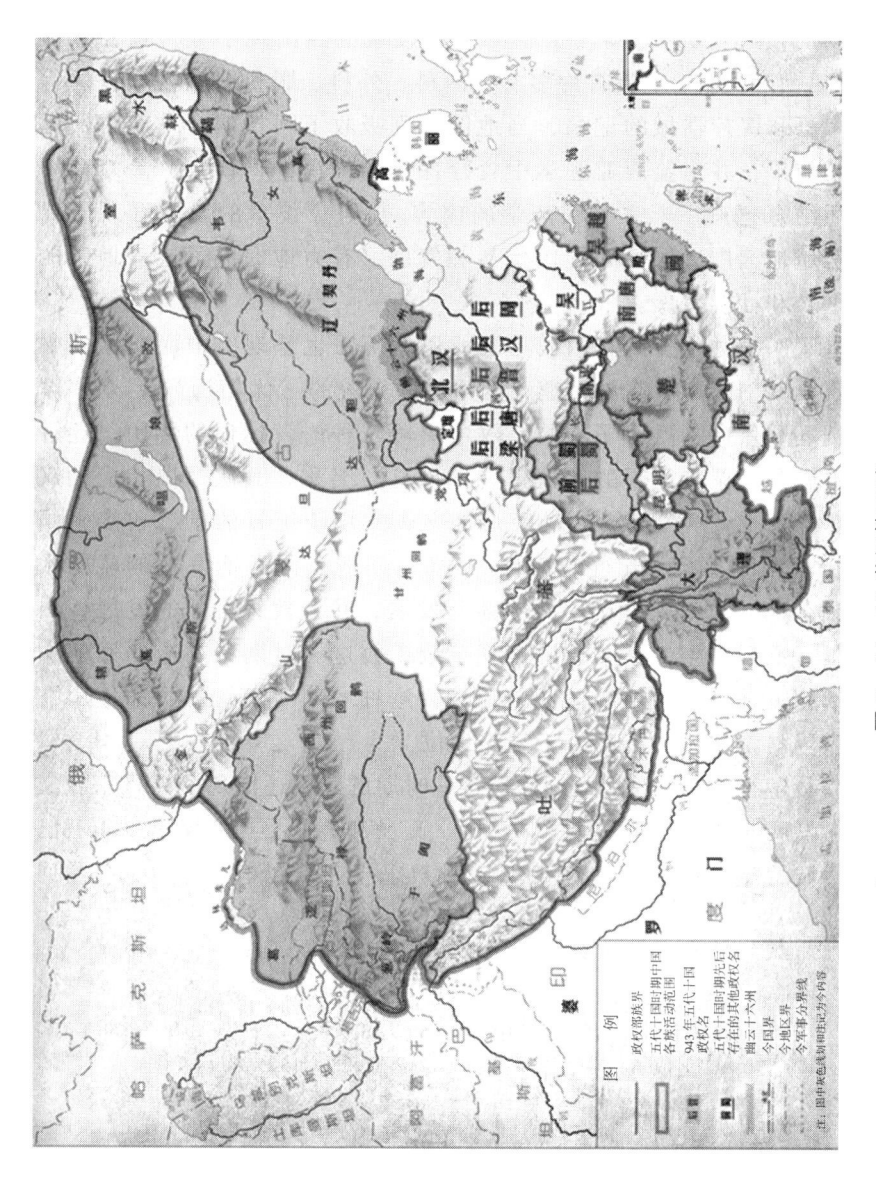

第二章 百川归海:新疆社会发展与居民身份认同的历史流变 135

图 2-14 10 世纪的西域

回鹘医师已掌握了疗眼、止血治痛、治痔患、堕胎等多种医疗方法，还普遍采用传统中医所用的望、闻、问、切方法，并能利用动植物药制成汤剂和药丸。[1] 喀喇汗王朝的医学领域已经出现了分科迹象，在《突厥语大辞典》[2]中就有许多有关内科、外科、眼科、妇科和兽医等医学术语和医疗器械的记录，当地医师则吸收了阿拉伯、波斯古代医药学的成果，并借鉴西亚医学中食疗保健的知识，将饮食、治疗和增强体质结合起来，丰富了医药学的内容。[3] 医疗技术的发展客观上保证了西域地区广大居民的健康生活和发展，有力地促进了这一地区的人口增长和社会发展。

除了医学之外，此时西域王国所用的历法也呈现出中西交汇的文化特点。其中，除了高昌回鹘王国采用的先进的《大衍历》[4]，众多摩尼教徒还采用一种融合了粟特、汉、突厥三种语言标识的年历，这种年历首先是用粟特语写的七曜日（即周日）名称，其次写出相应的汉文"天干"名称（音译），最后则是突厥文用于记日的十二兽名，同时还在每二日上配以五行的名称。[5] 高昌回鹘王国后期发达的印刷术则保证了这一地区先进文化的传播与发展，并为教育科学的发展做出了贡献。民国初年，在吐鲁番发现了数千枚这一时期所制造的回鹘文木刻活字，都不是单个字母而是单词，这种木刻活字的发明和使用在同期世界科学技术史上都处于领先地位。[6]

在科学技术繁荣昌盛的同时，这一时期的西域还出现了多种宗教文化并存发展的良好局面。其中，于阗、高昌和龟兹早在840年以前就已成为西域的佛教中心。9世纪以后，佛教思想在于阗李氏王朝和高昌回

---

[1] 参见穆舜英等《吐鲁番考古研究概述》，《新疆社会科学研究》1982年第3期。
[2] 《突厥语大辞典》系喀喇汗王朝时期著名学者穆罕默德·喀什噶里于1072—1074年编写的"以阿拉伯文诠释当时的突厥语的一部辞典"，旨在提高突厥语的地位。编者通过实地调查，搜集了极为丰富的语言材料，内容涉及生活于喀喇汗王朝以突厥人为主的各族人民的历史、地理、风俗习惯等内容，被誉为"社会生活的大百科全书"。为后人提供了了解喀喇汗王朝及这一时期西域居民生活和社会风貌的宝贵资料。
[3] 参见苗普生、田卫疆主编《新疆史纲》，新疆人民出版社2004年版，第256页。
[4] 《大衍历》为僧一行所研制，唐朝颁行于开元十七年（729年）。
[5] 参见余太山主编《西域通史》，中州古籍出版社2003年版，第303页。
[6] 同上书，第305页。

鹘王国仍然占统治地位，① 佛教文化已经成为于阗文化体系的基本内核。于阗人此时也已经开始对佛教进行自我阐述，其中，以韵文形式写成的《佛本生赞》是一个由51个佛本生故事组成的长卷，反映了日渐成熟和本土化的于阗佛教理论。其发达的雕塑和绘画艺术融合了印度、波斯和中原各地的艺术特点，呈现出明显的混同特色。981年，宋使在高昌见到五十多处唐朝颁赐的佛寺匾额，并且寺中藏有许多大藏经、唐韵、玉篇、经音等汉文书籍，敕书楼则藏有唐太宗、明皇御札诏敕。②

此外，高昌回鹘王国还并存有摩尼教、道教、景教、萨满教和伊斯兰教等多种宗教，在今吐鲁番托克逊一带发现的大量印刷品中，有包括汉文在内的十余种文字刻的多种宗教文书和典籍。③ 除了庙宇经文之外，这一时期的西域还继承了唐朝中期已达到全盛的绘画和雕塑艺术，回鹘人在9世纪入主这些地区以后，不仅信奉佛教，还继续绘制精美壁画和塑造佛像，并留有不少遗迹，"不仅反映了高昌回鹘王国艺术创作的风格，同时也反映了回鹘统治者和人民的生活状况：衣、食、住、行"④。

这一时期，喀喇汗王朝长达半个世纪的"圣战"使被征服之地的西域居民在宗教信仰和生活习俗上逐渐被伊斯兰化。但到了12世纪，随着喀喇汗王朝沦为西辽王朝的附庸，西辽宽容的宗教政策改变了喀喇汗王朝禁止其他宗教传播的做法，使西域多数地区的宗教重获新生：作为虔诚佛教信徒的西辽统治集团——契丹人在扩展疆域的同时把佛教带到了中亚并兴建了大批佛寺；一度销声匿迹的摩尼教也重新活跃起来，萨满教、基督教、犹太教等其他宗教也都获得了或多或少的发展。⑤ 伊斯兰武力传教活动在被西辽终止的同时，宽容的环境又使伊斯兰教得以传入高昌回鹘境内并进一步向东扩展。西域也由此开始了长达数百年的两教并争、多教并存、多种文化交汇互动的文明格局。

9—13世纪，回鹘西迁和伊斯兰化的进程，给西域文字的发展带

---

① 参见余太山主编《西域通史》，中州古籍出版社2003年版，第303页。
② 《宋史·高昌传》。
③ 参见翁独健主编《中国民族关系史纲要》，中国社会科学出版社2001年版，第471页。
④ 余太山主编：《西域通史》，中州古籍出版社2003年版，第305页。
⑤ 参见郭厚安、李清凌主编《西北通史》第三卷，兰州大学出版社2005年版，第128—132页。

138 他者的游弋与自我的构建

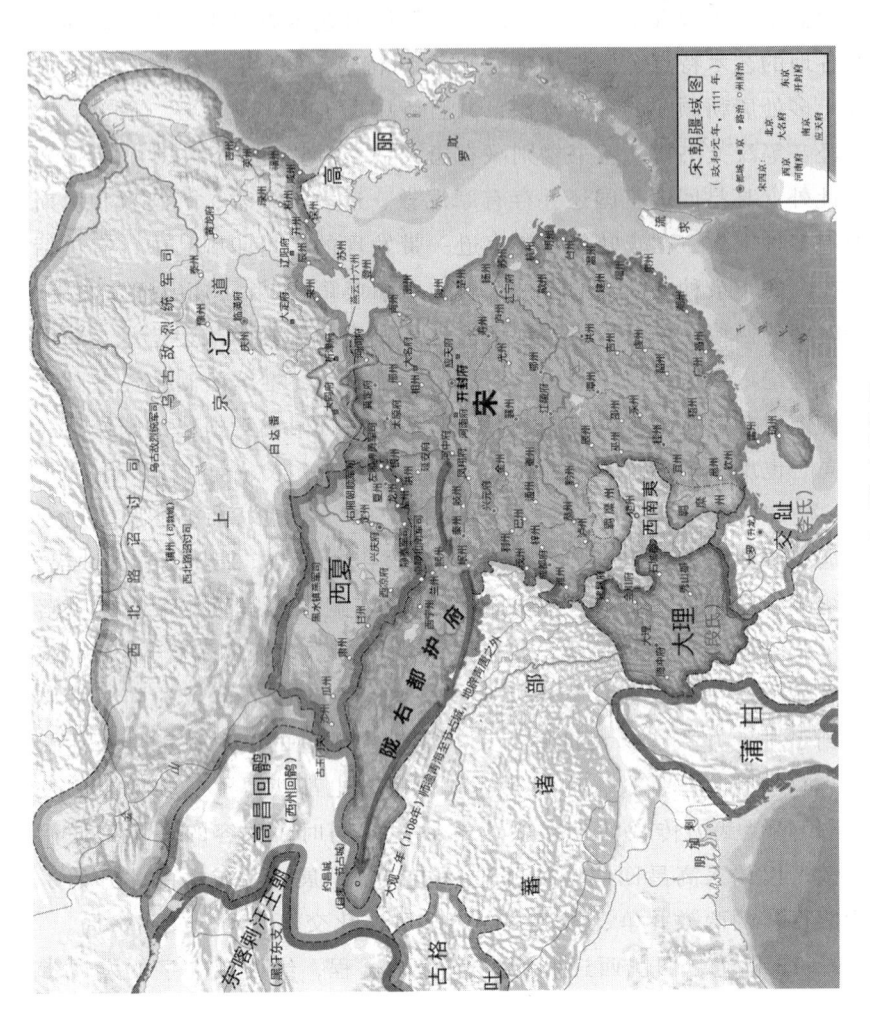

图 2-15 北宋时期政治格局

来了许多变化。这一时期的西域除了此前早已作为官方文字使用的汉文、粟特文和"突厥儒尼文"之外,还有古老的于阗塞语①、古焉耆文、吐蕃文和契丹文,② 以及随着回鹘西迁进入西域并渐趋通用的回鹘文。由先前的粟特字母拼写变成了阿拉伯字母拼写的回鹘文字和汉文一起成为高昌回鹘王国的主要书面用语,③ 并出现了一些优秀的回鹘学者和诗人,留下了一些不朽著作。其中最为著名的有两部,一部是喀什噶尔人马赫穆德·喀什噶里所著的百科全书式的语言学巨著《突厥语大辞典》;另一部是玉素甫·哈斯·哈吉甫在1069—1070年题献给卜格拉汗的劝诫性长诗《福乐智慧》。两部集语言学、哲学、伦理学等诸多思想于一体的优秀文学作品,为后人研究这一时期的喀喇汗王朝的社会发展状况,了解其经济、政治、文化、风俗习惯以及自然科学等社会诸方面提供了珍贵资料,可谓世界文化瑰宝。虽然这一时期西域形成的文化是不同于以往的伊斯兰—突厥文化,但是这一文化的核心——回鹘文化——则深受汉族文化影响。作为中国境内第一个信仰伊斯兰教的王朝,喀喇汗王朝在三个多世纪的发展中一直努力保存东方王朝的特色,尤其强调其与中原的传统联系。在喀喇汗王朝和高昌回鹘王国诸大汗的称号以及诸汗铸造的钱币上,经常有"桃花石·博格拉汗""秦之王""秦与东方之王"等称号。其中"桃花石"和"秦"都是中亚地区对中国的称呼。在《突厥语辞典》和中世纪阿拉伯、波斯文献的多处记载中,都明确将喀喇汗王朝的喀什噶尔地区与宋和契丹并列,认为中国就是由此三部分组成的。④

9—13世纪,回鹘的西迁和大批突厥语部落民众由游牧转入定居,在使这一地区人口迅速增加的同时也促进了这一地区不同族属居民的相互异化和融合,社会整体结构发生了重大变化。这一时期的西域居

---

① 于阗塞语采用中亚婆罗谜文字母书写,是印度婆罗谜文笈多王朝竖体字母在中亚的变种,属音节文字。

② 契丹语属阿尔泰语系原始蒙古语族,分大、小字,大字创制于920年,字形取自汉字,拼写规则受到回鹘文影响。

③ 据《突厥语大词典》记载"(城里)回鹘人还有和秦人文字相似的另一种文字,官方文牍都使用这种文字"。

④ 参见余太山主编《西域通史》,中州古籍出版社2003年版,第295—296页。

图 2-16 12世纪的中国

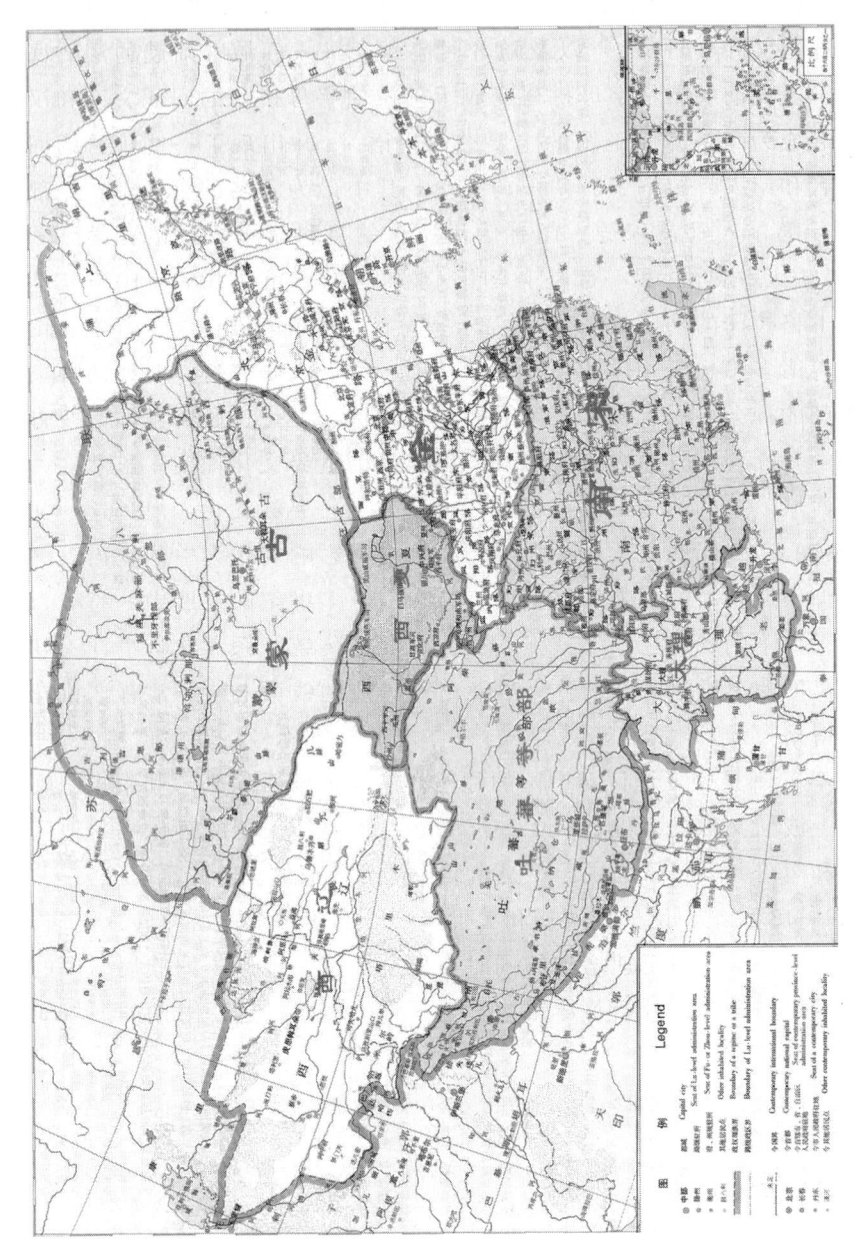

民除了原有的汉人、吐蕃人之外,"高昌王统治下的民族,除回鹘外,还有南突厥、北突厥、大众嫇、小众嫇、葛逻、样磨、黠戛斯(古柯尔克孜)、末蛮、格哆、预龙等"①。喀喇汗朝的居民则包括葛逻禄、突骑施、样磨、处月、古斯、回鹘、粟特、奥格拉克、恰如克和雅利安人等。② 与西域其他诸国相比,尉迟氏王族所建的于阗李氏王朝与中原地区有着紧密联系和往来的传统,所辖地区的居民也与西域其他地区有所不同。《北史·西域传》在描绘于阗居民的情况时说"自高昌以西诸国等皆深目高鼻,唯此一国貌不甚胡,颇类华夏"。根据考古学家考证,"貌不甚胡"的于阗居民实际拥有羌人、塞人、汉人和藏人等多种混血成分。12—13世纪,随着西辽的强盛和发展,大批契丹人和汉人被耶律大石带到了中亚,他们在将汉文化带入中亚的同时,也在与当地居民的共同生活当中逐渐彼此同化,最终融合而成今日中亚居民的先人,极大地改变了中亚西域地区的人种族属结构。

由于喀喇汗王朝在将伊斯兰教定为国教以后就从东、西两个方向开始了长达半个世纪的伊斯兰教"圣战",被征服地的居民在武力传教之下,宗教信仰和生活习俗也逐渐被伊斯兰同化。12世纪,随着伊斯兰教取代存在于喀什噶尔、于阗等地已长达千余年的佛教,成为塔里木盆地南缘地区信仰人数最多、社会影响最大的宗教,这一地区的广大居民的身份也从佛教徒变成了穆斯林。③ 到了13世纪,随着喀喇汗王朝和高昌回鹘王国的陆续灭亡,西域地区的居民身份则在蒙元王朝的兴起与强盛中再次发生巨大变化。其中,西喀喇汗王朝境内的突厥

---

① 翁独健主编:《中国民族关系史纲要》,中国社会科学出版社2001年版,第470页。
② 参见魏良弢《喀喇汗王朝史稿》,新疆人民出版社1986年版,第66—69页;余太山主编《西域通史》,中州古籍出版社2003年版,第274页;郭厚安、李清凌主编《西北通史》第三卷,兰州大学出版社2005年版,第86页。
③ 李氏王朝灭亡后,于阗佛教徒和信仰佛教的居民反抗喀喇汗王朝伊斯兰军队的斗争持续了近半个世纪,连同此前于阗李氏王朝同木萨伊斯兰军队四十余年的战争(其间,李氏王朝还几度占据喀什噶尔并将伊斯兰势力驱逐出该地)。这就是至今仍流传于和田民间的"于阗与喀喇汗王朝进行了'百年宗教战争'"说。根据佛教传入西域时间(据《大唐西域记》和《于阗国授权记》等汉藏文献记载,公元前1世纪七八十年代,佛教就传入于阗、疏勒、龟兹,也就是今天的和田、喀什、库车等地)和960年驻喀什噶尔(即喀什)的木萨宣布伊斯兰教为国教,以及于阗在经历"百年宗教战争"后伊斯兰教取代佛教的时间计算,喀喇汗王朝时期,佛教在于阗、喀什噶尔地区存在已有1100年左右。

语诸族随着时间的推延而逐渐融合于中亚乌兹别克人中,东喀喇汗王朝统治地区的回鹘则融入蒙元诸族中,部分成为维吾尔族的先民。

二 西域大统与多民族交融:蒙元时期的西域社会认同与身份变化

(一)蒙古的兴起与帝国大统

"蒙古"是"Mungghol"的音译,是原居于望建河(今额尔古纳河)流域与俱沦泊(今呼伦湖)"大室韦"部落联盟下一个部落的名字。据考,"蒙古"最早是以"蒙兀室韦"之名见于史料的。① 7世纪,室韦继奚、契丹之后归附唐朝,后又被突厥所控制,部分西迁到蒙古草原,与当地操突厥语的部落杂处,这些部落常被统称为"鞑靼"②,后又臣服于漠北回鹘。漠北回鹘败亡外迁后,室韦诸部乘机陆续走出大兴安岭迁居于回鹘腾出的大片牧场,并逐渐扩散至整个蒙古草原,与留居在漠北的突厥、回鹘、铁勒等突厥语族相融合,形成了大小不一、不相统属的部族,成为蒙古高原的主要居民。12世纪与蒙古部一起生活于蒙古草原的还有克烈部、蔑儿乞部、塔塔儿部和乃蛮部等几个实力强大的部落集团。在统治蒙古草原的辽金王朝的不断征战和部落纷争中,蒙古部的也速该部在其首领铁木真的率领下,逐渐发展壮大起来。1196年,配合金军击败塔塔儿部的铁木真被金朝封为"札兀惕忽里",成为蒙古高原举足轻重的势力。此后,铁木真又先后击败和兼并了泰赤乌氏部、扎只剌氏部、克烈部和乃蛮部,成功地控制了整个蒙古高原,并于1206年在斡难河源之地召集贵族大会,建国封号,国家称为"也客·蒙古·兀鲁思"(即"大蒙古国"),尊号曰"成吉思汗",受蒙古统治的诸部成为蒙古的部属并统

---

① 这一部落名称的异译还有蒙兀、萌古、漠葛失、毛褐、盲骨子、朦骨、毛割石、蒙国、毛褐室等。"蒙古"这一名称较早记载于《旧唐书》和《契丹国志》,在古东胡语中其意为"永恒之火"。"蒙古"一词在古蒙古语中的原意是勇敢或朴素;另有一种释义法,即将该词分解,即"我"与"炉灶之火"两个词合成,结合起来就是"我们同火人",蒙古族是游牧民族,每到一地都同炊共饮,故有此称。

② 鞑靼原指居住在俱沦泊(今呼伦贝尔)一带的"塔塔儿"部落,后因其曾一度强大并征服了许多迁入蒙古草原的部落,所以这些臣属于其的诸部落都自称为鞑靼。后来,鞑靼这个名字被大漠南北许多游牧部落所采纳。

一采用蒙古作为总名。至此，一个统一的民族共同体——蒙古——出现在历史舞台上。

成吉思汗建国以后就开始了一系列西征活动。1209年，高昌回鹘首领巴而术阿而忒率众杀死西辽镇守官，遣使归附蒙古，其后不久随成吉思汗军队一起西征，先后将喀什噶尔、于阗等地收服，1218年西辽灭亡，蒙古统一了天山南北，结束了西域自唐末以后近四个多世纪的割据纷争局面。此后，蒙古西征军又先后征服了西夏（1227年）、花剌子模（1231年）等国，并于1223年在西域设官置守，控制了黑海、高加索、里海以北等中亚西域的广大地区。1251年，元宪宗蒙哥将原设置管辖阿姆河以西被征服广阔波斯地区的行政机构改名为"阿姆河等处尚书省"，治所设于徒思城（今伊朗马什哈德），与同期建立的别失八里（Bishbaliq，汉文称北庭，今吉木萨尔）行尚书省一起，统管天山南北西域各部及中亚地区的军政事务，① 强化了中央政权对西域中亚地区的统治。

1271年，忽必烈定国号为元，建立元朝。1279年，元灭南宋，蒙古人经历了七十多年的征伐，终于将中国的绝大部分重新统一起来，形成了疆域空前辽阔的元帝国，② 中国历史上最为广泛的一次社会整合与民族融合进程就此开启。

（二）双重体制、异彩纷呈：蒙元（察合台）时期西域的军政管理与社会发展

1. 蒙元帝国的军政体制。蒙元帝国实行的是一种双重体制的军政管理——中央直接管辖和宗王分封管理。其中，宗王分封是指成吉思

---

① 据《元史·宪宗纪》记载："宪宗元年六月，以讷怀、塔剌海、麻速忽等充别失八里等处行尚书省事，鞍都剌儿尊、阿合马、也的沙佐之；以阿尔浑充阿姆河等处行尚书省事，法合鲁丁、匿只马丁佐之。"

② 自唐灭亡至13世纪初，在中国范围内存在7个分裂的政权或区域，分别为：蒙古地区（以蒙古高原为主的今大兴安岭以西，居延海、阴山山脉以北至俄罗斯西伯利亚地区，主要为蒙古语系、突厥语系的非统一游牧部族）、金（淮河、秦岭以北的黄河流域及大兴安岭以东地区）、西夏（北起河套南至陇山、河湟地区，西至河西走廊西端）、西辽（今新疆及西至巴尔喀什湖、阿姆河之间的地域）、南宋（淮河、秦岭以南——除云贵高原以外——诸地）、大理（云贵高原及周围部分地区）、吐蕃地区（青藏高原及其周围地区，非统一部族）。其中以金与南宋统一程度最高。

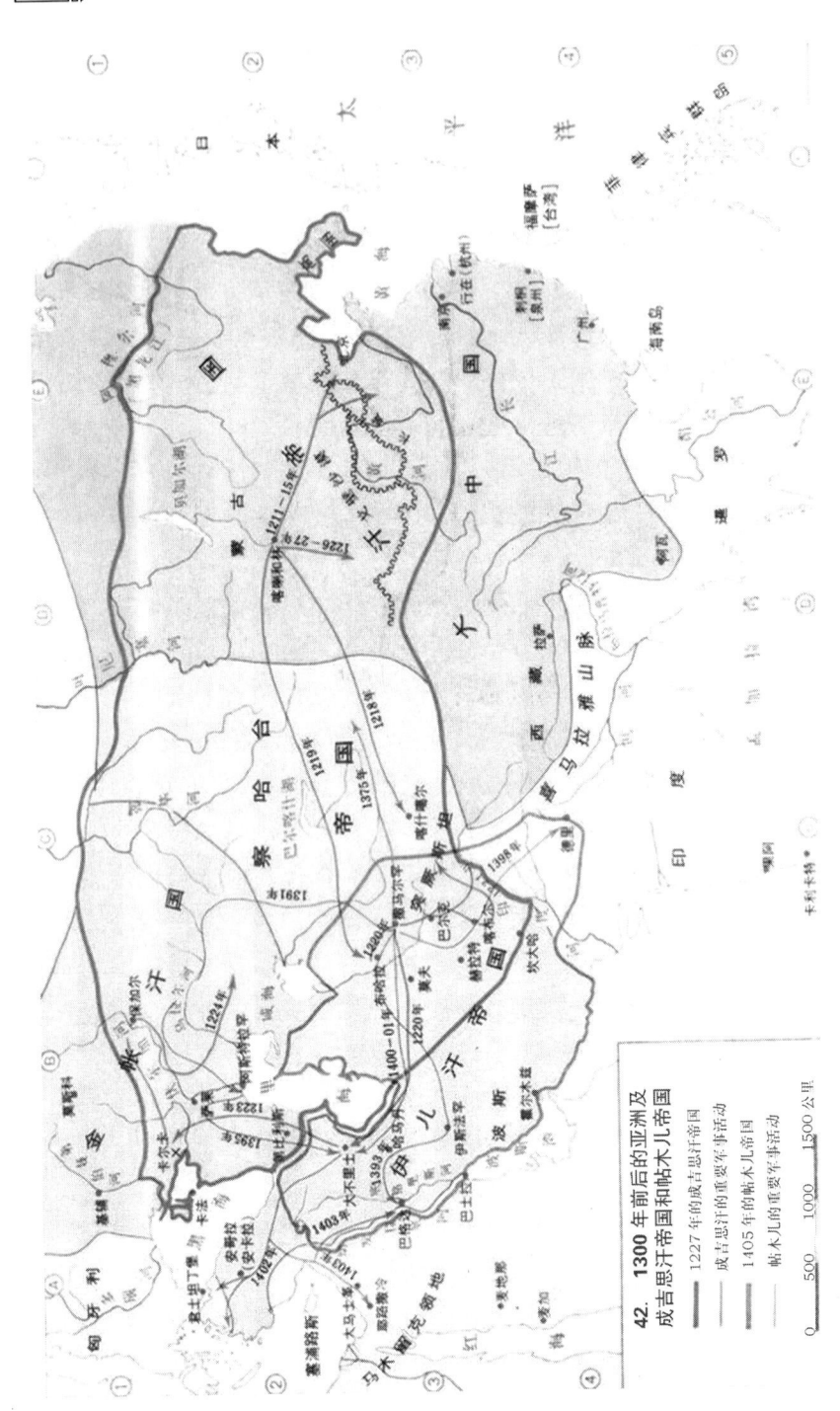

图 2-17　成吉思汗的开疆拓土

汗晚年依蒙古习俗将其领地作为"兀鲁思"（汗国领地）分封给家族宗王诸子，长子术赤分得钦察、花剌子模和康里等咸海以西与里海以北地区。幼子拖雷继承成吉思汗直接控制的斡难河及怯绿连河流域一带。阿尔泰山、天山周围的草原地区主要分属于其次子察合台和三子窝阔台。阿尔泰山至阿姆河，包括天山南北路诸地的西辽及畏兀儿[①]故地，归察合台所属；额毕河上游以西至巴尔喀什东，从叶密立（今新疆额敏）以北，包括今喀拉额尔齐斯河及阿尔泰山一部分的游牧地区归属窝阔台。各兀鲁思汗对所辖区域内的政事有裁决权，但其仍为蒙元帝国的藩属地，其首领的承嗣仍由蒙元帝国大汗或皇帝委派任命。成吉思汗及其子孙经过西征，在兀鲁思的基础上形成了钦察汗国、察合台汗国、窝阔台汗国和伊利汗国。

忽必烈称帝建元后，以中亚为中心的察合台汗国统治时间较长，同时也是与中央政府关系最为密切的一个汗国，对中国西北地区和中亚的历史发展具有重要影响，其统治东达今吐鲁番、西及阿姆河、北接花剌子模和特尔巴哈台山、南临印度，包括今新疆青河、富蕴、福海、吉木乃以南和阿姆河以东的今哈萨克、乌兹别克、吉尔吉斯和阿富汗等国的部分领土。窝阔台汗国曾一度成为西北蒙古宗王中最有实力的一支力量，所辖范围东起哈剌火州，西至哈实哈儿与答剌速河谷，南及天山南坡诸城，北抵也儿的石河上游地区，在中亚社会具有举足轻重的地位。14世纪初被察合台汗国所灭。钦察汗国[②]和

[①] 12—13世纪的"畏兀儿"只指聚居于今东天山地区的漠北西迁至此的高昌回鹘后裔，其居住地以别失八里（北庭）、火州、彰八里、仰吉八里和唆里迷（今焉耆）"五城"为中心。成吉思汗在率蒙古大军横扫天山南北，灭亡西辽之后，把包括原高昌回鹘王国和喀喇汗回鹘王朝在内的西域中亚广阔疆域作为封地交予次子察合台统治。这时，原在这里活动并已经融合了众多操突厥语部落的"回鹘"居民，在汉文史籍中开始被改写为"畏兀儿"（有时则写作"畏吾儿"），其所住地区也被称为"畏兀儿地"，包括吐鲁番、焉耆两个地区，有时也包括库车和哈密两地，也就是原西辽时期高昌回鹘王国天山以南的领地。这一名称所指实际包含原回鹘在内的诸多不同民族的西域中亚居民。

[②] 钦察汗国又称金帐汗国或术赤兀鲁思，是术赤次子拔都于1241年所建立的汗国，统治地域东起也儿的石河、西至斡罗思、北达北极圈一带、南越太和岭（今高加索山）直至伊朗之地，较术赤统治时期领地（包括扎牙黑水——今乌拉尔河——以东的钦察草原东部和阿姆河下游的花剌子模北部和忽阐河——今锡尔河——下游汇入咸海处）要大出许多。

伊利汗国①领地因与西域中亚无关,此不赘述。②

除了各个宗王统治的地区之外,成吉思汗对于帝国境内天山南北各地的绿洲地带(即原"城郭诸国")以及中亚农业定居区域实行了直接管辖。具体由大蒙元帝国的皇帝直接派遣官员进行军政管辖,具体包括从高昌畏兀儿到阿姆河沿岸的和州(今吐鲁番)、别失八里(今吉木萨尔)、忽炭(今和田)、可失哈耳(今喀什噶尔)、阿力麻里(今霍城)、海押立(今哈萨克斯坦塔尔迪·库尔干)、撒麻尔干(今乌兹别克斯坦撒马尔罕)和不花剌(今乌兹别克斯坦布哈拉)等城镇。③忽必烈称帝并统一全国后,采纳儒生的建议,沿袭宋、金的制度,以中书省(下辖吏、户、礼、兵、刑、工六部)、枢密院、御史台为最高中央行政机构,在地方则设立路、府、州、县,同时设立行中书省、行枢密院和行御史台作为中央派出机构,其中以行中书省权力最大,一般下辖若干路、府、州、县,各路一般设总管府。在部分地区,行省下又设作为行省派出机构的宣慰使司或宣慰使司都元帅府,分统若干路、府、州、县。此外,还专设管理全国佛教事务并统领吐蕃地区的中央机构——宣政院,辖地包括今日青海省大部和四川、甘肃和西藏的部分地区。除了直接归属中央统治的11个行中书省所辖地区和宣政院之外,元朝还沿用成吉思汗时期所确立的宗王分封制度,统领蒙元帝国所属的大片领地。

2. 打破疆界,撤除藩篱:蒙元时期的发达交通所带来的社会变化。蒙元时期中国社会进入一个空前发展时期。首先是大一统的帝国和四通八达的便利交通系统,使"以往分裂时期的此疆彼界不复存在",为各地居民间的交往和生产技术、科学文化的交流与发展"撤

---

① "伊利"为突厥语,意为"臣服、顺从"。伊利汗国是拖雷之子旭烈兀于1251年所建,领土东起阿姆河和印度河,与察合台汗国和印度为邻,西至地中海,包括今小亚细亚半岛的大部分,与埃及和欧洲相望;北至太和岭(今高加索)和花剌子模,与钦察汗国接壤,南临波斯湾和阿拉伯海,先后以蔑剌台(今伊朗阿塞拜疆之马腊格)、桃里寺(今伊朗阿塞拜疆之大不里士城)和孙丹尼牙(算端城,今伊朗阿塞拜疆苏丹尼耶)为都。

② 参见郭厚安、李清凌主编《西北通史》第三卷,兰州大学出版社2005年版,第158—159、245—247页;余太山主编《西域通史》,中州古籍出版社2003年版,第333—342、356—366页。

③ 参见余太山主编《西域通史》,中州古籍出版社2003年版,第333—344页。

除了藩篱和障碍"①，极大地推动了中国社会的发展。在统一的蒙元帝国时期，出于战争需要，蒙元帝国自成吉思汗起就十分注意所到之处的道路修整，以方便军队辎重和人员来往。与此同时，蒙元帝国还将建立迅捷的驿站传讯系统作为一项重要行政事业来做，除了传统的漠北交通线②，征服西夏、金朝并控制关中地区之后，中央政府还重新恢复了中原经河西至西域并向西延伸的交通，使这条自先秦至唐代中期的中、西之间的主要交通干线重放光彩。与以往不同的是，这一时期的元朝政府，除了传统陆驿之外，还充分利用塔里木河、于阗河和叶尔羌河等地夏季水丰易于运输的自然条件，修建了"于阗、鸭儿看两城水驿十三"③，这13个季节性的水陆驿站和之后所设的罗卜、阇里辉（今且末）、怯台（今奇台）等水驿，构成了一条通达西域的新的东西交通干线。这条经由河西—疏勒河—罗布泊—塔里木盆地南沿、昆仑山脉北缘—葱岭而进入中亚地区的交通线路，较传统的交通线路更为迅捷，尤其是夏季丰水期，水陆并用的驿站系统可以大大缩短笨重货物的运输时间，同时还可以避免传统线路因受到战乱影响而被中断。马可·波罗西行走的就是这条线路。

在努力改善天山以南地区东西交通条件的同时，元朝也积极建设西域畏兀儿诸地通达内地的驿站，沿太和岭④至别失八里一线，设置了30个新驿站，将中亚西域与元朝的政治中心——大都直接联系起来。⑤据《元史》记载，元朝时期全国共有驿站1383处。马可·波罗在其行记当中则称全国共有驿邸逾万所，"'此种驿站备马逾三十万匹'。当时以大都为中心，通向各地的驿站'星罗棋布，脉络相通'"。使"适千里者，如在户庭，之万里者，如出邻家"。⑥四通八达的交

---

① 翁独健主编：《中国民族关系史纲要》，中国社会科学出版社2001年版，第559页。
② 漠北交通线大体为：由中原北上，经漠北、和林，再趋金山，折而南下至别失八里，然后沿阴山（今天山）北麓抵阿力麻里。由阿力麻里向塔剌思，向西北可达欧洲，向西南则入波斯。这条道路在13世纪上半叶是连接中国华北与西域的主要交通线路。成吉思汗西征时，曾对此路做出修整。
③ 《元史·世祖纪》。
④ 太和岭地处今山西北部，位于雁门附近，有直通大都的站道。
⑤ 参见余太山主编《西域通史》，中州古籍出版社2003年版，第351—352页。
⑥ 翁独健主编：《中国民族关系史纲要》，中国社会科学出版社2001年版，第559页。

148 他者的游弋与自我的构建

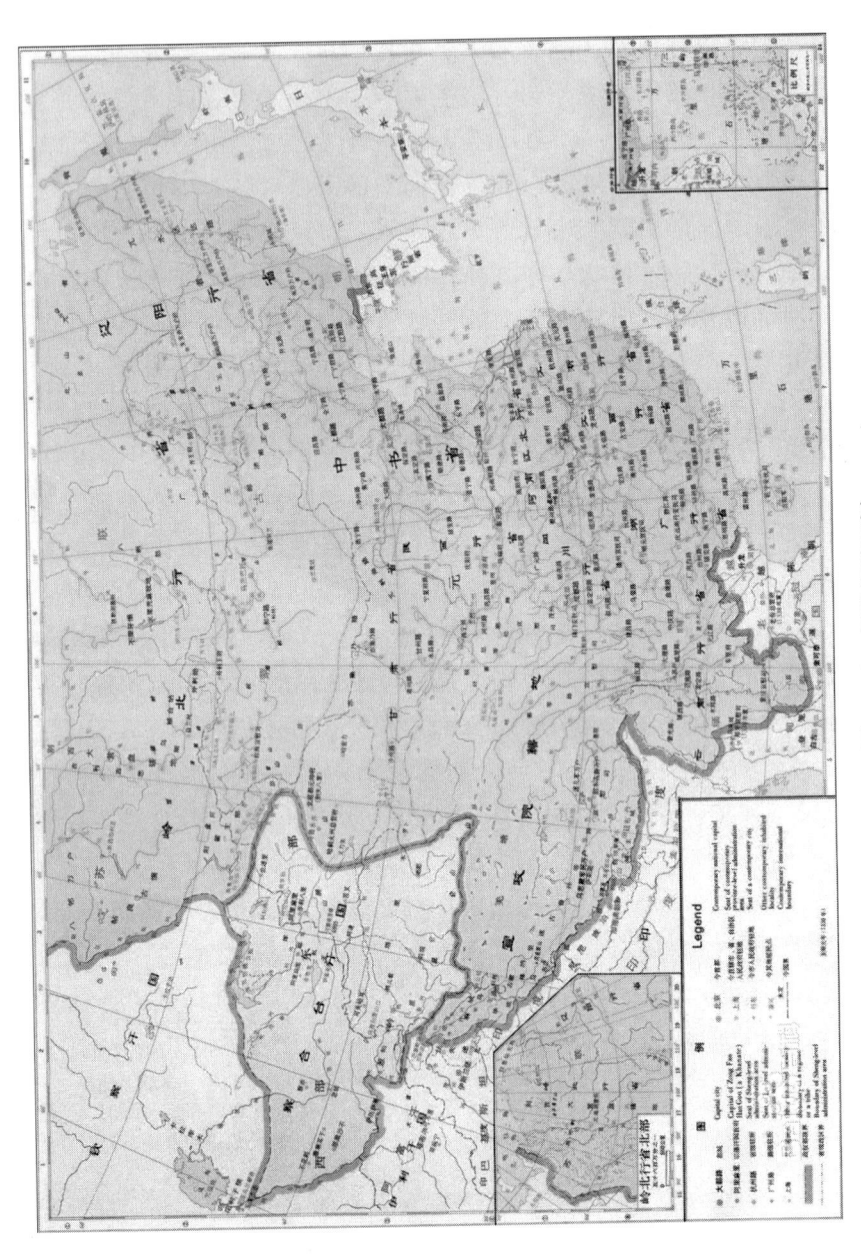

图 2-18 元代行政区划

通、便利的驿站和蒙元帝国的大一统,使人们的活动范围空前扩大,在保证蒙元军队通行和指令、信函往来顺畅的同时,为商贾往来提供了便利条件,加强和促进了蒙元帝国境内不同地区、不同族属居民间的接触和经济文化的交流,同时也促进了东、西世界不同国家和地区间的关系和文化交流,有力推动了社会发展。

西域则在这种开拓中,成为东西方世界互动往来的枢纽,从传统中国的边疆跃居帝国的核心区域。[①]

3. 广纳贤才、为我所用:蒙元帝国强大的关键。畅通的交通为成吉思汗蒙古军队提高了重要保证,这是蒙元帝国得以称霸世界的一个重要原因。但保证蒙元帝国不断取得征服战争胜利的两个至关重要的因素却是强悍的军事力量和善用其他民族的人力、物力。

自成吉思汗起,蒙古统治者就十分注意将各地有"一才一艺者"罗致麾下,充分利用中原汉族及其他民族的先进技术与武器来为自己服务。在长期征战中,随蒙古军队西征的各种工匠、艺人和来自中原内地的大批移民将先进的生产技术带到了西北,并随着征服区的扩大而逐渐向西延伸。与此同时,蒙古军队在西征后返回蒙古时所带回的征服地区的匠人和移民,又把被征服区的生产技术和文化自西往东传入了中原内地。这也从客观上促进了蒙元帝国所辖各地的社会经济发展。比如,中原的农艺垦作、活字印刷、火药火炮制造等先进的技术随着蒙古军队的西征而由东往西逐渐传播;原产于西域的棉花及其种植和纺织技术则在蒙元以后经由海陆两路而更大规模地传入内地,极大地影响和改变了内地人民的生活。除了许多珍贵农作物品种与优良技术之外,来自西域和阿拉伯世界的诸多饮食烹饪技术、毛毡和烧酒制作技术、天文历法等也由西往东传入内地,极大地影响了中国内地居民的生活。战事结束以后,来往于蒙元帝国广阔领土上的东西方商人进一步加强了这种双向互动的交流和发展,从而使中国的蒙元时期成为历史上最为重要的多民族物质文化和精神文化交汇融合期。这种交汇融合使社会广大居民的文化生活呈现出多元并融、异彩纷呈的特

---

① 参见闫国疆《蒙元初期的丝绸之路与国家治理》,《河海大学学报》(哲学社会科学版) 2016 年第 4 期。

150 ▶ 他者的游弋与自我的构建

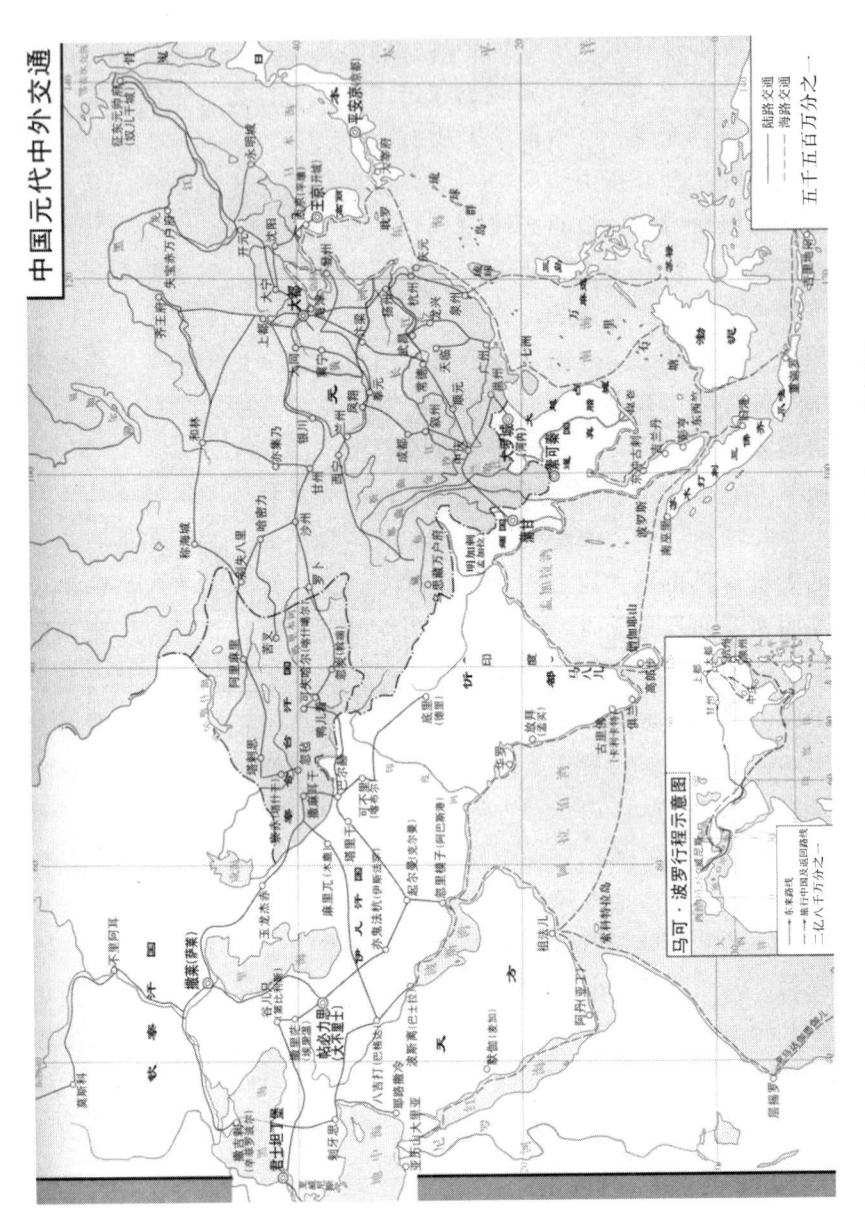

图 2-19 处于元朝东西方交通路线中心区的西域

点，在语言文字上表现尤为突出。

蒙元时期，中国社会通用的语言文字主要有汉语、蒙古语、回鹘语、察合台语、波斯语、阿拉伯语等。其中，蒙古语是基于梵藏字母和畏兀儿语言所创建的，兼有多种语言特点。蒙古原本"有音而无字"[1]，蒙古在1204年攻灭乃蛮部后，开始"以畏兀字书国言"[2]，才有了蒙古族自己正式使用的文字——畏兀儿式蒙古文（元代称畏兀字书）。忽必烈称帝建元以后，专门组织文士创建了以梵藏字母拼写一切文字的蒙古新字——后被称为"八思巴文"[3]，并于1269年正式颁行天下，成为元代官方文字。其后，"八思巴文"与畏兀儿、阿拉伯等多种文字一起承载了大一统帝国的文化传播。多元并存、多向互动的语言文字和思想文化交流使《万年历》《农书》《河源记》《农桑衣食撮要》《重修河防通议》《瑞竹堂经验方》《饮膳正要》《蒙古秘史》《辽史》《宋史》《金史》《至元法宝勘同总录》《吐蕃佛教源流》《法书考》《心箍》《西游记》（杂剧）等一大批关涉领域不同而又影响深远的科学文化著作，[4] 得以在札马剌丁、王祯、萨德弥实、鲁明善、布恩等，诸多不同民族的科学家、学者或文人手中形成。这些著作和《尚书》《资治通鉴》《孝经》《大藏经》等诸多汉藏典籍的汉、藏、蒙、畏兀儿文的文字互译，对于沟通不同地区居

---

[1] 《黑鞑事略》，转引自翁独健主编《中国民族关系史纲要》，中国社会科学出版社2001年版，第581页。

[2] 《元史·塔塔统阿传》。

[3] 因其是畏兀儿文士八思巴奉忽必烈命所创，故后人将其命名为"八思巴文"，是一种由41个字母组成的拼音文字。

[4] 蒙元时期的重要科学文化著作及其作者：《万年历》（1276年，回回天文学家札马剌丁制定）、《河源记》（1280年，潘昂霄依女真人阔阔出考察所述而撰）、《农书》（1313年，王祯著）、《农桑衣食撮要》（1314年，畏兀儿农学家鲁明善著）、《重修河防通议》（1321年，回回学者赡思主编）、《瑞竹堂经验方》（1326年，回回科学家萨德弥实著）、《饮膳正要》（1330年，回回人忽思慧著）、《蒙古秘史》（1240年，以畏兀儿式蒙文所著的第一部蒙古史学和文学名著）、《辽史》《宋史》《金史》（此3部正史为元末由多民族史学家在蒙古丞相脱脱监修下通力合作完成）、《至元法宝勘同总录》（1287年，由吐蕃、畏兀儿、汉等多族学者编写完成的10卷本佛典目录学著作）、《吐蕃佛教源流》（1332年，吐蕃学者布恩所著藏史名著）、《法书考》（约1333年，曲先人盛熙明所著的8卷本书学专论）、《心箍》（1305年，历史上第一部论述蒙古文语法的著作，畏兀儿人掬思节斡节儿著）、《虎头牌》（杂剧，女真人蒲察李五又名李直夫所著）、《西游记》（杂剧，系蒙古人杨景贤著）。

民间的社会文化交流，促进不同族属居民的相互接近与融合起到了积极而深远的作用，极大地繁荣了蒙元时期中国科学文化的发展，构成了异彩纷呈的社会文化景观，并且极大地改变了中国各地居民的身份结构和社会认同。

（三）兼容并蓄、民汉交融：蒙元时期西域社会认同与居民身份的变化

1. 蒙元时期的人口流动。随着战争俘掠、军事戍守、官员出仕和刑罪流徙，蒙元帝国实现了中国历史上最大范围的有组织社会移民。成吉思汗军队所征集的大量女真人、契丹人、汉人、畏兀儿人[①]和西夏人，在蒙军西征过程中，身份由作为征服者的军人变成了帮助成吉思汗治理这些地区的管理者。为了稳固和发展，蒙元政府还将原居于中原各地的大量汉军和民户迁往边区进行军事屯田，使西部地区增加了数量庞大的汉族人口。随着时间的推移，在错居杂处之中，这些移民与原居于此的各种不同族裔的居民相互融合，成为这片土地的新的主人。除了自东往西的移民之外，还有不少原欧洲和中亚西域居民迁入蒙古高原和中原各地。随着蒙元军队南下统一中国的行动，大批蒙古、色目军士离开故土迁入中原各地戍守，在云南和湖广等地形成了为数众多的蒙古军、畏兀儿军、回回军和探马赤军，由此而来的人口东迁，加上工匠、商人、官员和教士的活动，西域人在中土的分布范围非常广泛。据文献记载，元时自岭北到云南，由畏兀儿地至江浙，"西域人在华之踪迹几乎无处、无地不在"[②]。

出仕和流徙是蒙元时期另外两种有组织的移民。出仕通常是携

[①] 1218年，成吉思汗率蒙古大军横扫天山南北，灭亡西辽政权，之后不久，他又把包括原高昌回鹘王国和喀喇汗回鹘王朝在内的西域中亚广阔疆域作为封地交予次子察合台统治。这时，原在这里活动并已经融合了众多操突厥语部落的"回鹘"居民，在汉文史籍中开始被改写为"畏兀儿"（有时则写作"畏吾儿"），其所住地也被称为"畏兀儿地"。12—13世纪的"畏兀儿"只指聚居于今东天山地区的漠北西迁至此的高昌回鹘后裔，其居住地以别失八里（北庭）、火州、彰八里、仰吉八里和唆里迷（今焉耆）"五城"为中心。14世纪之后，"畏兀儿"之名开始用来泛指包含原回鹘在内的诸多不同民族的西域中亚居民。经元（1279—1368年）、明（1368—1644年）两朝，一直到18世纪中期清朝统一新疆为止的数百年间，今新疆地区主要处于蒙古贵族及其后裔统治之下。"畏兀儿"作为对这一地区诸多不同族属居民的统称也沿用下来。

[②] 马建春：《元代东迁西域人及其文化研究》，民族出版社2003年版，第68页。

眷属分仕各方、散处内地的蒙古和色目官员，其部属的子孙也多入籍于其出仕之地，由原迁出之地的族属居民变成了当地居民；远赴偏远荒辟之地赴任的汉族官员及其后代也多入乡随俗，由中原汉人变成了当地居民。刑罪流徙是蒙元人口迁移的另一重要原因。按照元代刑律规定，"有罪者，北人则徙广海，南人则徙辽东"①，"由行省收管屯种"②。其中，"南人"包括汉人和南方各少数民族；"北人"则指蒙古人和色目人，③也包括高丽、女真等北方少数民族。这种流徙使许多不同民族成分的人因触犯元廷刑律而背井离乡，成为离家万里的移民。除了俘掠、戍守、出仕和流徙等政府有组织的社会移民之外，蒙元时期，还有大量因贸易经商和躲避战乱而迁徙的民间自发移民。

前文讲过，四通八达的驿站体系和大一统的帝国为商贾的贸易往来提供了极为便利的条件，使元代拥有了非同一般的商业经济。素有经商贸易传统的回鹘（元时称畏兀儿）和阿拉伯人则利用便利的交通以传教和贸易等零散形式由西域、中亚等地前往内地，形成了数量可观的自西向东的移民。据《元史》记载，1329年，仅元朝宫中做佛事的畏兀儿僧侣就多达百余人——居于内地的畏兀儿人数之多由此可见一斑。诸多迁入或被迁入中原生活的原居于西域的不同族裔的居民，在新居住地的长期居住中都渐趋汉化，融入当地居民，或与当地居民相互异化融合形成了新的民族。

2. 蒙元时期的民族融合与发展。蒙元时期多种形式、多种族属、数量庞大的东西双向互动的移民使中国出现了空前广泛的民族杂居局面，促成了中国前所未有的民族交互融合过程。其中，北方主要是汉、吐蕃、畏兀儿、唐兀、蒙古、回回、女真、契丹、高丽等"诸色人户""居民杂处"。④ 元朝的一些大城市更是多民族错杂而居——今日

---

① 《元史·王结传》。
② 《元典章》卷20 户部6 挑钞。
③ "色目"是元代对来自天山南北及葱岭以西的畏兀儿、回回、钦察、康里等西域人及唐兀人和汪古人的统称。
④ 《大元马政记》《元一统志》卷六甘肃等处行中书省。

北京之魏公村就是当初聚居于大都的畏兀儿人居住地演变而来。戍守各地、"以营为家"的蒙古军士在经过长时间的"与民杂耕、横亘中原"的生活之后，生活习俗逐渐与当地居民趋于一致，渐趋汉化。来自五湖四海的各族商贾以及其他移民，则在长期的异地居住之中与当地居民相互通婚，彼此同化、血统融一，逐渐演化为不同于原来族属的新的当地居民，回回人的形成就是一个典型代表。

蒙元时期的"回回"原来是指自成吉思汗西征以后，由葱岭以西的被征服地区迁居中国内地的侨民，包括波斯人、阿拉伯人以及其他信仰伊斯兰教的中亚民族。由于这些人大多是因经商或从军戍守而由万里之外迁徙而来的，大多是未带家眷的单身，因此，他们在置身汉地并长期居住之后，其中的很多人就娶了汉、蒙、畏兀儿等民族的当地居民之女为妻室。虽然这些人因为婚姻关系融入了汉族和其他民族的成分，但是他们共同的宗教信仰——伊斯兰教，以及与伊斯兰教密切相关的共同生活习俗与心理状态，使诸多迁居中国的波斯、阿拉伯及中亚突厥等族的移民自然地融为一体，这个以中东阿拉伯和波斯人为主体，兼容吸收了蒙古、汉、维吾尔、藏、傣、白等民族，以伊斯兰为强有力核心而凝结成的新的族裔共同体成员后来被统称为"回回"[1]。蒙元时期，回回人户已经广泛散布于中国内地，"皆以中原为家"，有的回回还散布到西南边疆地区，[2] 杭州、泉州、扬州、镇江等地更是回回商人云集，因此《明史》有"元时回回遍天下"之说。元朝末年，回回已具备了一个民族的雏形。入明以后，就逐渐形成了回

---

[1] 据考，在蒙古西征军队东返之时带回的几十万移民中，来自中亚花剌子模国的移民数量相当可观，由于中国人把花剌子模国称作"回回国"，称其国人为"回回人"，天长日久之后，人们便以"回回"来通称从西往东迁至中国居住的"色目人"。后来即成为回回族称。回族的"回"字，是沿用伊斯兰教在中国的旧称"回回教"中的"回"，回字"大口里有小口"，取该字意在告诫人们要言行一致，而且这与伊斯兰教的信仰——"口舌承认，心里诚信（穆罕默德奉安拉之命的宣教）"相符合。由于回回最初的族体是以中东阿拉伯和波斯人为主，所以其使用的语言最初是阿拉伯语和波斯语，以及回回人所居住地区的居民使用的语言，到了明末清初时期，汉语已经成为群体性的通用语言，而汉语夹杂了大量阿拉伯语和波斯语的小儿锦则是回族独立创造的通用语文字（参见郭厚安、李清凌主编《西北通史》第三卷，兰州大学出版社2005年版，第376页）。

[2] 参见翁独健主编《中国民族关系史纲要》，中国社会科学出版社2001年版，第565—566页。

族这一个民族共同体。此时，实际处于蒙元帝国所辖领地的中心区的传统西域地区，虽然从政治上还不是帝国的中心，但是作为东西交通的枢纽和东西文化的交汇则使其获得了前所未有的发展。这一时期的居民除了蒙元之前就已居于此地的各族居民之外，契丹、蒙古、女真、阿拉伯等民族大批进入并成为世居人口，新兴民族——回回也成为这一地区主要居民之一。此时，现代意义的维吾尔族还未形成，畏兀儿只是今天维吾尔的部分先民而已。

作为中国历史上第一个由非汉民族建立的强大帝国，虽然"该帝国是建立在血泊中的，是由废墟堆积起来的"，但是，"它最终却获得了忍受其统治的民族几乎是全面的赞同。它将这些民族联合起来了，懂得了致力于执着于他们的忠实，以至于'蒙古式的和平'留下一种几乎可与'罗马式的和平'相媲美的记忆"[1]，这种记忆是由"一种惹人注目的文明"打造的，它是"建立在宗教宽容、对所有人的同等公正、绝对的廉正和社会秩序的基础上的。……享受着史无前例的贸易发展高潮、从未有过的国际关系以及人员与文化的冲突。"[2] 虽然蒙元帝国也将全国居民按族属或所担赋役的不同划分为不同的等级，赋予不同的居民以不同的身份，[3] 但自成吉思汗建国之时就已形成的兼容并蓄的文化传统和不分族属、"人尽其才"的用人理念，以及国家统一的社会管理所需要的各种不同出身的官员与文士、工匠和艺人等的同廷共事和长达数百年之久的大规模的移民所带来的广泛的不同族属居民间的婚姻所致的血统和文化交融，在客观上促成了广泛而深刻的社会整合，并带来了一种前所未有的社会和居民身份变化。这种整合与变化主要有：第一，颠覆了秦汉以降中国以汉民族为统治主体的社会秩序，改写了此前中国自我—他者的历史叙述模式，将非汉民族——蒙古置于社会结构的最高层级并获得了普遍的社会认同，使居于中国历

---

[1] [法]鲁保罗：《西域的历史与文明》，耿昇译，新疆人民出版社2006年版，第357页。
[2] 同上。
[3] 元朝统一全中国后，将所辖居民分为蒙古人、色目人、汉人和南人四个等级，分别享有不同的政治待遇。按照所辖民户对国家所担赋役的类别不同，元朝又将居民分为种田户、儒士户、军户、站户、匠户、僧道户等身份。

史叙事核心的"自我"在彻底重构中发生了完全的变化。极大地促进了中华民族的形成和发展。第二，形成了一种前所未有的兼容并蓄、民汉交融的社会格局，在彻底改变久居于中国内地各阶层居民中"汉为贵、胡为贱"的社会群体历史记忆的同时，以新的社会群体身份序差（蒙古——色目——汉人——南人）和自我—他者界划，打造出一种全新的社会群体记忆，极大地改变了中国社会的思想文化传统和居民心理意识，在构建全新社会认同的过程中，实现了一种从熟悉到陌生、从陌生到熟悉的社会身份重构。第三，由大一统的帝国统治和便利的交通带来的广泛而深入的经济、思想文化交流，以及多元文化交融互动中的共同政治、经济和文化生活形成的新的普遍社会心理，在加强新社会构序和群体身份认同的同时极大地增强了国家的向心力和内聚力，各个层级、不同族裔的居民对国家整体的认同感的增强极大地促进和推动了社会的发展。在经历蒙元帝国三百年的大一统之后，中国的统治者再次更新换代，带来一轮新的社会整合与居民身份变化。

三 明清时期中国西域的治理与西域社会居民的身份认同流变

（一）东察合台汗国至叶尔羌汗国时期的西域社会发展与居民身份变化

1. 东察合台汗国。前文讲过，成吉思汗在建立蒙古帝国后不久就将所辖领地分封给自己的儿子，其中阿尔泰山、天山周围的草原地区主要分属于其次子察合台和三子窝阔台。阿尔泰山至阿姆河，包括天山南北路诸地归察合台所属；额毕河上游以西至巴尔喀什东，从叶密立（今新疆额敏）以北，包括今喀拉额尔齐斯河及阿尔泰山一部分的游牧地区归属窝阔台；天山南北各地的绿洲地带，即原"城郭诸国"以及中亚农业定居区域则归朝廷直接管辖。13世纪，随着元朝皇帝权力的衰落，察合台汗国逐渐把天山以南和河中地区的农业定居区并入版图，汗国的统治者也逐渐趋向定居生活，其中部分统治者还皈依了所辖地区的信仰，成为伊斯兰教徒。

由于违背了蒙古传统的游牧生活方式和宗教信仰，引起了部分贵族的强烈不满和反抗，并由此诱发了战争。在各部争权夺地的混战中，察合台汗国东部势力拥立秃黑鲁帖木儿在阿克苏称汗（1347年），与汗国西部势力所立的答失蛮汗（1346年即位）相抗衡。察合台汗国史就此分为东、西两个部分，东部秃黑鲁帖木儿汗及其后裔统治区域史称为"东察合台汗国"，西部帖木儿及其后裔统治的区域史称"帖木儿帝国"。

此时天山南北诸地的伊斯兰教已经形成了相当大的社会力量。于是，被拥立上台的秃黑鲁帖木儿就在1353年宣布信奉伊斯兰教，以求获得更大的支持来巩固自己的地位和加强势力。之后，他在其辖地特别是蒙古诸部落之间开始强制推行伊斯兰教并使其所属16万蒙古居民改信伊斯兰教。[1] 与此同时他还试图利用伊斯兰教所凝聚的力量重统察合台汗国。秃黑鲁帖木儿死后，其继任者依然奉行这一策略，并获得了很大的成功。到了黑的儿火者汗时期（1389—1403年），东察合台汗国的疆域基本确定为三个部分：一是蒙古斯坦（Moghulistan，意为蒙古人的地方），东起阿尔泰山，西至塔拉斯河东部的沙漠，北达塔尔巴哈台山至巴尔喀什湖一线，南包天山山脉。二是向阳地（Mangalai Suyah），包括葱岭往东的喀什噶尔、英吉沙尔、叶尔羌、和田、阿克苏、乌什六城地域和葱岭以西的费尔干地区，有时也包括塔什干地区，也即西辽时期的东喀喇汗王朝领地。第三部分则是畏兀儿地（Uighuristan，意为畏兀儿人的地方），包括吐鲁番、焉耆两个地区，库车和哈密两地有时也被包括在内，也就是原西辽时期高昌回鹘王国天山以南的辖地。黑的儿火者汗之后即位的马哈麻以更加严酷的手段强制推行伊斯兰教，"蒙古人如不缠头巾，就把马蹄铁钉钉入其头中"[2]，使其辖区的大多数蒙古部落被迫皈依伊斯兰教，加快了西域地区居民的伊斯兰化。

在依靠强制伊斯兰化，不断征伐巩固和加强势力的同时，东察合台汗国还积极寻求外界的支持。1391年，黑的儿火者汗派遣朝贡的使者到达明朝首都南京，获得朱元璋的优厚回赐，并就此与中原明王朝

---

[1] 参见袁祖亮主编《丝绸之路人口问题研究》，新疆人民出版社1998年版，第265页。
[2] 余太山主编：《西域通史》，中州古籍出版社2003年版，第371页。

建立了密切关系。1406年，明朝建立了哈密卫，加强了对东西交通咽喉地区的控制。

东察合台汗国发展到朵思忒马黑麻汗时期（1462—1468年）已分裂为三部分，实际归朵思忒马黑麻汗控制的地区只有阿克苏、焉耆、吐鲁番三地。之后，明王朝与东察合台汗国在哈密地区展开了长时间的控制权的争夺。1495年，哈密城在这种反复易手的争夺中被荒废，明朝也因此闭关绝贡。此后，因明朝闭关绝贡而致经济上蒙受巨大损失的西域诸国，"咸怨阿黑麻"。两年后，东察合台阿黑麻汗于1497年向明朝表示"悔过，送还陕巴及哈密人口，乞仍通贡路"①。1499年，明朝将陕巴及在甘肃的2000余户哈密人护送回哈密，②并配以大量的牛、布匹、衣粮等生产生活用具，以帮助其恢复元气。东察合台汗国也从此恢复对明朝的进贡。之后，在东察合台汗国的反复侵掠下，哈密地区始终处于战乱纷争之中。面对东察合台汗国统治者反复无常的侵扰索赐，加上瓦剌和北元势力在北部给明朝的威胁，明朝既无力完全灭亡东察合台汗国以求安宁，又不可能再往东退而失边安。1524年，明朝军队击退来犯的东察合台军队并射杀其统帅他只丁，东察合台汗国基本停止了对明朝的侵扰。③此时的明朝认为，"哈密三立三绝，今其王已为贼用，民尽流亡"④，也不再图恢复对哈密的统治，于是便开关准许东察合台汗国通贡，"西陲藉以息肩"⑤。从此以后吐鲁番、哈密地区一直与明朝保持着良好的

---

① 《明孝宗实录》卷131，转引自余太山《西域通史》，中州古籍出版社2003年版，第380页。
② 陕巴系成吉思汗后裔，1491年被明朝封为忠顺王，负责治理哈密。1495年，屡屡来犯的阿黑麻再次占据哈密，陕巴与哈密居民"自以穷窘难守，尽焚室庐，走肃州求济"（详见《明史·西域传》）。
③ 他只丁是当年引导秃黑鲁帖木儿汗皈依伊斯兰教的大毛拉额什丁后裔，同时还是纳克什班迪教派第三代教长阿赫拉尔的门徒，因此在穆斯林众多的东察合台汗国具有极大的影响力。15世纪80年代至16世纪20年代，统治东察合台汗国的阿黑麻和满速尔汗都是虔诚的穆斯林，二人皆以他只丁为精神导师。既经商又务农的他只丁因为贪欲不止，而不断地策动察合台汗国统治者向周邻发动"圣战"，并多次亲自参战。他只丁的死使东察合台汗国少了"圣战"策动者，加上其北部还有日渐强大的瓦剌威胁，东察合台汗国对明朝的侵扰也因此基本停止。
④ 《明史·西域传》（一）。
⑤ 同上。

关系，政治经济和其他社会来往不绝，直至东察合台汗国被叶尔羌汗国归并。

2. 叶尔羌汗国的兴亡。叶尔羌汗国是东察合台汗国阿黑麻汗的三子萨亦德于1514年9月建立的，因其都城在叶尔羌，故史称"叶尔羌汗国"。1516年2月，萨亦德在阿克苏与其统治东察合台的兄长满速尔汗会晤，并对满速尔汗表示臣服，形式上恢复了东察合台汗国的统一，解除了叶尔羌东西两面夹攻之忧。1522年，叶尔羌开始向外扩张。1533年7月，萨亦德死于西征西藏的途中，其子拉失德即汗位并采取了一系列措施清除了控制东察合台汗国和叶尔羌汗国实权近200年的朵豁拉惕部异密家族的势力，打击了部落军事贵族——特别是力图使已进入定居农业地区的蒙古永保游牧生活方式的保守势力——分权的倾向，提高了汗权，为所辖区域社会的稳定、经济的发展和统一民族共同体的身份认同创造了有利的政治环境。拉失德执政之后，先后多次击退试图控制叶尔羌的满速尔汗，争战的胜利使叶尔羌也彻底摆脱了东察合台汗国附庸的地位，成为完全独立的汗国。

叶尔羌汗国在完全独立以后，将自己的对外策略做出了根本性的调整：向西与宿敌乌兹别克昔班尼王朝结成联盟。这一方面可以使自己免受东西夹击之苦，另一方面又可以减少哈萨克人的威胁，① 以利于其收复蒙古斯坦等故土。1537年，叶尔羌汗国与昔班尼王朝联合出军，在伊塞克湖附近重创哈萨克。1556年，联军彻底粉碎了哈萨克和吉利吉

---

① 哈萨克是15世纪中叶在中亚楚河流域形成的一个民族，系原居于今哈萨克斯坦和伊犁河流域的塞克、月氏、乌孙、匈奴、康居、西突厥等民族后裔与蒙古黄金家族后裔融合而成。13世纪，术赤之子拔都将其所辖钦察汗国领地中咸海东北今哈萨克斯坦东部分给其兄斡鲁尔，称白帐汗国；咸海以北分给其弟昔班尼，称蓝帐汗国。至15世纪20年代，白帐汗国又分裂为诺盖汗国（今哈萨克斯坦西部）和乌兹别克（月即别）汗国（今哈萨克斯坦东部）两部分。15世纪中叶，乌兹别克汗国的克拉伊和加尼别克苏丹等带领一部分部落脱离乌兹别克汗国，迁至楚河流域建立了独立的政权，自称"哈萨克"（突厥语意为"自由自在生活""不服从汗王"）。之后，乌兹别克境内诸多部落因不满其汗统治而纷纷迁入哈萨克，致使哈萨克的居民越来越多，最终形成以蒙古黄金家族为核心并吸收了原居于此地的塞克、月氏、乌孙、匈奴、康居、西突厥等族后裔成分的新民族——哈萨克。1526年，约20万哈萨克人进入蒙古斯坦中部并定居下来，他们与吉利吉思人联手击败了拉失德的军队，迫使拉失德势力退出蒙古斯坦，返回喀什噶尔。

思的军队,把"术赤家族王子的七面旌旗运回叶尔羌"①,并派重兵驻守阿克苏和喀什噶尔,以震慑哈萨克人和吉利吉思人。此后,叶尔羌汗国减少了对外征战,所辖地区的社会经济文化在相对稳定的局势中获得了较好的恢复和发展,叶尔羌汗国的实力也获得了迅速提升。此间,蒙古部族在城市和农业地区基本定居下来,逐渐融入当地居民。

拉失德死后,次子阿不都·哈林继承汗位。1570年,阿不都·哈林汗归并了东察合台汗国,所辖疆域东以嘉峪关为界,与明朝相接;南至昆仑山、阿尔金山,与西藏、蒙古属部相邻;西南以喀喇昆仑山为界,与西藏的拉达克、博洛儿相邻;西以阿赖山为界与乌兹别克相接,包括整个帕米尔及希瓦和瓦罕地区,与莫卧儿帝国属地相邻;北以天山为界,与哈萨克、吉利吉思、瓦剌②相邻。阿不都·哈林汗在归并东察合台汗国后立即向明朝遣使进贡,开始了叶尔羌汗国与明朝的通贡。1592年,阿不都·哈林汗去世,马黑麻继任汗位。马黑麻汗在位18年间,采取了一系列措施进一步加强了统治,社会获得了良好的发展。据葡萄牙人鄂本笃描述,马黑麻汗治下的叶尔羌城"商贾如鲫,百货交汇",一派繁荣景象,喀什噶尔、阿克苏、库车、吐鲁番、哈密诸地也是政令畅通、秩序井然,旅途安谧的叶尔羌汗国与阿克巴大帝统治下的莫卧儿帝国形成了强烈的对比,叶尔羌汗国由此进入鼎盛时期。③

马黑麻汗去世(1609年)后,叶尔羌爆发了汗族成员为争夺汗位的混战。其中,时任吐鲁番总督的阿都剌因于混战之中发展成为东部

---

① 楚剌思:《编年史》俄译本,第156页。转引自余太山《西域通史》,中州古籍出版社2003年版,第387页。

② 瓦剌(Wǎlā),又称斡亦剌惕(Oirat、卫拉特),是西部蒙古民族。最初居住在八河地区(今叶尼塞河的八条支流地区)。人数众多,有若干分支,各有自己的名称。元时开始南下,定居于阿尔泰山麓至色楞格河下游的广阔草原的西北部,并改狩猎经济为畜牧经济,兼营部分农业。瓦剌有四大部或四万户,简称"四"(蒙古语 Dörben,都尔本)。其名称各书记载不尽一致,其中包括许多古老的蒙古语部落和突厥语部落。明代称瓦剌,到17世纪后期称卫拉特,又称厄拉特、厄鲁特,居住在巴尔喀什湖东南面,包括现新疆北部及今蒙古人民共和国西部的广大地区。元朝灭亡之后,瓦剌与鞑靼、兀良哈三卫(朵颜、福余、泰宁)一起构成了三支蒙古主要势力。

③ 参见余太山主编《西域通史》,中州古籍出版社2003年版,第388页。

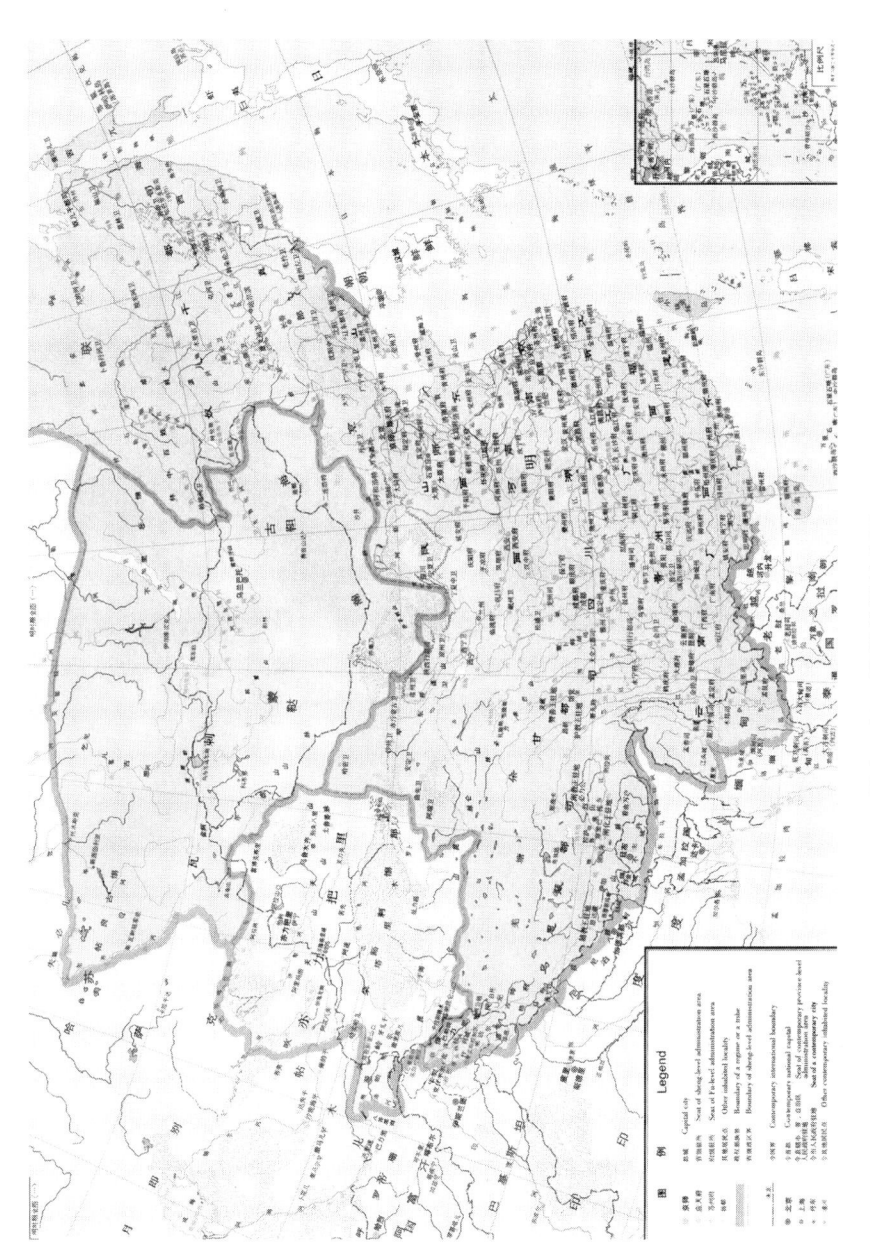

第二章 百川归海:新疆社会发展与居民身份认同的历史流变

图 2-20 明朝前期的中国

地区唯一的统治者,并公开称汗,叛离叶尔羌汗国中央。此后,处于阿都剌因汗统治下的叶尔羌东部相对比较安定,并与明朝保持着良好的政治经济往来,而西部则陷入连年混战之中,叶尔羌汗国也由此衰败下去。

1634年,阿都剌因的长子阿不都拉哈继位,在陆续获得叶尔羌汗国诸贵族支持后重新统一叶尔羌汗国。之后,阿不都拉哈采取了一系列防止贵族擅权、地方割据的措施,加强了中央汗权的统治,叶尔羌汗国获得了一定的复兴与发展,他也因此被称为"中兴之王"。在精修内政的同时,阿不都拉哈还采取了积极的对外政策。向东与明清交替的中原政权保持和平相处、友好往来,并于1655年直接向清朝顺治皇帝遣使通贡,与清朝建立了良好的政治经济关系。

但是,随着阿不都拉哈统治势力的增长,伊斯兰教纳克什班迪教派下的两个不同支系——白山派和黑山派①——的争斗也日渐复杂。1670年,黑山派支持的伊思玛耶勒汗进入叶尔羌城,自立为叶尔羌国大汗,之后便对白山派展开了血腥镇压。因兵败逃出喀什噶尔的白山派首领阿帕克和卓,②先是潜入克什米尔,之后又进入西藏并在晋见达赖喇嘛后博得了其欢心。1680年,阿帕克和卓携达赖喇嘛的书信去见已于两年前占领哈密、吐鲁番和焉耆等地的准噶尔部首领噶尔丹,领兵12万攻下叶尔羌,噶尔丹任命阿不都里什特为汗,作为自己的附庸,伊思玛耶勒汗及其家属被俘后送往伊犁。至此,天山南路诸地完全处于准噶尔部控制之下。1694年,准噶尔军驱走傀儡叶尔羌汗及其部属,同时任命米尔咱·阿来木·沙伯克统治叶尔羌城,察合台汗国系叶尔羌汗国至此彻底灭亡。

---

① 黑山派和白山派是伊斯兰教苏菲派自中亚传入塔里木盆地南缘诸地之后,因苏菲派"纳克什班迪"教团团长马哈图木·阿杂木的两个儿子各立门户之后,在不同地域获得的支持不同而获得的名称。其中,马哈图木·阿杂木的长子伊善卡兰主要活动于喀什噶尔、阿图什地区,并获得了喀什噶尔世俗势力和卓集团的支持,因其主要活动区阿图什北面有因常年积雪而呈白色的"白山",伊善卡兰伊斯兰势力也因此被称为"白山派"。马哈图木·阿杂木的幼子伊斯哈克·瓦里主要活动于叶尔羌地区,谋得叶尔羌世俗权力和卓集团的支持,由于其居地西面有因山上岩石裸露而呈黑色的"黑山",因此而被称为"黑山派"。

② "和卓"是阿拉伯语的音译,意为"圣裔",是对伊斯兰教创始人穆罕默德后裔的尊称,因而也成为某些并非圣裔的伊斯兰教中的上层人物自我标榜的称呼。

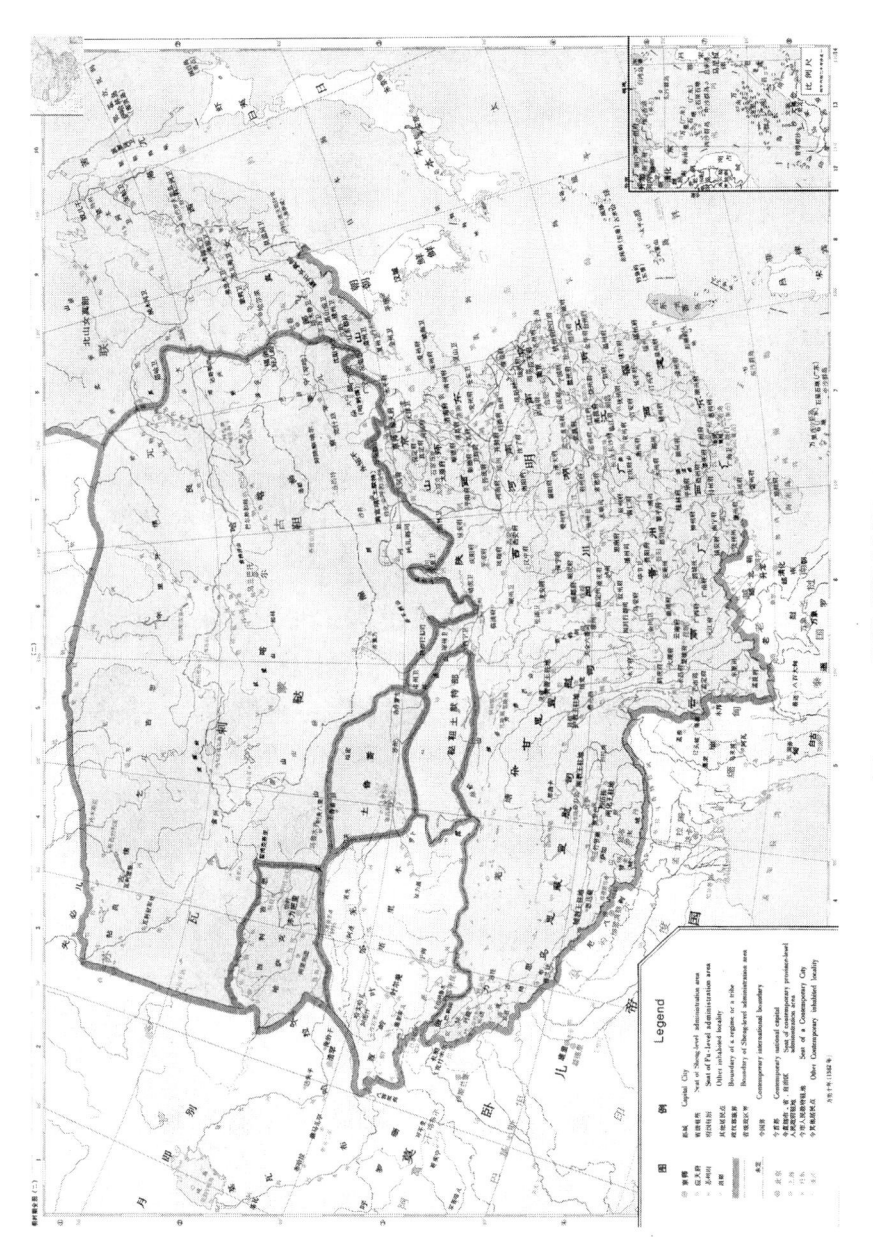

第二章 百川归海：新疆社会发展与居民身份认同的历史流变

图 2-21 明朝后期全域图

3. 东察合台汗国至叶尔羌汗国时期西域社会发展与居民身份认同情况。东察合台汗国至叶尔羌汗国时期的西域几经战乱纷争，整个社会的经济发展相对迟缓，尤其是容易受到战乱影响的农业产出相对低下，而传统发达的畜牧业则因受到统治者的重视而相对发展较好。自蒙元时期以来，四通八达的驿站系统和贯通东西客商的赋税所形成的巨大财政收入，以及东察合台汗国与叶尔羌汗国注意保持与中原地区明清王朝良好朝贡关系的传统，使得这一时期的工商业发展相对较好。前文讲过，这一时期，伴随政权更迭的通常是伊斯兰教不同宗派间的斗争，借助宗教势力的统治者推行的伊斯兰化加大了这一地区的伊斯兰化，这在文化方面表现明显。

此时西域地区的居民主要有蒙古人、汉人、哈剌灰人、畏兀儿人、回回人。其中，居于天山以北山区、阿尔泰山区广大草原地区的主要是以游牧为主的蒙古人，居于吐鲁番、哈密和天山以南塔里木盆地边缘诸绿洲以农业为主的居民主要为回回、畏兀儿、哈剌灰人。[①] 根据所属不同，又可分为原有定居居民（即通常意义上的土著居民）、游牧民、士兵、官吏和宗教人士四类。其中，定居居民（被称为"秃曼"）包括农民、手工业者和其他定居居民。游牧民主要以蒙古游牧部族为主，随着蒙古部族从游牧到农业定居生活方式的过渡，这些人大多融入土著畏兀儿农业居民当中。士兵专指以斗杀为职的士兵，主要由蒙古部族组成。官吏指司法部门和清真寺等的财产管理人（即木特斡里），随着东察合台汗国和叶尔羌汗国的发展，国家管理机构的日益完善和官僚体系的形成使官吏成为一个为数众多的阶层，伴随着伊斯兰教影响在这一地区的扩大，司法官员多数由宗教人士担任。

需要指出的是，在秃鲁黑帖木儿及其后东察合台汗国统治者的强制传教下，皈依伊斯兰教的大量蒙古人因为伊斯兰教对吟诵《古兰经》的严格规定——必须使用阿拉伯语——而在日常生活当中开始越来越多地使用畏兀儿语言，原有母语开始变异，"他们操另一种语言——突厥语

---

① 参见袁祖亮主编《丝绸之路人口问题研究》，新疆人民出版社1994年版，第263—268页。

或波斯语。信奉另外一种宗教",以致"蒙古人已经忘记了蒙古"①,新的自我他者化由此完成。随着日常生活方式的转变特别是从游牧民到定居耕种的农民身份的转变,以及与当地原来从事农业生产的畏兀儿人的错居杂处,交融共生,众多蒙古人逐渐放弃了黩武精神并逐渐发生了血缘族属的相互同化和异化,融合而成了不同于原蒙古各部也不同于原畏兀儿族属的新族裔居民,成为今日新疆众多民族的先民。

（二）从厄鲁特蒙古到准噶尔部：准噶尔部统治时期的西域社会身份认同

1. 准噶尔部在西域的兴起。准噶尔的先祖为蒙古斡亦剌惕（Oirat、卫拉特）部,进入明代以后汉籍称之为瓦剌,17世纪后期形成准噶尔、杜尔伯特、和硕特、土尔扈特四部,清代史籍将其统称为额鲁特、厄鲁特或卫拉特,居住在巴尔喀什湖东南面包括今新疆北部及蒙古人民共和国西部的广大地区。其中,准噶尔的活动中心是伊犁河流域,杜尔伯特主要游牧于额尔齐斯河两岸,二部贵族均为元臣孛罕后裔;和硕特部则以乌鲁木齐为活动中心,首领为元太祖弟哈布图哈萨尔后裔;土尔扈特主要活动在塔尔巴哈台及其以北地带,为克烈部首领王罕后裔。"各统所部,不相属"②的四部很早就组成了联盟（名"呼拉尔"或"丘尔干"）并定期举行首领会盟,以共同抵御地域外敌和协调关系。1627—1628年,不能忍受日渐强大的准噶尔部控制的土尔扈特部众（约二十万人）和部分和硕特、杜尔伯特牧民穿越哈萨克草原,西迁至额济勒河（今伏尔加河）下游草原游牧。1637年,受西藏达赖五世之请的和硕特部,在其首领固始汗率领下南征青海,后进据西藏;另有部分和硕特部东迁至河套以西阿拉善地区游牧。准噶尔部势力进一步扩张至中亚楚河、塔拉斯河流域,同时还控制了额尔齐斯河流域和额毕河中上游地区,其活动区域也日渐成为厄鲁特蒙古的政治中心。

到了17世纪中叶,准噶尔部已成为"雄踞天山北路,并与伏尔加

---

① ［法］鲁保罗：《西域的历史与文明》,耿昇译,新疆人民出版社2006年版,第387页。
② 张穆：《蒙古游牧记》卷一四《厄鲁特蒙古新旧土尔扈特部总叙》,转引自余太山主编《西域通史》,中州古籍出版社2003年版,第411页。

河流域、青藏高原、蒙古草原部落保持着密切联系的一个强大势力"①。1646年，携厄鲁特蒙古首领22人联名向清朝奉表进贡的固始汗被清朝认定为厄鲁特蒙古的盟主，并于1653年被封为"遵文行义敏慧顾实汗"。同年，准噶尔部首领巴图尔珲台吉②去世，其子僧格继位引发了内部权力之争，受到了异母兄弟车臣台吉③、卓特巴巴图尔以及和硕特部阿巴赖的联合对抗。1670年，僧格被车臣台吉和卓特巴巴图尔刺杀。正在西藏跟随达赖喇嘛礼佛求法的噶尔丹（僧格之弟）得知这一消息后被达赖五世准许还俗，立即从西藏返回准噶尔部召集僧格旧部进行反击。在击杀车臣、卓特巴巴图尔败亡青海之后，噶尔丹开始兼并邻近诸部。1678年，噶尔丹杀害鄂齐尔图汗，自称博硕克图汗，④"因胁诸卫拉特奉其令"⑤，东天山吐鲁番、哈密诸地也归其帐下。随着噶尔丹集权统治的建立，厄鲁特蒙古四部联盟就此宣告完结。

  1680年，噶尔丹出兵叶尔羌汗国并就此控制了天山南路诸地，成为天山南北诸地的实际统治者。1688年，噶尔丹率军东侵喀尔喀蒙古，此前逃亡额林哈比尔尕的僧格之子策旺阿拉布坦乘势返回伊犁并召集旧部，配合清政府围剿噶尔丹的军事行动。1697年噶尔丹败亡。策旺阿拉布坦在接掌噶尔丹的统治之后就采取了发展经济、巩固统治、增加人口、扩充实力的一系列有效措施，使准噶尔部在其与其子噶尔丹策零的统治下达到了鼎盛，并凭借强大的军事实力和清政府相对抗。与此同时，准噶尔部还分别向西对哈萨克、向东对西藏进行了多次征战，一度控制了哈萨克草原和青藏高原，中亚贸易中心塔什干和西藏政治中心拉萨皆为其统治。准噶尔部控制区域包括今新疆、西藏、青海、四川西部、甘肃西部、内蒙古西部和北部，以至西起巴尔喀什湖、帕米尔高原，东至蒙古高原。⑥

---

  ① 转引自余太山主编《西域通史》，中州古籍出版社2003年版，第411页。
  ② "珲台吉"蒙古语意为"皇太子"。
  ③ "台吉"蒙古语意为"小王子"。
  ④ "博硕克图汗"意为"极其幸福的执政者"。
  ⑤ 《皇朝藩部要略》卷九《厄鲁特要略一》。
  ⑥ 参见余太山主编《西域通史》，中州古籍出版社2003年版，第411—418页；葛剑雄《历史上的中国——中国疆域的变迁》，上海锦绣文章出版社2007年版，第202—204页。

2. 准噶尔对其辖区社会的管理与西域居民身份变化与社会认同。在准噶尔部，尤其是噶尔丹的势力发展中，以达赖五世为领袖的藏传佛教格鲁派对其给予了极大的支持。因此，准噶尔部在建立起强大的军事集权统治之后，同样积极借助喇嘛教的力量来进行社会管理，曾在叶尔羌时期异常强大的伊斯兰教势力也因此衰落下去。

准噶尔统治前期，西部俄罗斯强大起来并向东逐渐蚕食了西伯利亚汗国和准噶尔传统牧地，威胁着准噶尔部属居民的生活。① 为了保护自己的所属，准噶尔部前期首领巴图尔、僧格等人一方面与俄罗斯派来拉拢他们的使团表明维护自己领属的态度，另一方面积极组织力量反击入侵的哥萨克军队。到了策旺阿拉布坦和噶尔丹策零首领时期，俄国在西伯利亚的势力更为强大，准噶尔部属吉尔吉斯人迫于威胁已经逐步迁至巴尔喀什湖南部的伊塞克湖畔游牧。② 面对入侵日渐增多的俄国，策旺阿拉布坦和噶尔丹策零一方面积极派使交涉要求其退还所占领土，另一方面则组织力量进行武力还击，积极维护自己的主权和利益。然而，随着俄罗斯的强势发展和策旺阿拉布坦、噶尔丹策零的去世，准格尔部属领土越来越多地被俄国蚕食掠去。

为了加强统治，准噶尔统治者常以不同地区的居民迁移来完成其社会整合。除了从天山以南迁民至天山以北实施耕种之外，还从天山以北地区迁民至塔里木盆地诸城市居住。此外，南北疆不同绿洲之间也时有移民发生。对此历史文献多有记载，如《西域图志》卷38所记："准噶尔自策旺阿喇布坦间，征服回部，执其酋长，拘于阿巴噶斯哈丹部，并移所属回民若干户为之耕种"；《藩部要略》卷15记载："康熙五十九年……策旺阿喇布坦授之兵，胁吐鲁番数千户徙喀喇沙尔"。③ 除了天山南北不同地区之间的居民迁徙之外，还有不少居民因

---

① 16世纪80年代前，俄国是一个欧洲国家，东部疆域仅至乌拉尔山西麓，乌拉尔以西是术赤后王建立的西伯利亚汗国，其首府先在秋明，后迁伊斯坎城。1581年，俄国哥萨克军队越过乌拉尔山侵入西伯利亚汗国境内，次年攻灭西伯利亚汗国。之后，哥萨克军队又先后蚕食了额尔齐斯河与额毕河中游以及叶尼塞河上游的准噶尔部及其属民吉尔吉斯人的牧地，并先后建立托木斯克、库茨涅斯克、叶尼塞斯克、克拉斯诺亚尔斯克等军事堡垒，胁迫准噶尔部归服俄国。

② 清代史籍称这部分人为布鲁特，即后来的柯尔克孜人。

③ 参见袁祖亮主编《丝绸之路人口问题研究》，新疆人民出版社1994年版，第284—286页。

为不满准噶尔的统治而迁入内地。据文献记载，仅雍正九年（1731年），就有1万余名不愿受准噶尔胁迫的吐鲁番回人迁至内地瓜州、肃州等地居住——康乾年间，吐鲁番居民总数不过万余人。[①]

移民的不断发生使天山南北居民的身份称谓也时有变化。这一时期和整个清代大多以"回人"指称天山南北城乡诸地的居民，意为"回鹘后人"。由于这些定居居民中实际多为畏兀儿农民，"回人"则更多用以指称新疆各族居民（并非今日的"回族人"的简称），而"回部"则更多地用于指称天山南路诸地。据魏源《圣武记》所记："回部者，天山南部也。天山为葱岭正干，袤数千里抵哈密，其左右为准回两部。回部即《汉书》城郭三十六国，非北路诸行国比。南北分路于哈密……数十川贯穿于南路各城，而汇于蒲昌海……其间大小回城数十，回庄小堡千计。"

由于准噶尔是在挤兑厄鲁特蒙古其他三部势力的基础上强大起来的，其发展强大实际上就是一个社会整合过程。在这一过程中，除了外迁离去的厄鲁特蒙古其他三部的多数部属之外，还有不少蒙古和其他族属居民留驻原地，他们随着准噶尔部的强大和发展而对其予以认同，其身份也由原厄鲁特蒙古变成了准噶尔部属。在纷争不已的社会变迁中，政治权力的频繁变革和随时可能发生的部族迁移使长久生活在各戈壁绿洲的定居居民及其统治者的身份也常有更迭。频繁更迭中，大范围的普遍社会认同一般也难以形成。因此，在东察合台汗国至准噶尔部时期，这一地区的广大居民并不可能像蒙元时期那样以某一固定的国名或政权来指认自己的身份，史籍中也多按蒙古分封所属的部族名称来指称（比如"厄鲁特蒙古""准噶尔部"），而整个天山南北以操回鹘语居民为多，故多以"回部"称之。此时，"畏兀儿"作为蒙元统治者用以指认原高昌回鹘王国和喀喇汗王朝所属居民及其后裔的泛称，被其所指居民认同的程度却非常低——他们通常是以自己所居住地的地名（哈密、喀什噶尔等）来指认自己的所属。在频率较高的政权更迭中，这种以地域之名确

[①] 参见袁祖亮主编《丝绸之路人口问题研究》，新疆人民出版社1994年版，第290—292页。

认的社会身份反而比其他身份更加容易形成普遍的心理共识和认同。直到 20 世纪 90 年代南疆铁路通车前，天山南北的广大居民大多都还习惯使用喀什噶尔人、和田人、伊犁人、哈密人和吐鲁番人等指认自我身份。

（三）清朝统一西域及之后社会发展与居民身份认同

1. 准噶尔部的衰落与清朝统一西域。随着中国的王朝更迭和西部俄罗斯的日渐强大与扩张，中国西北局势动荡不安。战乱纷争之中，中亚西域归中国所属的面积越来越小。1688 年，统治西域各部的噶尔丹向东发兵进攻喀尔喀蒙古，试图控制整个蒙古高原，并向康熙皇帝提出"圣上居南方，我长北方"①的要求。1690 年，噶尔丹率军击败清军后进入乌兰布通，②距离京城只有 700 里地，对清朝的统治形成了严重威胁。迫于北部局势的压力，康熙率军迎击并击溃准噶尔军，噶尔丹率主力逃去。1695 年，噶尔丹再次向东进攻，结果被再次率军亲征的康熙和配合清军行动的策旺阿拉布坦大败。1697 年，部众尽失的噶尔丹自杀身亡。清朝与策旺阿拉布坦统治下的准噶尔部再结友好，清朝将统治推进到哈密并按蒙古扎萨克旗制编旗设领③，对天山东部地区实行了直接管理。

1715 年，对清朝统治西进不满的策旺阿拉布坦派兵袭击哈密被击败，清朝与准噶尔部的关系再度破裂。清朝派军进驻科布多、巴里坤并就地屯田。五年后，清军攻占吐鲁番并驻军兴屯。1726 年，雍正皇帝为了巩固统治，在接到策旺阿拉布坦求和之信后立即答应其提出的与喀尔喀蒙古划界并划给吐鲁番的要求。1729 年，清朝因向接替策旺阿拉布坦即位的噶尔丹策零讨要投奔准噶尔部的反清首领④无果，再

---

① 温达等：《亲征平定朔漠方略》卷七。
② 今内蒙古克什克腾旗境内。
③ "扎萨克"系蒙古语音译，意为"执政官""政令""法令"。清朝将其作为一旗之长的称号，每旗设扎萨克一人，总管所辖地区的军事、行政、司法、税负等事务。"扎萨克"职务可以世袭，但须经清廷任命，并服从理藩院的政令。扎萨克旗制是清朝综合了满洲八旗和蒙古部落制的特点而订立的制度，先是为统治蒙古（此时已分为内、外蒙古）而设，后推行于青海蒙古和新疆等地。这种制度是一种带有军事编制色彩的行政管理制度，组织管理严密同时又有一定的自治性。
④ 即青海和硕特部的首领罗布藏丹津。

次派大军进驻科布多和巴里坤。1733年，噶尔丹策零向清请和。次年，清朝与准噶尔部再次开始正常的贸易往来。1745年，噶尔丹策零死，之后准噶尔部再次陷入争权夺利的混战。战火纷争之中，准噶尔部属纷纷投奔清朝并被分封设置，严重削弱了准噶尔部的势力。1755年，乾隆皇帝决定派兵出击准噶尔，在结束纷争局面的同时彻底消除久存于清朝西北的威胁。

1757年，准噶尔部被彻底平定，天山北路重归中国中央政府直接统治。1758年，清军南下进剿盘踞于天山南路的大、小和卓木的割据政权，① 次年，大、小和卓木被杀，天山南路正式统一。至此，西域结束了自蒙元之后西域与厄鲁特蒙古长达数百年的混战纷争、分裂割据的状态，天山南北西域各地重归中国中央政权一统，造就了"拓疆万里，中外一统"的盛况，使清朝中央政府对这一广袤之地实行直接管辖成为可能。乾隆皇帝把重归统一的西域称作"新疆"②。此时，中国的西北边界，自沙毕纳伊岭往西北，经阿穆哈河（今俄罗斯阿巴要河）和察罕米哈儿河（今俄罗斯切罕河），再往西经阿勒坦河（今俄罗斯毕雅河）和哈屯河（今俄罗斯卡通河）汇合之处，转向西南以查拉斯河（今俄罗斯恰雷什河）的支流白河为界与俄国相接，从白河往西南经过额尔齐斯河，中俄两国以河上的俄国居民点乌斯季卡缅诺格尔斯克，也即中国文献中的铿格尔图拉为

---

① 大、小和卓木即伊斯兰教白山派首领博罗尼都、霍集占兄弟，"自祖父三世，俱被准噶尔囚禁"。1755年，清军进入伊犁后，博罗尼都被清军派往天山南路招抚各城的维吾尔人，他利用白山派在天山南路的影响，很快就完成了招抚任务。后来，清军进剿准噶尔部的副将军阿睦尔萨纳在伊犁叛清，霍集占率众相随。阿睦尔萨纳败亡后，霍集占逃至叶尔羌并与说服此前招抚了众多部众的博罗尼都一起建立起政教合一的专制政权，自称巴图尔汗。"和卓"又称"和加""火者"，原为波斯萨珊王朝的官职名称，后转化为贵族之意，现代伊朗语有"高贵者""富有的商人"等含义。明末清初，含今日新疆在内的中亚西域地区"和卓"特指伊斯兰教中头面人物，他们通常自我标榜为穆罕默德的后代，是具有"高贵血统"的"圣裔"。由于拥有"圣裔"者在穆斯林眼里是拥有伊斯兰教哈里发和精神领袖的大权者，所以，明清时期众多西域新疆的地方统治者皆喜以此标榜自己。"和卓木"则是西域穆斯林对和卓家族爱称的音译。

② 此"新疆"非今日"新疆"之特指。乾隆年间，云南乌蒙府（今昭通、永善一带）、贵州的古州（今榕江）、贵州西部（今安顺、镇宁一带）以及四川的大小金川等地也被称为"新疆"。清代多以"回部"指称天山南路诸地，在清代历史文献中，重归统一的天山南北时以"西域新疆"之名出现，具体领土范围较今日新疆还要大出许多。

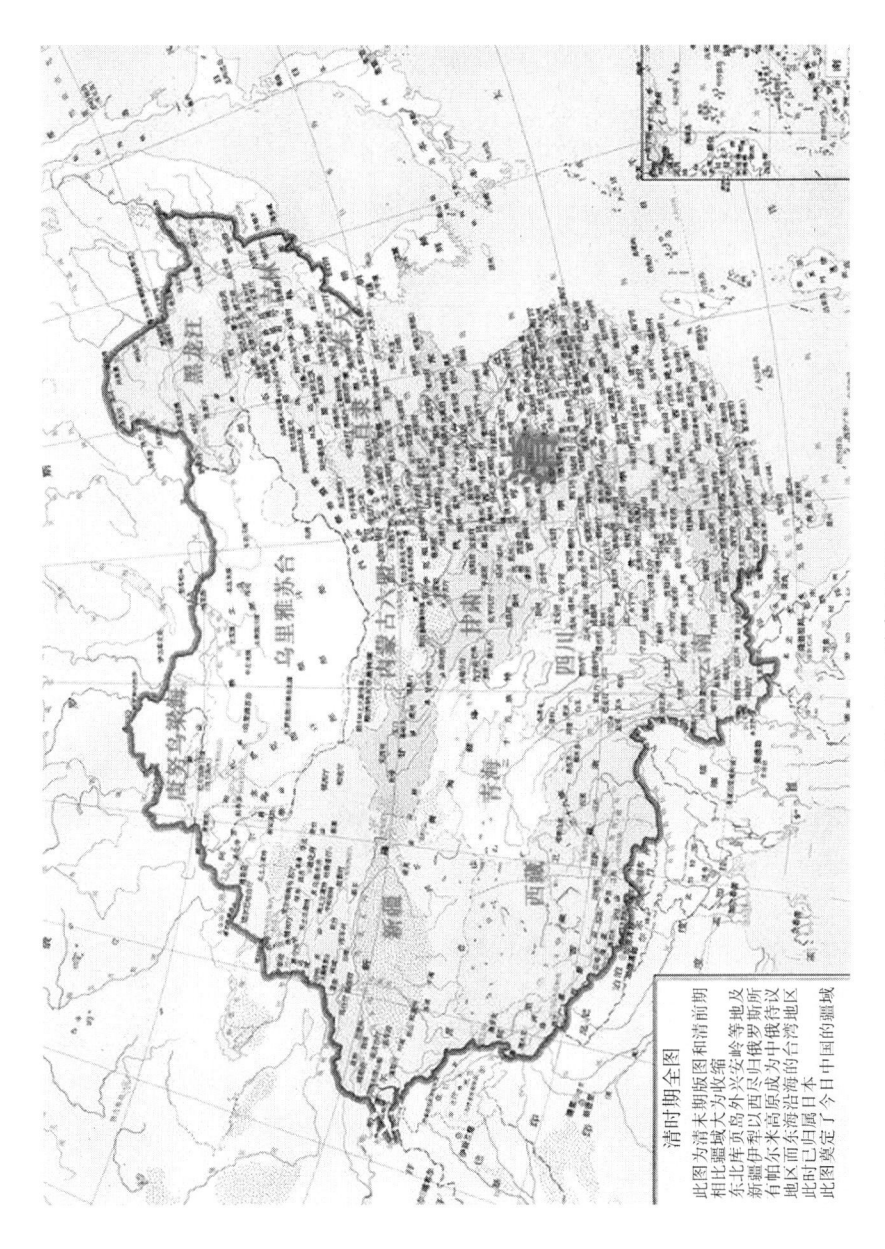

第二章 百川归海:新疆社会发展与居民身份认同的历史流变 171

图 2-22 清朝全域图

清时明全图
此图为清末明版图和清前期相比疆域大为收缩
东北库页岛外兴安岭等地及新疆伊犁西以归俄罗斯所有
帕米尔东南高原成为中俄待议地区
此时而东海治海日本
此图奠定了今日中国的疆域

分界点。①

2. 清朝重统天山南北后的西域社会发展与居民身份变化。清朝重统天山南北以后，最初曾设想在天山以北地区沿用厄鲁特蒙古时期"分封四汗"的做法，将其分为四部进行统治；对天山以南则实施以大小和卓统领各部的做法。但是，准噶尔部的降而复叛、大小和卓木的乘机反清，让乾隆皇帝放弃了"众建以分其势"的想法而代之以与内地一致的行省制度，对新疆实行直归中央政府的管治。然而，不久之后，乾隆又改变了看法，认为天山南北"如伊犁一带，距内地窎远，一切事宜，难以遥制"，各项事务并非一般行省"总督管辖所能办理"②，索性依照此前在东北、喀尔喀蒙古等地已取得成功的将军辖区来管理天山南北，将军一职由满蒙贵族出任。③ 如此一来，伊犁将军辖区就和黑龙江将军、吉林将军、盛京将军、乌里雅苏台将军的辖区自西向东连成一体，对内地形成包围之势，十分有利于清朝统治。

1762年清朝设置伊犁将军（全称"总统伊犁等处将军"）为新疆最高军政长官，统领天山南北。伊犁是将军府治所在，天山南北分以伊犁和喀什噶尔为中心，实际管辖范围东起巴里坤、哈密，西至帕米尔高原，南至昆仑山脉，西北达巴尔喀什湖，东北以额尔齐斯河为界，与管辖额尔齐斯河东北（今阿尔泰的大部分地区）的乌里雅苏台定边左副将军辖地相接。

针对新疆地域辽阔、民族复杂的特点，清政府专门成立了与六部平行的行政机构"理蕃院"（原名"蒙古衙门"），管理以蒙古为主的西北各族事务。④ 同时，又借鉴汉、唐管理西域的经验，本着因地制宜、因俗设治的原则，建立了一套军政合一、以军统政的军府体制，对新疆实行了北重南轻的军事布防和以扎萨克旗制、府县制

---

① 参见余太山主编《西域通史》，中州古籍出版社2003年版，第454—455页。
② 《清高宗实录》卷612。
③ 自清代设立伊犁将军起，至清灭亡，出任伊犁将军的76人中，除3位族裔不详之外，满人63位，蒙古9人，汉旗人只有1位（参见阿拉腾奥其尔《清代伊犁将军论稿》，民族出版社1995年版，第202—207页）。
④ 戴逸主编：《简明清史》第二册，中国人民大学出版社2006年版，第565页。

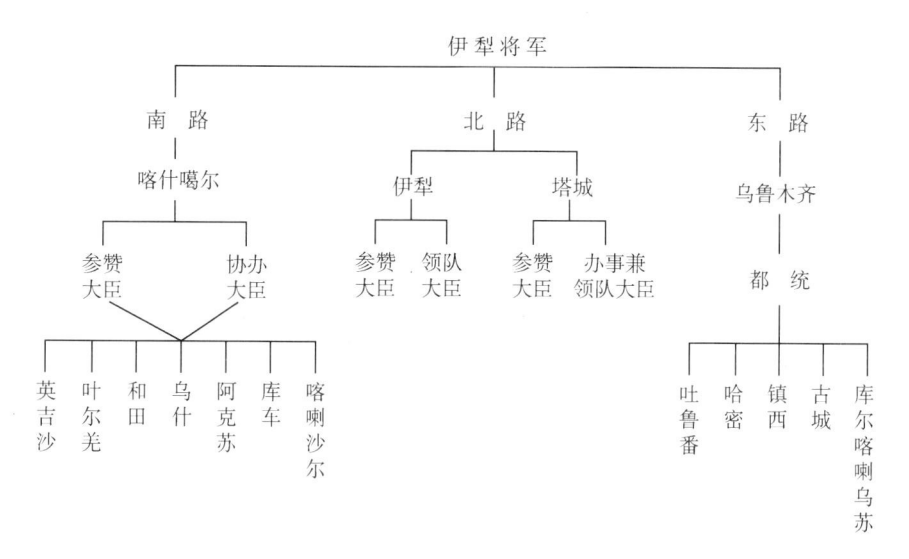

第二章　百川归海：新疆社会发展与居民身份认同的历史流变　173

```
                              伊犁将军
        ┌────────────────────────┼────────────────────────┐
       南路                      北路                     东路
        │                ┌───────┴───────┐                │
      喀什噶尔            伊犁            塔城           乌鲁木齐
     ┌───┴───┐         ┌──┴──┐         ┌──┴──┐             │
    参赞    协办       参赞   领队      参赞  办事兼          都统
    大臣    大臣       大臣   大臣      大臣  领队大臣
  ┌──┬──┬──┼──┬──┐                                ┌──┬──┼──┬──┐
 英 叶 和 乌 阿 库 喀                              吐 哈 镇 古 库
 吉 尔 田 什 克 车 喇                              鲁 密 西 城 尔
 沙 羌       苏    沙                              番             喀
           尔                                                    喇
                                                                乌
                                                                苏
```

图 2-23　清朝统一新疆后的行政结构图

和伯克制①三种行政管理制度为主的社会管理。伊犁、喀什噶尔、阿克苏、乌鲁木齐、吐鲁番、哈密、巴里坤诸军事要地均派大军驻防。哈密、吐鲁番地区的畏兀儿居民区，以及后来回归祖国的土尔扈特部实行扎萨克旗制。乌鲁木齐和巴里坤等汉、回居民众多的地区，由于具有和内地基本相同的生产、生活方式，政治、经济、文化等方面也与内地基本相同，所以在这些地区就实行与内地相同的府县制。其余各地皆沿用伯克制。由于伊犁将军直接统辖天山南北的军事、政治、经济、财政和外交大权，所以，清朝的军府制度较汉唐时期实行的都护府承担了更加全面和广泛的行政职责，其对新疆的经营管理也从此前各代王朝中央政府派驻机构的以军事为主转向了兼顾政治、经济建

---

① "伯克"（Bek、Bag，又作字阕、字可、别乞、别吉、伯夏）系古突厥语音译，有"首领""统治者""行政官""领袖"之意，是对显贵或统治者的尊称，原为部落社会里的部落首领，或为贵族、巫师等。伯克制是中亚西域的维吾尔、乌孜别克等一些突厥语民族形成的一种职官制度，大约出现于 14 世纪，在叶尔羌汗国时期基本形成，17 世纪趋于完善。清代的伯克制系经改革之后而定的，具有不世袭、原籍回避、灵活机动和宗教与政治互不干预等特点。据《钦定皇舆西域图志》记载：清朝重统天山南北之前，当地"按回部官职大小旧有等差，伯克其统名也"。伯克高低不一，职掌有别，按其名称约有 35 种之多。清朝统一西域之后，因俗设治，设立伯克等官，使其成为一种经由政府任命的地方基层组织。

设。这种高度政令统一的管理体制，既有利于中央政府的直接统筹管理，也有利于边疆与内地间的交往互动，促进了社会发展，对于捍卫中国西部领土、稳固国家统一无疑具有重大作用。

为了保证边防驻军军需供应和帮助遭受长期战乱蹂躏的天山南北诸地恢复和发展生产，从而达到安抚百姓、固守疆土、社会发展的目的，清朝还沿用了历代中原王朝通过大规模的移民垦荒和屯田，积极发展官营农业来解决军需供应和稳固边防的传统做法，其规模远远超出了其前历史各代。

清代的屯垦制度主要分为兵屯、旗屯、民屯、回屯、犯屯五类。其中，"兵屯"主要成员是清代派驻新疆的绿营官兵。绿营主要是由明朝降兵和地方军改编而成的，由于清代对这类由汉兵组成的军队都用绿色旗，所以称为绿营，其地位和身份远远低于满蒙八旗各营。除了承担军事任务外，绿营还"兼充百役"。在清政府平定准噶尔部之前，绿营就在哈密、巴里坤、吐鲁番一带屯田。在平定大小和卓木叛乱、重统天山南北以后，清朝进一步将兵屯扩展至所辖各驻防之地。其中，尤以乌鲁木齐、伊犁、塔尔巴哈台等重镇为多。据《西域图志》记载，乾隆末期的兵屯田数已达28.96万亩。

"旗屯"原本是乾隆皇帝意欲让没有战事的八旗官兵用以学习耕种之用的，后因八旗官兵不愿承领，满洲八旗官兵的"旗屯"始终未能建立起来。后来，随着天山南北的统一和派驻官兵及其家眷的增多，供给逐渐难以保证日常生活，驻防官兵和家人的日常生计成为突出问题。为此，感觉八旗"生齿日繁、生计日蹙"的伊犁将军便决定让其辖区（其中又以伊犁为主）的八旗官兵及闲散的八旗子弟屯田自足。参与"旗屯"的八旗士卒主要是察哈尔、锡伯、索伦、厄鲁特4营的官兵。八旗子弟虽名隶旗籍，但是他们没有军籍，只是兵丁的家属，不享受政府发放的军饷补助，所以只有靠自己耕种以解决生计问题。由于八旗子弟身份特殊，其基本任务是补兵丁缺额，政府也不允许他们从事其他职业，加之不熟悉农业耕种之事，所以他们又大多将所得田地租赁出去，自己坐收地租。

"民屯"是清政府通过招募、迁徙、安置等手段，使各类无业之民在获得一定的生产、生活资料之后安家立户于天山南北，通过屯垦成为自耕农而生的屯垦之民。这类屯田主要存在于巴里坤、乌鲁木齐地区。民屯人员除了原当地居民之外，主要是从省内和塞外招募来的民户、报名垦田的商户、军队认垦家眷以及原拟边外为民的安插户等。①

"回屯"是清代畏兀儿民众的屯田。之所以称其为"回屯"，是因为清代汉文献多将原住于天山南北的畏兀儿居民视为"回鹘"后代，而简称为"回民"，新疆也因此被称为"回部"。有时，为了与回回族相区别，又将畏兀儿人称为"土回"；或因其宗教头目头部缠有白布而称为"缠回""缠头"。在清朝统一天山南北之前，富有屯田传统的哈密、吐鲁番等地就有大量畏兀儿居民从事农业生产，并在清军平定准噶尔部之时立有功绩。1760年，重统天山南北并建立伊犁将军府之后，清政府从天山南部叶尔羌、喀什噶尔、库车、阿克苏、和田、喀喇沙尔、乌什等地迁徙近万户畏兀儿农民到土地肥沃的伊犁定居并从事农业生产，以解决驻军粮草、军需问题。后来，因为伊犁屯田条件远远好于南疆诸地，许多祖上原为伊犁的南疆居民也纷纷迁往伊犁主动成为"回屯"人员，回屯由此成为主要屯田方式之一。

"犯屯"，就是由内地遣送至天山南北的犯人从事的屯田。"犯屯"是清初重统天山南北后，为解决新疆长期战乱所致的人口稀少、生产劳动力严重不足问题而采取的另一主要措施。清政府于1724年规定，让内地遣犯携带家眷到嘉峪关之外去参加屯垦，屯垦满3年即可按规定转为普通农民，向国家交赋纳税。② 乾隆中期以后，清政府开始将大批内地犯人遣送至新疆进行屯田，遣屯逐渐替代兵屯而成为新疆主要屯田方式之一。

清朝时期，种类多样、参与人员众多的屯田，对于新疆社会的

---

① 清代的"安插户"主要由两类人员构成，一类是虽然触犯刑律，但罪轻的遣犯（含携眷）；一类是自身虽未犯法，但又因种种原因被清政府认为不宜留居内地的居民。例如，《清高宗实录》卷690记载：1763年，湖北武昌有吴姓大族，"该族三十余户，男妇大小将近百人，其鼠窃狗盗，习惯已成自然"，清政府就将其分批遣至乌鲁木齐、巴里坤等地安插屯田，以消解其对社会可能造成的危险。安插户虽然也按相关规定可享受发授的生产、生活资料，但是地方官员对他们严加监督和防范，不能随意离开安插之地。

② 参见尹伟先、马啸主编《西北通史》第四卷，兰州大学出版社2005年版，第221页。

发展具有重大意义：首先，以解决军需为目的的屯田，为政府驻军的粮饷提供保证的同时，也解决了驻军家眷的安置和生计问题，有利于稳定军心、固边守防，对于国家统一和社会发展具有重要作用。其次，屯田在改变天山南北地理环境的同时，极大地改变了新疆的社会经济结构。清代屯田所致的大规模移民和垦荒，将地广人稀的戈壁荒漠开发出大量良田，建于其上的屯区乡镇，大大改变了天山南北的地理环境。屯田使天山北路诸多河谷、草甸由以畜牧为主的草原牧区变成了畜牧和农业兼重的地区。与此同时，农业屯田的发展也带来了工商业的发展，新兴城镇的建设和农业、工商业的发展极大地改变了天山南北社会经济结构。最后，屯田在改变天山南北地理环境的同时，也极大地改变了新疆的社会居民身份，带来了进一步的民族交融与发展。与已是"名城相望"的天山南部地区相比，这一时期的天山北部地区诸城尚处于兴建的初期，并且"城市职能单一，不少城镇甚至以兵为主，其余居民则为游民商贾。个别城市甚至起初仅仅是一个单纯的军事城堡"①。随着屯田定居的发展，众多游牧部族在此过程中逐渐转变为定居的农民。大规模的移民使天山北部诸城镇的人口迅速增加，尤其是厄鲁特蒙古与屯田的汉、回、哈萨克、锡伯等不同族裔居民的交错杂居、交融共生，使新的民族形成并发展起来。

这一时期，新疆的居民主要有满、汉、蒙古、回、哈萨克、布鲁特等。蒙古人属厄鲁特部，游牧于伊犁天山南北以及塔尔巴哈台阿尔泰山诸境，逐水草迁徙居无定所。回分"甘回""缠回"两种，其中，"甘回"为河湟诸族来聚居天山南北的居民；"缠回"则指汉代西域城郭诸国居民的后人，由畏兀儿与土著氏、羌混合而成，所以亦称回民。②哈萨克人则是汉代康居后人，散居于阿尔泰山塔尔巴哈台伊犁地境，逐水草、事游牧，生活方式与准噶尔部人相同但衣冠与缠回相同。③布鲁特人是汉代时的乌孙、休循、捐毒等人的后民，

---

① 侯丕勋、刘再聪主编：《西北边疆历史地理概论》，甘肃人民出版社2008年版，第89页。
② 萧一山：《清代通史》（二），华东师范大学出版社2006年版，第425页。
③ 同上书，第429—430页。

散居于喀什噶尔、英吉沙尔、蒲梨、叶城、乌什诸边境,崇尚牧畜也做农耕。①

第三节 多元归一:晚清民国时期新疆社会发展与居民身份变化

一 土尔扈特蒙古东归祖国

(一)土尔扈特蒙古的西迁和伏尔加河大草原的土尔扈特部的社会发展

前文讲过,17 世纪 20 年代后,不满厄鲁特四部之间纷争和准噶尔部威逼的土尔扈特首领和鄂尔勒克毅然率部向西迁徙。1628 年开始,约 20 万土尔扈特部属牧民及部分和硕特和杜尔伯特人,自额尔齐斯河流域迁至伏尔加河下游大草原蒙元时期拔都所属的牧地上放牧牲畜、设帐建制,建立起新的土尔扈特政治系统,活动范围东起乌拉尔河,与哈喇哈尔榜相邻;西至顿河,与图里雅斯克(即土耳其)相接;南至黑海北岸哈萨克地区;北至萨拉托夫与俄罗斯相接。

土尔扈特西迁伏尔加河大草原设帐建制后,依然按照蒙古部落组织的传统习俗和观念生活并一直保持着与其他厄鲁特蒙古部属的联系,而且始终坚持四个不动摇:坚持藏传佛教(黄教)信仰不动摇;坚持与祖国的联系不动摇;坚持拒绝加入其他国籍不动摇;坚持自己是东方之子不动摇。在一个半世纪的生活中,土尔扈特部在此四项基本原则指导下,一方面努力经营自己的领地,休养生息;另一方面积极保持与蒙古其他部落的通婚、会盟,并参与其军事活动,以沿袭自己在血缘上同蒙古诸部落的意识与感情,防止自己部属民众被其他民族同化。同时还不断向清政府遣使表贡,在表臣属的同时争取获得政治上的支持。由于土尔扈特部沿袭蒙古信仰藏传佛教,所以还积极派使赴藏朝觐礼佛。远居万里之外的伏尔加河大草原上的土尔扈特部的活动

---

① 萧一山:《清代通史》(二),华东师范大学出版社 2006 年版,第 431 页。

也受到了清朝政府和藏传佛教的积极支持。清朝皇帝除了对前来朝贡的土尔扈特部使优待和赏赐外，还多次派出使团到伏尔加河的土尔扈特驻地探望和慰问，达赖喇嘛也对前来朝觐的土尔扈特贵族优待有加。这些活动在加深土尔扈特部众与内地感情和联系的同时，也为后来土尔扈特东归奠定了基础。经过几代人的辛苦经营，伏尔加河大草原在土尔扈特部属居民的手下获得了巨大的发展，其游牧范围也不断得到扩展，"东西可行三十日，南北可行二十日"之地皆为其所属。但是，土尔扈特的活动很快就受到了扩张中的俄罗斯的威胁。

16世纪以降，沙俄以武力占领了蒙元后裔所建的喀山汗国、阿斯特拉汗国和诺盖汗国，之后，就开始向土尔扈特部落领地扩张。1642年，沙俄派人去准噶尔部图谋与其一起夹击土尔扈特部遭到拒绝。1646年，沙俄煽动土尔扈特贵族"要求俄国保护"也遭失败。此后，在企图以东正教信仰传播来替代藏传佛教进而诱使土尔扈特部归附俄国的阴谋遭到抵制后，沙皇叶卡捷琳娜二世又假说"伟大的白沙皇"就是"活佛"，她本人则是"伟大的白度母"的化身，[①]也是无果而终。此后，叶卡捷琳娜二世一方面在伏尔加河、乌拉尔河、萨马拉河流域派驻军队，修筑工事，对土尔扈特生活诸地形成包围之势；另一方面派大使常驻于土尔扈特部，以监督其动向。同时还以各种手段拉拢欧化的土尔扈特贵族，积极寻求亲俄土尔扈特贵族掌控整个部族的机会。面对不断加强的军事包围和武力胁迫，土尔扈特部一方面采取表面依附的方式，减少与日渐强大的俄国发生直接冲突；另一方面则积极谋划回归祖国，以彻底摆脱沙俄的欺凌。1768—1769年，沙俄发动侵略土耳其的战争，命令此时表面依附于俄国的土尔扈特部"十六岁以上者尽行出兵"[②]，以弥补其战争伤亡人员。仅战争初期，被征调的土尔扈特士兵死伤就达七八万人。[③] 这种大规模的征调

[①] [苏] 阿·尼·可切托夫:《喇嘛教》，莫斯科1973年版，第55页。转引自尹伟先、马啸主编《西北通史》第四卷，兰州大学出版社2005年版，第120页。

[②] 椿园:《西域总志》卷2《土尔扈特投诚纪略》，河北大学图书馆编:《河北大学图书馆藏稀见方志丛刊》(20)，国家图书馆出版社2011年版，第153页。

[③] 《朔方备乘》(二)，(台北) 文海出版社1965年影印版，第779页。

和死伤引起了土尔扈特人的极大恐慌和警惕，同时也坚定了举族东返祖国的决心。

（二）"激动人心的"历史事件：土尔扈特东归

土尔扈特东返的计划早在18世纪初就已酝酿。由于按照笃信藏传佛教蒙古人的习惯，部族重大事件在实施前，一定要征询达赖喇嘛的意见，所以土尔扈特首领在朝拜西藏时得到了达赖喇嘛的肯定和支持后，面对俄国政府的严密防范，一方面谨慎行事、积极准备，另一方面则静待良机。① 为此，1768—1769年土俄战争期间，土尔扈特首领渥巴锡还亲自率部参加战争以消除俄国人的疑虑。

1770年11月，渥巴锡下令集合所有部众，准备东归。但由于当年气温偏高，伏尔加河没有结冰，居于河西岸的一万三四千户土尔扈特人未能顺利同东岸的同胞会合，他们后来被俄国堵截在当地，演变成为今日俄国境内的卡尔梅克人。1771年1月5日，渥巴锡领导土尔扈特部众举行了反抗沙俄压迫的武装起义，在杀死俄国外交官、消灭了监视和堵截他们的俄国军队以后，毅然踏上东返祖国之路。渥巴锡所率三万三千余户，近18万部众历时六个月，在同一路围追堵截的俄国军队多次激战后，清除了回归道路的各种障碍，付出了近一半人牺牲的巨大代价，终于在七月初到达伊犁，回到了祖国的怀抱。土尔扈特东归被世人惊叹为"轰动于世"和"激动人心的"、"最光荣的"② 历史事件。

清朝政府对于土尔扈特东归之举高度重视，他们在接到渥巴锡东归之前的遣使通报后，立即派专人负责迎接和安置工作。除了指定安置归来的土尔扈特人的游牧地点外，乾隆皇帝还专派参赞大臣舒赫德前往伊犁与伊犁将军伊勒图一起主持接待、安排事宜，同时命令陕甘总督和陕西巡抚调拨粮食、衣物和帐房等生活必需品以安置土尔扈特人。渥巴锡回到伊犁后，马上拜见了伊犁将军，在向清政府献上自鸣

---

① 据H.帕里莫夫《阿斯特拉罕卡尔梅克档案》记载，面对土尔扈特东归祖国的计划，达赖喇嘛告诉时任首领敦罗卜喇什汗说："要实现这个意图，不得早于1770或1771年，似乎到那时他们才能幸运地逃脱。卡尔梅克首领们确信此言无疑……"（参见尹伟先、马啸主编《西北通史》第四卷，兰州大学出版社2005年版，第125页）。

② 钱德明：《土尔扈特碑文，那些自愿全部来投诚于中华帝国的人们》，载《中国人的历史、科学、艺术、伦理及习惯的备忘录》第1卷，巴黎1776年，第401页。

时刻表、自来火鸟枪和玉器的同时，"并献伊祖所受明永乐八年汉篆敕玉印一颗"①，以表土尔扈特诚心投归清朝的决心。随后，渥巴锡在舒赫德的陪同下赴承德朝见乾隆皇帝，沿途得到了格外照应。九月八日渥巴锡一行在热河木兰围场受到了乾隆皇帝的接见。之后，乾隆皇帝携渥巴锡等人一起参与了避暑山庄普陀宗乘喇嘛庙的落成典礼，并在庙内立了由其亲笔撰写碑文的《土尔扈特部全部归顺记》《优恤土尔扈特部众记》石碑②，以此褒奖他们历尽艰辛，不辞万里，回归祖国之壮举。除此之外，乾隆皇帝还封渥巴锡为"乌讷恩苏珠克图旧土尔扈特之卓里克图汗"③，授其成年子弟以爵位，并对其他土尔扈特贵族分别以亲王、郡王、贝勒、贝子、辅国公、扎萨克、台吉等爵位官职封赏。④之后，清政府依照"分别远隔，指地而居"的谕旨，划拨哈拉沙尔、布克塞尔、乌苏、精河、阿尔泰布尔干河等区域供东归的土尔扈特各部生活⑤，分归渥巴锡及土尔扈特贵族统领并设盟旗，各领主俱封为盟长。同时规定，土尔扈特各部由哈拉沙尔办事大臣、塔尔巴哈台领队大臣、库尔哈剌乌苏办事大臣、科布多参赞大臣和伊犁将军分别管辖，各部最高总领为伊犁将军。⑥其中，哈拉沙尔各部成

---

① 椿园：《西域总志》卷2《土尔扈特投诚纪略》，河北大学图书馆编：《河北大学图书馆藏稀见方志丛刊》(20)，国家图书馆出版社2011年版，第162页。
② 二碑文还被刻在伊犁地方的石碑上。
③ "卓里克图"意为勇敢、英勇。
④ 《满文土尔扈特档案译编》，第161页。
⑤ 盟旗制度是努尔哈赤创建的满洲八旗制度与蒙古传统的鄂托克、爱马克制度结合的产物。其中，"旗"是清代地方一级政府组织和治事机构，每旗设"扎萨克"（蒙古语音译，意为执政官）一人，作为旗的首脑，负责编审人丁、给其耕牧、厘其户籍、制其婚嫁、优其赏恤、示其禁约、清理刑名等旗内事务。扎萨克由理藩院颁给印信，具体因与清中央政府的密切程度不同而或世袭或选任。"盟"起源于会盟的形式，后来逐渐发展成为我国北方游牧地区各民族的一种社会制度，各不同部族通过集会盟约的形式，达成某种一致和约定，以共同解决各种各样的实际问题。清朝统治漠南蒙古之后，继续利用这一制度，并以《理藩院则例》的国家法规形式对蒙古各部会盟的时间、地点、仪式、内容等做出了具体规定。《则例》规定：会盟的主要任务是"简稽军实，巡阅边防，清理刑名编审丁册"。一旗或数旗合为一盟，每盟设盟长1人，负责办理会盟事务，但不能干预各旗内事务，但是有权会审各旗刑事诉讼案件；如有战事，各盟长则为军事首领，负责带所属兵丁出征作战。此盟长实际上是清中央政府与各旗之间联系的桥梁，而非一级行政组织机构。清代后期，盟长的职权随着盟发展成为一级地区行政组织机构而大大提高。
⑥ 参见尹伟先、马啸主编《西北通史》第四卷，兰州大学出版社2005年版，第126—129页。

为今日巴音郭楞蒙古族自治州的先民，塔尔巴哈台各部成为今日和布克塞尔蒙古自治县居民的前辈，库尔哈剌乌苏各部成为今日乌苏、奎屯地区蒙古族居民的先人，布尔干河各部成为今日阿勒泰地区蒙古族的前辈，伊犁将军所辖各部成为今日博尔塔拉蒙古自治州精河地区部分居民的先民。①

二　取其壅蔽、渐通情实：新疆建省及其后的社会发展与居民身份变化

（一）多元归一：新疆建省及其社会治理模式的变化

1. 19 世纪中叶的新疆之乱与清朝新疆统治的崩溃。19 世纪后，清朝国势日衰，边防废弛。此时，试图恢复南疆统治地位的大小和卓后裔开始不断策划、煽动叛乱。1826 年，张格尔在浩罕势力支持下，利用其家族在穆斯林白山派的影响，聚集了万余名教徒举行了叛乱，攻占了喀什噶尔、英吉沙尔、叶尔羌、和田四城，并对黑山派穆斯林进行了大肆残杀和抢掠。次年，叛乱被清军平定，张格尔被杀。之后，和卓后裔又进行了数次叛乱活动②，并引发了新疆社会长达数十年的混乱与动荡。

1864 年，由甘肃河州秘行至乌鲁木齐的阿訇妥明（又名妥得璘），与乌鲁木齐提标中军参将索焕章秘密组织回民官兵起义，以响应陕甘回民反清斗争。库车百姓在回民马隆的率领下宣布起义并夺取库车城。此后，库尔勒、喀喇沙尔、喀什噶尔等地也相继爆发起义，并先后攻占了拜城、叶尔羌、阜康、木垒、哈密等地，天山南北掀起了反清运动的高潮。伊犁将军明绪兵败自杀，伊犁将军府崩溃，清朝失去了对天山南北大多数地区的控制。然而，各自为战的起义武装由于缺乏明确的政治纲领和统一的领导集体，且领导权大多掌握在当地伊斯兰教显贵与头目手中，极易受到宗教偏见的干扰；在攻占天山南北诸多城镇后，又常因信仰不同而制造不同宗教信仰和

---

① 参见袁祖亮主编《丝绸之路人口问题研究》，新疆人民出版社 1994 年版，第 289—290 页。
② 其中比较大的有 1830 年的玉素甫和卓之乱、1847 年的"七和卓之乱"（"七和卓"为卡提条勒、基寄克汗、倭里罕、塔瓦卡勒条勒、萨比尔罕条勒、阿克·恰甘和卓、伊沙罕条勒）和 1857 年的倭里罕之乱。

民族之间的仇杀，并会为了一己之利而引外国势力卷入反清运动。①所以，瓦解了清政府在天山南北大多数地区统治的反清起义并不可能真正取得成功，相反，却容易被其他势力所利用，给新疆人们引来新的祸害与压迫。

1865年，张格尔之子布素鲁克和浩罕军官阿古柏②率兵侵入喀什噶尔，之后，阿古柏逐走布素鲁克，成为喀什噶尔的统治者。1867年，阿古柏率兵东进，先后攻占阿克苏、乌什、库车，并于年底建立"哲德沙尔汗国"且自称"巴达乌勒特汗"③。1870年，阿古柏军队又攻占乌鲁木齐、吐鲁番。至此，天山南北大多数地区成为阿古柏势力范围。1871年，沙俄趁新疆动荡之势出兵强占伊犁地区，并声称"俄国并无久占伊犁之意，只以中国回乱未靖，代为收复，权宜派兵驻守。俟关内外肃清，乌鲁木齐、玛纳斯各城克复后，即行交还"④。1873年，陕甘回民起义军白彦虎部向西进入新疆并攻占哈密，后在吐鲁番归附此时已控制了天山南北大片领土的阿古柏，以继续反抗清军。1874—1876年，阿古柏先后被俄国、英国、布哈拉和土耳其承认为"哲德沙尔"（七城汗国）领袖，并被布哈拉艾米尔赠予"阿塔勒克阿孜"（圣战者之父）称号。1877年，左宗棠、刘锦棠所率的清军西征军进入南疆，阿古柏自杀，阿古柏政权灭亡，白彦虎败逃俄国。天山南北绵延了近半个世纪的战火终于熄灭。

随着战乱纷起和清朝驻军相继败出，众多王公、伯克也丧失了权势，清朝政府在天山南北大多数地区的统治被瓦解，军府制受到

---

① 原本身为阿訇的妥明，在组织起义军占据乌鲁木齐之后，就自称"清真王"，在与关内陕甘回民武装力量取得联络后，迅速扩大为天山以北的强大割据势力并开始兼并各地的战争。库车起义军领导者之一热西丁，在掌握起义军领导权之后就自称"黄和卓"，并自冠以"圣人穆罕默德最伟大的后裔、宇宙力量的主宰者"的头衔，在对其家人委以要职的同时，他还以"消灭万事不幸之根源——异教徒统治"的名义，宣扬"圣战"，大肆残杀所谓的"异教徒"和"叛教者"，成为割据一方的残暴势力。伊犁起义军演变为维吾尔"苏丹"艾拉汗和回族"苏丹"马万俺两派势力争权夺利的内讧。白山派和卓布素鲁克则引浩罕国阿古柏势力进入喀什噶尔，最终却被阿古柏浩罕势力逐出喀什噶尔。

② 阿古柏全名穆罕默德·阿古柏，1825年生于浩罕北部，系浩罕毛拉阿里木库里手下的部将，素以见风使舵、投机钻营而闻名。

③ "哲德沙尔"意为"七城"，"巴达乌勒特汗"意为"幸运之王"。

④ 萧一山：《清代通史》（三），华东师范大学出版社2006年版，第771页。

沉重打击。与此同时，清朝西部边界也因沙俄持续的侵略扩张而逐日萎缩。随着《中俄勘分西北界约记》的签订和执行，大片领土的割让使伊犁变为边城，曾经发挥重大作用的军府制也在新疆难以为继。频繁的战乱使新疆众多道路、桥梁、水渠等生产生活基本设施也遭到毁灭性的损害。众多居民为了躲避战火而背井离乡，颠沛流离，社会动荡使天山南北的城乡社会分崩离析，新疆面临着一轮新的社会整合与重建。

2. 新疆建省始末。1875 年，意识到西北局势严重性的清朝政府任命左宗棠为钦差大臣，督办新疆军务。次年，左宗棠坐镇肃州，指挥大军开始了收复新疆之战。1877 年，清军收复除伊犁之外的天山南北大多数领土。此时，天山南北因战乱所致的动荡已经严重破坏了原有的社会结构和发展秩序，社会基础的破坏使新疆已经难以重建此前的统治秩序。如何重建统治，成为清政府必须认真思考的问题，也迫使清朝不少有识之士不得不再思他策。

1878 年，奉命对新疆发展做出通盘筹划的左宗棠，在其上奏朝廷的《遵旨统筹全局折》中对新疆战略地位做出了重要阐述："伊古以来，中国边患，西北恒剧于东南……是故重新疆者，所以保蒙古，保蒙古者所以卫京师。西北臂指相连，形势完整，自无隙可乘。若新疆不固，则蒙部不安，匪特陕、甘、山西各边时虞侵轶，防不胜防，即直北关山，亦将无晏眠之日。"[①] 左宗棠在奏折最后郑重提出："至省费节劳，为新疆画久安治之策，纾朝廷西顾之忧，则设行省，改郡县，事有不容已者。"[②] 半年后，南疆全部收复，左宗棠再度上书，请清廷就"新疆应否改设行省，开置郡县"，这一"事关西北全局"之事，让"总理衙门、军机处、六部、九卿及各省督抚会议"[③] 处理。之后，他又在《复陈新疆情形折》中强调，由于军府制实际只理军务不理民政，清朝政府派驻天山南北的各级督管民事的官员，常常因具体管理民政的王公、伯克的隔离而难以真正体察民情，难为社

---

① 《左宗棠全集·奏稿六》，岳麓书社 1992 年版，第 701—703 页。
② 同上书，第 701—703 页。
③ 《左宗棠全集·奏稿七》，岳麓书社 1996 年版，第 3 页。

会之治，加上"官与民语言不通，文字不晓，全恃通事居间传述，颠倒混淆，时所不免"，从而导致"官民隔绝，民之畏官，不如其畏所管头目"，"民知怨官，不知怨所管头目"，"争讼之事，曲直不能径达"①，各级政府对社会的管理实为空虚，是新疆发生动乱和军府制瓦解的主要原因。与此同时，经历战乱而收复后的新疆，原有的社会秩序已被打破，王公、伯克也已基本丧失了原有的权势，使新疆建省于"天时、人事均有可乘之机"②。清政府正好可以借机对新疆进行一轮新的社会整合，以革弊呈新，促进发展。左宗棠前后五次的奏折对新疆建省的必要性、紧迫性、可能性和现实性予以充分阐明，连同其继任者谭钟麟、刘锦棠的持续努力，清政府终于同意收复伊犁后在新疆建省。

(二) 新疆建省及其意义

中国自公元前221年秦始皇统一全国后，通过度量衡的统一和郡县制的设立，实现了中央政府对全国各地官员的直接委派，并可以随时调动任免，各级政府官员多由文官担任，其主要任务则以所辖地区的行政民事为主。这种体制，既可以实现中央政府对全国各地的统辖调配，也可以避免封建割据的出现。与此同时，郡县制所实行的文官主政各级政府机构，对社会的全面整合与文明的发展有着较大保证作用。因此，自秦以后，历代中央政府基本都沿用了这一政治制度。历史证明，中华文明之所以能够成为迄今为止世界唯一没有中断过的人类文明，郡县制的作用功不可没。

但是，受到距离国家政治文化中心遥远、族属多样、区情复杂，以及由地广人稀、交通不变、大多数地区自然生存环境恶劣等客观原因所致的经济发展相对落后等条件制约，西域—新疆在历史发展中的大多数时间难以采用与关内完全一致的政治制度和管理体制。所以，自汉以后的大多数时间里，中央政府在西域实施的都是以"都护""将军"为统领的军事体制。虽然自4世纪前凉政权在吐鲁番设置郡县制管理后，今乌鲁木齐、哈密、吐鲁番等地也曾实行过与内地一致

---

① 《左宗棠全集·奏稿七》，岳麓书社1996年版，第194页。
② 同上书，第193页。

的郡县制度。但这种制度终因各种条件所限而未能推行至天山南北诸地。蒙元时期,天山南北曾一度设置与内地一致的行政体系——别失八里行尚书省,但由于其只管辖天山南北各地的绿洲地带,诸多草原山地分归察合台汗国和窝阔台汗国所属。所以西域新疆并没有真正实现完全统一的行政管理制度。

清朝重新统一天山南北后,建立了军政合一的军府体制(伊犁将军府)统辖各地,伊犁将军总领西域新疆的军事、民政大权,实现了中央政府对西域地区直接有效的管辖,无疑对固边守疆、维护统一起到了重要作用。正如左宗棠所做的评价:清朝"百数十年无烽燧之警……盖祖宗朝削平准部,兼定回部,开新疆,立军府所贻也"①。在军政合一的伊犁将军的管理下,天山南北各地获得了很大发展,这也是毋庸置疑的。

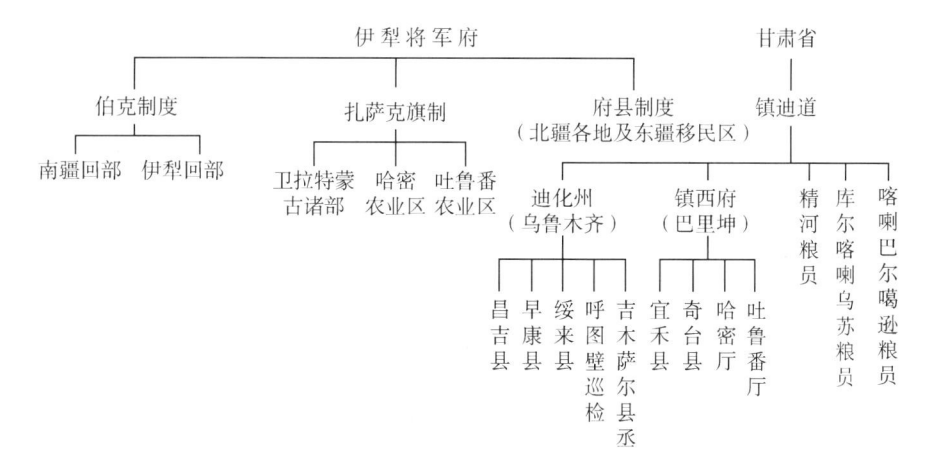

图 2-24 清朝新疆建省前的行政结构图

同样不可回避的是,这种军政合一的管理方式也有其不足和缺憾。

首先,清朝在重统天山南北并设伊犁将军府统管新疆的同时,还实行了扎萨克旗和伯克制度,日常社会管理实际上是三种制度并

---

① 《左宗棠全集·奏稿六》,岳麓书社1992年版,第701—702页。

行的。① 其中，南北疆各地的地方行政事务事实上是由各级扎萨克和伯克官员具体执行的。这样一来，在日常社会生活中，三种制度并行所致的层次重叠的管理体系和多元化的事务管理权，容易造成具体管理当中因头绪复杂、分工不清而出现日常事务彼此掣肘、遇到事情推诿扯皮的现象。

其次，由于军府制的官员结构偏重武职，官员的工作重心偏于军事管理，具体行政民事则较少被过问。这种武官主政的管理模式在战事纷争年代能够发挥巨大作用，但在和平时期则难以适应社会建设和发展的需要。即便是带有民事色彩的屯田，也是以保证军需为首，对所辖各地社会中的民事行政则少有过问，具体的日常行政事务和社会管理，大多由居于各地的部族首领、王公贵族或宗教领袖所掌握。世俗或宗教领袖管理下的社会民事，常常会因人因教而异，难成统一，极易形成因"官民隔阂不通，阿奇木伯克、通事人等得以从中舞弊"而出现"政令难施"的现象。这种管理与被管理者间的信息不畅，使管理者难知社会真情，自然也就使具体的政府管理难以奏效，政府既无法体恤民情，也无法有效整合各种资源进行积极有效的政治、经济、文化等建设。居民生活水平和社会文明程度也因此难以获得较高发展水平，从而导致居民因社会发展不足而生活困苦、视听不开、易受蛊惑、滋事动乱。既不利于社会秩序和发展，也不利于边疆的安全和国家的统一。因俗设治的管理体制在照顾地方特点的同时，极易导致各地治理程度的参差不齐，出现整个社会的发展失衡。

1882年，俄国正式交还伊犁后，新任陕甘总督谭钟麟、新任新疆军务督办刘锦棠又先后上书，建议新疆建省。1884年10月，清政府

---

① 重统天山南北之后，清朝于1762年设置了伊犁将军作为西域新疆的最高军政长官，统领天山南北的辽阔地域。伊犁是将军治所在，也是天山南北的军政中心，南北分以伊犁和喀什噶尔为中心。伊犁、喀什噶尔、阿克苏、乌鲁木齐、吐鲁番、哈密、巴里坤诸军事要地均派大军驻防。哈密、吐鲁番以及后来回归祖国的土尔扈特部实行扎萨克旗制。乌鲁木齐、巴里坤等汉回居民众多的地区，由于具有和内地基本相同的生产、生活方式，政治、经济、文化等方面也与内地基本相同，所以在这些地区就实行与内地相同的府县制。其余各地皆沿用伯克制。由于伊犁将军直接统辖天山南北的军事、政治、经济、财政和外交大权，所以，清朝实施的军府制度较汉唐时期实行的都护府承担了更加全面和广泛的行政职责，其对西域新疆的经营管理也从此前各代中央政府派驻机构的以军事为主转向了兼顾政治经济建设。

正式批准新疆改制建省（列为中国第 19 个行省），省会设于迪化（今乌鲁木齐），最高长官为受陕甘总督节制的巡抚，刘锦棠为首任巡抚（同时加兵部尚书职衔），统辖天山南北各地。新疆设省后，原由陕甘总督管辖的哈密、乌鲁木齐等地也交新疆巡抚管辖。巡抚下设 4 道，每道下分设若干府、直隶厅/州、县，负责天山南北各地行政事务，各地原设都统、参赞、办事大臣等官"概予裁撤"。郡县设置完成后，伊犁将军不再参与民政，仅负责伊犁、塔城地区边防之事，同时保留其对伊（犁）、塔（城）、阿（勒泰）地区的蒙古、哈萨克游牧各部的管辖。[①] 在喀什噶尔设提督，节制阿克苏、巴里坤、伊犁三镇。南疆回部地区大小伯克从此不再作为官员，但伯克的原品顶戴予以保留，视其为内地各省的绅士，伯克制就此撤销。哈密、吐鲁番等地的扎萨克旗制则"前后严加削夺一切实权，尽归政府"，只保留了"扎萨克郡王"称号——但扎萨克郡王实际上仍保留有一定的权力并一直沿用至民国时期。[②]

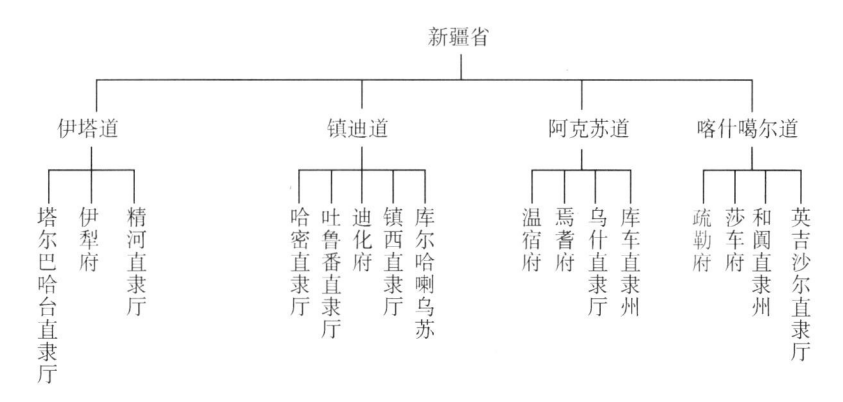

```
                          新疆省
    ┌──────────┬──────────────┬─────────────┐
  伊塔道        镇迪道          阿克苏道       喀什噶尔道
  ┌─┬─┐      ┌─┬─┬─┐         ┌─┬─┬─┐       ┌─┬─┬─┐
 塔 伊 精    哈 吐 迪 镇 库    温 焉 乌 库    疏 莎 和 英
 尔 犁 河    密 鲁 化 西 尔    宿 耆 什 车    勒 车 阗 吉
 巴 府 直    直 番 府 直 哈    府 府 直 直    府 府 直 沙
 哈    隶    隶 直    隶 喇          隶 隶          隶 尔
 台    厅    厅 隶    厅 乌          州 厅          州 直
 直          厅                 苏                      隶
 隶                                                     厅
 厅
```

图 2-25 新疆建省后的行政结构图

新疆建省后，台湾、辽宁、吉林、黑龙江等其他边疆地区亦相继

---

① 刘锦棠所提方案中，伊犁将军负责伊塔边防，同时兼管阿勒泰蒙哈各部——这一设置有对原伊犁将军照顾之意。
② 参见侯丕勋、刘再聪主编《西北边疆历史地理概论》，甘肃人民出版社 2008 年版，第 79—80、350 页。

改设行省，清朝所设行省增至23个。建省使原来由郡县、扎萨克、伯克三种制度分治天山南北的行政体制被单一的郡县制替代，原由陕甘管辖的哈密、乌鲁木齐也统归新疆巡抚管辖。由于新疆巡抚兼有兵部尚书职衔，可以统领节制全疆军队，故集新疆军政大权于巡抚一人的制度，不仅可以有效地整合散布于天山南北各地辽阔领土上的各种资源，有利于更为有效的经济建设，促进社会发展，而且有利于增强固边守疆、捍卫主权。建省后的新疆结束了长达122年的军府体制，"改土归流"后的天山南北也首度实现了与内地行政制度上的一致，这正如周恩来评价的"不管是明、宋、唐、汉各朝代，都没有清朝那样统一"[①]。在这种统一下，中央政府对新疆实施了直接管理，各种地方封建和宗教势力也终难再成气候。在这一完整的政府管理体制下，筑路修桥、兴修水利、复耕屯田、兴教劝学、洋务办工等一系列恢复和发展社会的措施得以有效执行，使得新疆在19世纪以后清朝政府岌岌可危的情况下，没有再度遭受分裂之苦，清朝政府也终能在西北一隅获得暂且安全之感。更为重要的是，在晚清国势陵夷、外交失败、割地赔款、丧权辱国之记载中，左宗棠经略西北，能够取得如此成功，"乃绝无仅有之特例，较之台湾于甲午之战割让日本，而新疆屹立为边防重镇，似尤有足称者"[②]，意义非同一般。

（三）新疆建省后的社会发展与居民身份变化

1. 广兴水利、移民实边：建省之后的新疆社会基础建设和经济发展。在清政府失控天山南北的十余年里，新疆各种武装力量的兼并混战，使新疆的道路桥梁、房屋农田等基础生活生产设施遭受严重破坏，社会发展和百姓生活受到严重影响，居住人口大幅减少——仅阿古柏和田一战就有5万人被杀；"哲德沙尔汗国"建立后，实行伊斯兰宗教专制的阿古柏又杀害居于南疆各地4万多不愿皈依伊斯兰教的汉族军民。天山以北的移民区则因兼并混战而"户口伤亡最多，汉民被祸

[①] 周恩来：《关于我国民族政策的几个问题》，载《人民日报》1979年12月31日。转引自戴逸主编《简明清史》第二册，中国人民大学出版社2006年版，第565页。

[②] 萧一山：《清代通史》（二），华东师范大学出版社2006年版，第792页。

尤酷"①。1881年，沙俄交还伊犁时，劫持伊犁百姓10万余人迁入俄境。此强制移民不仅使伊犁的人口大大减少，还使清朝在伊犁兴办了百年之久的"回屯"从此销声匿迹。②

为了平叛复疆，左宗棠率军西征时一边筑路修桥恢复交通，一边招募流亡人口分置所收复之地。待到新疆收复时，筑路修桥工程往北一直延至精河，往南一直抵达喀什噶尔。一南一北两条道路的修建，既为清军官兵收复新疆和日后驻防军队提供物资后勤保障，也为日后陕、甘、新的政治经济发展提供了重要保证。建省后，统一的行政管理机制减少了社会统一规划和建设的障碍，尤其是王公、伯克权势的削弱和消失，清政府可以更好地实施社会统筹规划和发展。首任巡抚刘锦棠除了大力收集和招募流亡人口定居复耕之外，还请求清政府从内地各省大量迁民分置于天山南北，以解决地广人稀的新疆经济发展所急需的人力问题。③ 大量移民使天山南北因战乱而减少的人丁迅速得以补足并较以前有所增加，这在改变新疆人口族缘结构的同时，促进了经济的复苏和发展，同时还为固守边疆提供了防卫力量。此外，刘锦棠等人还通过《新疆屯垦章程》等法律条文对新疆屯垦政策做出修订，不仅消除了满蒙八旗官兵此前不务农事的特权，增加了各地屯田的力量，同时还对改善"犯屯"人员待遇起到了积极的作用，十分有利于扩大民屯范围以恢复和发展新疆屯田事业。

在采取各种积极措施补足、增加经济恢复和发展所必需的人力的同时，新疆在左宗棠"治西北者，宜先水利"④的指导方针下，积极组织力量修复或再构因战事毁坏的水利灌溉工程和城镇房屋建筑等基础设施。到光绪末期，新疆38个县就"修整和新修干渠940多条，支

---

① 《左宗棠全集·奏稿七》，岳麓书社1996年版，第192页。
② 参见余太山主编《西域通史》，中州古籍出版社2003年版，第476、482—484页。
③ 以天山以北清政府招募人口为例，1878年，绥来县招募人口只占原有人口的23%，呼图壁只有6%，奇台、济木萨只占13%，昌吉是12%，阜康仅有7%，平均只有原来人口的14.2%。在相对较多的迪化（今乌鲁木齐）州，招募人口也只有原额的86%。（参见余太山主编《西域通史》，中州古籍出版社2003年版，第484页。）
④ 《左宗棠全集·书信三》，岳麓书社1996年版，第387页。

渠2300多条，灌溉面积达1100多万亩"①，为新疆经济生产的恢复和发展提供了重要保证。此外，清政府还注意积极改进耕作技术，引进新品种。自1880年左宗棠派人自内地招募熟谙桑蚕技术的工匠分赴哈密、吐鲁番、库车、阿克苏各处设局授徒，开办桑蚕养殖，刘锦棠等继任官员又将桑蚕养殖业积极推广至喀什噶尔、库尔勒、叶尔羌、英吉沙尔等南疆诸地。至光绪后期，仅蚕丝就由其前的30万斤/年增加至70万斤/年，为天山南北诸地战后经济的恢复和城乡居民生活水平的提高做出了贡献。

道路交通、水利工程、房屋建筑等城乡基础建设的恢复和发展既促进了农业生产的恢复和发展，也带来了商业贸易的繁荣和发展。新疆建省后，诸多建设工程的展开在恢复经济基础的同时，也带来了因投入增加所致的财政紧张。为了增加收入，清政府于1882年决定暂免所有贸易往来的税负。此举使天山南北很快就"废著鬻财之额联袂接轸，四方之物并至而会"②，绝世多年的西域丝绸之路繁华之景再见人间。为了保证东、西贸易往来的商业流通和方便居民日常生活，刘锦棠还奏请政府批准，将此前天山南北不一的货币改革为全疆统一的货币③，为经济秩序的稳定和社会的良好发展提供了必要保证。到了20世纪初，在中国内地因外强欺凌、军阀割据而民不聊生之时，新疆却由于"生齿日众，边境安谧，岁事屡丰"，而出现"关内汉、回携眷来新就食、承垦、佣工、经商者络绎不绝，土地开辟，户口日繁"④的良好景象，可谓奇迹。

2. 兴教劝学、促进互通：新疆建省后的教育文化。在收复新疆和新疆建省的过程中，左宗棠、刘锦棠等人对酿成新疆动乱的原因进行了深入的思考。他们认为，新疆之所以易被蛊惑和煽动，除了地广人稀、路途遥远所致信息不畅这一客观原因外，居民识文断字者稀少，

---

① 尹伟先、马啸主编：《西北通史》第四卷，兰州大学出版社2005年版，第582页。
② 《新疆图志》卷29。
③ 19世纪60年代前，天山北部各地使用全国通用钱币，天山以南各地则使用红钱。币制改革后，相对易于铸造、成本低廉的红钱成为新疆的通用货币。
④ 《新疆图志》卷86。

难以知晓多少满汉文化，而语言文字不通则使众多新疆原住居民"遇有诉讼、征收各事，官民隔阂不通，阿奇木伯克、通事人等得以从中舞弊"①，"颠倒混淆，时所不免"②，如此"汉回彼此扞格不入，官民隔阂"，自然会"政令难施"③。语言不通、文化有别、官民隔阂、信息不畅等诸多因素使新疆的社会意识自然也难以统一。因此，为了"渐通其情实，取其壅蔽"必须"广置义塾"④。

此外，彼此间隔甚远的绿洲和大分散小聚居的居住格局，以及派别林立的宗教信仰，使新疆居民极易形成以相同的宗教信仰或地域来相互认同的群体身份。这种群体身份一旦形成，就会因为地广人稀、流动甚少而导致地方性传承和固守意识的出现。不同身份的社会成员间则因宗教信仰的不同和居住地域的差别而难以彼此信任，从而就为能力超群且有强烈权力欲望的个人提供了借助宗教或其他易为同一身份群体成员所能接受的口号，鼓动广大百姓集体行动的条件，进而使社会日常生活中的百姓"不但劫杀争夺视为故常，动辄啸聚多人，恣为不法……诛不胜诛"⑤，致使社会动乱。

鉴于以上，左宗棠提出，在西部边疆的社会治理中，"督令耕垦，多设义学，尤当务之急"⑥。除了发展生产保障居民基本生活，政府通过义塾教育，"冀耳濡目染，渐移陋习，仍复华风"，既可以解决不同群体间的语言不通、文化隔阂问题，而且可达"经正民兴，边氓长治久安之效"⑦，新疆问题才得以真正解决，西部边疆也才能获得真正的稳定和发展。

随着新疆收复和建省工作的顺利进行，"督令耕垦，多设义学"的设想得以迅速付诸实施。具体实践中，清府除了拨专款在天山南北广办义塾、兴教劝学外，还"刊发《千字文》《三字经》《百家姓》

---

① 《刘襄勤公奏稿》卷13。
② 《左宗棠全集·奏稿七》，岳麓书社1996年版，第194页。
③ 同上书，第519页。
④ 同上书，第194页。
⑤ 《左宗棠全集·奏稿五》，岳麓书社1991年版，第561页。
⑥ 同上书，第555页。
⑦ 同上书，第561页。

《四字韵语》及《杂字》各本，以训蒙童，续发《孝经》《小学》，课之诵读，兼印楷书仿本，令其摹写。拟诸本读毕，再颁行《六经》，裨与讲求经义"①。清府为每所义塾配老师 1—2 名，给每位老师每月薪银 28 两（含办公费 8 两），给每位老师配跟丁 1 人，跟丁发口粮并另加工薪银 1 两多。所有入学学生，除了发放笔墨纸张和口粮外，还"按月配给膏火银粮以示奖励"②。为了保证兴教劝学的功效，刘锦棠还将劝导原住居民子弟入塾读书作为对地方官的一项考核内容，对兴教办学业绩突出的官员给予升职晋级奖励，极大地刺激和保证了各级政府官员关注教育、投资教育的积极性。

  兴教劝学之初，不少人对此多有猜疑之心，甚至有人说这是"汉人不怀好意，是为了让回人替汉人当差"。对待质疑，刘锦棠等人让事实说话。政府一方面加大教育投入，加强办学助学力度；另一方面则采取各种措施，对学业有成的学子实施积极的奖励措施，使众多教育者和求教者都能得到良好的生活和个人发展保证。具体实施中，政府除了对入学学生和兴教办学业绩尤佳的地方官员多有奖励补贴之外，还对成绩突出的学生给予推荐、保举和未来去向的安排。同时明文规定："每岁令各厅、州、县考试一次，有能诵习一经，熟谙华语（即汉语），不拘人数多寡，即送该管道衙门复试详由，边疆大员援助保举武弁之例，咨部给予生监顶带，待其年纪长大，即准充当头目；如有勤学不倦，能多习一经或数经者，无论已未充当头目，均准各厅州县送考，由道复试请奖，再行递换五品以下各项顶带，但不得逾越六品，以示限制。"③

  上述保证和鼓励措施极大地激发了各级官员和各族居民办学、求学的热情。1883 年，天山南北的义塾已由三年前的 37 所增加至 77 处，净增一倍还多。众多百姓也于实践中逐渐体会到了兴教劝学的好处，最初对兴教劝学抱有怀疑、沮丧甚至抵触之心的居民，也"渐知向化"，有的"入学回童聪颖者多甫一年，而所颁各本已读毕矣，其父

---

① 《左宗棠全集·奏稿七》，岳麓书社 1996 年版，第 519 页。
② 《刘襄勤公奏稿》卷 11。
③ 《刘襄勤公奏稿》卷 3。

兄竞以子弟读书为荣，群相矜宠，并请增建学舍，颁发《诗经》《论》《孟》，资其讲习"①。社会学习之风大长，质疑之声也难再见，教育文化事业获得了前所未有的发展，较好地促进了新疆社会的发展。

3. 新疆建省后的社会结构与居民身份变化。随着社会秩序的稳定和各种复建措施的实施，建省后的新疆在政治、经济、文化等各方面都有了较大改观，社会结构和居民身份也随之发生了重大变化。

首先，移民实边举措极大地改变了新疆社会居民的族缘结构。战乱和复建所致的各种移民，尤其是此前禁止内地农民自由流动至新疆的禁令的解除，自陕甘、直隶、山东等地"逃难"而来的百姓"几于盈千累万"②，从内地迁居新疆的大量汉民，以及陕甘回民起义失败后被大批发遣新疆的回民，在迅速增加人口数量、解决新疆收复和建设所急需劳力问题的同时，也改变了天山南北居民的族缘结构。与此同时，陕甘的众多伊斯兰教派也随回民的迁入来到新疆，在丰富伊斯兰教内容的同时，带来了门宦林立的穆斯林教派之争。汉、回移民的增加，锡伯③、塔塔尔④、俄罗斯⑤等新的民族的进入，使新疆社会的民族结构进一步多元化。长期生活中，不同族属居民的迁移、杂居和通

---

① 萧一山：《清代通史》（三），华东师范大学出版社2006年版，第771页。
② 瑞洵：《散木居奏稿》卷4，转引自马大正等《新疆史鉴》，新疆人民出版社2006年版，第78页。
③ "锡伯"为自称，清代舆图将今海拉尔以南的室韦山一带泛称为"锡伯"，居住在这里的民众因此而得名。因其英勇善战而被清朝编入八旗，并随清军驻防各地。乾隆年间，一千余名锡伯士兵携家属2000多人赴新疆驻防。后来，留驻东北的锡伯人在语言、习俗上逐渐与汉满相同，移居新疆的锡伯人则延续了原有的语言、习俗，并兼通汉语、维吾尔语、哈萨克语。随着时间的推移，锡伯人逐渐繁衍成为新疆现代主要居民之一。
④ 塔塔尔，又译作达怛、达旦、达达、鞑靼。蒙元时期，率部西征的拔都（成吉思汗之孙）征服中亚和东欧之后，建立了金帐汗国，西方人统称其部属为"塔塔尔"。后来，随着金帐汗国的瓦解，拔都及其部属后裔逐渐与突厥化了的蒙古人、钦察人、保加尔人混同并融合，最终形成了"塔塔尔族"，成为15世纪建立的喀山汗国的主体民族。19世纪初，随着沙俄的扩张和掠夺，原居于伏尔加河、卡马河地区的塔塔尔人被迫四处流浪，不少进入新疆塔城、阿尔泰等地定居。19世纪末，随着沙俄对新疆的入侵和边关贸易的控制，更多的塔塔尔人接踵而至。这些迁入新疆的塔塔尔人在与当地原住居民的长期共同生活中，逐渐成为新疆地区具有自己特点的一个新的民族。
⑤ 俄罗斯人最早迁入新疆是在18世纪沙皇时期，19世纪至"十月革命"前后又有大量俄罗斯人迁入新疆，成了新疆人。

婚，使得新疆民族融合度进一步加大，天山南北居民的身份也呈现出更加多元的族裔属性。

其次，战乱和重建所致的社会秩序崩溃和重建，在改变天山南北社会结构的同时，也改变了居民的身份结构。随着军府制的瓦解和郡县制的建立，长期存在于天山南北的部族分治、宗教不分的体制也被弃置，伯克制度的削弱和消亡，在改变众多居民生活方式的同时，也使他们实现了由奴隶到农/牧民的个人身份转变，这不仅使他们有了相对多些的自由，同时也带来了社会整体的进步和发展。屯垦制度的变化在消除满蒙八旗官兵不务农事特权、增加各地屯田力量的同时，也使更多满蒙八旗子弟和游牧民完成了从官兵到居民、从游牧到定居、从畜牧到农民的身份转换，极大地改变了天山南北的人口结构和职业构成。

最后，统一币制和兴教劝学等促进社会不同成员间互通互晓、彼此相知、消除隔阂的措施，在复兴天山南北的商业贸易，增加不同地域、不同族属和城乡居民之间互动交流的同时，还在一定程度上解决了因语言不通、文化殊异所致的政令不畅和社会意识难以统一等长期影响新疆社会发展的重大问题。广大居民受教育程度的提高，既能帮助居民个人获得拥有更多良好未来的机会，也为他们所属社会群体和区域的发展做了良好保证，为新疆的社会转型和各现代族裔共同体的形成奠定了基础。

总体来看，19世纪中叶以后，随着陕甘回民反清燃至天山南北的战火，在造成新疆社会动荡、日常生产生活遭受重大破坏的同时，瓦解了此前清朝"百数十年无烽燧之警"[①]的统治，同时也带来了新的社会整合契机。左宗棠与刘锦棠等人在平复西北、固边守疆的同时，审时度势地提出并完成了新疆建省这一重大政治制度改革，使新疆首度实现了与内地行政制度上的真正统一，中央政府由此真正开始对天山南北广阔土地的直接管理并顺利完成了新的社会整合，各种地方封建和宗教分裂势力也终难再成气候。在完整有效的政府管理体制下，一系列恢复和发展社会经济的措施得以有效执行，为社会的整体发展

[①] 《左宗棠全集·奏稿六》，岳麓书社1992年版，第701—702页。

奠定了基础。移民实边、兴教劝学等有利于个人发展的具体措施，以及众多百姓从农奴到农民、从流民到居民的身份转换，在使广大居民获得相对以往要多一些的自由生活空间和发展权利的同时，也使不同地域、不同群体居民间的交流与互融达到了一个新的高度，促进了整个社会的进步和发展，保证了新疆在晚清政府岌岌可危、关内各地混乱不堪的情况下，依然能够保持统一和稳定，免遭再度分裂之苦，有力地维护了国家统一与发展，也为后世的边疆治理和社会整合留下了宝贵的经验。

三 分裂与统一：辛亥革命以后的新疆社会发展与居民身份变化

（一）羁縻牵制、局隅偏安：清末民初的新疆社会治理与发展

1. 辛亥革命和清政府在天山南北统治的结束。建省后的新疆获得了较好的恢复和发展，但清朝整体衰落的颓势终已难挽。1911年12月28日，新疆革命党人响应辛亥革命的起义在迪化爆发，但随即就被镇压。1912年1月7日，伊犁爆发起义并成立了"五族（汉、满、蒙古、回、藏）共进会"，10日"中华民国政府新伊大都督府"在伊犁成立。随后，伊犁革命军队与新疆巡抚袁大化所率清军展开了争夺新疆领导权的战争。几经激战后，双方在乌苏一线形成对峙局面。

1912年2月12日宣统皇帝退位，清王朝灭亡。3月12日，袁大化宣布承认共和，并遵中央临时政府电令由新疆巡抚改任新疆都督，同时电告新伊大都督府在塔城举行议和谈判，但不久和谈就陷入僵局。此时，哈密、吐鲁番等地人民纷纷举起了反清大旗，天山南北诸地反清会党纷纷开始了反清夺权行动。4月25日，袁大化宣布辞职。5月18日，北京政府任命杨增新[①]为新疆都督，继续新疆政府与伊犁革命

---

① 杨增新（1864—1928），字鼎臣，云南蒙自人，祖籍江苏上元。明末，其先祖杨达官至云南建水知县，举家迁居建水，后又迁居蒙自。1888年，杨增新中举人，次年联捷进士，后历任甘肃县知事、知州、知府、道尹、提学使等职，跟随左宗棠多年。1907年，调任新疆阿克苏道尹。1911年4月，调任镇迪道兼提法使。由于曾长期在左宗棠手下任职，受左宗棠影响较大，其治疆思想也与左宗棠多有相似之处。民国初年，杨增新出任新疆都督后，其职务随新疆政制的改变而先后改称为都督、将军兼巡抚使、督军兼省长、督办兼省长、省主席兼边防督办等。因其在主政新疆17年中，始终兼任军职，故属下及文献资料中多称其为"杨将军"。

党人的和谈。杨增新在"共和成立,彼此一家"的旗号下,利用伊犁革命党人因治理方式意见不同所致的分歧及其幼稚的政治幻想,诱使他们妥协,出人意料地获得了弱势下的和谈胜利①,革命党人承认杨增新作为省都督主持新疆军政,同时撤销新伊大都督府。然而,天山南北各地的形势并未立即平稳下来。除了伊犁革命党人势力仍在,哈密、吐鲁番等地的农民武装起义声势日壮,南疆各地哥老会的夺权斗争也如火如荼,沙俄则趁新政不稳之机,出兵伊犁、喀什、阿尔泰等地,并唆使外蒙古分裂势力侵犯阿尔泰,妄图乘势瓜分天山南北,吞并新疆。此时的中国中央政府在新旧各种势力的角逐下,根本无力顾及新疆形势,并且中断了此前每年由中央政府拨付新疆的"协饷"②,使危机四伏的新疆更是难上加难。

为了应付危机,杨增新一方面努力缩减各项开支以缓解财政困难,另一方面则积极招民垦荒,努力发展农业生产,以求恢复民生并获取基本的生存资本。对散布于天山南北诸地的武装力量,杨增新根据不同的对象使用不同的方式予以消解:首先是对伊犁革命党人施以分化瓦解之策——或委以官职并配以厚禄分赴天山南北各地就职、或以重金收买和胁迫送其离疆、或以行刺暗杀等多种方式,将伊犁革命党人势力予以分拆。到了1913年底,伊犁革命党人已无法再对杨增新形成任何威胁。对哈密、吐鲁番的武装起义力量和南疆各地哥老会等地方帮会势力,杨增新则以剿抚并用、以抚为主的方针,或以招抚手段予以收买或以"会匪"之名军事镇压。对原属伊犁将军的蒙古、哈萨克各部,杨增新则以"统归新疆都督"之名完全收为己用,使新疆建省后实际一直由伊犁将军控制的伊犁、塔城行政,以及蒙古、哈萨克各

---

① 和谈之初,伊犁方面提出以天山为界,北归伊犁主政,南归新疆。杨增新则提出新疆不宜分治,一旦和谈成功,可以立即成立省议会,民主选举执政,各方均有当选之份。后来,伊犁革命党人接受杨之方案,并以"大总统"袁世凯任命杨增新为"新疆都督"电文为真,同意杨增新执掌新疆共和政权。

② 清朝统一新疆后,天山南北各地驻军4万余人,加上各级政府工作人员的日常开支,每年共需约230万两白银,而当时新疆每年赋税收入只有约10万两白银,收支相抵,大约相差200万两白银。所差费用一直是靠中央政府和内地各省在经济上的协助来解决——实际一般都难以足额拨付。由于这些费用主要用于发放新疆驻军的俸饷,故被称为"协饷"。

部的管辖统归新疆省府。在积极化解疆内各种力量对其统治构成的威胁的同时，杨增新还集中精锐兵力打击侵入新疆的俄蒙军队，取得了保卫阿尔泰之战的胜利。两年后，新疆的局势基本稳定下来，天山南北成为杨增新的一统天下。

2. 羁縻牵制、弱兵割据：杨增新的治疆策略。笃信老庄无为而治、以静待动治世哲学的杨增新，本着"节用爱人，不开奢侈之门"，"谨小慎微，不开祸乱之门"① 的原则，综合传统文化中的德治、仁政、王道、霸道等政治思想，对新疆实施了深入的社会改良与整合，制定了整顿吏治、发展生产、恢复民生、羁縻牵制、弱兵割据等一系列政策和措施，巩固和维护了其对天山南北的统治。

（1）整顿吏治，革弊除陋，以优养廉，以民督政。杨增新认为，吏治腐败是政局不稳的祸根。因此，执掌新疆后，他就通过更换官员、杜绝帮派、奖优惩劣等一系列措施清理政府管理队伍。此外，他还通过乡约和公举来实施乡绅、百姓对地方官员的监督，并给予现职官员高于关内的待遇等方式来鼓励廉洁，防止官员鱼肉百姓。与此同时，杨增新深知陈弊难除，对待下属又不能太过苛刻。为此，他对下属施以"善养人之欲者，当在不饥不饱之间"② 的养鹰之术，同时，还将其平日的读书心得编印成书——《读老子》分发给属下，希望他们能够更好地理解德治、仁政和无为而治的思想，进而使各级政府官员能够自觉做到既不因一己之私而舍公众之利，又能为公众之利而舍一己之私，在缓解治人者与被治于人者矛盾的同时，使各级官吏为其所驭。

（2）注重实业，发展生产，追求仁政，注重养民。杨增新深知民生对社会稳定发展的重要性。他认为，身为一方官员，仅有仁义之心和政治理想是远远不够的，必须注重民生，应该以达到人人皆可自养的"养民"作为根本，为此，需要大力发展农工商等实业，"实业不

---

① 杨增新：《补过斋老子日记》卷4，转引自马大正主编《新疆史鉴》，新疆人民出版社2006年版，第82页。
② 杨增新：《补过斋日记》卷16，第9页。转引自包尔汉《新疆五十年——包尔汉回忆录》，中国文史出版社1994年版，第91页。

兴，破国亡家必由于此"①；实业发展了，百姓人人都有一技之长后，就能"养身养家而有余食"，国家就能安定。因此，他在整顿吏治、实行"礼制"、追求"德治"的同时，还积极倡导兴办实业，以求实现民众"自养"，使百姓既能有所养也能有所安。在新疆局势基本稳定后，杨增新就将开渠垦荒、安置无业游民作为执政之急。一方面积极组织力量修复被战争毁坏的道路和旧渠、坎儿井等水利灌溉工程；另一方面则积极安置无业游民，开渠垦荒，恢复农业生产，并对组织开渠垦荒业绩突出的官员给予嘉奖。这不仅使新疆迅速恢复了生产②，恢复了民生，而且保障了新疆百姓的日常生活和基本军政所需。

（3）对待各种世俗社会势力，施以王道为主、霸道为辅、羁縻牵制、积极整合之策。杨增新深知，在宗教信仰复杂、族属多元、崇尚武力的新疆，德治、仁义必须配以武力，以"王道"和"霸道"来驾驭各种社会势力。他认为，"方今时局，民气嚣张，无论何方面，宜取均势主义，万不可令其大有团结。分之则势力小，钤束尚不甚难；合之则势力大，挟持出于必至"③。"譬之遍地散钱，一一取而拾之不免费力；若穿成一串则强有力者不难携（xié）之而去矣。"④ 因此，在具体施政中，杨增新对各种武装叛乱分子和异己势力，施以坚决打击和镇压。日常管理则通过保留爵位、重新册封或推举出任国会或省议会议员等方式，对王公贵族及其后裔和大地主、大商人等具有一定社会影响者给予优厚待遇和特权，既不触动其既得利益，又限制其势力扩张，并想方设法使不同势力间形成相互牵制之势，在谋得传统世俗势力支持的同时达到控制社会、安抚百姓的目的。通过实施上述策略和措施，杨增新顺利完成了对新疆各种社会世俗政治力量的整合，从而使其他政治主张和治理措施能够顺利得以实施。

---

① 杨增新：《补过斋日记》卷5，第64页。转引自段金生《调试与冲突——杨增新思想与治新实践》，云南人民出版社有限责任公司2010年版，第66页。
② 以莎车县为例，仅1916—1917年一县就新修水渠260千米，增地10.61万亩，安置流民2220余户（参见苗普生、田卫疆主编《新疆史纲》，新疆人民出版社2004年版，第405页）。
③ 杨增新：《补过斋文牍》（一），（台北）文海出版社1965年版，第117页。
④ 同上书，第117—118页。

（4）充分发挥宗教的社会教化功能，严格限制宗教势力扩张。杨增新认为，在国势颓丧、军阀割据、人心涣散的形势下，政府需要借助宗教的劝谕功能整合社会意识，稳定社会秩序，此即"以礼治国"。根据实际，治理新疆"正宜利用宗教，尊重回缠经典，以为联络民心，维持现状之记"①。他一方面给阿訇等神职人员以种种优待和特权，通过他们劝导信教民众各安本分；另一方面又提出各种规范限制措施，② 严格限制宗教势力的扩大和"泛伊斯兰主义"③ 和"泛突厥主义"④ 在天山南北的传播。这在保证各地宗教活动正常进行的同时，有效处理了日常社会管理中的政教关系问题，同时还有效防止了外界势力假借

---

① 杨增新：《补过斋文牍》续编，十四卷，第45页。转引自包尔汉《新疆五十年——包尔汉回忆录》，中国文史出版社1994年版，第84页。

② 这些规范和限制措施主要有：（1）除公办的清真寺之外，禁止在家聚徒念经和私设道堂，以限制宗教活动渗入社会。（2）除"古兰经"和"圣训"之外，其余庞杂经书概予查禁，不许念诵，以防不良思潮煽惑。（3）除本地寺之外，不准各阿訇、伊玛目跨地区进行传经布道等宗教活动和"总揽各寺之权"，禁止省外、境外阿訇进疆传教。（4）规范政府与宗教的关系，禁止各地方政府和官员向各寺庙和宗教人士颁发任何形式的官方文书，以防政教混杂和伊斯兰势力扩展至政府。（5）规范教民自选阿訇，禁止地方官员私自向清真寺委派阿訇，以防不法官员与宗教势力的勾结。（6）限制教民朝觐，以防境外势力利用朝觐实施渗透。（7）不同教派不得私立门户和互相歧视，以防教派之争转化为政治斗争。

③ "泛伊斯兰主义"又称"大伊斯兰主义"，是生于阿富汗的哲学家马尔丁·阿富汗尼为反抗西方殖民主义而创建的一种超越民族、国家和阶级的狭隘的宗教政治观，其核心思想是宣扬所有伊斯兰国家和民族利益一致，主张所有穆斯林民族应该联合起来建立政教合一的伊斯兰帝国，振兴伊斯兰世界，以抵制西方殖民主义的影响和侵略。其于19世纪中叶产生后不久就成为流行于伊斯兰教国家的一种社会思潮，后来逐步发展为一种宗教政治思想。20世纪初，奥斯曼帝国为了挽救颓势，打着"伊斯兰教"的旗号，竭力向世界其他伊斯兰国家推行"泛伊斯兰主义"，企图借助穆斯林的虔诚维护帝国并发动战争，重建曾经横跨欧亚非三大洲的帝国。后来，随着奥斯曼帝国的灭亡，"泛伊斯兰主义"一度沉寂。20世纪90年代开始，随着冷战的结束，"泛伊斯兰主义"再度加强活动，力图通过思想传播和武力手段，实现"伊斯兰民族的大联合"。一些"泛伊斯兰主义"势力则试图分裂中国并在亚洲建立一个完整的"伊斯兰帝国"。

④ "泛突厥主义"又称"大土耳其主义"，是19世纪末20世纪初，由沙俄统治下的克里米亚鞑靼人伊斯玛依尔·伽思普林斯基所创建的。其宣称"突厥人是同一个民族"，鼓吹亚洲西部和中部地区所有操突厥语的民族联合起来，建立一个从博斯普鲁斯海峡到阿尔泰山脉之间的、以奥斯曼土耳其为核心的"大突厥帝国"。"泛突厥主义"在巴尔干民族解放运动中被青年土耳其党用作思想武器，在第一次世界大战期间广为传播，第二次世界大战期间成为法西斯主义在土耳其的变种，主张对异教徒采取极端措施。第二次世界大战结束后，受到世界形势与土耳其政局影响，"泛突厥主义"比较消沉。20世纪90年代以后，"泛突厥主义"在巴尔干地区再度膨胀，一些"泛突厥主义"的政党宣称要建立从巴尔干到中国长城的突厥语族国家联合体。

宗教煽惑百姓、插手政治，维护了新疆社会稳定。

（5）坚持国家统一，奉行明修内政、免受外辱之策。杨增新认为，中国之所以屡受外辱、动荡不已，主要是因为政见不一的各个派系为谋一己之利而行一己之私，导致中央政府更迭不已，各地军阀割据的国家分裂所致。要想免受外强欺辱，朝野上下，无论任何党派和任何个人都应该放弃政见不一、不相为谋的做法，摒除种族、地域差别的观念，团结一致，积极维护国家统一。在他看来，无论何种政体，皆为"宜民宜人，受禄于天"之物，没有优劣之分，而治国的关键不是政体而是明修内政、免受外辱。因此，执掌新疆军政后，杨增新始终坚持国家统一的原则，对中央政府始终秉持"认庙不认神"的态度，拥护任何一个执政的民国总统。对内，他一方面不搞脱离中国的新疆独立，另一方面又在各出入疆之地派兵设卡，割据自守，严防内地军阀插手新疆。

（6）对外坚持和平共处、共同发展原则，积极维护国家主权，保证领土完整。在杨增新看来，面对外强凌辱的局势，除了国家统一、政教修明、社会稳定之外，必须在以积极稳步地发展以谋求自立、自强的同时，以和平相处、共同发展的态度对待他国，既不能任由宰割，也不能操之过急。因此，对于沙俄的侵略，杨增新积极组织力量给予坚决回击。在俄国"十月革命"前后出现战乱时，杨增新对其也以礼相待，一方面妥善处理俄国难民流入和逃兵入境等涉外事务，积极保护边界领土完整，维护国家主权；另一方面又秉持"严守中立"的态度，积极处理与"十月革命"后窜入新疆的白俄败兵和追剿入疆的苏联红军的关系。1920年，通过《伊犁中俄临时通商条款》，杨增新成功取消了沙俄强夺的治外法权、领事裁判权和贸易圈等一系列特权，收回了伊犁、塔城等地丧失了数十年的关税权。[①] 同时，又以积极的谈判与苏联政府建立了友好合作关系，维护了国家利益，促进了新疆社会的稳定和发展。

（7）分散治军、弱兵割据。在杨增新看来，"中国之乱，实由武

[①] 1920年5月27日，签订《伊犁中俄临时通商条款》，7月1日在伊犁设立税关，开始征收进出口税。

人"而起①,"新疆的治安不是用武力所能维持的","新疆的治安必须从政治上入手"②。他认为,要实现社会的安定,就必须实施"虚其心,实其腹,弱其志,强其骨"的"圣人之治",兴办实业可以使民"实其腹"而自养,而"方今时局,民气嚣张,无论何方面,宜取均势主义,万不可令其大有团结。分之则势力小,钤束尚不甚难,合之则势力大,挟持出于必至"③。为了社会稳定,治理新疆必须将各方面的势力,尤其是武装势力予以削弱。因此,在采取各种方式整合社会各种政治力量的同时,杨增新通过兼合并转等一系列措施裁减军队。在具体管理中则施以回汉军队相互牵制、相互制约、总体由其平衡的策略,使其在"分散治军"的同时,牢固掌握了各级军事力量。这种"弱兵政策"既可以缩减开支、降低管理成本,又可以有效防止他人坐拥重兵而对其构成威胁,从而保证了杨增新对新疆的绝对控制和管理。④

(8) 归并伊塔阿,实现真正的新疆一统。杨增新认为,分裂是社会动荡、百姓受苦的根本。既然一国只有统一才能御外图强、免受欺辱,那么,新疆要获得真正的稳定必须实现真正的统一。因此,他上任之初奉命与伊犁革命党人和谈时,就极力反对新疆南北分治。杨增新在新疆日常局势基本稳定以后,掌控了天山南北,成功实现了弱兵割据、偏安一隅的政治统治后,又在1919年4月25日呈请中央政府将原直属北京中央政府的阿尔泰地区归并至新疆,改区为道,直接交由新疆管辖。⑤ 获准后,天山以北新增伊犁、塔城、阿尔

---

① 杨增新:《补过斋文牍续编》卷2,第25—26页。
② 包尔汉:《新疆五十年——包尔汉回忆录》,中国文史出版社1994年版,第89页。
③ 杨增新:《补过斋文牍》(一),(台北)文海出版社1965年版,第117页。
④ 北洋军阀时期,新疆是中国用兵最少的一个省。1920年前全疆兵员不过一万大千名,后几经裁减,到了1927年,实际兵员已不足一万。北洋军阀混战时期,能以如此少的兵员实现长达17年的新疆统一和安全,足可证明杨增新"弱兵割据"政策的成功(参见包尔汉《新疆五十年——包尔汉回忆录》,中国文史出版社1994年版,第96页)。
⑤ 杨增新为其公署大堂所写的一副对联可以恰如其分地反映出他对中国局势和新疆治理的态度,具体为:"共和草昧初开,差称五霸七雄,纷争莫问中原事;边庭有桃园胜境,狃率南回北准,浑疆长为太古民。"(参见包尔汉《新疆五十年——包尔汉回忆录》,中国文史出版社1994年版,第98页。)

泰三道。① 1920年，新疆又增设焉耆、和田两道。至此，新疆由民国初年的迪化、阿克苏、喀什3道，变为8道、59县、7局（佐）。天山南北诸地完全听由杨增新的管治。

表2-1　　杨增新统治时期新疆行政区划

省名	道署名	县/局（县佐）名
新疆	阿山道（辖5县）	承化（今阿勒泰）、布尔津、布伦托海、哈巴河、吉木乃
	伊犁道（辖6县1局）	6县：伊宁、绥定（今霍城）、博乐、精河、巩留、霍尔果斯 1局：特克斯
	塔城道（辖4县1局）	4县：塔城、沙湾、乌苏、额敏 1局：和什托洛盖
	迪化道（辖12县1局）	12县：迪化（今乌鲁木齐）、奇台、昌吉、绥来（今玛纳斯）、孚远（今吉木萨尔）、木垒河、镇西（今巴里坤）、哈密、鄯善、乾德（今米泉）、呼图壁、阜康 1局：七角井
	阿克苏道（辖9县）	阿克苏、温宿、拜城、库车、沙雅、乌什、托克苏、阿瓦提、柯坪
	焉耆道（辖6县2局）	6县：焉耆、轮台、尉犁、若羌、且末、吐鲁番 2局：库尔勒、托克逊
	喀什噶尔道（辖10县1局）	10县：疏附（今喀什市）、疏勒、英吉沙尔、叶尔羌、莎车、泽普、巴楚、麦盖提、伽师、蒲犁（今塔什库尔干） 1局：乌鲁克恰提
	和阗道（辖7县1局）	7县：和阗、墨玉、策勒、于阗、洛甫、叶城、皮山 1局：赛图拉

总体来看，上述各项政策和措施不仅帮助杨增新迅速稳定了新疆局势，而且使其在两年之后就成为坐拥天山南北、掌控西北边陲的一

---

① 阿尔泰包括阿尔泰乌梁海、新土尔扈特部、新和硕特三部，主要为蒙古和哈萨克牧民游牧地，并有少量汉、回民居住。1884年新疆建省后，阿尔泰原属科布多大臣管辖，后因可（布多）阿（尔泰）分治，设立阿尔泰办事大臣，驻承化寺（今阿勒泰）。伊犁、塔城则分归伊犁将军、塔城参赞管辖。辛亥革命之后，伊犁将军改为镇边使，阿尔泰办事大臣改为阿尔泰办事长官，归北京中央政府直接管辖。1914年2月，杨增新将伊犁镇边史改为镇守使，原将军、镇边史的职权由杨增新兼行。同年，伊犁设道，从此伊犁军政均归新疆省都督直辖。1916年11月19日，杨增新将塔城参赞改为道尹，归新疆省统辖，其满、哈萨克、蒙古各部直接归新疆省长兼督军杨增新管辖。1915年7月，阿尔泰办事长官刘长炳提出阿尔泰归并新疆，后因更换长官意见不同而搁置。1919年4月25日，阿尔泰改为道，直接归由新疆省长兼督军管理。（参见苗普生、田卫疆主编《新疆史纲》，新疆人民出版社2004年版，第403—404页；陈慧生、陈超《民国新疆史》，新疆人民出版社1999年版，第34—36页。）

路诸侯。这一时期，虽然官方文献中多以"缠回""回人"来统称天山南北的非汉新疆居民，但还没有形成今日这般统一的族裔性群体身份概念。日常生活中，存在于维吾尔人中的是"浓厚的同乡地域观念"，并且"不仅哈密、吐鲁番、喀什等地人的同乡地域观念强，就是同是喀什一个地区，喀什同距喀什不远的阿图什人也壁垒鲜明，互相排斥"[①]。区域共同体性是占绝对支配地位的社会身份观念。在军阀割据、风云动荡的年代，杨增新积极借鉴前世各代治新经验并充分发掘了中国传统文化思想中经世致用的方略方法，勤励节俭，勇于拓新，最终实现了他在天山南北长达 17 年之久的牢固统治，独享内地纷乱新疆安定之景，这不能不说是一个历史奇迹。

（二）"东突厥斯坦伊斯兰共和国"的建立与灭亡

1. 杨增新之后的新疆战乱与纷争。1928 年，杨增新遇刺身亡。金树仁在接替杨增新执掌新疆后，一方面积极利用国民党和民国政府的影响来扩大自己的影响和实力，另一方面想方设法阻挠国民党中央政府对新疆的控制。为此，他借助整顿吏治，积极培植亲信势力以扩大政治实力，同时又大力扩充军队来强化统治。结果导致帮派军政的出现，以及因军费开支激增所致的财政困难与金融危机，社会因此而危机四伏。此时，并未意识到危险的金树仁又在 1930 年 3 月哈密王莎木胡素特去世之际，实施了改土归流、废除王制，想以更加直接的统治强化其对天山南北各地的控制。结果，并未减少当地居民各种税负的改革引起了更多的不满，进一步激化了社会矛盾。

1931 年 2 月，以当地驻军军官强娶民女的小堡事件为导火索，[②] 原哈密王所属官兵乘机举兵反叛，并很快成为新疆反金武装的主力，控制了暴动局势。暴动迅速蔓延至天山南北，由此引发新疆长达数年的战乱。1931 年 5 月，甘肃军阀马仲英受哈密王原吾东赞饶乐博斯之请，以"解救伊斯兰教兄弟"之名出兵新疆，但不久即因负伤而退出。次年 8 月，马仲英军再次入疆，先后攻占哈密、吐鲁番等地，对省会迪化（乌

[①] 包尔汉：《新疆五十年——包尔汉回忆录》，中国文史出版社 1994 年版，第 80 页注。

[②] 1931 年 2 月，金树仁驻军军官张国琥强娶小堡维吾尔居民之女，引起当地居民强烈不满。此后，当地政府处理不当，引发居民保护自己利益的反抗暴动。

鲁木齐）形成包围之势。1933年4月，迪化发生"四·一二政变"①，金树仁下台，拥兵迪化的原金树仁"东路剿匪总司令"盛世才②以临时督办身份执掌新疆军政。8月1日，南京政府正式任命盛世才为新疆边防督办。之后，盛世才又通过各种手段，实现了对新疆的控制，新疆由此进入盛世才统治时期。

2. "东突厥斯坦伊斯兰共和国"和"和田王国"的建立与灭亡。如前所述，金树仁执掌新疆期间，危机四伏的社会终因一地暴动而天下大乱。就在国内战事纷纷之时，境外势力借助宗教势力在塔里木盆地开始了瓜分新疆的行动，"东突厥斯坦伊斯兰共和国"由此而生。

1933年，北疆地区战乱纷争之时，马仲英手下马世明部在新疆被盛世才击败后退往南疆并先后占据了焉耆、轮台、库车、阿克苏、巴楚、伽师等地，直逼喀什。此时，和田地区爆发的金矿矿工暴动被穆罕默德·伊敏和沙比提大毛拉等人所领导的"民族革命委员会"左右。1933年2月20日，"民族革命委员会"在和田宣称成立独立

---

① 1933年4月12日，迪化警备司令部参谋陈中、迪化县县长陶明樾等人为了消除战乱、实现和平，联系驻防迪化的白俄归化军巴平古特和安东诺夫等人发动政变。政变发生后，驻扎于迪化城郊的金树仁"东路剿匪总司令"盛世才乘政变双方激战并两败俱伤之时，倒戈反金，率军进城并控制了局势。

② 盛世才（1897—1970），字晋庸，辽宁省开原县盛家屯人。1915年毕业于上海吴淞中国公学专门部政治经济科，1917年赴日本东京明治大学就读政治经济学。1919年6月，随留日学生回国请愿代表团返回上海，后考入韶关讲武堂学习，毕业后进入东北军郭松龄部，历任排长、连长及上尉参谋等职。后与郭松龄义女邱毓芳结婚。1923年，经郭松龄推荐被张作霖送至日本陆军大学学习。1925年，郭松龄倒戈张作霖失败后被张作霖断绝学习公费。盛世才又在孙传芳、冯玉祥、蒋介石等的资助下，完成了陆军大学的学习。1927年回国后，历任何耀祖部参谋、总司令部上校参谋兼中央军校附设军官团教官、代理行营参谋处科长、参谋本部第一厅第三科科长。1929年秋，盛世才经其友彭昭贤介绍，与赴南京办事的新疆省政府秘书长鲁效祖认识，盛世才流露在南京不得志而谋求他适之意。几经波折后，盛世才于1930年秋随鲁效祖到了新疆。在鲁效祖的极力保荐下，盛世才被金树仁任命为督署上校参谋兼卫队营教练，后又兼任军官学校战术教官，成为新疆唯一受过高等军事教育的人才。盛世才利用其任教官之便，积极拉拢学生，培育自己的势力。1931年，因哈密民变，政府军队屡战屡败，金树仁不得不开始重用盛世才，并先后委任其为参谋长、东路剿匪总指挥等职，使其成为握有重兵的实力人物。盛世才率领军队转战吐鲁番、鄯善、哈密等地，取得多次军事胜利，在获得"常胜将军"美誉的同时，为自己赢得了日后夺取新疆统治的资本。"四·一二"政变后，伺机夺取了新疆军政大权统治新疆达11年。

的"和田临时政府",随后又改称"和田伊斯兰政府"并向周边地区开始了"圣战",妄图割据新疆。喀什政府为了应对这些势力的进攻,临时招收一个团的柯尔克孜兵,未承想,该团在开赴阻挡马世明部的前线途中,在其头目乌斯曼率领下也发生了暴动。一时间,喀什周围出现了数支互不相属的武装力量。5月,乌斯曼、马占仓、铁木耳等人攻入喀什。随后,铁木耳在喀什回城自称"东突厥斯坦军总司令",企图建立"东突厥斯坦共和国"。随即引发各路势力间争权夺利的战争。8月9日,乌斯曼杀死铁木耳自任总司令。随后,喀什即被来自和田的穆罕默德·伊敏势力所控制。11月12日,"东突厥斯坦伊斯兰共和国"宣布成立,在南疆威望较高的原哈密武装力量头目和加尼亚孜被政府任命为总统,沙比提大毛拉为总理,并在设立国务院系列政府机构的同时,公开宣称脱离中国南京中央政府,实施永久独立,以伊斯兰教法替代民国政府法律,穆罕默德·伊敏则为最高精神领袖。

"东突厥斯坦伊斯兰共和国"成立后,对社会实施了政教合一的残暴统治,并迅速得到了英国、日本、土耳其、印度等国泛伊斯兰分子的支持。1934年2月,马仲英军队在苏联红军的配合下进入喀什,和加尼亚孜外逃至中苏边界。后来,在苏方代表协调下,和加尼亚孜同意解散"东突厥斯坦伊斯兰共和国",其所率武装力量归附新疆地方政府,其本人出任新疆省副省长,"东突厥斯坦伊斯兰共和国"宣告灭亡。但是,和加尼亚孜的归附遭到了沙比提大毛拉等人的反对。3月2日,沙比提大毛拉等人在英吉沙宣称和加尼亚孜为叛徒。4月中旬,和加尼亚孜统兵进入英吉沙、莎车等地,沙比提大毛拉被擒之后被处以绞刑。6月,盛世才政府追击马仲英残部的军队进入喀什,马仲英残部退往和田,穆罕默德·伊敏逃往印度,其退至和田后所建的"和田伊斯兰王国"也被消灭。新疆因"东突厥斯坦伊斯兰共和国"闹剧而出演的短暂分裂宣告结束。从此,盛世才建立起控制天山南北的牢固统治。[1]

---

[1] 参见包尔汉《新疆五十年——包尔汉回忆录》,中国文史出版社1994年版,第224—232页;苗普生、田卫疆主编《新疆史纲》,新疆人民出版社2004年版,第419—421页。

(三) 构建民族: 盛世才统治时期的新疆居民身份划分

1. 亲苏排异、武装割据。盛世才掌握新疆军政大权后, 借苏联之力赢得了其与马仲英之间为期一年多的权力之争, 之后, 又采取了一系列稳固统治的措施, 主要有:

第一, 密切新疆与中央政府的联系, 谋求执政地位的合法性。盛世才执掌新疆军政大权后, 虽然一直想方设法阻挠中央政府插手新疆事务, 但又反复强调新疆隶属中央政府, 新疆永为中国领土, 并一再表示要密切加强新疆与南京政府的关系。最终得到了蒋介石、汪精卫的承认和支持, 获取了合法的执政地位。

第二, 在俞秀松等中国共产党人和苏联的帮助下, 制定了"反帝、亲苏、民平、清廉、和平、建设"六大政策, 积极整合各种力量以获取最大范围的支持与发展。为了体现民族平等, 盛世才除了邀请和加尼亚孜担任省政府副主席外, 还请民族人士出任政府机关行政长官, 成立了专门处理民族间问题的"新疆民众联合会", 组建了民族文化促进会, 创办了民族学校, 组派学生留苏, 统一民族称谓, 处理了一批贪官污吏, 引起了较大社会反响, 获得了更多的社会力量支持。

第三, 积极恢复和发展社会生产。主要措施是, 号召逃难农民回乡生产并拨予专款、专物(种子、耕具), 贷与牛马, 改良品种, 鼓励农牧民恢复和发展生产。同时, 还通过整顿金融、改革税制、开源节流等手段整治经济秩序, 增加财政收入。对外, 努力谋取苏联的大力经济援助。[①] 这些措施, 尤其是苏联的援助在使新疆经济迅速改观的同时, 使盛世才政府得以很快稳定社会秩序, 消除了百姓的不满, 获得了较好的群众基础。

第四, 整编军队, 积极建立有利于政令畅通的军事保障体系和忠诚、高效的军警保安与情报系统, 以维护政治统治和日常生活管理。此外, 盛世才建立"新疆反帝联合会"并积极吸纳国民党、

[①] 盛世才委托包尔汉(时任新疆裕新土产公司总经理)向苏联先后借入750万金卢布(约合800余万美金)的贷款(参见包尔汉《新疆五十年——包尔汉回忆录》, 中国文史出版社1994年版, 第260页)。

共产党等社会各方面有影响的进步人士加入，显示其追求民主、平等、团结、统一的决心，以最大限度地谋取社会各种力量的广泛支持。

上述政策和措施，一方面帮助盛世才获得了南京政府的认可，另一方面谋得了苏联的多种援助和新疆社会各种力量的支持，使其得以迅速消灭其他势力完成社会整合，成为继杨增新后又一统治新疆长达十年以上的实力统治人物。为了便于统治，天山南北各地局势稳定后，盛世才于1936年对新疆行政区域做出了调整，从杨增新时期的8道、59县、7局，改为9个行政区、62个县、11个局。

表 2-2　　　　　　　　　　1936 年新疆行政区划

省名	区名	县/局名
新疆	阿山区（辖5县3局）	5县：承化（今阿勒泰）、布尔津、布伦托海、哈巴河、吉木乃 3局：可可托海、布尔根、青格里河
	伊犁区（辖7县4局）	7县：伊宁、绥定（今霍城）、博乐、精河、巩留、霍尔果斯、特克斯 4局：巩哈（今尼勒克）、河南（锡伯营改设）、温泉（察哈尔营改设）、昭苏（额鲁特营改设）
	塔城区（辖4县1局）	4县：塔城、沙湾、乌苏、额敏 1局：和什托洛盖
	迪化区（辖10县）	10县：迪化（今乌鲁木齐）、乾德（今米泉）、呼图壁、阜康、昌吉、奇台、绥来（今玛纳斯）、孚远（今吉木萨尔）、木垒河、鄯善
	哈密区（辖2县1局）	2县：哈密、镇西（今巴里坤） 1局：伊吾局
	阿克苏区（辖9县）	阿克苏、温宿、拜城、库车、沙雅、乌什、托克苏、阿瓦提、柯坪
	焉耆区（辖7县1局）	7县：焉耆、轮台、尉犁、若羌、且末、吐鲁番、托克逊 1局：库尔勒
	喀什噶尔区（辖11县）	喀什噶尔、疏附、疏勒、英吉沙、莎车、泽普、巴楚、麦盖提、伽师、蒲犁（今塔什库尔干）、乌恰
	和阗区（辖7县1局）	7县：和阗、墨玉、策勒、于阗、洛浦、叶城、皮山 1局：赛图拉

2. 盛世才与新疆抗日民族统一战线。盛世才深知其政权的获得和巩固离不开苏联的支持，因此，执掌新疆军政大权后，盛世才表现出更加积极的亲苏亲共态度。中共中央也早在1933年就得到共产国际关

于重视新疆工作的指示。红军长征到达陕北以后，更是希望通过与新疆关系的修好，得到更多来自共产国际和苏联的支持与帮助。这为新疆抗日民族统一战线的形成提供了条件。

1936年6月，中共中央派邓发经由新疆赴莫斯科与共产国际联系。7月中旬，盛世才发表七项救国纲领。① 11月，邓发到达迪化并与盛世才进行了初步接触。12月，中共中央政治局委员陈云与滕代远、冯铉等人奉命由莫斯科赴新疆，迎接李先念、程世才等人率领的西路军。陈云等人离开莫斯科前，受到斯大林、莫洛托夫等苏联领导人的会见并得到苏联将会大力帮助西路军的承诺。1937年4月，被斯大林说服的盛世才派人将陈云、滕代远等人接到迪化后，又派出40辆满载军装和食物的汽车和一个团的武装人员，随陈云、滕代远等人赴星星峡迎接西路军官兵。5月7日，西路军400余名指战员随陈云等人到达迪化并得到了较好安置，② 盛世才与中国共产党的关系得以初步建立。1937年9月，国共实现第二次合作。1938年10月12日，中国共产党与盛世才达成协议，在新疆建立八路军办事处，由陈云、滕代远领导办事处及西路军"新兵营"的工作，新疆抗日民族统一战线正式形成。

由于此前盛世才在新疆权力机构进行的大清洗使各级政府——尤其是南疆——工作人员匮乏，而俞秀松等人又因受到苏联肃反扩大化运动的影响而被弃用，③ 盛世才政府的人才紧缺程度进一步加大，一些部门几近瘫痪。所以，抗日民族统一战线形成后，盛世才立即向中

---

① "七项救国纲领"是基于盛世才的"六大政策"制定的，具体内容为：（1）必须全国各族各界同胞一心一德、精诚团结以救中国。（2）必须停止内战，以最坚决的斗争反对侵略与瓜分中国。（3）全国各族各界同胞必须与一切汉奸作坚决的斗争。（4）对帝国主义必须抛弃不抵抗政策，而采取最坚决强硬之外交政策。（5）必须与外来之经济侵略及走私运货做坚决之斗争。（6）必须用一切力量发展本国经济与农工商业。（7）必须遵照孙中山先生遗嘱，联合世界上以平等待我之民族，共同奋斗，以救中国之危亡。

② 西路军进入迪化后，最初被安置于西大桥附近的原孚新纱厂内驻扎修整。7月，整编后的西路军迁到东门外营房（今乌鲁木齐市五星路）驻扎，对外称"新兵营"。

③ 1937年11月，王明、康生等人从莫斯科返回延安途经新疆时，与盛世才会面并诬陷俞秀松等人是"托派"。正因俞秀松等共产党人在新疆的影响日益增大，忐忑不安的盛世才便以此为借口，将俞秀松、江泽民（吴德铭）、万献廷等一批共产党人以"托派""策应日寇、颠覆政府"等罪名逮捕入狱，致使一些政府部门严重减员，几近瘫痪。

共提出选派干部帮助新疆的要求。① 应其所求，中共中央从西路军入疆人员和赴苏或由苏返中的干部中选派了黄火青、毛泽民、陈潭秋等人留在新疆工作，并从延安抗日军政大学和陕北公学抽调了51名干部到新疆财政、民政、教育等部门工作。具体工作中，他们坚持共产国际和苏联所制订的"三不"原则（即不宣传共产主义、不发展党组织、不公开党员身份），遵循"帮助盛世才执行六大政策、保证国际交通线的畅通、推动新疆社会前进、发展新疆抗日民族统一战线以支援抗战"的工作方针，在积极适应新疆特殊环境的同时，尽职尽责，努力工作，在确保新疆社会稳定的同时，恢复并促进了经济、政治、教育、文化等各方面的发展，确保了中国抗日大后方的安全。经由新疆通往苏联的国际交通线和印中（印度至中国新疆）驿运线的安全畅通，使苏联、美国的援华物资得以源源不断地输入中国，为中国的抗日战争提供了极为有力的支持和帮助。

但是，中国共产党人在新疆的出色工作却带来了盛世才的恐惧。1941年，苏德战争爆发后，盛世才放弃亲苏，投向蒋介石国民党集团，并由此开始了对中国共产党人的清理和屠杀，毛泽民、陈潭秋等人先后被迫害致死，中国共产党人在新疆的活动受到严重削弱，抗日民族统一战线遭到严重破坏。

3. "维吾尔"族名的启用和认定。在新疆建省后半个多世纪的发展中，政府有组织的移民和民间自发的迁徙，使天山南北又增加了锡伯、塔塔尔、俄罗斯等诸多不同族裔的居民。这在保持新疆社会民族多元化的同时，使散居于天山南北各地的居民（尤其是蒙古部族传统属地的外来居民）与原有蒙古居民错居杂处、交融共生，也使各地原有居民的血缘、族属成分发生了很大改变，新的民族不断形成。自然地理条件决定了新疆各地居民大多以所居区域之名称谓自己所属的群体，这并不利于新疆作为一个统一的行政主体（省）实施管理。为了

---

① 据当年中共工作人员黄火青（时任反帝会秘书长）给中共中央的信函显示，当时盛世才提出要中共选派4名正副厅长，9名行政长（地区行署专员），1名公安管理处长，1名反帝会秘书长，200名县、科级干部到新疆政府工作（参见陈超、程慧生《民国新疆史》，新疆人民出版社1999年版，第319—320页）。

更好地控制社会，也为了淡化原有的族裔共同体特别是势力依然强大的传统蒙古部族群体身份的观念，盛世才决定以重构身份的方式整合社会。

执掌军政大权两年后，新疆局势基本稳定下来，盛世才决定召开其执政后的第二次全省民众代表大会，谋求更为广泛的社会支持。为此，在大会筹备和举行期间，盛世才积极征求苏联顾问和社会各界人士的意见和建议。其中，实行民族平等、成立专门机构处理各民族间的关系被列为大会的一项重要内容。1935年，新疆第二次民众代表大会召开，"会议快结束时，决定成立'新疆民众联合会'，这个会的任务是处理民族和民族间的问题"①。"新疆民众联合会"成立后的第一项工作就是仿效苏联，对新疆各地居民进行新的身份划分。

前文说过，清朝以降，南疆和伊犁、哈密、吐鲁番等地从事农业生产的"回屯"广大居民被统称作"缠回"或"缠头"，其所属族裔成分较为复杂，其中多数是蒙元时期从事农业生产、被称为"畏兀儿"的居民的后裔，中间还夹杂许多信奉伊斯兰教的回、汉居民。1934年，被盛世才自内地请至新疆辅其执政的徐廉（徐伯达）建议用"维吾尔"（意为：团结）替代"缠头"之名。② 12月5日，新疆省政府民政厅下发通令，决定将以"维吾尔"（维持吾族、维持吾国之义）取代"缠族"之称谓③。1935年，新疆省第二次民众联合会成立后，经由包尔汉、郁文彬④研究并提交大会决定，以"维吾尔"替代"缠回""缠头"等名，将历史曾经出现的畏兀儿、威吾儿、威吾尔等Uyghur的音译名称统一改用"维吾尔"书写⑤，同时将"甘回"改用"回"名称谓，由此将"缠回"从"回人"这一统称之中分离出来。这既可与30年代频繁利用回人、回教教徒身份，煽惑天山南北各地穆

---

① 包尔汉：《新疆五十年——包尔汉回忆录》，中国文史出版社1994年版，第242页。
② 参见何树林《"维吾尔"的汉译名是谁提出来的?》，《科学与文化》1999年第10期。
③ 参见魏长洪、美丽班《维吾尔族名汉译名称新考》，《新疆大学学报》（哲学·人文社会科学版）2007年第1期。
④ 郁文彬系吐鲁番人郁尼斯别克的化名，他与包尔汉等人早在1922年8月就结成了追求民族民主革命的秘密组织。
⑤ 参见包尔汉《新疆五十年——包尔汉回忆录》，中国文史出版社1994年版，第244页。

斯林居民作乱的陕甘回民头领——马仲英——所率的回民军队及其部属划清界限，又能将清末民初陕甘迁至天山南北的众多非突厥语系穆斯林居民与此前已生活于新疆城乡诸地从事农业生产的突厥语系原住居民中的伊斯兰教民相区别。汉语中所称的"布鲁特"和"黑黑子"改为"柯尔克孜"，"脑盖依"改称为"塔塔尔"。同时，大会还将乾隆年间由南疆移居伊犁的部分居民确定为"塔兰其"[①]人，"汉族"则被确定为"基太依"。[②]

此次大会最后确认了汉、满、蒙古、回、维吾尔、哈萨克、阿尔吉孜、锡伯、索伦、归化、塔塔尔、塔兰其、塔吉克、乌孜别克14个民族。由于14个民族分属于黄、白、棕各色人种，"故有东方人种博览会之称"[③]。维吾尔、柯尔克孜、塔塔尔等族名在第二次民众代表大会期间研究确定后，经由新疆省政府会议通过，开始逐渐被广泛使用，成为中国几个现代民族的统称。

（四）东突厥斯坦共和国、三区革命与新疆和平解放

1. 国民党统治下的新疆。盛世才统治后期，在苏联因德国的进攻而无暇顾及新疆时，青海军阀马步芳投靠国民党政府并将甘肃陇西一带出让与国民党军队，为国民政府进军新疆打开了通道。此时欲寻新政治依靠的盛世才开始主动与国民党接触，为中央政府重控新疆提供了机会。1942年8月，蒋介石派宋美龄前往迪化同盛世才谈判并传达外交权收归中央，肃清共产党，俄军退出新疆和调派政府军进驻安西、玉门以牵制哈密境内的俄军四点要求。对此，盛世才全部接受并表示"矢志拥护中央，尽忠党国，绝对服从领袖"[④]。9月，民国政府外交部驻新疆特派员入疆主持外交事务。11月，盛世才被任命为第八战区副司令长官。1943年4月，国民党军队开进新疆并在不到一年时间里完成了天山沿哈密至伊犁一线的驻防，苏联人员与驻军悉数退出新疆。

---

① "塔兰其"维语意为"种麦人""农民"，系指清朝乾隆年间由南疆迁居伊犁从事农业生产的居民及其后裔。新中国成立后被划归、确认为"维吾尔族"。

② 新中国成立后，"基太依"则统一改为"汉族"。

③ 佚名：《新疆之宗教与宗教生活》，《中国西北文献丛书》第137册，兰州古籍出版社1990年版，第375—376页。

④ 张大军：《新疆风暴七十年》，（台北）兰溪出版社1982年版，第4907—4908页。

盛世才在新疆失势。1944年8月29日，国民党政府宣布改组新疆政府，盛世才调任农林部长，原民国政府蒙藏委员会主任吴忠信被任命为新疆省政府主席。10月4日，吴忠信到任，国民党南京政府就此开始对新疆的直接统治。

吴忠信到任后，以确保安定、稳中求进、剿抚兼施的方针开始整治危机四伏的新疆。为了便于治理，吴忠信将新疆划分为迪化、伊犁、喀什、阿克苏、塔城、阿山、和田、焉耆、哈密和莎车10个行政区，并一度向中央政府提出将新疆"一分为四"的建议，① 但未获南京方面同意。吴忠信在新疆的施政措施不仅难以见效，而且反呈愈演愈烈之势。无奈之下，吴忠信不得不提出辞职。1946年3月，张治中被任命为西北行营主任兼理新疆省政府主席，4月，陶峙岳调任新疆警备总司令。张治中到任后主张"和平、统一、民主、团结"，并提出了一系列改善民族关系的措施。

2. "三区革命"与新疆内战。1944年10月，哈萨克族艾克拜尔、色依提、纳万三兄弟与受过苏联军事培训的法提赫·穆斯利莫夫在伊犁巩哈县乌拉斯台谷地组建了游击队，并发动进攻巩哈县城的战斗，"三区革命"爆发。11月6日巩哈游击队分三路逼近伊宁。次日，由阿巴索夫和苏联军官阿列克山德洛夫带入伊宁的精锐军队与接受过苏联培训的当地武装力量，以及以艾力汗·吐烈②为首的"伊宁解放组织地下革命军事司令部"一起发动了"伊宁起义"。12日，伊宁宣布建立"东突厥斯坦共和国"临时政府，艾力汗·吐烈任临时政府主席，阿列克山德洛夫任临时政府游击队总司令。1945年1月，临时政

---

① 吴忠信所提将新疆分为四省的方案为：天山以北各区县为北山省，省会设于迪化；天山以南各区县为山南省，省会设于喀什；靠近昆仑山脉各区县为昆仑省，省会设于和田；划甘肃酒泉以西至哈密附近各区县为安西省，省会设于哈密（参见苗普生、田卫疆主编《新疆史纲》，新疆人民出版社2004年版，第423页）。

② 艾力汗·吐烈（1885—1976），又名伊力汗吐拉，俄国中亚托克马克人，乌兹别克族，原为安集延的大阿訇。曾在沙特阿拉伯、布哈拉学习经文和医学。1924年因非法组建泛伊斯兰主义组织"木合代斯"被苏联安全部门逮捕。1927年潜逃至新疆并定居伊宁，以传教和行医为业。1937年被盛世才政府逮捕。1941年出狱后在伊宁拜图拉大清真寺当阿訇，继续从事宗教活动，后组建"伊宁解放组织"并自任"地下军事司令部"领导人。

府通过9项宣言提出要"建立一个真正解放独立的共和国"[①]的主张，表现出了分裂倾向。4月8日，游击队改编并成立民族军，艾力汗·吐烈任元帅，苏联军官波里诺夫中将任总指挥，阿巴索夫为政治部主任。随后半年，临时政府在苏军帮助下控制了伊犁、塔城、阿山等新疆北部三区的广阔领土，此次革命也因此被称为"三区革命"，其临时政府则为"三区政府"或"三区政权"。

由于"三区革命"是不堪忍受压迫的新疆人民在苏联政府和军队直接参与下发动并完成的[②]，其领导者和参与者既有少数民族地方领袖，也有伊斯兰宗教人物，还有众多苏联军官和受到苏共影响的民族爱国人士，成分相对比较复杂。因此，"三区革命"从一开始并非是单一目的的武装运动，其主张和口号中既有"打倒压迫人民的政府""革命胜利万岁"等追求自由与解放的正面宣传，也有"穆斯林联合起来，驱逐汉人、东北人出新疆"[③]等负面鼓动。1945年1月5日，临时政府第四次委员会通过9项宣言，提出要"彻底根除中国的专制统治""建立一个真正解放独立的共和国"[④]。之后，又根据苏联顾问的建议制定了带有富有排汉色彩的《施政纲领》，表现出明显的分裂倾向。

1945年2月雅尔塔会议召开，美苏达成协议，以将介石南京政府承认外蒙古独立作为苏联加入对日作战的条件。6月，苏联联共（布）中央政治局通过一项特别决议，向新疆派遣500名军官及2000名士兵以巩固"东突厥斯坦共和国"军队。此工作迅速完成，"并由内务人民委员部部长贝利亚向部长会议第一副主席、外交人民委员莫洛托夫

[①] 陈超、程慧生：《民国新疆史》，新疆人民出版社1999年版，第394页。
[②] 根据《1944—1953年苏联内务部人民委员会——内务部书记处材料》P-940，目录2，卷宗96，第197—198页和《1946—1949年苏联内务部人民委员会——内务部书记处材料》全宗P9401，目录2，卷宗144，第3838页材料记载：早在伊宁起义准备阶段，苏联就"领导成立了一个以内务人民委员会特务司司长叶格纳洛夫将军和他的副手——内务人民委员部第一局第四处处长兰格番格将军为首的特别行动小组。该小组的司令部设在阿拉木图以及边境小城霍尔果斯。此外，乌兹别克斯坦和吉尔吉斯斯坦领土上也有领导新疆南部工作的人员，在那里还有一个苏联内务人民委员会行动小组在开展活动"。1944年11月27日，伊宁起义胜利后，苏联在伊宁设立了以符拉基米尔·格兹洛夫和弗拉基米尔·斯特潘诺维奇为首的两个顾问团，叶格纳洛夫则出任临时政府军事顾问，同时领导苏联境内的行动小组。
[③] 此处"东北人"指1933—1934年经由苏联境内转入新疆的东北抗日义勇军。
[④] 陈慧生、陈超：《民国新疆史》，新疆人民出版社1999年版，第394页。

作了书面报告"①。与此同时,大批武器弹药、运输通信指挥设备和军需物资运入新疆。7月,阿巴索夫等率领的民族军向南疆进军,先后攻下拜城、温宿等地,并在阿克苏等地与国民党守军展开激战。迫于美苏压力,蒋介石同意外蒙古独立,但须以不再对新疆做任何支援为交换条件。斯大林立即表示:可以根据中国政府的要求发表声明,承认延安、新疆均为必须服从蒋委员长领导的中国的一部分,同时停止向新疆运送武器。于是,在允许外蒙古独立的条件下,中苏两国"顺便解决了新疆问题,而且确认新疆是中国的领土,从而斯大林停止支持东突厥斯坦共和国的存在"②。8月14日,《中苏友好同盟条约》签订,苏联参加对日作战。8月27日,日本宣布无条件投降,中国抗日战争宣告胜利,国共两党开始和平谈判。蒋介石发表广播讲话,表示愿意和平解决新疆问题。9月,张治中受命赴迪化解决新疆问题并请苏联出面调停。苏联也由此前全力支持三区政权争取独立的民族解放运动,转变为取消"东突厥斯坦共和国",促成三区政权与中央政府谈判以维护民国政府对新疆领土的主权完整的行动。

苏联的态度转变使三区政权内部原有权力之争在独立与统一的矛盾分歧中公开化。艾力汗·吐烈等人坚持成立独立的"东突厥斯坦共和国",阿合买提江·哈斯木、阿巴索夫等革命者则主张放弃独立,拥护中国统一。此时的苏方认为,要使谈判成功必须全力支持拥护中国统一与和谈的革命派。

1945年10月10日,阿合买提江增补为"临时政府"委员,苏方直接介入并全力协调三区政权与民国政府的和谈。10月12日,阿合买提江等人率三区代表团赴迪化与国民党政府代表开始了历时8个月的谈判。1946年6月6日,双方正式签订《和平条款》(含附文),决定在原新疆省政府基础上成立新疆省联合政府并对三区政权武装力量予以整编。对于参与改组后的联合政府的人员,苏联方面一直给予关注,苏方认真仔细地"讨论了进入新的新疆省政府的穆斯林(指三区方面)人

---

① 俄罗斯国家档案馆,全宗9401C"莫洛托夫专箧",目录2,卷宗104,第116页。
② [俄]尤·米·加列诺维奇:《两大元帅:斯大林与蒋介石》中译本,四川人民出版社1999年版,第177页。

选"，直到贝利亚本人同意后予以确认。① 6月17日，苏联内务部和国家安全部将"原'东突厥斯坦共和国政府'主席艾力汗·吐烈·萨比尔霍加耶夫召回苏联"，27日，"临时政府"最后一次政府委员会议宣布：按照和平协议，政府放弃自己的全权，共和国本身将不复存在。②

7月1日，依照《和平条款》改组的新疆联合省政府正式成立，以阿合买提江为首的三区政权成员有8人进入联合政府委员会并发表《告新疆各族人民书》，声明："全省范围内，在实现解放、平等、自由、民主的基础上，实现了统一与和平。"新组建的联合政府由南京政府西北行营主任张治中兼任省政府主席，阿合买提江·哈斯木、包尔汉任副主席，三区领导人占联合政府委员总数的47%。联合政府建立后，天山南北各区县立即开始了选举县参议会参议员和县长的活动。在各地政府的具体人员配置和具体施政中，三区方面力图利用合法权利巩固已有成果，并向新疆另外七个行政区发展；国民党方面则企图利用《和平条款》及附文所规定的政府组织和部队整编条文来控制伊、塔、阿三区。

1946年11月，投靠国民党的阿山专员乌斯满③派兵攻占福海县，发动挑衅三区的武装行动。1947年2月，联合政府宣布撤销乌斯满阿山专员并派兵讨伐。但是，乌斯满得到了时任新疆警备总司令宋希濂的支持，结果引发了联合政府的破裂。1947年2月3日，三区的"人

---

① 俄罗斯联邦国家档案馆，全宗9401"Д. П. 贝利亚专箧"，目录2，卷宗146，第206—210页。

② 俄罗斯联邦国家档案馆，全宗Р-9491С/У，目录2，卷宗137，第208—211页。收于N. B. 斯大林专箧。

③ 乌斯满，原为贩卖牲畜的商人，后来投靠富蕴县叶斯木汗所领导的反抗盛世才统治的哈萨克族牧民武装，成为一名伙食管理人员。因为不满叶斯木汗，不甘居于人下的乌斯满在伙同他人抢劫了阿勒泰的一个邮局和一支运送军用品的驼队之后，在额尔齐斯河上游地区招兵买马，形成一支独立的武装力量，后流窜至青河县中蒙边疆一带，并获得外蒙的弹药和粮草支持。1944年2月，乌斯满自称为哈萨克汗，主要活动在阿尔泰山地区中蒙边疆一带，成为新疆北部一支重要的武装力量。三区革命后，三区政府任命其为阿山专员，劝其回归，但被拒绝。新疆省联合政府成立时，任命乌斯满为省政府委员兼阿山专员，他也没有到任。1946年之后，三区政权和新疆省政府都试图拉拢他。1946年8月，乌斯满主动联系新疆省政府，向张治中提出武器和军需求，并要政府批准其世袭王位并管理全疆宗教。此后，乌斯满遭到三区方面的强烈反对，但却受到时任新疆警备总司令宋希濂的支持，国民党军方先后两次援助其大批武器弹药，并配有电台。1946年11月，乌斯满派兵攻占福海县，骚扰三区，也因此成为联合政府破裂的因素之一。

216 ▷ 他者的游弋与自我的构建

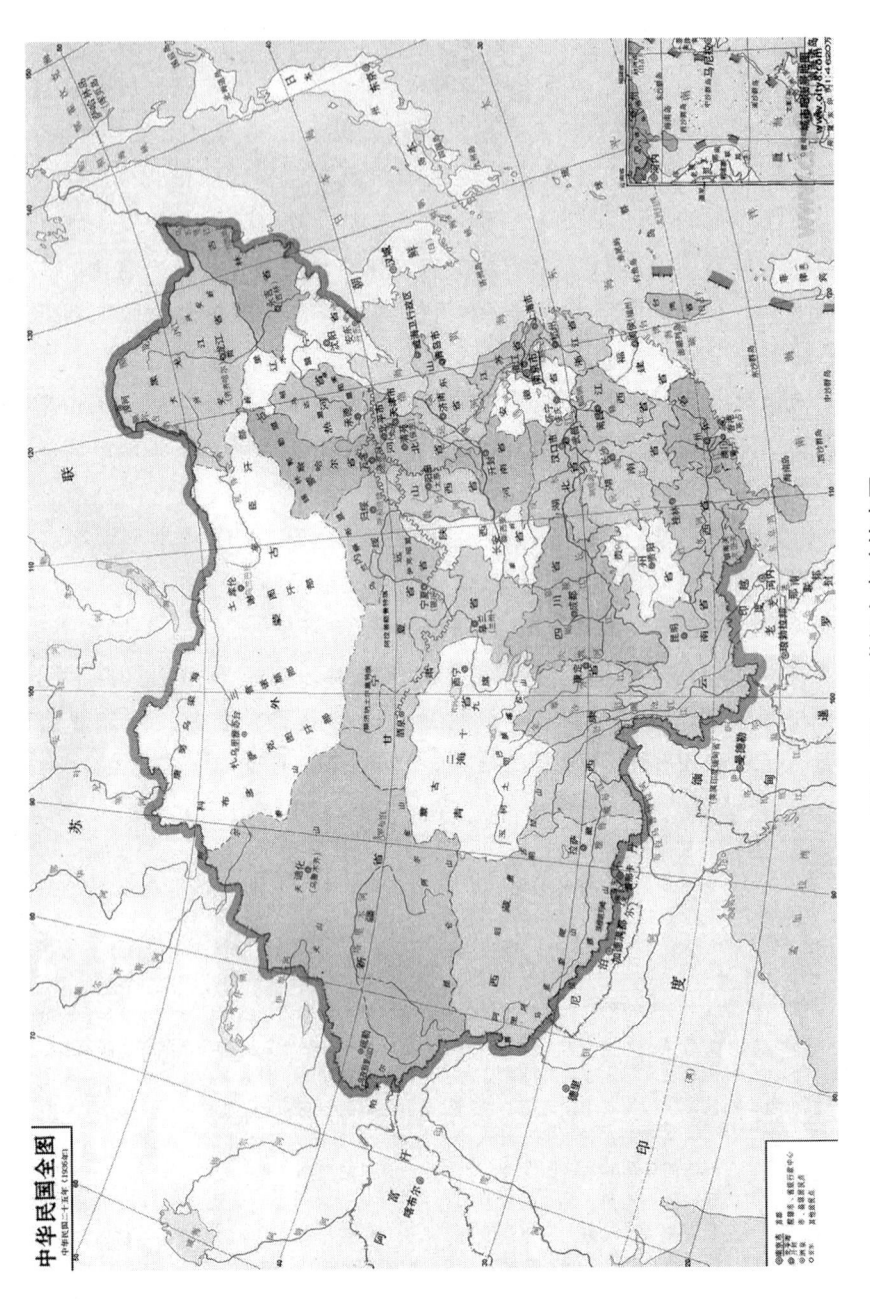

图 2-26 20 世纪上半叶的中国

民革命党"与迪化的"新疆共产主义者同盟"合并成立了"民主革命党",此前曾秘密接触中国共产党的三区革命主要领导人之一阿巴索夫任主席。① 三区革命势力从此开始接受中国共产党的领导,并宣布要"实行全疆各民族一律平等的民族自治,以达到民主政治的目的",同时强调,"如果有人反对汉族和国家的统一,那就是反对《和平条款》和《施政纲领》,就不是我们的朋友"②。公开打出了反对"泛伊斯兰主义"和"泛突厥主义"分裂活动、维护祖国统一的旗号。2月20—21日,迪化爆发要求中央军撤回内地的游行示威。25日,新疆警备总司令宋希濂组织万人集会要求省政府取消地方特殊化,并点名要求阿合买提江答复。随后会场发生骚乱流血事件,宋希濂派人将阿合买提江和包尔汉护送回家,迪化宣布戒严。5月19日,民国政府宣布泛伊斯兰主义者麦斯伍德③接替张治中出任新疆省政府委员兼主席,穆罕默德·艾沙出任省政府委员兼秘书长。结果遭到了以阿合买提江为首的三区革命党人的强烈反对,"就在麦斯伍德宣誓就职的那天,伊犁举行了游行示威,南疆各地也先后集会游行以示抗议",麦斯伍德就职后,以"阿合买提江为首的三区方面的省府领导成员,拒不参加省府会议"④以示抗议。联合政府另一副主席包尔汉则以养病为借口携家人离开迪化。⑤ 7月,吐鲁番、鄯善、托克逊爆发武装暴动。之后,乌斯满武装力量和三区政府军队在阿尔泰地区再度发生战争,新

---

① 1946年12月,阿巴索夫利用其在南京出席国民大会之机,秘密拜会了董必武,表达了三区革命政府愿意接受中国共产党领导的愿望。董必武在报经中共中央同意后,派人携电台随阿巴索夫返回新疆,同时指示:"新疆情况复杂,不宜过早打出共产主义、社会主义的旗帜。"此后,三区革命与中国共产党之间有了直接联系。

② 《新疆三区革命大事记》,新疆人民出版社1994年版,第213—215页。

③ 麦斯伍德(1888—1950),新疆伊犁人,维吾尔族。毕业于君士坦丁堡医科大学,在土耳其留学期间接受了泛伊斯兰主义和泛突厥主义思想。1915年留学回国后,在伊犁以行医、办学为名传播泛突厥主义思想,并组建了以其为核心的泛突厥主义传播组织。被杨增新逐出新疆后,长期居住在关内并投靠了国民党,总统府侍从室第二处主任陈布雷曾受其托,向新疆省政府请求返回新疆,但遭到拒绝。1945年9月,麦斯伍德、穆罕默德·伊敏、艾沙等人随张治中返回新疆,麦斯伍德出任新疆联合政府监察使,穆罕默德·伊敏出任省政府委员兼建设厅长,艾沙任省政府委员。张治中辞去新疆省主席时,推荐麦斯伍德接任并得到南京政府任命。

④ 包尔汉:《新疆五十年——包尔汉回忆录》,中国文史出版社1994年版,第322页。

⑤ 参见包尔汉《新疆五十年——包尔汉回忆录》,中国文史出版社1994年版,第323页。

疆内战全面爆发。

1947年8月，新疆进步人士联合成立了由阿合买提江担任主席的"新疆保卫和平民主同盟"（简称"新盟"），提出"把新疆建成一个和平、友爱、正义、真理、自由的社会而斗争"[①]的"新盟"总纲领，标志着三区革命与"东突厥斯坦"分裂势力彻底划清了界线。此前，三区政权阿山专署已经发布命令"要求所属各部门、各县的牌匾、公章、文号、名称一律取消'东突厥斯坦'字样"[②]，之后，三区参加省政府工作的人员陆续撤回伊宁，三区政府与国民党省政府"以玛纳斯河为界的武装对峙局面从此开始了"[③]。1947年9月，包尔汉应张治中之邀赴南京考察并出任国务委员，次年5月1日，被委任为总统府顾问，半年后又被南京政府任命为新疆省政府主席。此时的南疆各地已爆发了反抗国民党政府的运动。1948年10月，苏联方面发表"绝不同情现在的大突厥主义者脱离中国的运动"的公开声明，并强调"任何国家的少数民族绝不能离开其祖国而获得光明的出路，此种脱离祖国的运动对少数民族只有害处"[④]，标志着此前支持"两泛"势力进行新疆民族独立运动的苏联的态度转变。

3. 新疆的和平解放。1949年1月13日，刚刚就任新疆省政府主席的包尔汉发表《告全疆民众书》，明确表示要继续执行张治中所制定的和平、统一、民主、团结四项政治主张，并提出要肃清贪污、严禁烟毒、增进中苏亲善、建设农牧经济、改善人民生活等施政纲领。[⑤] 2月，张治中与包尔汉交换了各自对国共和谈和新疆命运的看法，并指出，新疆可能"成立一个共产党领导下的新政府"[⑥]。7月，包尔汉与新疆警备总司令陶峙岳等人秘密达成一致，准备新疆和平起义。

8月14日，正在苏联访问的刘少奇在接到中共中央的指示后，派

[①] 马大正等：《新疆史鉴》，新疆人民出版社2006年版，第110页。
[②] 同上书，第111页。
[③] 包尔汉：《新疆五十年——包尔汉回忆录》，中国文史出版社1994年版，第323页。
[④] 《新疆三区革命大事记》，新疆人民出版社1994年版，第281页。
[⑤] 参见包尔汉《新疆五十年——包尔汉回忆录》，中国文史出版社1994年版，第333—337页。
[⑥] 同上书，第342页。

邓力群以中央联络员的身份，带领3名工作人员携电台从莫斯科取道阿拉木图到达伊宁，开始建立中共中央与三区政府的直接联系。8月17日，中共中央正式邀请三区政府代表出席"新政治协商会议"，并于次日由毛泽东以"新政治协商会议"筹备会主任的名义向三区政府及其领导人阿合买提江发出正式邀请。8月27日，阿合买提江、阿巴索夫等三区政府主要领导人一行五人，在转乘苏联飞机前往北平参加会议的途中，不幸因飞机失事而在伊尔库茨克外贝加尔湖地区上空遇难。9月8日，应中共中央之邀，赛福鼎·艾则孜、阿里木江·哈肯木巴耶夫等人代表三区政府前往北平出席"新政治协商会议"。同日，陶峙岳下令军队从与三区对峙的玛纳斯河防线撤军，以为新疆和平解放创造条件。

9月10日，张治中在毛泽东的提议下致电陶峙岳和包尔汉，表达中共希望新疆和平解放的愿望。同日，中共中央分别告知三区政府与新疆省政府，二者均可提出解决新疆问题的方案，并请邓力群与包尔汉、陶峙岳面谈新疆和平解放之事。5日后，邓力群抵达迪化，代表中共中央与包尔汉、陶峙岳等人面商新疆解放事宜。17日，包、陶二人联名复电张治中，通报新疆决定和平起义并就一些具体事项做了说明。19日，包尔汉又致电毛泽东，表达了实行和平解放并接受中国共产党领导的愿望。之后，按照包、陶二人约定，① 陶峙岳于25日通电宣布起义，包尔汉于次日发布新疆省政府起义通电，新疆宣布和平解放。10月12日，中共中央新疆分局成立，王震任书记。11月20日，人民解放军进驻新疆。12月17日，新疆省人民政府和新疆军区宣告成立，包尔汉任省人民政府主席，赛福鼎任副主席，彭德怀任新疆军区司令员，王震任第一副司令员，新疆由此开始了一个新的历史发展时期。

---

① 根据包尔汉所述：自1949年7月包尔汉与陶峙岳达成新疆起义基本意向之后，包陶二人一直在做新疆和平解放的准备工作。9月，在分别与张治中和毛泽东联系之后，二人决定择时起义。9月24日，在包陶二人原定起义时间前两日，陶峙岳派人与包尔汉商量，是否可以由陶峙岳早于原定时间一天宣布起义。包尔汉因为"考虑到陶先行一步，更能以军队起义稳住人心"，所以答应陶之意见。于是，就有了9月25日陶峙岳通电起义，26日包尔汉通电起义之举（参见包尔汉《新疆五十年——包尔汉回忆录》，中国文史出版社1994年版，第359—360页）。

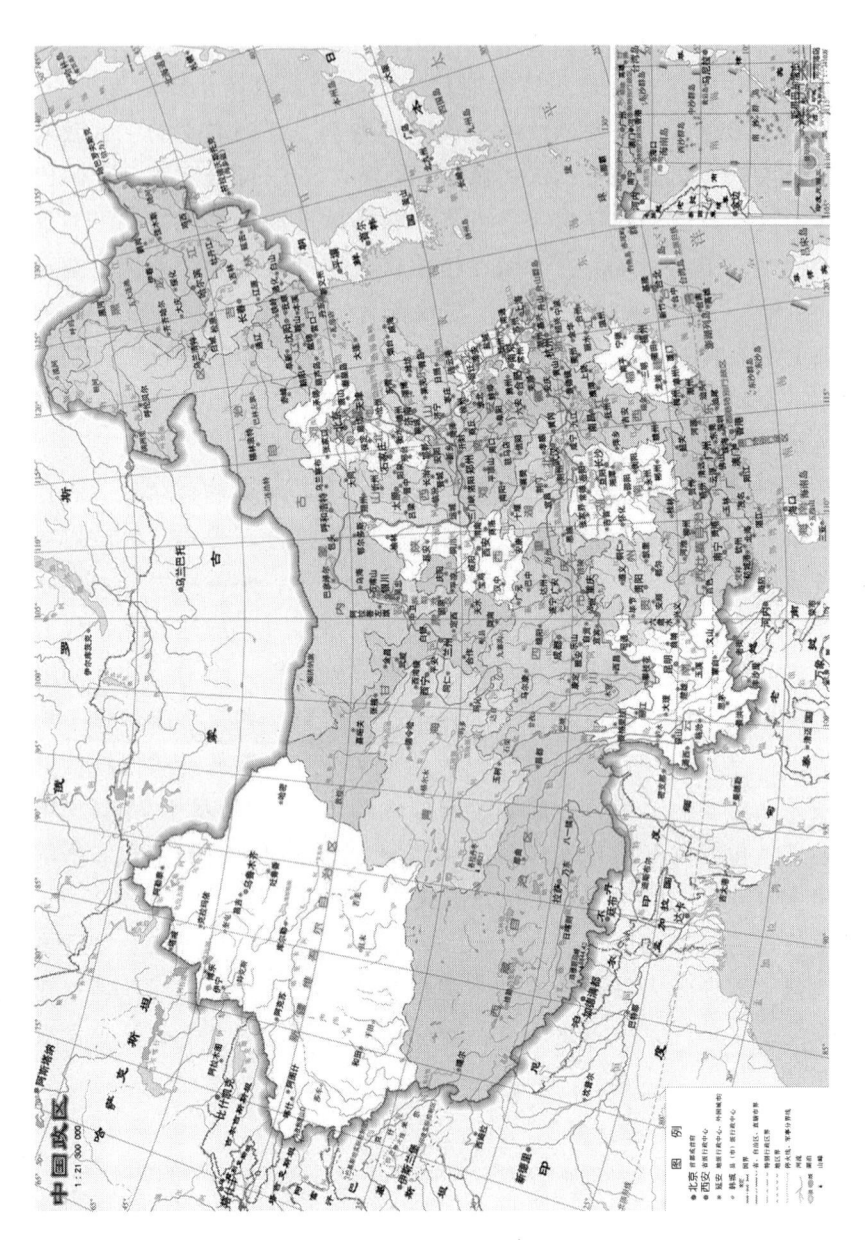

图 2-27 中华人民共和国地图

第三章 民族识别与民族区域自治：一种现代社会身份制度的构建

第一节 平等与自觉：新中国解决民族问题的基本原则与价值取向

一 民族平等：新中国实行民族识别的基本理由

（一）新中国进行民族成分识别的历史背景与基本理论依据

1. 新中国进行民族身份识别的历史背景。经历几千年的融合发展，到了清朝时期，中国多数地区已经形成多族裔居民小聚居、大杂居的社会格局。长期错居杂生、交融与共的发展，使众多社会成员除了满、蒙古、汉、藏等曾经长期建立过统一帝国或政权的民族成员具有较为明显的族裔群体身份意识之外，其他大多数族裔群体成员对自己的种族所属和身份区别并无多少认识。通常情况下，人们多以所居住地区的名称来指称自己或他人。胡子、苗子、缠回等笼统且有歧视意味的族裔称呼，通常并不被所指群体认同；穿青、僜雅、喇叭、瓦乡等诸多族裔群体自称也难被外界所认可。因此，同一族裔群体常常会叠加有多种称谓，比如用以指认今日彝族的阿乌、撒尼、罗武、密岔，[①]用以指称今日维吾尔族的畏兀儿、外五、委吾、缠回、缠头

---

① 参见施联朱《民族识别与民族研究文集》，中央民族大学出版社2009年版，第30页。

等。① 除了汉、蒙、满等少数建立过强大统一帝国的民族之外，中国历史上的多数族裔群体并没有统一的群体名称，自我与他者的身份界划也不鲜明。

20世纪初，为了联合更多被压迫人民起来推翻清王朝的统治，革命党人提出了"五族联合、驱逐鞑虏"的口号。口号中的"五族"（汉、藏、蒙、回②、苗），除了汉、藏、蒙所指较为清楚之外，回、苗实际只是一个模糊的通称。所以，此口号提出不久，孙中山就指出，中国"何止五族"，"五族共和"其实"很不切当"，应将"五族"改去，以联合更多的中国民众进行共和建设。③ 中华民国建立后，民国政府还专门组织了全国人口普查。但是，受到频频战乱的影响，这次普查并不彻底，对各族裔群体的称谓也无法统一。因此，毛泽东在《中国革命和中国共产党》（1939年）中强调：应该注意，四亿五千万中国人当中，除了90％以上的汉人之外，"还有蒙人、回人、藏人、维吾尔人、苗人、彝人、壮人、仲家人、朝鲜人等""数十种少数民族"。④ 这对中国民族的认识较以前已有很大不同。但受时境所限，该文并未说明"数十种少数民族"有哪些，族称也不够科学。⑤

新中国成立后，新政府需要吸纳不同党派、不同阶级、不同地域、不同族裔群体的各种社会成员代表，组建新的社会治理体系，以实现全体社会成员的普遍参政、议政和各个民族的平等团结。"在各级权力机关里要体现民族平等，就得决定在各级人民代表大会里，哪些民族应出多少代表；在实行民族区域自治建立民族自治地方时，就得搞

---

① 参见毕长朴《回纥与维吾尔》，（台北）新文丰出版公司1986年版，第4页。
② 此处"回"并非特指"回族"，更多是指新疆回部各族。因为此时的中国政府并不承认回回是一个民族（参见《回族简史》，宁夏人民出版社1978年版，第58页）。
③ 参见孙中山《在上海中国国民党党部会议上的演说》，《孙中山全集》第5卷，中华书局1985年版，第294页。
④ 《毛泽东选集》第2卷，人民出版社1991年版，第622页。
⑤ 《中国革命与中国共产党》一文是1939年冬由毛泽东与其他几位共产党人合写的一个课本，其中关于中国社会及各民族状况的内容是由他人起草、毛泽东修改的。文中有关中国少数民族的称谓，可以反映当时中国共产党人对中国社会民族构成的一种共识（参见《毛泽东选集》第2卷，人民出版社1991年版，第621页注）。

清楚这些地方是哪些民族的聚居区"①，让各族人民切实体会翻身当家做主人的感受以及新中国的各种好处。但是，面对由各种原因所致的名目繁杂的民族称谓（自称或他称），新中国实施民族平等、实现民族团结政策的具体落实，遇到了一种前提性的困难。面对此困难，邓小平指出："少数民族究竟有多少，现在还不清楚……我们对少数民族问题不仅没有入门，连皮毛还没有摸着。当然经过两三年工作之后，对各个民族有可能摸清楚。"② 于是，进行不同族裔群体身份的识别（民族识别），搞清中国到底有多少民族自然成为新中国必须进行的一项重要工作。简单地讲，"民族识别（identification of nationalities）是指民族成分和民族名称的辨别"③。

2. 民族识别的理论依据。在对民族识别这一工作的重要性有了清晰认识后，如何进行民族识别就成为新政府必须面对的首要问题。为此，中央政府专门组织有关专家学者进行讨论，以确定具体的工作方针、方式和方法。据当时的主要参与者和领导者费孝通回忆，"在开始进行民族识别工作时，我们曾反复学习了马克思列宁主义有关民族问题的理论，特别着重学习了斯大林著名的关于民族的定义：'民族是人们在历史上形成的一个有共同语言、共同地域、共同经济生活以及表现于共同心理素质的稳定的共同体。'我们认为这是对资本主义时期形成的西方民族的科学总结，应当作为我们进行民族识别的研究工作的指导思想"④，在具体工作中，又结合实际情况进行了灵活运用，使新中国的民族识别工作得以顺利进行。

从1950年开始，中央陆续派出多个以专家学者为主体的访问团与调查团，分赴西南、西北、中南、东南、东北和内蒙古等少数民族地区进行访问和调研，对这些地区的民族情况进行了摸底调查和基本的身份确认与甄别，民族识别工作在全国展开。截至1955年，此项工作先后对

---

① 费孝通：《关于我国民族的识别问题》，《中国社会科学》1980年第1期。
② 国家民委政策研究室编：《中国共产党主要领导人论民族问题》，民族出版社1994年版，第51页。
③ 施联朱：《民族识别与民族研究文集》，中央民族大学出版社2009年版，第3页。
④ 费孝通：《关于我国民族的识别问题》，《中国社会科学》1980年第1期。

各地汇总的 400 多个民族称谓进行了识别、归并和确认。此后 30 年，又对国内数百个提出要求承认民族成分和其民族自称的族裔群体进行了甄别和确认。截至 1979 年，随着中国最后一个民族得到确认，中国 55 个少数民族和整个民族构成格局得以绘制完成，这也标志着全国性民族识别工作的基本完成。对此，1986 年 5 月，国家民委党组在《关于我国的民族识别工作和更改民族成分的情况报告》中总结说："我国的民族识别中，没有照搬苏联的经验，区分氏族、部落、部族和民族，而统称民族。根据我国各民族的实际，参照斯大林关于现代民族四个特征（共同语言、共同地域、共同经济生活和共同心理素质）的理论，从民族集团的现实特征出发，对其历史、族源、政治制度、民族关系等情况，经过具体分析研究……在民族称谓上，'名从主人'，尊重本民族的意愿。这符合我国的实际，得到了各族人民的拥护和支持。"[①] 长达 30 年的民族识别工作使中国对民族这一群体身份概念有了更加深入的认识并且有所创新和发展，中国共产党人关于"民族"概念的定义也成为新中国进行民族识别和确认的理论依据。

3. 中国共产党民族识别与民族定义的评议。新中国成立 60 多年来，新中国的民族识别和民族建设工作获得了巨大成就，这是毋庸置疑的。但社会各界对此却褒贬不一，特别是改革开放后，随着中国社会各种问题特别是民族与宗教问题的日渐凸显，以及思想解放和诸多西方社会科学理论的涌入与发展，学术界对中国的民族识别工作的批评层出不穷，对作为"指导思想"的斯大林民族概念定义的批评则是其中的焦点之一。近年来，中国学界有关民族、族群、国族的概念之争不绝于耳，要求以西方社会流行的"族群"替代"民族"来指称中国"少数民族"的呼声更有愈演愈烈之势。胡鞍钢、马戎等学者更是提出，应以"去政治化"的"第二代民族政策"取代以往。

事实上，这种争论与呼吁，更多看到的只是中国民族工作的不足而对其中的原因思考不够；同时，诸多希望以西方社会理论中的关键词语来替代中国已有实践所用的概念的呼吁，大多忽略了一个

[①] 国家民委党组：《关于我国的民族识别工作和更改民族成分的情况报告》，国家民委办公厅等编：《中华人民共和国民族政策法规选编》，中国民航出版社 1997 年版，第 115 页。

事实——中西方历史文化的不同和中西社会现实的差别。比如，中国历史是没有中断过的连续史，而西方则为常有断裂的断代史；在长期历史发展中，统一王国之下各民族错居杂生、交融与共的生活使中国社会不同族裔群体之间你中有我、我中有你，这与西方社会长期诸国分据、彼此界线分明的社会形态并不相同。无视历史而直接套用西方社会科学的理论和概念，往往会使名实不符。再比如，西方社会较早进入工业文明时代，工业生产方式所培养的独立个人意识与中国传统农耕生产方式所形成的地域、血统意识对社会成员身份意识的影响截然不同。如果忽略了这种差别而直接套用西式社会理论和概念，必然出现水土不服。

科学发展的历史和中国百年复兴的实践业已证明，任何一个理论和概念——无论多么科学，简单套用只会失败。因此，对于中国社会存在的诸多问题——无论是宗教问题、民族问题还是其他社会问题——来说，重要的"不是在每个时代中寻找某种范畴，而是始终站在现实历史的基础上，不是从观念出发来解释实践，而是从物质实践出发来解释观念形态"[①]。在由形形色色的具体矛盾所构成的活生生的现实生活面前，理论研究不能只专注于使用不同的方式去解释，问题在于改变世界。

对于具体工作来讲，重要的是以科学的理论和方法解决现实生活中的每一个具体的矛盾。中国共产党在其90多年的历史发展中，对民族问题的认识经历了一个曲折发展的过程，其中不乏偏差与失误。但从总体上来说，在解决现实民族问题时，中国共产党基本做到了实事求是、客观科学。新中国成立后，民族区域自治的成功实践不仅很好地解决了不同民族之间的关系问题，而且促成了边远民族地区因为生产力的巨大飞跃所带来的千百万少数民族人民生活条件的巨大改变，这种发展与变化在为各族人民提供了日渐良好的物质生活保障和精神文化生活条件的同时，帮助许多少数民族跨越了几个社会发展阶段，实现了社会发展的飞跃，唤醒了各族人民当家做主人的主体意识。促

[①] 马克思、恩格斯：《德意志意识形态》，《马克思恩格斯文集》第1卷，人民出版社2009年版，第544页。

成了他们从原始、落后的自在存在,走向现代、文明的自觉存在的转变,使他们获得了前所未有的自由与解放。新中国成立以后所实行的民族识别工作虽然存在不少问题,但总体来说是成功的。通过民族识别工作,"几十个解放前不被承认和处于无权状态的少数民族,堂堂正正地成为祖国大家庭里平等的一员"①。从民族识别的具体工作之中总结出的有关民族的定义也是符合实际的、科学的。面对历史的成功实践,我们不能因为其有瑕疵就全盘否定。对于现代西方社会理论中的众多新鲜理论、观点和方法,我们应该以一种科学分析的态度,坚持以马克思主义哲学实践的科学方法论,具体问题具体分析地予以取舍,取其精华、去其糟粕,以求其理论、方法能够真正为我所用,而不是为追求学术的新潮和时尚,进入不问实际的玄虚之中,变成毫无生命力的经院学说。

(二) 社会记忆、民族身份与身份认同

1. 社会记忆:人类文明得以形成和发展的一种内在机制。在从中国共产党对民族概念的继承与发展的讨论中,我们发现,具体工作中,对于民族身份的甄别和确认,实际上更加看重的是社会记忆与心理认同。究其原因,身份本身就是一种记忆与认同的集合体。

记忆是人类特有的一种心智活动,是人对经验过的事物的识记、保持、再现或再认。其中"识记即识别和记住事物特点及其间的联系","保持即暂时联系以痕迹的形式留存于脑中","再现或再认则为暂时联系的再活跃"。②简而言之,记忆就是人们对实践活动和经验的识记、保持和应用过程,是对自身与周遭世界各种信息的选择、编码、储存和提取过程。社会记忆就是人们将自己在具体实践过程中所创造的物质财富和精神成果,以一定的方式予以处理并加以编码、储存和重新提取过程的总称,其本质"是人类主体能力和本质力量对象化结果的凝结、积淀和破译、复活的双向活动"③。这是由人类社会自身所

---

① 江泽民:《论民族工作》,中共中央文献研究室、中共新疆维吾尔自治区委员会:《新疆工作文献选编 (1949—2010 年)》,中央文献出版社 2010 年版,第 349 页。
② 《辞海·缩印本》,上海辞书出版社 1989 年版,第 435 页。
③ 孙德忠:《社会记忆论》,湖北人民出版社 2006 年版,第 24 页。

蕴含的本质特点所决定的。

我们知道,人类社会是由无数个人有序结合而成的一种关系性的和实体性的存在。每一个社会成员的具体实践活动(过程及结果)必然会或多或少地对这一关系性、实体性的存在产生直接或间接的影响。与此同时,生活在一定历史条件下的个人,也总是在不断地记忆并消化历史或当下社会和他人关于周遭世界及人自身的认识,并将自己在实际生活中关于自然、社会和人自身的认识加以记忆并保持下去,人类历史也因此得以形成和延续。因此,从这一意义上来讲,人类历史不过是基于实践基础上的人类记忆的发展史。

人是一切社会关系的总和。所以,无数个体从不同角度、不同层次进行的关乎世界与自我的记忆,必然会相互影响、渗透和融合,并通过各种各样的媒介传播,在一定范围内共同生活的群体中形成一种普遍认同,成为一定历史条件下的人们共同体的记忆。这种记忆一旦形成,就会发挥其信息调节和规范功能,使这一群体成为一个具有高度自我调节、自我完善能力的结构共同体。日常生活中,人的实践活动就会分别从物质技术、社会制度和精神文化三个层面的社会记忆中,破译、再现和加工人类已经达到的认识或实践能力,并以此为基础进一步发展和发掘这种能力且会由此而形成新的记忆,从而使人类社会的发展呈现出一个间断与连续、继承与发展的辩证统一过程。这一过程既非简单机械的信息编码、储存和提取过程,也非既定程序下的复杂信息加工和运演,而是一种强调人的主体性和能动性发挥的社会性建构过程。与已能进行云计算等超级复杂信息处理的电脑相比,人的主体性实践活动贯穿始终,这是人之社会记忆与电脑信息处理之间的本质差别。

作为一种社会认识活动,记忆可以进行多种类别划分。根据记忆主体的不同,我们可以将其分为个体记忆与集体记忆。① 其中,集体

---

① "集体记忆"是1925年由法国历史学家和社会学家莫里斯·哈布瓦赫提出的一个概念,后为人文社会科学广为采用,通常有广义和狭义之分。广义的"集体记忆"是指一个具有自己特定文化内聚性和同一性的群体对自己过去的记忆。比如历史学,就是一种集体记忆,它是以政治实体(帝国王朝等)为基本群体单位而组织的,既代表了这一政治实体中上层精英文化的传统,又是史学家职业群体的产物,因而也可说是史学家集团的集体记忆。历史性记忆(转下页)

记忆又可以分为家庭记忆、民族记忆、国家记忆等多种形式。民族记忆是在历史发展中，居于不同地域的各个不同人类群体，因为各自生活所处的自然条件、语言文化、生活习性等方面的差异，在具体生产生活中所形成的富有自身特色的生产方式、社会制度、伦理观念、宗教信仰、风俗习惯等具有浓厚文化意蕴且通过一定的符号体系或实物形式保存下来并世代相传的知识信息，凝化为一种使自己与其他群体能够区别开来的集体记忆。这种记忆既是一个稳定的人们共同体实践活动过程与结果的凝化和表现，也是这一共同体得以存在和发展的基本条件。依托这种记忆所形成的稳定的人们共同体就是通常所讲的民族。民族形成后，随其所属的每一个成员都可以通过日常生产生活实践和祭祀、礼拜等特殊活动，不断地汲取个人生存与发展的养料，获得更多更强的认识和实践能力。与此同时，每一个成员也在其活动中不断为其所属民族的集体记忆增添新的内容，从而推动民族记忆的更新或重塑。这是一个个体与集体之间双向互动的构建过程，也是一个集体及其成员所特有的主体能力不断凝练、积淀和再生的动态演化过程。因此可以说，集体记忆是一个动态的而非静态不动的社会概念。[①]具体生活中，每一个家庭、公司、协会等不同的人类群体与组织都会拥有各自不同的记忆，这些记忆均由其所属成员通过一定的活动和相当的时间构建而成。凡有人类存在之处就有记忆存在；凡有群体活动发生，就有集体记忆形成；社会存有多少群体和组织，就有多少集体记忆的建构与完成。

无论何种记忆，都离不开记忆的载体——人类实践。马克思认为，

（接上页）有着系统化、文字化、年代学分期确切、记述详细，具有分析性、评论性等特点。狭义上的"集体记忆"专指非历史学的对历史的记忆，比如神话、民间传说、民谣等。历史学记忆与非历史学的集体记忆并非截然不同的两回事，两者的关系就像精英文化与大众文化一样相互依赖。一般而言，前者产生于文明化了的文化群体，但后者却广泛存在于原始文化、文明文化等层次不同的各类文化群体之中；前者是对后者的有意识的反应，并受到后者很大的影响，后者则反映着特定群体的根本文化特征。集体记忆概念在法国史学中的运用，表明了史学家力图从人类学角度来认识历史与历史学，来理解文化及文化差异（参见蒋大椿、陈启能主编《史学理论大辞典》，安徽教育出版社2000年版，第1127—1128页）。

[①] 参见［法］莫里斯·哈布瓦赫《论集体记忆》，毕然、郭金华译，上海人民出版社2002年版，第39页。

在具体生活中，人的实践活动是一个人与自然间的物质变换过程，具有人与自然的双向性对象化性质。实践活动中，人以一定的方式方法，通过附着有一定目的和价值选择的具体活动，将个人的主体能力和人之为人的本质力量外化于世界，使周遭世界发生改变，成为一种能被自己现实地把握和运用的对象，以满足自己生存与发展的需要。在这一过程中，经由人的实践所改变或创造的对象世界成为人之能力的显现和确证。人通过对这一对象世界的改变或拥有，进一步丰富和强化了人之为人的能力和实践。此即马克思所讲的"在生产中，人客体化，在消费中，物主体化"[1]。在这一过程中，人属的外在世界和属人的内在世界构成了一幅交相辉映、双向互动、互相促进、共同发展的美丽图景。在这一图景中，透过其中任一世界，都可以反观、透视出另一个世界。这正是一般意义上的社会记忆的基本内涵。正因为如此，我们才会说，人类实践是社会记忆得以实现的基本前提。离开了双向互动的实践，就不会有主体和客体的分化与统一，也不会有上述两个世界的分化与统一。没有实践的存在，人与社会将因失去其对象而成为一种抽象的空无。在这种空无之中，人类无法存在，社会记忆也无从谈起。从这个意义上讲，实践是人类存在的支点，伴随其存在的社会记忆则是人类文明生成和发展的一种内在机制。人类实践及其记忆是不同地域、不同群体和不同时期存在的文化得以交融、整合和发展的深层根据。[2]

2. 民族身份：一种稳定的人们共同体的集体记忆。民族作为一种社会身份，是在一定的历史发展阶段形成的稳定的人们共同体。民族身份的识别与确认就是对一个社会成员所属的稳定的人们共同体的识别与确认，通过这种识别和确认，社会个体可以实现为维护自身权益所进行的价值或资格确认，达到社会个人"知其所是"的认知目的，进而获得一种生存与发展资源的共享与分配。

但是，民族这一稳定的人们共同体并非与世俱来的。在民族形成

---

[1] 马克思：《1857—1858年经济学手稿》，《马克思恩格斯文集》第8卷，人民出版社2009年版，第13页。

[2] 参见孙德忠《社会记忆论》，湖北人民出版社2006年版，第127页。

过程中，构成这一群体成员的主体意识和记忆起着至关重要的作用。著名人类学家安东尼·史密斯指出，一个群体的所有成员拥有一个共同的名称、共享同一祖先的神话，拥有一个或多个共同文化的区别性要素，具有共同的历史记忆，能把自己与特定家园联系在一起，有一种要为这部分重要人口而团结的意识，才能形成民族这一稳定的人们共同体。康纳则认为，民族不过是一种具有自我意识的族群而已，在一个族裔性群体的成员意识到自己所属群体的唯一性、民族记忆之前，即便其作为一个特殊群体的成员，能够很容易地被人类学家或其他外人所识别，但"它只是一个族群而不是民族"[1]。正因为如此，本尼迪克特·安德森才会提出，没有同一记忆之下的想象与建构就没有民族，民族就是一种"想象的共同体"。因此，可以说，民族身份就是一种稳定的人们共同体的集体记忆。

当然，我并不完全同意本尼迪克特·安德森的"想象"说，民族身份不会与世俱来，更不会恒存不亡，民族的形成是一个主客体世界双向互动的动态发展过程。作为一种存在于一定历史条件下的动态的人类共同体，民族产生于不同群体间的交往互动中，其于具体实践和日常交往中获得自我意识，并随着实践与交往关系的发展，在历史中不断地发生量的变化，不断形成、更新和确认自己的意识和身份认同标准，从而获得新的内涵并与其他群体相区别。在这一过程中，只有主体的想象是不可能存在民族这一稳定的人们共同体的。人类实践没有纯粹的主客之分，稳定的人们共同体也没有单一的想象或记忆。正因为如此，马克思主义才会强调任何民族都有一个产生、发展和消亡的过程。

从身份的特点来看，身份实际上成为社会体系的最基本的结构部分，其实质是通过特定的制度安排对社会资源的权力占有及其再分配。通过身份及其认同系统的生成，作为个体的人们既可以认识社会生活中的政治制度及其价值定位，也能够认识在不同的社会秩序中如何获得自己应该拥有的权利和必须承担的责任与义务，从而达到一种理性

---

[1] Walker Connor, *Ehno-nationlism: The Quest for Understanding*, Princeton University Press, 1994, p. 108.

秩序。因此，在日常生活中，身份更为普遍的是一种社会制度意义上的身份，意味着社会地位、权益和责任。个人身份的确定之所以无法脱离和他者的关联，是因为他者已经成为我们赖以确立身份的一部分，因此生活于社会中的个人就不可避免地存在着各种权利和权力的界定、分配与对比。于是，在自己与他者的关系格式中出现的为了维护自己利益和权利所进行的价值论证或资格论证的自我认同，成为人之存在的一种必需。① 从另一个角度上来讲，要确定一个人的身份、知道此人是谁，就必须知道此人不是谁，差异性在认同的过程中发挥着至关重要的作用。由此可见，以确立自己身份、找到自己归属为目的的认同，实际上是一种辨识过程。在此过程中，个体通过与他者的比较，发现自己与他人所具有的共同之处以及自己与他人的区别所在，从而达到对自己身份的一种确认。从这个意义上讲，"身份就是一个个体所有的关于他这种人是其所是的意识"②，是在不断游弋的他者与不断建构的自我双向互动中发生并完成的社会记忆。

3. 身份认同与民族记忆：一种权利意识与文化机制的发生与重构。如前所述，身份实质上是一种通过特定的制度安排对社会资源的权力占有及再分配。在现实生活中，人们正是根据个人所具有的社会身份以及这种身份所附着的权益与社会期望，来把握自己的行为并预知他人的反映，由此才能正确无误地使用社会符号并理解他人，从而与他人和周遭世界顺利进行互动。在这一从期望到互动的过程中，身份所具有的规范功能得以显现，即：个人在特定身份所附着的固定社会期望引导下，完成理解、把握、使用和互动等一系列行为。在系列行为中，身份实际起到了制约、控制和规范个体行为的作用。在这一过程中，个人对身份所附着的权益和社会期望的记忆与认同贯穿始终，二者交互作用下，社会个体的理解、把握、使用和互动等一系列行为得以发生和完成，个人期望获得的社会身份也才得以形成。因此可以说，身份与某一特定地位相连的种种权利和责任，决定了其所附着的

---

① 参见赵汀阳《认同与文化自身认同》，《哲学研究》2003 年第 7 期。
② Peter Straffon & Nicky Hayes, *A Student's Dictionary of Psychology*, Edward Arnold, 1988, p. 87.

社会期望就是社会对一定身份的权利和义务所做的限定和规范，这种期望就是身份行为赖以产生的依据和基础，是每一个社会成员进行自己身份构建的脚本和标准。① 在这一过程中，对身份附着权益与社会期望的记忆与认同是身份形成不可或缺的两大基本要素。

民族身份作为现代民族国家中占主导地位的一种集体身份，对其进行识别与确认所蕴含的权益与期望自然非同一般。这在新中国成立之后所进行的民族识别工作中已经彰显出来——通过"优惠、帮助和保护少数民族"来"保证少数民族权益""实现民族平等"，这"有利于民族团结和民族自身发展"，从而使中国各民族"逐步整合进入现代社会"②。很明显，民族身份就是一种社会制度意义上的群体身份，意味着一种社会地位与资格，一种社会权利和责任，一种存在与发展的权力和利益保证。民族记忆就是对这些权益的记录和期望，在记录与期望中，稳定的人们共同体得以存在和发展。

事实上，无论是个人还是群体，一种身份的确立，更多是通过对外在形象的认同来完成的。"集体认同与其说是先天就有的，不如说是后来人为制造出来的。"③ 从一定意义上讲，人的自我确认的确是一种想象，④ 一种依靠他者的比照而完成的自我建构。因为，"每一种文化的发展和维护都需要与其相异质并且与其相竞争的另一个自我（alter ego）的存在……每一个时代和社会都重新创造自己的'他者'。因此，自我身份、'他者'身份绝非静止的东西，而在很大程度上是一种人为建构的历史、社会、学术和政治过程"⑤。

回顾近百年历史，我们发现，"中华民族"事实上就是一个在无数革命先驱为争取国家独立和民族主权的斗争中显现并逐渐清晰起来

---

① 参见周晓虹《社会心理学——多位视野中的社会行为研究》，上海人民出版社1997年版，第365—366页。
② 参见王希恩《中国民族识别的依据》，《民族研究》2010年第5期；马戎《民族社会学：社会学的族群关系研究》，北京大学出版社2004年版，第89页。
③ ［德］哈贝马斯：《后民族结构》，曹卫东译，上海人民出版社2002年版，第22页。
④ 参见王晓路《文化批评关键词研究》，北京大学出版社2007年版，第322页。
⑤ ［美］爱德华·赛义德：《东方学·后记》，王宇根译，生活·读书·新知三联书店2000年版，第426—427页。

的集体身份，是一种为积聚所有社会力量以谋取革命胜利而建构的中国人的"集体的自我身份"，一种彰显政治权利和文化传承一致性的稳定的人们共同体的身份，一种特定历史条件下的社会政治构建过程与结果。从实际效果来看，抗日战争和民族识别分别以不同的方式和方法，促进了中国不同群体间原发的亲近和认同，凝聚了空前的社会力量，实现了一个伟大的政治目标和社会理想。对这种亲近和认同的记忆与叙述，最为集中、最为形象地体现在文学影视作品及其所保存、发展和精练化的语言文字中。不可否认，这种记忆与叙述延续和强化了"我们"的认同，同时也加深了"我们"与"他们"之间的差异。[①] 正因为如此，我们才会有扬我国威的《精武门》和催人泪下的《南京！南京！》，也才会有《血战台儿庄》的悲壮和"北京奥运"开幕演出的雄美以及响彻九州的"爱我中华"。

作为一个国家，中国不是历史上的单一民族创建的，中国的疆域也不是依据某一民族单一的历史活动场所所确定的，更不是按照其中某一个民族精英集团的意志形成的，而是一系列复杂历史运动的结果。在数千年的历史演变中，拥有不同语言、不同文化和不同记忆的人口集团——族裔共同体，在不同的历史时期，通过不同的方式进入今日中国疆域中，共同构建起与世界其他民族相区别的人类共同体——中华民族，使中国呈现出一种典型的多元社会的性质，宣称中国或中国的某一个省、直辖市、自治区是某一民族（族群）的领土是完全违背历史的痴人呓语。对于多民族的现代中国来说，"中华民族"这一集体身份的建构通过国家的权力对价值观、象征符号、记忆等，诸多东西的创造、培育、灌输、更新和保存得以牢固树立；国家则从这一民族构建过程中获得国民的认同和社会凝聚力。[②]

（三）平等与自觉：多元民族社会存在与发展的基本原则

回顾新中国的民族识别工作，民族身份的甄别与确认确实就像阿尔都塞所讲的"个人从来都在被意识形态传唤为主体"[③] 一样，是国

[①] 王晓路等：《文化批评关键词研究》，北京大学出版社 2007 年版，第 338 页。
[②] 参见王建娥《族际政治：20 世纪的理论与实践》，社会科学文献出版社 2011 年版，第 61 页。
[③] 陈越编：《哲学与政治——阿尔都塞读本》，吉林人民出版社 2003 年版，第 366 页。

家权力机构通过对社会成员个体所能拥有的社会地位与资格的辨识和确认，使其成为某一个民族的主体，一个具有民族身份意识的个人。当然，这种辨识与确认并非一种完全被动的"篡改"和利益驱动的政治行为。其中，各个民族群体对其自身民族身份的意识与自觉也是必不可少的因素。如果没有诸多族裔群体的身份自觉，单凭"意识形态的篡改"，无论如何也不可能冒出"400多个"少数民族。对自我民族身份的自觉与民族平等的追求，是民族识别得以发生的另一重要驱动。从20世纪初的"五族共和"到新中国成立初期的400多个民族，再到今天的56个民族，近百年中国社会民族身份的演变历史，实际就是一个蕴含权益和期望的身份整合与构建过程，一个中国社会的改造与重塑过程。并且，这一过程只有在识别者与被识别者、政府与民众间的双向互动中，才有可能得以进行并完成——绝不是政府权力机构单向进行的"传唤"行为。

改革开放以来，中国所发生的翻天覆地的变化，极大冲击和改造了中国的社会格局与百姓的日常生活，动摇或瓦解了原有社会记忆的基础，使现实外部世界与人的内部世界的一致性发生巨大转变。大量变改所带来的分化，破坏了原有的统一，导致了原有社会记忆与现实世界认同的崩溃，一种社会危机由此而生——人们在坐拥以往难以想象的巨大物质财富所带来的享受中，会发现自己原来固守的一切都动摇了，以往为自己提供终极价值的社会记忆，在多元异质文化思潮和日新月异的现实生活冲击下，也失去了踪影。于是，"我是谁？""为什么活着？"等问题成为越来越多的人们心头萦绕的迷雾。抑郁纠结中，不少生命走向意外的终结。随着社会发展，日渐严重的文化迷惘和精神恍惚所致的身份认同危机凸显为迫切需要解决的一个社会现实问题。

"面对国内外形势新变化、我国经济社会发展新要求、各族人民过上更好生活的新期待以及文化建设面临的新情况新问题"，中国政府发现，要解决社会日渐严重的文化迷惘和精神恍惚问题，"必须深化文化体制改革、推动社会主义文化大发展大繁荣，进一步为全党全国各族人民坚持和发展中国特色社会主义提供强大精神力量"①。因此，2011年10月18日，中国共产党十七届六中全会作的《中共中央关于深化文化体制改革推动社会主义文化大发展大繁荣若干重大问题的决定》提出了深化文化体制改革的一系列政策和措施。其中，在以"兼收并蓄、博采众长"的方式"建设优秀传统文化传承体系"，促进社会主义文化大发展大繁荣的同时，通过广泛的精神文化教育，重塑民族文化和社会记忆，激起更高层次的民族自觉，以增强全体国民的民族自尊心、自信心和自豪感，实现民族身份的重塑，增进全体国民"对伟大祖国和中华民族的认同，促进各民族共同团结奋斗、共同繁荣发展"②，建设中华民族共有精神家园，成为中国社会建设和发展的一项重要内容。

显而易见，中共中央已深刻认识到精神文化和社会记忆对于民族身份认同和国家安全的重要性，同时也非常清醒地认识到，文化体制改革本质上是一个充满变数的创造性活动。因此，深化文化体制改革，进行文化整合与重构，既不能盲目认同先发展国家和西方民族的社会记忆而丧失自我，也不能沉溺于自身传统而固步自封。文化改革中，我们既要明白"优秀传统文化凝聚着中华民族自强不息的精神追求和历久弥新的精神财富，是发展社会主义先进文化的深厚基础，是建设中华民族共有精神家园的重要支撑"，认同和坚守中华民族自身的优秀文化传统和社会记忆是我们进行文化改革的基本保证，同时又要清楚，"以民族文化为主体"，积极"学习借鉴国外文化创新有益成果，兼收并蓄、博采众长"的重要性。要在不断的交流互动之中，拓展、丰富、创新和发展自身的精神文化和民族记忆，"不断解放和发展文化生产力，提高文化开放水平，推动中华文化走向世界，积极吸收各国优秀文明成果，切实维护国家文化安全"③。

---

① 李长春：《关于〈中共中央关于深化文化体制改革推动社会主义文化大发展大繁荣若干重大问题的决定〉的说明》，本书编写组：《党的十七届六中全会〈决定〉学习辅导百问》，党建读物出版社、学习出版社2011年版，第34页。

② 《中共中央关于深化文化体制改革推动社会主义文化大发展大繁荣若干重大问题的决定》，本书编写组：《党的十七届六中全会〈决定〉学习辅导百问》，党建读物出版社、学习出版社2011年版，第10页。

③ 《党的十七届六中全会〈决定〉学习辅导百问》，第8页。

时至今日，任何一个民族谋求生存与发展都必须具备全球化的视野和世界历史的眼光，需要将那些有益于自身存在与发展的人类文明精华整合进自己的集体记忆中，使之成为自身记忆与身份认同的合理成分。只有将世界性、历史性的人类记忆转化为本土化的、时代化的具体民族的记忆，自身的社会记忆和身份认同才能实现不断更新与发展。世界没有冲突也不会强化认同，只有不断整合与重构自身的社会记忆与身份认同，民族、国家才能澄清自己"以界他国而自立于大地"的特性，增强自我独立、自我强化的身份自觉。否则，任何一个民族都有可能在多元文化的冲突中湮灭，在身份危机中死亡。只要承认不同文明模式、不同文化传统的现实合理性，我们就应当承认民族识别的必要性和可能性，就应当承认不同族裔群体间的平等共存。只要民族还未在世界消亡，就必须面对民族自觉所致的民族身份和民族身份所附着的权益与责任，唯有平等与自觉，多元世界和谐共存，人类才有希望。当然，今日回顾历史我们总结出了许多经验之说，但这一经验的获得却历经波折。

二 民族区域自治：中国解决民族问题的基本政治制度

（一）从民族自决到民族区域自治：20世纪中国解决民族问题的基本思路

1. "三民主义边疆政策"与国民政府解决民族问题的历程。辛亥革命成功后，"三民主义"成为中国解决民族问题的指导思想。1924年1月，孙中山在中国国民党第一次全国代表大会上指出，应视少数民族为"中华国族"的组成部分，各民族国民"应以互相亲爱、一致对外""达到完全排除外来帝国主义目的"[1]，这是"南京国民政府与清朝和北洋政府根本不同之所在"[2]。大会宣布，"承认中国以内各民族之自决权，于反对帝国主义即军阀之革命获得胜利以后，当组织自

---

[1] 荣孟源主编：《中国国民党历次代表大会及中央全会资料》（下），光明日报出版社1985年版，第646页。

[2] 李鸣编著：《中国近代民族法制研究》，中央民族大学出版社2008年版，第107页。

由统一的（各民族自由联合的）中华民国"①。两年后，国民党第二次中央执委会及各省区联席会议通过的《本党最近政纲决议案》明确提出，"国内各少数民族应有自决权利"②，在中国历史上首次将少数民族的自决权利作为一项基本政治权利予以承认。

1928年10月，张学良易帜归顺国民政府，中国获得了形式上的统一。如何解决中国的民族问题成为国民政府的重要任务之一。次年3月，中国国民党第三次全国代表大会通过的《蒙疆与新疆决议案》制定了解决民族问题的基本方针，形成了"三民主义边疆政策"。"三民主义"由此被赋予了新的内涵："对少数民族而言，民族主义就是各少数民族与汉族组成一强大的国家民族，在国际上争平等地位；民权主义就是国内各民族自治，参与国家政治，享有人民的权利；民生主义就是提高少数民族的经济实力和生活水平。"为此，国家必须承担"扶植少数民族各项事业发展、同进文明进步之域的责任"③。1929年10月发布的《以后对于西藏民族不得再沿用蛮夷等称谓以符合中华民族一律平等之旨》以国家法令的形式，对含有歧视性的民族称谓予以明确禁止。半年后，国民政府又以"训令"的形式强调，"禁止以番夷鞑子等称谓加诸蒙藏各族，以符合中华民族'一律平等'之旨"④。

除了明令禁止歧视性的族称外，南京国民政府还从组织机构和政治制度方面进行了民族自治的具体实践。1931年10月，国民政府颁布了《蒙古盟旗组织法》，对蒙古地区的自治做出规定，在确认盟旗与省县具有同等法律地位、盟旗首领对管辖区域有自治的权利的同时，规定"成立盟民代表会议对盟长的特权统治进行制约"，使传统的盟旗制度开始融入现代民主政治的内容。其后，政府又在《蒙古盟旗组织施行法》中，具体规定了实施蒙古盟旗组织法的程序和措施。

---

① 荣孟源主编：《中国国民党历次代表大会及中央全会资料》（上），光明日报出版社1985年版，第17页。

② 同上书，第283页。

③ 参见李鸣编著《中国近代民族法制研究》，中央民族大学出版社2008年版，第106—107页。

④ 同上书，第122页。

1933年10月，以原锡林郭勒盟副盟长、苏尼特右旗扎萨克德穆楚克栋鲁普（即"德王"）为首的内蒙古部分王公贵族和上层代表人物，在百灵庙召开了"内蒙古各盟旗长官自治会议"，提出"内蒙古自治政府组织法"，要求成立高度自治的内蒙自治政府，总揽内蒙古行政事务。对这一要求高度自治的"组织法"，国民政府不仅未予批准反而提出《改革蒙政方案》，与"德王"等人协商内蒙古民族自治的方式和方法。次年2月，中国国民党中央政治会议决定设立"蒙古自治政务委员会"（简称"蒙政会"）和"蒙古地方自治指导长官公署"，具体负责各盟旗地方自治政务。同时还以《蒙古自治办法原则八项》和《蒙古地方自治指导长官公署暂行条例》等法律条文的形式，对蒙古地方自治的具体办法做出规定，承认了蒙古盟旗体制的合法存在，维护了蒙古王公贵族的特权地位。3月，蒙古自治政务委员会成立。7月，国民政府行政院铸发了五盟盟政府及五十五旗旗政府新印，正式宣告了蒙古盟旗制度向现代民族自治制度的转变。后来，因为热河、察哈尔、绥远等省县政权机关的反对和抵制，南京国民政府于1936年2月撤销了统一的蒙古地方自治机构，代之以绥远省境内和察哈尔省境内蒙古各盟旗地方自治政务委员会，实行了分省自治。这种自治，无论从组织机构还是具体内容来看，其核心并非真正"三民主义"的"民族自治"，只是"维护蒙古封建王公制度的"民族自治。[①]

1941年4月，国民党五届八中全会通过了《关于加强国内各民族即宗教间之融洽团结，以达成抗战胜利建国成功目的之施政纲领案》，综合了此前国民党关于边疆民族问题的重大决议，全面、系统地提出了"三民主义边疆政策"。次年11月，国民党五届十中全会所通过的《对于政治报告之决议案》"内政"部分再次强调："对于边疆各地之一切政务，应继续遵照八中全会的决议，'培养其自治能力，改善其生活，扶植其文化，以确立其自治之基础'。对于西北各地，尤应实施有计划及大规模之移民实边，但实施时应兼顾当地经济实况及土著

[①] 李鸣编著：《中国近代民族法制研究》，中央民族大学出版社2008年版，第125页。

人民之利益。"①抗战胜利前夕召开的国民党六大则发布宣言，提出革命"必以全力解除边疆各族所受日寇劫持之痛苦，亦必全力扶助边疆各族经济、文化之发展，尊重其固有之语言、宗教与习惯，并赋予外蒙、西藏以高度自治之权"②。

抗战胜利后，国民党六届二中全会通过《对于边疆问题报告之决议案》（1946年3月），制定了处理国内民族问题的九条规定，提出"未来的宪法要有保障边疆民族自治权利的条款"③。之后不久，《中华民国宪法》（1946年12月25日国民大会通过）即对民族权利做出了明确规定，强调："中华民国各族一律平等"（第5条）；"中华民国人民，无分男女、宗教、种族、阶级、党派，在法律上一律平等"（第7条）；省县要实行地方自治"得召集省民代表大会，依据省县自治通则，制定自治法，但不得与宪法相抵触"（第112条）；蒙古各盟旗和西藏自治与一般省县不同，但也必须提供法律保障，其中"蒙古各盟旗地方自治制度，以法律定之"（第119条）；"西藏自治制度，应予以保障"（第120条）；"国家对于边境地区各民族之地位，应予以合法之保障，并于其地方自治事业，特别予以扶植"（第168条）。从这些条文中，我们可以看出，南京国民政府所实行的民族自治实际指的是边疆民族地方自治，并且主要是蒙古、西藏的自治。同时，这种自治并非一种民族成员普遍拥有的自治，仅为一种"少数民族王公贵族等上层人士优先参与地方行政管理"④的自治。

2. 中国共产党人探索民族平等制度的历程。作为中国百年复兴强国之梦的主要领导者与最终实现者，中国共产党自成立之日起就把解决民族问题、实现民主平等作为革命的一项重要内容，并且，随着中国革命与建设的实践，这一内容也在不断变化和发展，具体可以分为三个阶段：

---

① 荣孟源主编：《中国国民党历次代表大会及中央全会资料》（下），光明日报出版社1985年版，第789页。
② 荣孟源主编：《中国国民党历次代表大会及中央全会资料》（上），光明日报出版社1985年版，第911页。
③ 李鸣编著：《中国近代民族法制研究》，中央民族大学出版社2008年版，第114—115页。
④ 同上书，第121页。

第一阶段：以"民族自决原则和民族联邦制模式"解决民族问题。从中国共产党建立到1937年6月，中国共产党关于解决民族问题的基本主张是实行民族自决和建立民族联邦制国家。1922年，中共二大首次提出了自己解决民族问题的纲领："推翻一切军阀，由人民统一中国本部，建立一个真正的民主共和国"，"同时依经济不同的原则，一方面免除军阀势力的膨胀，一方面又应尊重边疆人民的自主，促进蒙古、西藏、回疆三自治邦，再联合为中华联邦共和国"。① 次年制定的《中国共产党党纲草案》提出，"西藏、蒙古、新疆、青海和中国本部的关系由各该地民族自决"②。1928年，六大进一步提出了"驱逐帝国主义，达到中国的真正统一"的革命任务和"统一中国，承认民族自决权"的政治纲领。③ 1930年6月，《全国苏维埃区域代表大会宣言》宣布："承认国内少数民族有完全分立与自由联合的自决权。"④ 1931年11月，中华工农兵苏维埃第一次全国代表大会通过《关于中国境内少数民族问题的决议案》，提出要"绝对地无条件地承认"内蒙古、西藏、新疆、云南、贵州等一定区域的"少数民族自决权"⑤，由此将六大提出的解决民族问题的内容以法律的形式确定下来。这也是首次使用"少数民族"这一称谓。之后，在《中华苏维埃共和国国家根本法（宪法）大纲草案》（1931年11月）和《中华苏维埃共和国宪法大纲》（1934年）中，中国共产党又宣布，中国各个民族对"加入或脱离中国苏维埃联邦，或建立自己的自治区域"，"有完全自决权"⑥，在对"民族自决权"予以高度肯定的同时，以法的形式将实现民族自治确定为解决中国民族问题的具体方案。

上述解决民族问题的基本主张在内蒙古、西藏等一些具体问题上

---

① 中共中央统战部：《民族问题文献汇编》，中共中央党校出版社1991年版，第15页。
② 《中国共产党党章汇编》，人民出版社1979年版，第257页。
③ 《中国共产党第二次至第六次全国代表大会文件汇编》，人民出版社1981年版，第56页。
④ 《全国苏维埃区域代表大会宣言》，载《红旗》第107期。转引自李鸣编著《中国近代民族法制研究》，中央民族大学出版社2008年版，第325页。
⑤ 史筠：《民主法制研究》，北京大学出版社1986年版，第16页。
⑥ 韩延龙、常兆儒编：《中国新民主主义革命时期根据地法制文献选编》第1卷，中国社会科学出版社1981年版，第11页。

得到了进一步的确认和阐释。1935年12月,《中华苏维埃共和国中央政府对内蒙古人民宣言》提出,"内蒙古民族可以随心所欲地组织起来,它有权按自主的原则,组织自己的生活,建立自己的政府,有权与其他的民族结成联邦的关系,也有权完全分立起来"。不仅如此,"凡在内蒙古区域的汉、回、藏、满等民族,应根据民族平等的原则,发展民主主义,使这些民族与蒙古人民受同等的待遇,并有应用自己的语言文字及信仰与居住等的自由"①。这一宣言对内蒙古人民自治权利予以了高度的尊重与认可,为后来民族区域自治制度的实践奠定了理论基础。但是,《宣言》将中华民族简单地等同于汉族是有失偏颇的。

第二阶段:转向"民族区域自治"。从20世纪30年代中期开始,随着形势的变化,中国共产党关于解决民族问题的思考日渐深入和全面起来。抗日战争全面爆发后,中国共产党逐渐从"民族自决"转向对建立民族统一国家、实施民族区域自治,以应对民族存亡危机的需要。所谓民族区域自治就是在国家的主权范围内,在国家法律规范下,以少数民族聚居区为基础,建立多种类型的民族自治地方,设立自治机关,便于各少数民族行使在本民族的地方性事务上当家做主的权利,自己管理本民族的内部事务。它"是具有复杂民族成分和极不同的地理等条件民主国家的一般普遍原则"②。

1936年5月25日,中国共产党发布《中华苏维埃共和国中央政府对回族人民的宣言》,提出解决回族问题的七项主张,强调"根据民族自决的原则""完全由回民自己解决"回民自己的事情,"由回民建立独立的政权,解决一切政治、经济、宗教、习惯、道德、教育以及其他的一切事情;凡属回民占少数的区域,亦以乡村为单位,在民族平等的原则上,回民自己管理自己的事情,建立回民自治政府"。此处虽然依然强调"民族自决的原则",但在具体实践中,这种"民族自决"实际已与其前所提的内涵有所不同。1935年8月,中国历史上第一个县级回族自治政权——宁夏豫海县回民自治政府成立,两个

---

① 中共中央统战部:《民族问题文献汇编》,中共中央党校出版社1991年版,第323页。
② 《列宁全集》第2卷,人民出版社1959年版,第553页。

月后,《豫海县回民自治政府条例》的颁布宣告了中国第一部民族自治法规的诞生。豫海回民自治政府的建立和发展,是中国于少数民族地区实施民族区域自治的开端,意味着中国共产党解决中国社会民族问题的具体实践得以开始,这一实践在为中国更大范围和更高层次地实施民族区域自治制度奠定基础的同时,也宣告着中国共产党解决民族问题的模式开始发生转变。

1937年8月15日,《中国共产党抗日救国十大纲领》提出,要"动员蒙民、回民及其他少数民族,在民族自决和自治的原则下,共同抗日"。1938年9月,毛泽东在中共中央六届六中全会上提出,"允许蒙、藏、苗、瑶、彝、番各民族与汉族有平等权利,在共同对日原则之下,有自己管理自己事务之权,同时与汉族联合建立统一的国家"。在"各少数民族与汉族杂居的地方,当地政府须设置由当地少数民族人员组成的委员会,作为省县政府的一个部门,管理和他们有关的事务,调整各族间的关系,在省县政府委员中应有他们的位置"。并且要"尊重各少数民族的文化、宗教、习惯,不但不应该强迫他们学习汉文、汉语,而且应赞助他们用各族自己语言文字进行文化教育"。为此,必须"纠正存在着的大汉族主义,提倡汉人用平等态度和各族接触,使日益亲善密切起来,同时禁止任何对他们带有侮辱性与轻视性的语言、文字与行动"。[①] 1939年,中国共产党中央西北工作委员会成立并专门设置了民族问题研究室,进行民族问题的政策和理论研究,次年4月拟定的《中共中央西北工作委员会关于回回民族问题的提纲》则成为中国共产党指导民族工作的纲领性文件。1941年5月1日,《陕甘宁边区施政纲领》宣布,"依据民族平等原则,实行蒙、回民族与汉族在政治、经济、文化上的平等权利,建立蒙、回民族的自治区,尊重蒙、回民族的宗教信仰与风俗习惯"[②]。可以看出,中国共产党此时已经放弃了其前所持的"实行民族自决和建立民族联邦制国家"主张,代之以建立统一国家和民族区域自治,标志着中国

[①] 毛泽东:《论新阶段》,中共中央统战部:《民族问题文献汇编》,中共中央党校出版社1991年版,第595页。

[②] 中共中央统战部:《民族问题文献汇编》,中共中央党校出版社1991年版,第678页。

共产党人对民族问题的思考进入了一个新的阶段。

第三阶段:民族区域自治模式的初步尝试。1945年4月,毛泽东在中共七大政治报告中提出:"要求改善少数民族的待遇,允许各少数民族有民族自治的权利"是"最低限度的""中国人民的现实要求"①之一。1946年1月,在重庆召开的政治协商会议上,中共代表团明确提出,"在少数民族区域,应承认各民族的平等地位及其自治权"②。此时的中国共产党已经深刻认识到,解决中国国内的民族平等问题并不适用"民族自决"办法;实行民族自治,也应该维护中国的国家统一和根本法规。1946年2月,面对如何解决东蒙自治问题,③中共中央提出,应该"根据和平建国纲领要求民族平等自治,但不应提出独立自决的口号"④。这标志着中国共产党对"民族自决"主张的完全放弃。在1946年4月23日通过的《陕甘宁边区宪法原则》中,中国共产党强调"边区人民不分民族,一律平等",明确提出,"边区各少数民族,在居住集中地区,得划分民族区,组织民族自治政权",并且,这种民族自治"在不与省宪抵触原则下,得订立自治法规"。⑤首次提出"自治法规"概念,进一步纠正了此前中国共产党解决相关问题的部分褊狭与错误,为更好地解决国内民族问题提供了依据。

1949年9月29日,具有临时宪法效用的《中国人民政治协商会议共同纲领》颁布,其中第六章说明了新中国的民族政策和民族区域自治制度建设。《纲领》规定:"中华人民共和国境内各民族一律平等,实行团结互助……反对大民族主义和狭隘民族主义,禁止民族间的歧视、压迫和分裂各民族团结的行为。"在"少数民族聚居的地区,

---

① 毛泽东:《论联合政府》,《毛泽东选集》第三卷,人民出版社1991年版,第1064页。
② 中共中央统战部:《民族问题文献汇编》,中共中央党校出版社1991年版,第991页。
③ 1932年2月18日,内蒙古东部的哲里木盟、昭乌达盟、卓索图盟等地的蒙古上层贵族,在郑家屯举行"东部蒙古各旗代表会议",向日本请求实现内蒙古自治,并向国际联盟调查团呈递请愿书,请求内蒙古"独立"。后来得到日本支持实现了满洲国名下的蒙古"自治",成为日本帝国主义的殖民地。1945年8月,日本宣布投降,抗日战争结束,东蒙古"自治政权"又向南京国民政府提出"自治"要求(参见善邻协会调查部编《满洲国属内蒙古》,白拉都格旗译,载《内蒙古近代史译丛》第一辑,内蒙古人民出版社1986年版,第169页)。
④ 中共中央统战部:《民族问题文献汇编》,中共中央党校出版社1991年版,第1000页。
⑤ 同上书,第1047页。

应实行民族的区域自治，按照民族聚居的人口多少和区域大小，分别建立各种民族自治机关。凡各民族杂居的地方及民族自治区内，各民族在当地政权机关中均应有相当名额的代表"。并且"各少数民族具有发展其语言文字、保持或改革其风俗习惯及宗教信仰的自由。人民政府应帮助少数民族的人民大众发展其政治、经济、文化、教育建设事业"。1952年8月，《中华人民共和国民族区域自治实施纲要》获准实行，① 标志着民族区域自治由一个政党追求转变为国家的基本制度和政治追求，并由此开始在中国全面推开。

（二）尝试与成功：内蒙古民族自治之路

1. 20世纪初的蒙古独立与自治风潮。在前文对清朝治理边疆的策略的考察中，我们已经知道，为了控制蒙古草原以稳定北部边疆，清政府结合满族八旗制度和蒙古传统军政体制，在蒙古地区建立了蒙古诸部具有一定自治权力的盟旗制度。这一制度将传统的蒙古划分为外藩蒙古和内属蒙古两部分（即"外蒙古"与"内蒙古"）。其中外藩蒙古又分两部：一是没有兵权，受当地将军或办事大臣管辖的外扎萨克蒙古；二是受理藩院管辖并握有兵权的内扎萨克蒙古，内蒙古四十九旗为内扎萨克蒙古。晚清政府为了挽救衰势，在内蒙古地区实行了移民实边、借地养民、建府设治、兴办工矿、开设学堂等一系列"新政"措施，以求发展经济，固边守疆。移民的大量流入和府、厅、州、县的设置在改变蒙古地区人口结构的同时，也改变了其社会管理层级和政治结构，原有的自主权受到了极大的冲击，权力的削弱也引起了蒙古王公贵族的普遍不满。

1911年12月16日，蒙古王公贵族乘辛亥革命爆发所致的清廷内外交困之机，宣布外蒙古独立，随后又以《俄蒙协议》的形式摆脱了中国中央政权对外蒙的控制，成为沙俄的"保护国"。1913年11月，中俄通过《中俄声明》，承认中国在外蒙古的宗主权，中国政府则承认外蒙的自治权。1915年，中、俄、蒙三方又以《中俄蒙协约》的形式确认了外蒙古的自治，同时规定，中国政府既不再派官员参与外蒙

---

① 参见王戈柳《民族区域自治制度》，民族出版社2001年版，第4页。

古自治事务，也不再于外蒙派驻军队。这使外蒙古成为实质上的独立国家。同年，沙俄又通过《中俄会订呼伦贝尔条件》迫使中国政府承认内蒙古的呼伦贝尔成为与黑龙江省平行的"特别区域"，并由此掀起了内蒙古的独立、自治风潮。

迫于压力，北洋政府于1914年将内蒙古地区分设为绥远、热河、察哈尔三个特别行政区，并先后通过了保障蒙古王公特权的《蒙古待遇条例》《驭蒙说帖》等法律条文，以羁縻的方式稳定了内蒙古局势。"十月革命"后，苏俄政府于1919年和1920年两度宣布"废除沙俄与中国订立的不平等条约，放弃在中国的一切特权"。外蒙古库伦政府则于1919年11月7日致电中国北京政府，表示愿意回归中国、取消"自治"、恢复旧制。北京政府随即表态同意"回归"，宣布外蒙取消"自治"并废除《中俄声明》和《中俄蒙协约》。① 蒙古地区的独立、自治风潮暂告平息。

2. 第一次国内革命战争与抗日战争时期的蒙古独立运动。20世纪20年代，蒙古自治的风潮虽已平息，但是，诸多蒙古有识之士追寻民族解放和民族平等的脚步并未停止。1925年10月，在中国共产党、国民党、共产国际以及蒙古人民革命党的支持下，内蒙古人民革命党第一次代表大会在张家口召开并制定了《内蒙古人民革命党纲领》、《内蒙古人民革命党大纲》和《内蒙古人民革命的第一次代表大会宣言》等纲领性文件，明确提出废除封建特权、确立平民政治，实现民族平等、民族自治和自决等革命性的政策与主张。② 1926年秋，内蒙古人民革命军成立，并于第二年初推翻了鄂尔多斯封建王公政权，建立了人民革命政权——公会，通过了"自治纲领"，制定了政权民众所有、民众人人平等、宗教信仰自由、建立消费合作社和人民学校等相关的自治政策，标志着蒙古人民追求民族平等和民族解放运动掀开了新的篇章。③

---

① 参见袁自强《外蒙古独立秘史》，《湖北档案》2006年第1—2期。
② 参见李鸣编著《中国近代民族法制研究》，中央民族大学出版社2008年版，第202—209页。
③ 参见郝维民《第一、第二次国内革命战争时期的内蒙古人民革命党》，载《内蒙古近代史论丛》第二辑，内蒙古人民出版社1983年版，第160—161页。

1929年，国民政府在基本统一全国后，开始进行新的行政区划和机构调整以巩固和加强自己的统治。为了减少"独立"所致的压力，中央政府对蒙古地区进行了拆分，将内蒙古的六盟、二部、四特别旗分别划入黑龙江、吉林、辽宁，以及新设立的绥远、热河、察哈尔和宁夏各省，两年后又制定了《蒙古盟部旗组织法》，明确规定了蒙古各盟、部、旗的法律地位，除军事、外交和其他国家行政、重要的人权、盟部旗区域变更以及盟部旗新设公署机构等权力之外，其他权力均由盟、部、旗自治形式。① 这一规定从形式上看给予了内蒙古很大的自主权。但因内蒙古的各盟旗分散于其他各省，处在省县与中央政府的夹缝中，内蒙古各方面的利益不仅没有办法实现，而且其生存与发展都将成为问题。这些共同面临的问题使内蒙古各阶层在处理蒙古民族的未来发展方面的意见日趋统一，即走自治之路。

1932年2月，内蒙古东部哲里木盟、昭乌达盟、卓索图盟等地的蒙古上层贵族举行"东部蒙古各旗代表会议"宣布自治，后在日本支持下实现了满洲国名下的蒙古"自治"。次年10月，以德王为首的内蒙古部分王公贵族和上层代表人物召开"内蒙古各盟旗长官自治会议"，提出"内蒙古自治政府组织法"，并要求成立高度自治的内蒙自治政府。1934年3月，蒙政会成立。1936年2月，因不满国民政府对蒙政会的拆分，德王在日本人的操纵下成立了蒙古军总司令部和蒙古军政府。② 次年10月，蒙古军政府改为蒙古联合自治政府，并颁布《蒙古联盟自治政府组织大纲》和《蒙古联盟自治政府暂行组织法》，宣布脱离中央政府，"以防止共产、协和民族为基本方针，以生、聚、教、兴、养、卫六事为施政纲领"，目的是"在日本人的支持下实现蒙古民族的独立"。③ 由于日本扶持蒙古自治的目的并不是让蒙古独立，所以，"德王"等人寻求的自治注定无法成功。

3. 从民族独立到民族区域自治。日本战败后，蒙古民族运动受到中国共产党所组织的自治运动影响，逐渐由"内外蒙古合并"和"内

---

① 参见史筠《民族事务管理制度》，吉林教育出版社1991年版，第197页。
② 参见郝维民《内蒙古近代简史》，内蒙古大学出版社1990年版，第141页。
③ 李鸣编著：《中国近代民族法制研究》，中央民族大学出版社2008年版，第222页。

"蒙古独立"主张转向实现内蒙古自治的主张。1945年11月，中国共产党领导下的内蒙古自治运动联合会成立。1946年4月3日，内蒙古自治运动联合会和东蒙自治政府举行"内蒙古自治运动联合会统一会议"，宣布解散东蒙自治政府，内蒙古自治运动接受中国共产党的领导。次年4月23日，内蒙古人民代表会议选举产生了内蒙古临时参议会和自治政府主要成员，通过了《内蒙古人民代表会议宣言》《内蒙古自治政府暂行组织行政大纲》和《内蒙古自治政府施政纲领》等纲领性文件。5月1日，宣告统一的内蒙古自治政府正式成立。1949年11月，内蒙古自治政府更名为内蒙古自治区人民政府。此后近十年间，被国民政府拆分至辽宁、热河、甘肃等地的昭乌达盟、绥远、赤峰、巴音浩特、额旗纳等地，先后又重新被划属内蒙古自治区。截至1956年，内蒙古故地基本恢复。

在从内蒙古自治政府成立到新中国成立前的两年多时间里，内蒙古自治政府依据《内蒙古自治政府暂行组织行政大纲》和《内蒙古自治政府施政纲领》，制定了涉及政治、经济、民政、教育、卫生、司法等方面的一系列政令和法规，在体现民族平等和民族解放基本原则的同时，有效地保障了政府施政纲领及民主改革的顺利进行；在实现蒙古民族解放与自治权利的同时，充分体现了中国共产党关于在统一的国家内实行民族平等自治的原则，也成为后来中国实行民族区域自治制度的雏形。

（三）新疆维吾尔自治区的建立

1. 新疆民族区域自治的筹备。辛亥革命后，新疆各族人民为了争取民族平等与解放做了各种有益尝试。1912年伊犁起义成立了"五族（汉、满、蒙古、回、藏）共进会"和"中华民国政府新伊大都督府"宣告了追寻现代民主和民族自治的开始。1944年"三区革命"建立的革命政权及其所颁布的一系列民族自治法制与政策，标志着新疆人民追求民族平等和民主自由斗争的巨大成功，其后新疆省联合政府的成立则在一定程度上实现了民族自治的目标。但因理论认识和经验的缺乏，这种民族自治并不成功，并一度出现民族分裂之势。1952年8月制定的《中华人民共和国民族区域自治实施纲要》总结了此前推行的民族区域自治经验，同时规定，"民族区域自治地方的初级阶段一律称为自治区，分为省级、行署级、专署级、县级、区级、乡级共六级"①。标志着中国民族区域自治走向法律化、制度化的开始。1954年9月《中华人民共和国宪法》有关民族区域自治的规定，使民族区域自治的体制朝着更加符合中国实际的方向发展。之后，民族区域自治制度开始在全国普遍推行，由此促成了新疆、宁夏、广西、西藏等自治区的诞生。截至今日，中国共建立了155个民族自治地方，其中自治区5个、自治州30个、自治县（旗）120个、自治乡1173个。55个少数民族中有44个民族建立了自治地方。

1949年和平解放后，新疆在沿用过去行省制度的同时设立了政府民族事务委员会管理民族工作，并制定了"新疆境内各民族一律平等、实行团结互助"的施政方针。1952年8月，新疆一届二次各族各界人民代表大会通过了《关于执行〈中华人民共和国民族区域自治实施纲要〉的决议》，宣布成立新疆省民族区域自治筹备委员会。12月，中共中央西北局批转的《西北民族区域自治实施方案》对新疆民族区域自治工作做出重点部署，要求筹委会在广泛调查和征求社会意见的基础上，制订出新疆推行民族区域自治的具体方案，并要积极开展全社会范围的民族政策宣传教育工作。次年4月，中共中央又就推行自治的方针、步骤、区划原则、自治民族与其他民族间的关系等问题，两次对新疆民族区域自治工作做出指示，强调新疆推行民族区域自治必须贯彻"慎重稳进"的方针，按照"由小到大"的步骤，先从维吾尔族以外的其他少数民族聚居区进行，然后再筹建全省范围的民族区域自治；新疆的行政地位和名称不改，仍属中央领导，伊犁划入哈萨克族自治州内；在民族区域自治和民族政策的宣传教育中，必须注重实际、强调爱国主义。②

1952年5月，新疆省政府成立了民族区域自治干部培训部，对各地在职干部和积极分子（包括9个民族）进行了为期3个月的培训学

---

① 厉声主编：《中国新疆——历史与现状》，新疆人民出版社2006年版，第195页。
② 参见新疆党史办、新疆党校《中国共产党新疆历史大事记》（上），新疆人民出版社1993年版，第91—92页。

习。6月，中共中央新疆分局召开扩大会议，通过了《关于新疆推行民族区域自治工作计划》和《新疆省民族区域自治实施计划（草案）》，初步确定，依照乡级自治区、县级自治区、专署级自治区、行署级自治区和省级自治区的顺序，先后建立1个行署级、4个专署级、6个县级和若干乡级民族区域自治地方。11月，省人民政府又通过了民族自治区筹备委员会及区级、乡级人民政府自治条例4部。12月22日，中央人民政府批复同意了《新疆省人民政府关于新疆民族区域自治实施计划》和《新疆省人民政府关于新疆民族区域自治实施办法》。随后，中共中央新疆分局召开专门会议，在对前期所进行的民族自治试建工作做出总结的同时，对今后推行民族区域自治工作进行了安排，为新疆实行民族区域自治奠定了基础。

2. 新疆民族区域自治的实践。1953年11月15日，由锡伯、哈萨克、乌孜别克、汉、蒙等8个民族组成的霍城县伊车嘎善锡伯族自治区人民政府成立，标志着新疆从乡一级试点开始的民族区域实践正式开始。在此自治政府中，只有3户居民的乌孜别克族有1名人民代表，只有10户居民的达斡尔族则有2名人民代表，充分体现了民族区域自治照顾非主要民族的精神。截至1954年7月，新疆先后成立了7个相当于区级的自治政府①和9个乡级自治政府。1954年3月11日，新疆第一个县级民族区域自治地方政府——焉耆回族自治区人民政府成立，之后又成立了5个县级民族区域自治地方。② 1954年6月23日，新疆第一个专署级民族区域自治地方——巴音郭楞蒙古自治区成立。7月，克孜勒苏柯尔克孜自治区、昌吉回族自治区、博尔塔拉蒙古自治区3个专署级民族区域自治地方相继成立。11月27日，以哈萨克族为主体的副省级民族区域自治地方——伊犁哈萨克自治州成立，该州包括伊犁、塔城、阿勒泰3个地区，是三区革命的根据地，此前已经建立了13个分别由蒙古、锡伯、柯尔克孜、达斡尔和回等民族实行区域自

---

① 乌苏县吉尔格勒特郭楞蒙古族自治区、特克斯县库克铁勒克柯尔克孜族自治区、塔城县瓜尔本设尔达斡尔族自治区、鄯善县东巴扎回族自治区、叶城县阿扎提阿巴提塔吉克族自治区等。

② 这5个县级民族区域自治地方为察布查尔锡伯族自治区、木垒哈萨克族自治区、和丰蒙古自治区（后改为和布克塞尔蒙古自治县）、塔什库尔干塔吉克自治县、巴里坤哈萨克自治县。

治的地方（5个乡级、6个区级、2个县级）。辖有24个县市的伊犁哈萨克自治州的建立，说明按照"由小到大"的步骤实行新疆民族区域自治的有序与合理性，同时预示着建立省级民族区域自治地方的条件日趋成熟。

从实际效果来看，由于受到《中华人民共和国民族区域自治实施纲要》规定的"民族区域自治地方的初级阶段一律称为自治区"限制，这一时期新疆所建各级自治地方均以"自治区"相称，极易造成混乱。同时，由于区乡一级的政权人口太少、地域太小，实际并不可能行使自治权利。所以，这一阶段新疆所建立的多种民族区域自治地方，实际只是一种民族区域自治的尝试，这种实践虽然存有许多不足，却为新疆建立省级民族区域自治奠定了基础。

3. 新疆维吾尔自治区的成立。1954年7月，中央统战部下发了《关于县以下民族自治地方暂缓建立和改变等问题的指示》，规定全国民族自治机关的行政地位为自治区、自治州和自治县三级，不再建立县以下的民族自治区，已建立县级以下自治区的统一改为民族乡。9月，《中华人民共和国宪法》颁布，明确规定了各级民族自治地方的称谓"分为自治区、自治州、自治县"，分别相当于省、专区、县一级行政区域。据此，新疆省政府于1955年2月做出规定：统一全疆各地自治地方名称，除伊犁哈萨克自治州之外，4个相当于专区级的、6个相当于县级的自治区人民政府分别改称为自治州和自治县人民委员会。新疆省民族区域自治筹备委员会也正式开始建立省级自治区的筹备工作。

为了省级自治区的建立，筹委会就相关问题组织了广泛的调查和讨论，其中关于省级自治区的名称使用问题一度发生分歧，问题的焦点为：是否使用"新疆"和"维吾尔"名称。经各族各界人士多次会议的充分讨论，最终达成四点共识：第一，作为地理名称的"新疆"已经为中外所熟知，应该继续使用；并且"新疆"一词取义为"故土新归"而非"新辟疆土"。第二，依据《民族区域自治实施纲要》确定的民族自治地方名称的原则，新疆已经建立的自治州、自治县都冠有实施民族自治的地域和民族名称，维吾尔族是新疆人口最多的一个民族，要建立省一级的民族自治单位，也应冠以"维吾尔"名。第三，新疆是一个多民族聚居区，各民族错居杂生，除维吾尔之外，还有其他诸多民族世居于此，不可能以某个民族聚居区为唯一基础实行区域自治，如冠以"维吾尔斯坦"之名，不仅有违新疆是多民族世居的历史事实，不利于民族团结，而且易被误解为独立的国家，同时还容易同分裂分子所制造的"东突厥斯坦"相混淆。第四，在新疆建立省一级的民族自治地方，是以一个人口较多的少数民族为基础，包括若干人口较少的民族建立起来的统一的自治地方，以"新疆维吾尔自治区"命名这一地方，既能体现维吾尔族在新疆团结各民族实行区域自治，也有利于维吾尔族树立团结其他民族共同建设新疆的责任感。[①]

基于上述共识，新疆省一级的自治区名称最后确定为"新疆维吾尔自治区"。周恩来总理后来专门强调说："在成立新疆维吾尔自治区时，我们没有赞成采用维吾尔斯坦这个名称"，因为"新疆不仅有维吾尔一个民族，还有其他12个民族"，"称为新疆维吾尔自治区，'帽子'还是戴的维吾尔族"，"有一个民族合作的意思在里面"，因为"我们采取的是适合我国情况的有利于民族合作的民族区域自治制度"而不是"强调民族分立"。[②]

1955年9月12日，第一届全国人民代表大会常委会第21次会议通过了《撤销新疆省建制、成立新疆维吾尔自治区的议案》。9月30日，新疆省第一届人民代表大会第二次会议选举产生了由37人组成的新疆维吾尔自治区人民委员会（即人民政府），正式成立中华人民共和国新疆维吾尔自治区，撤销新疆省建制。赛福鼎·艾则孜当选为新疆维吾尔自治区主席，副主席3人分别为高棉纯（汉）、伊敏诺夫（维吾尔）、帕提汗·苏古尔巴也夫（哈萨克族），37个委员分别来自11个民族。10月1日，新疆维吾尔自治区正式宣告成立。这也标志着新疆建立区、州、县三级民族自治地方和民族自治机关工作的完成。至此，除塔塔尔、俄罗斯、乌孜别克和满族因为人数较少且居住分散而没有建立自治单位之外，新疆13个民族都建立了自治地方。1956年，自治区政府将原来所建的区、乡级自治区全部改建为民族乡。目

[①] 参见厉声主编《中国新疆——历史与现状》，新疆人民出版社2006年版，第196—197页。
[②] 张尔驹：《中国民族区域自治史纲》，民族出版社1995年版，第191—192页。

前,全疆共有10个民族建有各级民族自治单位或民族乡,其中包括回、蒙古、锡伯、哈萨克、塔吉克、达斡尔、塔塔尔、柯尔克孜、乌孜别克9个民族的42个民族乡。新疆也成为中国5个自治区中唯一同时具有自治区、自治州和自治县三级自治地方的民族自治区域。

第二节 "兵团人":一个新型共同体的身份构建

一 新疆生产建设兵团的由来

(一)中国历代治边的成功经验彰显了屯垦戍边的重要作用

中国自秦以后的各朝中央政府都将屯田视为开发边疆、巩固边防的重要举措。西汉以降,随着中央政府有效治理疆域的拓展,屯垦戍边的范围也越来越广。西汉自公元前101年起,开始在西域设置使者校尉,率士卒数百,在轮台、渠犁一带屯田积谷,以供应来往使者,这是中原王朝首次在西域建置管理机构,也是西域屯田之始。[①] 随着都护府制的推行,西域屯田的规模逐渐扩大,成为解决中央政府驻军和来往使者与商人粮草供应的重要途径,屯田士兵则为西汉王朝统一、统治西域的重要力量。由于戍军屯田在解决驻军所需粮草物资供应问题的同时,还可以解决驻军家人及往来使者与商人的粮草供应等基本生活需要,对于戍守和维持边疆社会安定具有不可估量的作用,所以屯垦戍边也成为西汉以后各代王朝竞相效仿的重要治边举措。只不过,在这一举措的具体实施中,各朝政府因其所具国力的强弱不同、具体面对的西域形势也有所区别,所以采取的具体方略与实际效果也不尽相同。

对比来看,西汉、唐、清在新疆的屯田规模和效果,呈现出依次递增的态势。尤其是在18世纪中叶至19世纪中叶的一百多年里,新疆成为全国屯垦最发达的地区,屯垦面积多达301.9万亩,不仅解决了驻军粮草所需,而且还有较多富余,促进了当地社会经济的发展和

---

① 详见本文第二章"汉、匈西域之争与西汉统一西域"内容。

居民生活，这也成为近代中国虽然屡经重大生存危机，新疆却能保证基本统一不被分裂的重要基础。

总结历代西域屯垦的特点，主要有三：首先，屯垦时间长、范围广。据统计，自西汉以降，除五代、宋、明两朝未在西域设置屯田外，其余各代均在西域拥有时间长短不同、具体范围大小相异的屯田，各代中央政府在西域屯垦的时间累积有722年之多。其中，两汉王朝长达241年（西汉113年、东汉128年），唐朝160年，清朝195年。在西域700多年的屯垦历史中，屯垦范围由南至北，逐渐拓展，主要集中于天山以南各绿洲上，遍布准噶尔盆地和塔里木盆地边缘。

其次，屯垦人数多、种类全。自西汉以后，在西域—新疆的屯垦人数随屯田范围扩大而呈总体上升之势。西汉西域屯军总数只有2万余人，到了清朝前期，屯军总数已达12.67万人；具体屯垦种类则由最初的军屯逐渐演化为军屯、犯屯、民屯，而到清代则又在这三类基础上发展出回屯、旗屯等多种类型，各种屯垦的规模也远远超出了以往各代。

最后，屯垦的区域因各代政府战略重点不同而发生变化。由于各代王朝势力强弱和西域形势各不相同，因此，各代王朝实施屯垦时的战略重点也不尽相同，这就决定了西域屯田的范围也有所差别。在清以前，天山以南是中央政府布防西域的战略重点，因此，屯垦范围也主要集中于天山以南各绿洲上。在唐朝所设的11个大垦区中，天山以南占到6个，而其三大屯垦中心有两个（龟兹、西州）也在天山以南。清朝统一西域后，受布防军队所需，天山以北的准噶尔盆地成为重点屯垦区，屯田范围也就此前的天山以南转向天山以北。这种战略布局的变化带来的屯垦区域的转移，客观上形成并加强了西域南农北牧的经济发展格局。

纵观两千年的历史，屯垦戍边一直是中国中央政府治理边疆的一项基本策略，屯垦兴衰与这一地区的社会发展密切相关。国家实力与战略侧重的不同，直接决定着边疆屯垦力量的强弱；屯垦绩效的好坏则直接影响着屯垦的兴衰。从一定意义上说，屯垦兴则边疆安，屯垦废则边疆乱。明代思想家李贽因此才有"屯垦乃千古良策"之说。

与其他地区相比，自西汉开始的屯垦戍边之策，之所以能在新疆两千年的历史发展中屡屡见效并延续至今，与其独特的地理位置和自然人文条件密切相关——新疆地理区域相对封闭且地广人稀，在荒漠、戈壁占60%以上的土地上，产业结构原始且布局不够合理，而在众多高山崇林之间又不乏水土丰美的河谷草原，大漠戈壁间同样夹杂有适宜居住和生活的绿洲平原，并且地质矿产资源丰富，具有极大的开发潜力；与此同时，在几千年的历史发展中，特殊地理环境和丝绸之路发展所带来的多元文化、多种民族、多样文明交汇与融合的独特人文，使新疆具有极大的社会发展潜力。这些条件一旦与政治军事目的相结合，爆发的战略能量难以估量。新中国成立后，中国共产党要带领全国人民完成摆脱屈辱、复兴强国的历史使命，在1/6国土上实行屯垦开发自然成为一种必需。历史业已证明，"在新疆必须坚持屯垦与戍边两手都要抓，两手都要硬才能完成保卫边疆与建设边疆的重任"[①]。正是基于这一历史经验与客观规律的深刻认识，中国共产党人才会在新中国成立后不久就组建生产建设兵团，积极开展屯垦戍边活动。

（二）新中国反对西方反共反华势力分裂图谋的战略需要

历史凸显了屯垦戍边的重要性，国家统一的现实需要则是组建生产建设兵团的重要驱动。解放战争后期，尤其是辽沈、淮海、平津三大战役胜利后，国共军事力量发生了根本性的变化。面对无可挽回的败势，蒋介石集团在撤往台湾的同时积极部署在大陆各地的亲信力量以做困兽之斗和反击准备。蒋介石电令尚在控制中的新疆国民党政府和军队：要借助国外势力支持和天山、昆仑山的地理优势，准备进行长期顽抗。与此同时，"二战"的胜利让美英等国看到了苏维埃俄国和共产党人的强大势力，为了自身利益，美英等国也欲借民族和宗教之力，乘中国共产党尚未统一中国之机，将新疆掠为其与苏联对抗的前沿之地。为此，他们策划将陕（西）甘（肃）青（海）的马步芳、马鸿逵和马继援等武装势力聚集到新疆，与新疆原有宗教和民族分裂势力相联合，组建一个所谓的"大伊斯兰共和国"。这样一

[①] 王翰林：《毛泽东屯垦思想研究论文选》，新疆人民出版社1998年版，第209页。

来，新疆问题就由国内战争问题转化为一个国际问题，美英等国也就更加容易直接介入。

1949年6月，率团赴莫斯科就中苏关系谈判的刘少奇根据苏方情报，建议中央军委调整战略部署，及早解决新疆问题，以防美英插手。随后，人民解放军通过兰州战役扫除障碍，进驻玉门关，直逼新疆。9月，新疆警备司令陶峙岳率领军队起义，新疆和平解放，马步芳、马鸿逵、马继援等人相继败逃青海或外蒙，积聚三马建立"大伊斯兰共和国"的企图宣告破灭。

然而，新疆的和平解放并未让美英等国放弃图谋。以美英为首的西方反华势力在对新中国实行政治孤立、经济封锁的同时，军事上支持国民党残余势力对大陆进行破坏和骚扰，并悍然发动朝鲜战争，直接威胁新中国的生存。在这种情况下，积极防御并打击敌对势力的分裂与破坏，彻底消灭敌对势力颠覆新政权的政治图谋，成为新中国维护主权与统一的首要任务，地理位置特殊的新疆肩负的任务则更显艰巨。因此，毛泽东要求时任新疆书记的王震及全体驻疆官兵，站在"国防的最前线"和"经济建设的最前线"，担负起保卫和建设边疆的双重任务，完成劳武结合、屯垦戍边的历史使命，组建生产建设兵团也因此而成为一项适应形势需要的战略部署。

（三）"建设一个新世界"需要与之相应的组织机构予以保证

随新中国成立而来的是如何在一个"打碎的旧世界"上建立一个"人民当家做主的新世界"的问题。毛泽东指出，在中国实现了"农村包围城市""武装夺取政权"的革命胜利后，"我们的眼睛就要向着这个城市的生产事业的恢复和发展"[1]，中国共产党人的所有工作"都是围绕着生产建设这一个中心工作并为这个中心工作服务的"[2]。革命战争的结束意味着为数众多的人民解放军所肩负的任务发生了转变，经济建设成为保护国家、维护统一之外的重要任务。因此，毛泽东在《关于一九五〇年军队参加生产建设工作的指示》中明确提出："人民解放军不仅是一支国防军，而且是一支生产军，借以协同全国人民克

---

[1] 《毛泽东著作选读》（下），人民出版社1986年版，第655页。
[2] 同上书，第656页。

服长期战争所遗留下来的困难,加速新民主主义的经济建设。"① 他认为,解放军战士绝大部分来自劳动人民,具有高度的政治觉悟和各种生产技能,而且还曾在抗日战争最艰苦的年月中担负过生产任务,具有相当多的生产经验与良好的劳动传统。此外,在战争已结束地区,解放军除了担负保卫国家安全、肃清土匪、巩固社会治安、加强军事训练等各项任务外,已有相当多的富裕时间从事生产建设工作。如何有效地组织他们完成相关工作任务则成为新中国一个亟待解决的重要问题。因此,如果说历史借鉴与国家现实战略需要客观上促成了新疆生产建设兵团的诞生,那么工作重心转向经济建设,需要与之相应的组织机构予以保证则体现了一种主观需求。

1951年12月,新疆军区司令员王震向中央提出,驻防新疆各地的军队除了担负警备任务外,应该集中屯垦,经营大农场,"利用军队集体劳动的经验,认真试办农民的集体农庄"②,而这需要对准备进行集体劳动的军队实行有计划的培训,并应建立相应的组织机构加以保证。毛泽东批准了王震的报告,并于1952年2月以人民革命军事委员会主席的名义发布军队整编命令。次年5月,新疆军区将所属部队分别整编为国防部队和生产部队。1954年7月15日,中共新疆分局和新疆军区分别向西北军区、西北局和军委总参谋部,提交关于组建新疆军区生产建设兵团及其领导机构、名称的请示报告。10月25日,新疆军区宣布将于11月1日正式"成立新疆军区生产建设兵团组织机构及管辖部队番号"的命令,陶峙岳任司令员。新成立的新疆生产建设兵团沿袭人民解放军的建制,拥有从连、营、团、师到兵团的健全组织机构,实行党政军合一的领导体制,具体受新疆省党政军的统一领导,依照国家法律、法规进行管理,同时将部队生产纳入国家计划,"中心任务是大力发展生产,为戍边和地方经济发展提供强大的物质基础,为繁荣边疆作贡献"③。生产建设兵团的成立,在成功解决十多万驻疆部队官兵安置问题的同时,以强有力的组织和人力保障揭开了

---

① 《关于一九五〇年军队参加生产建设工作的指示》,《党的文献》1996年第2期。
② 参见王运华《论创建兵团的历史必然性》,《兵团建设》2000年第1期。
③ 厉声主编:《中国新疆——历史与现状》,新疆人民出版社2006年版,第275页。

新中国屯垦戍边的帷幕。

二 新疆生产建设兵团对新疆社会发展的贡献

（一）铁戈金马开世界：兵团对新疆生产资源整合与社会整体发展的贡献

根据国家组建兵团的初衷，新疆生产建设兵团以"党政军企合一"的形式承担着战斗队、生产队、工作队三大战略任务，其建设与发展必须直接服务于国家安全、社会稳定和边疆繁荣的伟大事业。肩负屯垦戍边、固边守疆使命的兵团要完成其所负有的使命，必须有与之匹配的强大实力。在自然条件恶劣、社会基础薄弱的新疆，几乎是白手起家的生产建设兵团，要在"一穷二白"的基础上获取这种实力，完成所负任务，其困难可想而知。与此同时，中国在经历了抗日战争、解放战争和抗美援朝等数十年的战争洗劫后，已是千疮百孔、满目沧桑，根本无力为刚刚组建的兵团提供更多的支持。因此，一切困难必须由兵团自己去解决。为此，发掘和整合一切可以利用的自然与社会资源，以积极高效的生产建设来解决自己生存与发展的基本前提——"粮草"问题，为自己履行屯垦戍边的历史使命打造必要的物质基础，成为兵团组建后必须完成的首要任务。正是基于这种对使命与条件的清醒认识，新疆生产建设兵团自组建之日起，就开始"自己动手丰衣足食"，并在几十年的艰苦努力后，为自己打造出了坚实的基础，为新疆的社会整合与发展做出了贡献。

1. 巨手翻天地、大胆易沧桑：新疆生产建设兵团的艰苦创业。事实上，肩负"生产队、战斗队和工作队"三大战略任务的中国人民解放军进驻新疆后，就在驻地开始了大规模的生产自给运动。20 世纪 50 年代后，随着驻疆部队的整编和生产建设兵团的成立，具体屯垦区域的部署和规划开始依据国防安全战略的考虑有步骤地进行。

在具体发展建设中，兵团始终坚持"不与民争利"的原则，屯垦之地主要选择在生产条件相对艰苦的地区，尽量避开已有较多居民居住、生产、生活的绿洲和草原。60 多年里，数百万以复转军人和支边青年为主体的兵团人披荆斩棘、流血流汗，克服了无数难以想象的艰难困苦，屯垦伊犁河谷，开发准噶尔，进军塔里木，挺进阿勒泰……用辛勤的劳动，在恒古荒原上开垦出一片片绿洲，使沙漠戈壁变成了棉海无垠、牛羊遍野的沃土，演绎了一部部人进沙退、征服自然的雄壮史剧；五十余年的艰苦奋斗，使五百多万亩自荒漠中开垦出来的农田稻谷飘香、林渠纵横，万里荒野上挺立起一座座新城，创造了一个个改造世界的奇迹。以至于世界银行开发署的官员感慨说："由退役军人组建的绿色开发部队，是中国的一个创举，也是世界的奇迹。它的出现，为世界性的开发事业做出了良好的典范。"[①]

自组建至1975年撤销，积极拓荒垦田的新疆生产建设兵团沿塔里木盆地和准噶尔盆地以及阿勒泰山南麓，形成了北疆、南疆和边疆农垦经济带。其中，北疆农垦经济带自东往西，依次为哈密垦区（农十三师）、乌鲁木齐垦区（农十二师）、昌吉垦区（农六师）、石河子垦区（农八师）、奎屯垦区（农七师）、博乐垦区（农五师）、伊犁垦区（农四师）、塔城垦区（农九师）、阿勒泰垦区（农十师）；南疆农垦经济带自北向南，沿塔里木盆地边缘依次分布有库尔勒垦区（农二师）、阿克苏垦区（农一师）、喀什垦区（农三师）与和田垦区（农十四师）；边境农垦经济带主要是北疆各垦区沿边境一线建立的边境农场带。随着天山南北三个农垦经济带的建成，新疆最终形成了"两圈（塔克拉玛干沙漠和古尔班通古特沙漠周边）一线（边境沿线）"的生产建设兵团分布格局。这种战略格局在开荒造田、移民实边、建设兴边中，彻底改变了新疆长期以来"有边无防"的状况，使整个兵团成为中国国防体系中的重要一环，从而也使兵团屯垦戍边的战略格局在维护国家安全方面，发挥了特殊而重要的作用。

1975年兵团撤销，此后的农垦经济一度下滑。兵团复建（1981年）后的"二次创业"则再次复兴了"两圈一线"农垦经济带。截至2014年，新疆生产建设兵团生产总值已达1738.58亿元，拥有国家级和兵团级农业产业化重点龙头企业476家（其中销售收入过10亿元的企业有18家），农作物播种面积1991.78万亩，有效灌溉面积1810.36

[①] 张振华、郑坤亮：《毛泽东屯垦思想及实践典范研究》，《西北民族大学学报》（哲学社会科学版）2004年第1期。

万亩，高新节水灌溉面积1410.18万亩，种植业的耕、种、收综合机械化率高达93%，远远高于国内多数省区。全年棉花产量63.61万吨，粮食产量222.89万吨，油料产量16.99万吨，甜菜产量203.57万吨，年末牲畜存栏730.78万头（只）。[①]农垦经济繁荣与发展为兵团执行屯垦戍边的使命打下了坚实基础。

2. 从"一穷二白"到自成一体：打造新疆现代社会的基础。现代社会首先是一个工业化的社会，没有强大的工业生产和与之配套的经济体系，社会"现代化"根本就无从谈起。农垦经济带的繁荣与发展可以保证新疆生产建设兵团的基本生存问题，但仅有农垦经济的繁荣与发展并不能保证现代社会的发展。所以，要建设现代新疆就必须大力发展现代工业化生产模式、建设现代工业文明社会。而在新疆和平解放时，全疆工业总产值只有9800万元，其中手工业产值占92.8%，现代工业几乎为零。落后的生产力极难满足新疆各族人民的日常基本生活需求和现代社会的发展需要。

历史使命与现实条件决定了新疆生产建设兵团除了必须完成拓荒造田、生产"粮草"这一传统"屯垦戍边"的基础要务外，还要努力建立现代社会的工业化生产方式来保证自身的存在与发展。新疆拥有丰富的地质矿产资源，尤其是石油、煤炭、铁、铜、金等矿产资源质优量多，为现代工业的建设与发展提供了极为优越的先天条件。先天的条件、战略的使命和积极向上的生产队伍使兵团自然成为新疆构建工业经济体系的无可替代的排头兵。

其实，早在兵团组建前，中国人民解放军驻疆部队为了改变新疆现代工业基础严重短缺的状况就已创办了一批工交建商企业。新疆维吾尔自治区政府成立后，为了支持地方经济建设，驻疆部队将自己所创办的八一钢铁厂、七一棉纺厂等一批骨干工业企业（包括设备和人员）全部无偿移交给地方政府，使新疆具备了相对良好的工业发展起点。之后，兵团又通过几十年的艰苦创业，构建起一批工交建商企业，

---

① 棉花、粮食、甜菜分别为2010年的1.4倍、1.04倍和1.12倍。参见新疆生产建设兵团统计局——统计公报——新疆生产建设兵团2014年国民经济和社会发展统计公报，http://tjj.xjbt.gov.cn/c/2015-04-29/964642.shtml。

帮助新疆从现代工业的"一穷二白"转变为基本自成一体、相对发达的工业经济。截至1975年国家撤销兵团时，兵团已经构建起一套拥有相对先进的生产技术设备和管理制度、门类基本齐全的工业经济体系，"培育出了新疆各兄弟民族的第一代产业工人，为新疆的经济建设奠定了良好的基础"[1]，为新疆现代社会的构建与发展提供了良好条件，充分体现出新疆生产建设兵团卓越的社会生产功能。

1981年，兵团复建时，再一次用行动体现了其所具有的强大输血、造血功能。复建兵团时，一大批原属兵团的、生产技术先进、经济效益良好的工交建商骨干企业无偿留予自治区和企业所在地区政府。为了保证自身发展，复建后的新疆生产建设兵团又相继组建了包括兵团商贸集团公司、兵团物资集团公司、兵团供销合作总公司等大型企业在内的一批工交建商企业。这在进一步完善新疆整体工业布局的同时，有效促进了新疆商业流通和交通运输业的健康发展。截至2010年，兵团拥有4763家工业企业，形成了包括煤炭、电力、纺织、轻工、食品、皮革、机械、化工、建材、医药等众多门类在内的工业体系，其中包括新天国际、青松建化等14家运行良好的兵团控股上市企业，生产总值已经增至770.62亿元，占自治区的15%。其中国有及国有控股企业完成240.34亿元，全年上缴各类税费90.74亿元，年末从业人员106.18万人，年末在岗职工67.76万人，全年新增劳动力就业6.67万人。[2]

新疆生产建设兵团在现代工业基本为零的条件下，60多年来，构建起包含众多门类在内的、相对比较齐全的工业经济体系，产值为新中国成立初期新疆全部工业产值的786.35倍。这种发展对繁荣新疆经济、改善国家工业布局起到了极大的推动作用。从另一方面讲，现代工业的建设与发展帮助有两千多年历史的边疆屯垦，从传统的牛耕马

---

[1] 王震：《在庆祝新疆维吾尔自治区成立三十周年干部大会上的讲话》，中共中央文献研究室、中共新疆维吾尔自治区委员会：《新疆工作文献选编（1949—2010年）》，中央文献出版社2010年版，第281页。

[2] 参见兵团统计局、国家统计局兵团调查总队《新疆生产建设兵团2010年国民经济和社会发展统计公报》，《新疆农垦经济》2011年第5期。

作走向了现代机械化、集约化生产模式,不仅改变了新疆农业生产的条件,而且获得了极高的生产效率与丰富的生产成果,极大地丰富和保障了数百万边疆卫士的生活,并使中国传统的屯垦戍边模式发生了根本性的改变,促进了新疆社会的转型。

从一定意义上说,新疆生产建设兵团现代工业经济的建设与发展,就是对天山南北的各种自然和社会资源的一种更大程度和更深层次的整合,这种良性社会整合,不仅改变了传统屯垦戍边的模式,繁荣了新疆经济,而且促进了新疆社会结构与居民身份的改变,极大地推动了新疆现代社会的进程。

3. 兵团科、教、文、卫事业与现代社会管理体系的建设。从一定意义上说,"'现代性'意味着一种独一无二的心理、社会、文化、经济和政治实体"①。现代化的农垦经济与工业经济体系为"屯垦戍边"提供了良好的物质基础保证,但这只是新疆现代社会建设与发展的一个基本条件——经济基础而已。建设现代性的新疆,还必须有与之相应的社会管理体系、科教文卫事业和社会意识。作为新疆社会现代化建设的先行者与排头兵,兵团对此无疑负有不可推卸的责任。

为了完成肩负的使命,历经几十年的艰苦创业与发展,新疆生产建设兵团在天山南北的千里沙漠和戈壁上,建起了一个个农牧团场和工矿企业,在亘古荒原之上建起了石河子、五家渠、阿拉尔、图木舒克、北屯等一批军垦新城和200多个富有特色的现代化小城。依托强大的经济基础和现代化的团场城镇,新疆生产建设兵团在几十年的创业发展之中所建立的适用于新疆的现代机械化生产与科、教、文、卫协同发展的新型团场生活模式,在改变新疆自然环境、改善中国城市布局的同时,极大地推进了新疆的城市化进程,促进了新疆现代社会文明的发展。截至2010年,新疆生产建设兵团拥有各类学校811所,其中普通高等院校2所,成人高等院校3所,中专及职业技术中学50所,普通中学293所,小学463所,共有在校学生55.27万人(普通高等学校在校生4.68万人);小学适龄儿童入学率99.9%,初中适龄

---

① [美] 戴安娜·克兰:《文化社会学:浮现中的理论视野》,王小章、郑震译,南京大学出版社2006年版,第21页。

人口入学率96.1%。截至2010年末，兵团总人口为257.32万，各类卫生机构1339个（含盈利性卫生机构），各类卫生人员24186人；平均每千人执业（助理）医师3.13人，平均每千人有医院床位6.91张，婴儿死亡率为6.47‰，孕产妇死亡率为38/10万。兵团城镇居民人均可支配收入14559元，团场农牧工家庭人均纯收入8782元；参加基本养老保险人数133.00万人，参加职工基本医疗保险121万人，参加居民基本医疗保险97.36万人，12.5万人得到居民最低生活保障。[①]

通过50余年的艰苦创业与发展，新疆生产建设兵团在"一穷二白"的基础上，构建起一个适应新疆现代社会发展的良好经济基础和科教文卫事业——若按人均拥有量计算，兵团所拥有的科、教、文、卫机构数量远远高于新疆同期发展水平，以及一个覆盖区域广泛、惠及人口众多的社会福利保障体系。在社会、经济、文化整体发展的同时，兵团还建立起来一个包括机构和武警部队在内的相对完善的社会管理体系，构建了一个治安情况良好、犯罪率远低于同期其他地域的社会生活环境，极大地保证了新疆社会的稳定与发展，为国家的统一与安全做出了贡献。[②]

（二）铸剑为犁定乾坤：兵团在稳定秩序、固边守疆方面的贡献

古今中外，无论何种体制，固边守疆始终都是一个政府的首要政务，因此才有"忽视边疆之策非良策、忽视边疆之谋非良谋、忽视边疆之臣非良臣"之说。在两千多年的中国历史上，凡有远见卓识、宏图大略的统治者，都把治理和稳定西北边疆作为重要治国之策。新疆作为我国西北地区的门户，地处亚欧中心，既是中国距离国际政治、宗教势力交汇中心最近的地区，也是离国际"热点"问题和国际争端多发地区最近的省区，同时还是众多怀有野心国家的垂涎之物。因此，近一个多世纪的新疆一直存在一种与其他省份所不同的危机。和平解

---

① 参见《新疆生产建设兵团2010年国民经济和社会发展统计公报》。
② 参见郭刚《论新疆生产建设兵团的历史地位和作用》，《石河子大学学报》（哲学社会科学版）2002年第6期；付英《从边疆政治战略的角度看新疆生产建设兵团的作用》，《兵团党校学报》2011年第2期；厉声主编《中国新疆——历史与现状》，新疆人民出版社2006年版，第281—283页。

放后，国外势力均想乘新政权根基未稳之际，借助境内各种残余势力积极插手新疆，使新中国成立初期的新疆动荡不安。肩负"屯垦戍边"使命的兵团由此应运而生，并帮助政府平叛维稳、共建新疆。新疆在经历20年的治理获得了10年左右的安稳后，苏东剧变和周边国家此起彼伏的"颜色革命"，以及"伊斯兰革命运动"的发展，使"三股势力"再度抬头并与国际反华势力相勾结，开始越来越多地借助民族或宗教问题挑起事端，制造社会动乱，新疆社会的稳定与安全问题再度严峻起来，新疆生产建设兵团的作用也再次凸显出来。

1. 新中国成立初期新疆社会的秩序与安全情况。由于新疆是和平解放，从旧制度到新制度的社会变革中，不免泥沙俱下、鱼龙混杂。新中国成立后，天山南北各地仍有不少顽固分子试图借助新疆地广人稀、高山沙漠众多的条件，依靠境外势力的支持，用武装暴乱来对抗新疆和平解放，其中主要有伊犁"东突厥斯坦共和国"与南疆"东突厥斯坦伊斯兰共和国"残余势力在伊犁、南疆地区制造的武装暴乱，乌斯曼土匪武装在东天山一带牧区和甘肃、新疆、青海三省交界处发动的武装暴乱。

（1）新中国成立初期北疆地区的社会局势。从自然环境上来讲，天山以北的新疆地区，包括东天山哈密、吐鲁番等地，具有好于南疆多数地区的居住与生活条件。因此，随着清代屯垦兴起，北疆各地逐渐成为中央政府经略新疆的战略侧重，其发展状况也越来越多地影响着新疆整体发展。伊犁曾经长期是西域新疆的政治、经济、文化中心，晚清新疆建省后，政治中心虽然转至乌鲁木齐，但伊犁的地位依然举足轻重。1944年"三区革命"爆发时，在伊宁组建的革命政府打出"东突厥斯坦共和国"之旗，开始进行以推翻国民党汉人统治为主要内容的"民族解放运动"。虽然这种带有分裂性错误在内的"民族解放运动"被后来掌握领导权（1946年）的阿合买提江等人做出过部分纠正，但是，"东突厥斯坦共和国"和"民族解放运动"的旗帜与口号却一直沿用到新中国成立，并在新中国成立以后相当长的时间里对新疆部分地区依然有着不小的影响，这也成为分裂分子借以煽动暴乱、对抗和平解放的基础之一。

借助"东突厥斯坦共和国"及其"民族解放运动"思想的影响，阿不都拉大毛拉于新疆和平解放之初就在伊犁秘密组建了"大突厥主义伊斯兰党"，并先后在乌鲁木齐（时称"迪化"）、喀什、阿山（阿勒泰）等地成立分支机构。他们利用参与新疆和平解放的原"三区革命"民族军（和平解放后被整编为中国人民解放军第五军）的战士笃信伊斯兰教的便利条件，大肆宣传"泛伊斯兰主义""泛突厥主义"思想，时任伊犁城防营的排长热合曼诺夫则是其伊犁组的负责人。新疆和平解放不足半年，该组织在伊犁已经发展到1500人左右，并计划利用手中掌握的武装力量策划暴乱。1950年4—5月，伊宁市内多次出现反共反苏及煽动独立的谣言、标语和传单。7月初，又有少数宗教上层人物和分裂分子企图借肉孜节煽动群众集会发动暴乱，未遂之后，热合曼诺夫等人又密谋7月26日发动叛乱，也被当地驻军发现并粉碎。热合曼诺夫及其追随者100多人被逮捕，并有部分被处置。分裂分子借此造谣煽动，引起了第五军内部部分人员的不稳定之态。8月18日，昭苏驻军伊德利斯·奴尔派等36人发动暴乱，胁迫200余人参加"伊斯兰政府忠义军"，并于次日向当地驻军进攻且烧毁了军区合作社，后被及时赶到的平暴部队很快击溃，伊德利斯·奴尔派等47人被擒，29人被依法处置。

除了公开的分裂势力活动之外，还有披着宗教外衣的分裂分子利用其合法身份大肆进行的分裂活动。其中，巩留县神职人员哈德尔毛拉就借讲经之名，四处煽动百姓并筹集马匹、武器，积极组织分裂叛乱。受其煽动，巩留县于1951年10月28日发生数百人参加的反革命暴乱，在被当地驻军平息后，巩留、巩哈（今尼勒克）、特克斯、昭苏、新源5县牧区的宗教分裂势力依然蠢蠢欲动。为此，1952年2月2日，政府专门在巩留县对分裂暴乱分子进行了公判，同时开始在伊宁县各区乡搜捕暴乱分子，一个月内共逮捕了258名暴乱分子。3月13日，伊犁军区公开宣判了一批"大突厥主义伊斯兰党"骨干、"泛伊斯兰主义"和"泛突厥主义"分子，在公布其主要罪行的同时，号召当地居民积极检举和揭发暴力分裂分子的不法行为。这些措施有力地打击了分裂势力，伊犁等地的社会治安状况渐趋好转。

在北疆地区与伊犁等地残余的"民族解放运动"思想和极端宗教与分裂势力进行斗争的同时，昌吉、奇台、哈密等地的山区牧区，以及甘肃、新疆、青海三省交界处，还活动着以乌斯曼、饶乐博斯和贾尼木汗等为首的土匪武装。1944年2月，乌斯曼自称为哈萨克汗，主要活动在阿尔泰山地区中蒙边疆一带。1946年之后，三区政权和新疆省政府都试图将其拉拢，但均未果。后来乌斯曼受到时任新疆警备总司令宋希濂的支持，并得到国民党军方援助的大批武器弹药和所配电台，成为新中国成立前夕活跃于东天山及阿勒泰山区牧区最为重要的一支武装力量。乌斯曼等人所率武装的主要目的是暴力反对和阻挠新疆和平解放，其以氏族部落为单位，以教规为纪律，裹挟着成千上万携有武器的牧民随其暴乱，活动范围包括天山以北、阿勒泰山以南，东西长达数千里的山地牧区，流动性大、破坏力量强，对新疆社会的稳定和生产发展造成了严重威胁。新疆和平解放后，乌斯曼土匪武装势力与国民党反动残余势力相联合，在1950年至1952年9月期间，先后于昌吉、奇台、哈密等地，绥来（今玛纳斯）、景化（今呼图壁）、乌鲁木齐南山一带和镇西（今巴里坤）、孚远（今吉木萨尔）、木垒，以及甘肃、新疆、青海三省交界处，组织了数起武装暴乱，烧杀抢掠，极大地破坏了社会秩序，干扰了当地百姓的日常生活。在人民解放军的坚决反击下，这些武装暴乱均被很快平息下去。

（2）新中国成立初期南疆地区的社会局势。南疆早在1933年就曾在穆罕默德·伊敏等人的策划下建立过"东突厥斯坦伊斯兰共和国"分裂政权。虽然其"总统"和加尼亚孜迫于苏联红军和盛世才政府的压力，很快就宣布取消分裂政权并出任新疆省副省长。但是，该政权所主张的"反汉排汉"、进行"圣战"、建立"伊斯兰国家"极端宗教意识和分裂思想并没有受到任何打击或触动，追随他们的少数顽固分子一直在大肆活动。1945年，宗教世家出身、极力鼓吹"圣战"的神职人员阿尤甫·哈日在莎车主持建立了高级经文学校——麦德利斯经堂，并很快成为当时新疆伊斯兰经文教育的中心之一，阿尤甫·哈日则成为新疆著名的大依禅（教主）。该经堂建成后逐年扩大，最多可以容纳4000余人习经，阿尤甫·哈日在此地培养的学生则遍布南疆各地，麦德利斯经堂成为新疆分裂思想的重要策源地。1946年，穆罕默德·伊敏在国民党的支持下出任省政府委员兼建设厅长后，便利用其合法身份在和田等地公开宣传分裂思想。与阿尤甫·哈日一拍即合的穆罕默德·伊敏多次以书信、互派人员等方式商讨"新疆独立"和建立"伊斯兰政府"事宜，极大地助长了分裂势力的嚣张气焰。1949年9月，穆罕默德·伊敏在随拒绝起义的国民党军政官员逃往境外时，途经喀什、叶城、皮山等地，专门召集当地宗教上层人士及分裂分子，蛊惑反共分裂并面授机宜、部署潜伏。

新疆宣布和平解放后，以阿不都依米提大毛拉为首的分裂势力在穆罕默德·伊敏与阿尤甫·哈日等人的授意下，企图利用和田地处边远、交通困难和解放军尚未进驻之机，抢先建立分裂政权。但未曾想，解放军部队（二军十五团）仅用了17天的急行军就从阿克苏徒步穿越塔克拉玛干沙漠赶到了和田，分裂阴谋遭到失败。1950年，朝鲜战争爆发后，穆罕默德·伊敏等人指示潜伏于南疆各地的分裂分子多次聚会并密谋暴动方案，准备在阿不都依米提大毛拉的带领下在和田组织暴动，后因被公安部门侦破而未遂。此后，阿不都依米提大毛拉利用自己合法的宗教身份，大量散发歪曲历史的非法出版物蛊惑群众，并借讲经之名大肆宣扬"圣战"思想，先后在和田、洛甫、墨玉、皮山、策勒、民丰等地组织发展了1.5万信徒和7个暴乱组织，积极为组织暴乱做准备。

1954年5月，阿不都依米提大毛拉组织成立了"伊斯兰政府联盟委员会"，并确定了1955年元旦举行暴动的计划和通过"圣战"建立"伊斯兰政府"的组织纲领与具体的人事安排。12月31日，墨玉、和田、洛甫等地的6000余名群众被煽动集会，后"在政府政策的教育和感召之下纷纷离散"①。当晚，阿不都依米提大毛拉及其亲信又纠集了300多名暴徒，手持凶器袭击墨玉县劳改农场，打死看护人员并砸开牢门煽动犯人参加暴乱。两天后，暴乱被平息，阿不都依米提大毛拉潜逃。1956年3月9日、11日，阿不都依米提大毛拉又先后组织数百

---

① 厉声：《中国新疆——历史与现状》，新疆人民出版社2006年版，第298页。

名暴徒,煽动 500 多名做乃玛孜的群众发动了两次暴乱,都被迅速平息。4 月,阿不都依米提大毛拉的弟子亲信在洛甫县组织成立了"伊斯兰共和国",选举阿不都·卡德尔哈日任"共和国主席"兼临时"总司令",宣布了 21 条组织纲领并制订了详细的暴乱计划。4 月 19 日,喀什地区英吉沙县发生的暴乱也被平息。5 月 4 日,阿不都·卡德尔哈日在洛甫县纠集了 260 余名暴徒,裹挟 1300 余名群众发动暴乱并冲击了县政府,抢劫了众多粮油物资,随后又与得知信息赶来的公安干警发生枪战。结果数十名暴乱分子被击毙或击伤,阿不都·卡德尔哈日被擒,后有百余名参加暴乱的人员投案自首并交出武器,暴乱彻底平息。1957 年 4 月 12 日,海力其汗等人在和田召开会议并建立"伊斯兰政府",选举了"政府"主席、副主席等职的领导并确定了暴乱计划。计划暴露后,他们立即组织 70 余名暴徒疯狂行凶,并将前去劝说的全国伊斯兰协会委员、自治区人大代表、县政协副主席那斯尔阿吉和数名公安干警杀害,同时还打伤数名宗教人士。前来增援的公安干警赶到后,当场击毙并逮捕 40 余名暴徒,暴乱被平息。[1]

总体来看,在新疆和平解放后的最初十年里,受"东突厥斯坦共和国"和"东突厥斯坦伊斯兰共和国"残余势力的影响以及境外反共反华势力的支持,新疆各地频繁发生规模大小不等的暴乱事件,整体社会秩序常被打乱,百姓日常生活受到极大干扰。这也预示着,新疆进行稳定有序的社会主义新中国建设的道路必定艰难而曲折。

2. 兵团在新疆和平解放后的稳定发展方面所做的贡献

(1) 组建一支亦兵亦农、熟悉地情的特殊队伍,以保证边防安全、维护社会稳定是新疆特殊区情的必然要求。和平解放后,天山南北各地频发的武装暴乱事件和土匪武装流窜势力,在解放军与各地公安干警的坚决反击与打压之下频起频息,终难成事。但是,由于新疆没有类似于内地解放区的良好群众基础和经济条件,各地军民关系和一切社会管理机构又在初建之中,难以保证社会正常运转,而新疆长达几千千米的边境线远离内地且交通不便。所以,新疆单纯依靠军队

---

[1] 参见厉声《中国新疆——历史与现状》,新疆人民出版社 2006 年版,第 287—298 页。

驻守边疆的成本必然会大大增加。与此同时，在交通运输条件极为落后的情况下，地广人稀的新疆纵使有百万军队也难以应急和周全。特殊的区情使新疆必须有一支熟悉本地情况、平时生产、遇有战事能够"召之既来、来之能战"的亦兵亦民的特殊组织，以减轻边防驻军固边守疆、维护治安的压力。

鉴于新疆实际，熟谙历史的毛泽东在新疆和平解放之前就明令准备入疆的王震及其所属全体官兵，要站在"国防的最前线"和"经济建设的最前线"，担负起保卫和建设边疆的双重任务，完成劳武结合、屯垦戍边的历史使命。王震率部进疆后，按计划陆续进驻各个战略要地，布防设控并严厉打击各种阻挠和平解放的反动势力，迅速平息了多地多起武装暴乱事件，很好地履行了武装保卫边疆安全、积极巩固新政权的任务。与此同时，各地驻军一方面就地屯垦，以积极开展的大生产运动解决驻军所需并帮助当地社会恢复和发展经济；另一方面则向当地百姓积极宣传中国共产党和新中国的政策，以求建立尽可能强大的民主统一战线，加强民族团结，保证社会稳定发展。

在经过为时两年的实践后，王震在1951年12月向中央提出，应该"利用军队集体劳动的经验，认真试办农民的集体农庄……军队除担负警备任务外，集中屯垦，经营大农场"。之后不久中央即批准新疆军区正式组建生产建设兵团，并沿袭人民解放军的建制，拥有从连、营、团、师到兵团的健全组织机构，实行党、政、军合一的领导体制。作为一个准军事组织，兵团除了垦荒造田、发展生产、建设新疆外，还是一支强大的维护边疆社会稳定的重要力量，肩负保卫国家、巩固边防、稳定社会的战斗任务。此后几十年，兵团就忠贞不渝地执行着这一任务。这使兵团必须具备随时应付突发暴力事件的能力，以完成其作为"战斗队、生产队、工作队"的三大战略任务。自从生产建设兵团组建后，每当新疆的"三股势力"同境内外的反共反华势力相互勾结、相互呼应，利用民族宗教问题蛊惑群众、制造事端，并由此引发局部地区社会动荡时，兵团都能够通过它所具有的组织优势和"以民治乱"的特殊形式，迅速平息事态，控制局势，从而起到稳定社会、稳定大局和稳定人心的作用。

（2）兵团在保证新疆边防安全，维护社会稳定方面所做的贡献。在组建之初即拥有一支1.4万人用以执行守边、内卫任务武装部队的兵团，首先是以稳定新疆为己任，配合各地公安干警进行了英勇的平叛、剿匪斗争。在各地平叛、剿匪任务基本完成后，兵团又投入协助地方政权建立减租反霸与土地改革运动中，保证了新中国成立初期新疆建立新社会制度所必需的稳定与发展。20世纪60年代初，根据区情需要，兵团又组建了一支"不分昼夜、不分山川、不用向导、召之即来、来之能战、战之能胜"的民兵武装部队，用以维护和稳定社会正常秩序和边防安全。1962年4月，当伊犁、塔城等地的边民受到苏联策动而大批外逃时，长达两千里的边境地带一度人走地空，直接威胁到国家的安全，在这种情况下，兵团民兵武装立即与人民解放军一起担负起边界守卫的任务。与此同时，兵团还奉命"立即抽调干部、职工及汽车、农机具，奔赴裕民、塔城、额敏、霍城等县的北疆地区，执行代管庄稼、代耕土地、代牧牲畜的'三代'任务，并承担'三代'费用"①。5月29日，少数不法分子在苏联驻伊宁领事馆的策应下，煽动当地居民2000多人聚集闹事，少数暴徒则乘机抢夺武器并挟持伊犁哈萨克自治州州长冲击州人民委员会大楼和州党委办公大楼，实行疯狂的打、砸、抢等暴力行为，制造了影响恶劣的伊宁骚乱事件。骚乱平息后，伊犁方面关闭了中苏边界，取缔了苏侨协会，兵团民兵武装又协同军警一起担负起维护百姓日常生活秩序的内卫任务。

1965年，兵团又应形势所需组建了可以执行守边、内卫和平息突发事件任务的466个值班连队和炮兵团与坦克团，拥有骑兵、炮兵、工兵、通信兵和坦克兵等多个兵种。在不断发展与完善组织机构建设的同时，兵团各级组织机构和管理人员还在日常生产生活中，利用各种途径，不断向其所属职工进行爱国主义教育，在增强兵团人"屯垦戍边"使命感的同时，帮助每一个成员形成强烈的"我以守边任务为荣"的国防意识，大大激发和增强了兵团的凝聚力，保证了兵团所负战略任务的完成。在"中印边界反击战时，兵团担负了后勤支援任

---

① 郭刚：《论新疆生产建设兵团的历史地位和作用》，《石河子大学学报》（哲学社会科学版）2002年第2期。

务，保证了后勤供应的需要即反击战的胜利"①。"伊塔事件"发生后，兵团根据中央和自治区党委的指示，在长约 2019 千米（约占全疆边境线的 38%）的边境地区陆续建起了 58 个农牧团场，遍布新疆 9 个地（州）的 26 个边境县（市）。其中有 38 个团场是第一线边境农场，这些农场沿中苏边境连线成片，形成了一条 10—30 千米宽的边境农场带，构成了一种军管线、警管点、兵（团）民管面的四位一体联防执勤体系和安全防卫格局。由于兵团所建的边境农场都位于新疆的重点边防地区，战略位置突出，对于保证新疆乃至全国的安全都有十分重要的作用，因此，边境农场带的建成，不仅基本构建起兵团"两圈一线"的战略部署格局，同时也极大地改变了新疆长期以来"有边无防"的安全格局，为新疆筑起了一条屯垦戍边的国防屏障，结束了长期以来因为新疆"有边无防"而不断被外国所蚕食边疆领土的历史，为充实边防、稳定社会、加强国防安全和维护祖国领土的完整做出了历史性的贡献。② 可以说，解放军进驻新疆并在新疆屯垦是新疆各族人民获得解放、和平与发展的首要保证。③

兵团边境农场带的建成，在结束新疆"有边无防"历史的同时，也基本切断了疆内不法分子与境外势力的勾结路径，有效抑制了疆内反动势力的活动，减轻了新疆内卫安全的压力。迫于形势变化，贼心不死的分裂分子开始更多地转入地下活动。伊宁"5·29"骚乱事件后，乌鲁木齐、喀什等地先后出现了"东突厥斯坦独立斗争同盟""东突厥斯坦青年救国军"等秘密组织。1968 年 2 月，全疆范围的分裂组织"东突厥斯坦人民革命党"组成了以托乎提库尔班（自治区某出版社干部）为主席的"东突厥斯坦人民革命党中央主席团"，制定

---

① 郭刚：《论新疆生产建设兵团的历史地位和作用》，《石河子大学学报》（哲学社会科学版）2002 年第 2 期。

② 参见郭刚《论新疆生产建设兵团的历史地位和作用》，《石河子大学学报》（哲学社会科学版）2002 年第 2 期；张振华、郑坤亮《毛泽东屯垦思想及实践典范研究》，《西北民族大学学报》（哲学社会科学版）2004 年第 1 期；付英《从边疆政治战略的角度看新疆生产建设兵团的作用》，《兵团党校学报》2011 年第 2 期。

③ 参见朱德《关于新疆发展生产和加强民族团结的问题》，中共中央文献研究室、中共新疆维吾尔自治区委员会《新疆工作文献选编（1949—2010 年）》，中央文献出版社 2010 年版，第 208 页。

了章程、党徽、党旗,确立了依靠苏联实现新疆独立、建立"东突厥斯坦共和国"的行动纲领和目标,同时还确定了"维吾尔斯坦人民共和国国旗"。之后,该组织秘密编印了《火炬报》《觉醒报》《独立报》等刊物和大量宣扬其分裂主张的传单、小册子,暗中四处散发,积极进行思想渗透并制造舆论。截至1969年底,"东突厥斯坦人民革命党"先后在全疆12个地/州/市和自治区的22个区级单位,建立了3个分裂组织[①]及其在各地区的分支机构与78个基层组织,发展成员1500余人。与此同时,该组织一方面大肆实施以银行、仓库和商店为目标的抢劫行为,借以筹集暴乱所需的经费和物资;另一方面则积极与境外势力联络,以获取发报机、武器弹药等暴乱必需物。1969年1月,托乎提库尔班被群众组织关押,木塔力甫(原自治区人民银行副行长)、伊德利斯(新疆军区步兵学校军官)成为该组织新的领导人。8月20日,"东突厥斯坦人民革命党喀什南疆分局书记"阿洪诺夫(时任喀什拖拉机站站长)在喀什市和麦盖提县组织策划了武装暴乱,并在暴乱后立即向中苏边境运动,结果在运动途中被公安干警与兵团民兵武装部队所围歼。阿洪诺夫等10名暴乱分子被击毙,其余均被俘获。之后,兵团基层武装力量又协同公安保卫部门在全疆范围内对"东突厥斯坦人民革命党"进行清查。半年后,全案告破,涉案人员达5000余人,其中"东突厥斯坦人民革命党"成员1165人,依法惩治230人。[②] 对"东突厥斯坦人民革命党"一案的处理使新疆分裂势力受到沉重的打击,此后10年时间里,新疆没有再出现大的分裂活动。

总体来看,在新中国成立至改革开放的30年时间里,兵团在新疆的社会稳定与发展中发挥了特殊而重要的作用,而这种作用的发挥主要基于以下几点。

第一,合理的战略布局使兵团成为新疆重要城市和战略要地的直

---

① 这三个组织分别为"天山复仇者"、"天山乌拉尔"和"青年组织"。
② 1975年,根据中央指示,自治区鉴于"东突厥斯坦人民革命党"组织成员情况复杂且被俘人员多已坦白交代、认罪服法的情况,对该案进行了重新处理,"除暴乱中被击毙和做其他处理的要犯387人外,其余1165人均不定为该党成员,而以犯有政治错误"论处,对"部分罪恶较轻、认罪服法的服刑人员也分别做了减刑或提前释放处理"。(参见厉声《中国新疆——历史与现状》,新疆人民出版社2006年版,第298—302页。)

接看护者。在兵团"两圈一线"的分布格局中，除了戍边的"边境农场带"外，其他团场虽是大多分布于沙漠边缘但却均为地理要冲且彼此之间皆有相对便利的道路连接。其中农一师所在地阿克苏，是南北疆交通要道，也为历来兵家必争之地，乃是稳定南疆的战略要冲；农二师驻于库尔勒，扼南北疆咽喉，是保证南北疆通畅的必需；农三师、十四师分驻于南疆重镇喀什、和田，直接看护着南疆三地州的安全；农四师则驻于北疆重镇伊宁，把握着新疆西出的传统要道——伊犁河谷；农五师驻于博尔塔拉蒙古自治州，护卫着东西大陆桥（铁路）的西出口；农七师、农八师分驻于连接新疆首府乌鲁木齐市和西部重镇伊犁的玛纳斯河流域之上，把握着新疆东西贯通的要道；农九师驻于塔城地区（师部驻额敏县），看护着新疆的西北边界；农十三师扼守着新疆的东大门——哈密，掌控着新疆与内地交通的咽喉；农六师驻于乌鲁木齐边缘的五家渠市，农十二师和建工师均驻于乌鲁木齐，直接保卫首府。条块分割、网络分布、各有所重的分布格局使天山南北各个重要城镇均在兵团看护之下，为新疆社会的安全提供了直接地理保证。

第二，兵团党政军企合一的组织结构与其亦农亦兵、组织严密的半军事化性质，加上兵团在其几十年建设发展中形成的军事化运作风格，使兵团具有一般政府和社会管理机构所不具备的高效、协调和一致行动能力。并且，兵团所属各团场、连队的统一集中居住格局，以及相对较高的机械化、集约化生产模式，使兵团职工具有较强的组织纪律性，可为短时间内迅速集中较多力量应对社会突发事件提供组织和人员保证。正如朱德、王恩茂在总结新疆和平解放10年的基本经验时所讲，解放军进驻新疆并在新疆屯垦是新疆地区各族人民获得解放、和平与发展的首要保证；新疆生产建设兵团"不仅是巩固新疆地区的治安和国防的重大力量，而且正在成为发展新疆地区农牧业和工业的主力军"[①]。

第三，各兵团团场均拥有相应的军事力量，包括基层民兵、武警与预备役部队。这些军事力量虽然不具备正规军所拥有的独立、大规

---

① 朱德：《关于新疆发展生产和加强民族团结的问题》，中共中央文献研究室、中共新疆维吾尔自治区委员会：《新疆工作文献选编（1949—2010年）》，中央文献出版社2010年版，第210页。

模作战能力,但是,由于基层民兵与预备役部队是随各团场散布于新疆的各战略要冲之地的,能够快速灵活地应付威胁边疆安全和社会稳定的突发事件;并且,自1984年8月成立(1996年正式纳入武警内卫部队)的兵团武警部队①,在各团场所驻城镇均有相应规模的部队派驻,一旦出现民兵与预备役部队无法应对的事件出现时,他们可以立即提供强有力的军事支援。如此强大的政治、军事和社会功能,使兵团被少数民族分裂分子视为分裂活动的"最大障碍"。

表3-1　　　　　　新疆生产建设兵团所辖主要机构②

单位	师部所在地	辖团场数	辖连队数	所属工业、建筑企业数	所属批、零、住宿、餐饮企业数	所属普通中学数	所属医疗卫生机构数
农一师	阿拉尔市	16	225	240	29	29	233
农二师	库尔勒市	18	212	262	104	26	130
农三师	喀什市	18	172	154	28	26	102
农四师	伊宁市	21	212	442	103	27	85
农五师	博乐市	12	115	218	27	15	92
农六师	五家渠市	20	237	612	55	29	152
农七师	奎屯市	10	177	431	71	14	199
农八师	石河子	19	374	1101	898	34	520
农九师	额敏县	11	96	172	16	13	91
农十师	北屯	11	103	98	27	12	39
建工师	乌鲁木齐市			49	8	5	13
农十二师	乌鲁木齐市	6	74	19	8	14	7
农十三师	哈密市	11	92	126	20	12	50
农十四师	和田市	4	36	66	17	3	11

3. 新疆改革开放以来的形势变化需要兵团更好地发挥稳定秩序之效

沉渣再起:20世纪80年代新疆社会分裂与反分裂形势的变化。

---

① 1984年8月武警新疆总队兵团支队正式成立,1986年6月,更名为"中国人民武装警察部队新疆维吾尔自治区总队生产建设兵团指挥所"。1996年2月,"中国人民武装警察部队新疆维吾尔自治区总队生产建设兵团指挥所"又调整为"中国人民武装警察部队新疆生产建设兵团指挥部",正式纳入武警内卫部队序列,改由武警总部与兵团双重领导。

② 数据来源:《兵团统计年鉴2009》。

新中国成立以后20年坚持不懈的打击与清理，尤其是20世纪60年代末对"东突厥斯坦人民革命党"一案的处理，使新疆分裂势力受到沉重打击，新疆在其后10年时间里没有再出现大的分裂活动。但这一时期，中国并未对新疆遗留的分裂思潮和"民族解放运动"的错误认识进行认真清理，尤其是未对存于部分民族知识分子和宗教人士中的"两泛"思想进行认真清除与教育。结果在改革开放以后，随着中国对内控制的放松和对外交流的加大，国内外敌对势力互相勾结，图谋分裂新疆的活动开始增多，一度蛰伏的分裂主义沉渣再起并在蔓延之中越来越多地煽动极端宗教情绪和民族偏激意识，随之而来的就是80年代分裂性事件的日渐增多。

总体来看，近20年里新疆的分裂性事件呈现以下特点：

第一，分裂组织和政党日益增多，组织机构日渐统一，组织成员日益年轻化和知识化。20世纪80年代末至90年代初，苏东剧变对新疆局部地区日益强烈的狭隘民族意识产生了极大的冲击和诱惑，境内分裂势力乘机大肆散布新疆要效仿苏联各加盟共和国，实行"民族独立"的思想和言论。在境外反华势力的支持和帮助下，境内分裂势力乘改革开放所带来的社会管治松动与意识形态工作薄弱之机，进一步加强了其在天山南北各地的舆论宣传、社会渗透和策反工作，以至于局部地区的基层政权和组织都受到了不同程度的侵蚀。在日渐增多的宗教狂热情绪和狭隘民族意识的作用下，政府与社会管理机构的各项工作都受到不同程度的影响，党与国家的许多方针政策也难以深入贯彻到基层，宗教干预行政、教育、司法的现象日益增多。此前屡遭打击的分裂分子乘机借助"宗教""民族"乃至"改革"之名纷纷成立规模不同的组织或团伙并大肆发展成员。其中，"东突厥斯坦民族解放组织"于1988年组建时不过19人，而到了1990年9月，该组织已在喀什、伊犁、巴音郭楞蒙和哈密4个地/州的9个县/市发展成员达160余人。截至1995年底，公安部门先后破获"天山民族拯救者党""东突厥斯坦伊斯兰党""东突厥斯坦伊斯兰改革者党"（包含"伊斯兰改革者突击队"）等109个分裂组织，成员多达1831名。由于政府处理过于谨慎，对其中多数涉案人员并未做相应处理，结果在1998年所破获的 195 个分裂组织（涉案人员达 1194 人），多数是漏网或者获释的分裂分子重新纠合而成的。1999 年所破获的 76 个分裂组织中，涉案人员更是高达 1650 人。

进入 21 世纪以后，在"东突厥斯坦伊斯兰运动""中亚维吾尔民族联盟""伊斯兰兄弟会"等多个境内外势力勾结而成的统一组织建立后，分裂势力开始更多地向受教育层次较高的学校、机关和事业单位渗透，分裂政党和组织在加紧拉拢青年学生和知识分子的同时，其组织发展呈现出组织机构统一化、组织成员年轻化、骨干分子知识化的发展趋势。2004 年，境外恐怖分裂势力组建了"世界维吾尔代表大会"（简称"世维会"），在进一步加强对中国社会民众进行意识形态渗透的同时，加紧制造暴力恐怖活动。

表 3-2　20 世纪 80 年代新疆分裂性骚乱和暴力恐怖事件一览表

名称	时间	地点	组织者	主要参与者	主张与口号	事件起因	事件规模	具体方式与无辜死伤人数
"4·9"事件	1980 年	阿克苏	分裂分子、塔里甫	青年穆斯林	"打倒异教徒""把伊斯兰革命进行到底""伊斯兰共和国万岁"	一民族居民意外伤害死亡	3000 余人、持续 3 天	非法游行；冲击党政机关；殴打干警和党政干部。伤 155 人
"1·13"骚乱	1981 年	叶城	分裂分子、塔里甫	青年穆斯林	"打倒异教徒""把伊斯兰革命进行到底""伊斯兰共和国万岁"	清真寺失火	2000 余人、持续 4 天	非法游行；冲击党政机关；殴打干警和党政干部。伤 155 人
"5·26"伽师分裂暴乱	1981 年	伽师	东突厥斯坦燎原党	东突厥斯坦燎原党徒	"圣战""建立东突厥伊斯兰共和国"	东突厥斯坦燎原党策划	150 多暴徒、1 天	抢劫伽师县武装部武器库各类枪支 152 支及弹药若干、攻打县城
"10·30"事件	1981 年	喀什	中亚细亚维吾尔斯坦青年星火党	"星火党"成员及青年穆斯林	"打死黑大爷""赶走黑大爷""伊斯兰共和国万岁"	一民族居民意外伤害死亡	2000 余人、持续 2 天	非法游行；冲击党政机关；打砸抢杀。死伤 461 人

续表

名称	时间	地点	组织者	主要参与者	主张与口号	事件起因	事件规模	具体方式与无辜死伤人数
"12·12"事件	1985年	乌鲁木齐	民族分裂分子	民族大学生	"汉人滚出新疆""新疆独立万岁"	对民族干部工作变动不满	2000人、持续3天	非法集会、游行；和田、阿克苏、博乐、北京、南京、上海相继均有响应性游行
"6·15"事件	1988年	乌鲁木齐	民族分裂分子	民族大学生	"把汉人赶出去"	一条厕所内侮辱性标语	500多人、持续4天	非法游行
"5·19"骚乱	1989年	乌鲁木齐	民族分裂分子	无业游民与社会闲散人员	"要你们看看我们穆斯林的力量"	一册有问题出版物	3000多人、1天	非法游行；冲击自治区党政机关；打、砸、抢。死伤187人

第二，分裂势力加紧联合并调整策略，国际反华势力介入增多、国际国内反动势力勾结度加大。近20年来，随着中国对外开放程度的加大，尤其是亚欧大陆桥的贯通和多个边境贸易口岸的开放，以及疆内由多条铁路和高速公路构成的交通网络与"信息高速公路网络"的建设和使用，极大程度上改变了新疆社会的封闭与落后，同时也为境内分裂势力与境外反华势力的勾结提供了方便。

自20世纪90年代开始，分裂势力在加紧联合的同时提出了"新疆问题"的"四化"方针，即"使所谓'新疆问题'国际化，挑起民族冲突使之扩大化，实现民族单一化，斗争武装化"。[①] "东突厥斯坦"分裂势力越来越多地采用境外组织训练暴力恐怖骨干分子，境内发展组织成员；境外组织策划指挥，境内具体实施行动；境外采购制作武器弹药，境内偷运分发实施行动等多种内外勾结、共同行动的方式，

[①] 江泽民：《关于新疆反分裂斗争中的几个历史问题》《正确认识新疆历史，坚决反对民族分裂》，中共中央文献研究室、中共新疆维吾尔自治区委员会：《新疆工作文献选编（1949—2010年）》，中央文献出版社2010年版，第412—413、474页。

进行更加隐蔽、更加富有破坏性的暴力恐怖活动。"9·11"事件以后，美国借助打击恐怖活动，在中亚各国，以及阿富汗、巴基斯坦等地实施日渐强大的军事行动和战略部署。截至目前，美国已在新疆周边的塔吉克斯坦、乌兹别克斯坦、吉尔吉斯斯坦、土库曼斯坦、格鲁吉亚和阿富汗等9个国家设置了13个军事基地，其中设于塔吉克斯坦的美军甘西空军基地距离新疆只有400多千米。这些军事基地已在中国西部周边区域形成了半环形包围圈，对新疆的边防压力和威胁可想而知。与此同时，伴随着美国干涉中东伊斯兰世界程度的增长，以对抗西方世界为主要目的的"伊斯兰解放运动"也开始日渐加大其在全球范围的活动，不可避免地影响了伊斯兰教民众多的新疆。近年来，西方世界借助人权、民族权利和宗教信仰问题，在中亚地区发动的"颜色革命"和"民主民权运动"，起了推波助澜的作用。在新疆境内大肆进行各种非法活动并力图使"新疆问题"国际化则成为境内外反华势力的共同目标。1998年2月，"东突""藏独"等民族分裂主义组织在台湾与"台独"分子一起签署《台、藏、内蒙、东突独立运动共同宣言》。1999年李登辉在《台湾的主张》一书中，公开宣称"要把中国肢解成七大块：台湾、西藏、新疆、内蒙古、东北、华南、华北"。2000年5月，"台独""藏独""东突"等分裂势力及"民运"分子代表在美国召开联席会议，提出建立"自由亚洲同盟"，要联合西方反共反华势力肢解社会主义中国。

第三，以越发强烈的社会意识渗透和舆论宣传谋求更大的国际国内支持。改革开放以后，乘着国家放松社会控制与意识形态工作日渐滑落之机，分裂势力开始借助书刊、广播、电视、网络等各种媒介手段，为其进行宣传和舆论造势，抢占社会意识阵地，以吸引更多的社会成员加入。他们除了利用改革开放以后宗教管理宽松化而大肆私办经文学校、讲经点，并借讲经之机宣扬"泛伊斯兰主义"和"圣战"思想之外，还积极编纂篡改历史的各种书刊宣传资料，混淆视听。

1987年，"东突厥斯坦伊斯兰共和国"的制造者穆罕默德·伊敏所著的《东突厥斯坦历史》（增补本）在安卡拉出版后，境外分裂组织立即以刊物转载形式予以宣传并通过各种渠道很快流入新疆。由于作者出身宗教世家并做过多年教师，熟谙历史。所以，他在杜撰和篡改历史的基础上，以极富蛊惑性的语言和手法构建起来的"东突厥斯坦独立论"思想体系，集历史上分裂主义的政治观、民族观和宗教观之大成，极易混淆视听。该书声称：突厥人是"人类历史的开端"，突厥民族是具有万年历史的古老民族，历史上所有生活于中国北方、西域地区的民族都属于"突厥族"，"突厥民族"在9000多年前就创造了文字，在匈奴帝国兴起之前就建有"维吾尔国家"，历代中国政府都仇视并欲灭绝"东突厥斯坦民族"。因此，包括维吾尔在内的各"突厥民族"都应该抱定必死的决心与中国政府抗争到底，直至牺牲。

1986—1989年，吐尔洪·阿勒玛斯（新疆维吾尔自治区文联干部）打着学术研究的旗号，先后在两家出版社公开出版了《维吾尔人》、《匈奴简史》和《维吾尔古代文学史》等书（简称"三本书"），其仿效穆罕默德·伊敏杜撰出8000年前维吾尔人就已生活于"东起大兴安岭，西至黑海，北起阿尔泰山，南至喜马拉雅山"广阔地区的历史，宣称：维吾尔文化是各民族文化之源，"维吾尔是独立于中国之外的民族"。由于三本书内容自成一体且都是宣扬"泛突厥主义"和"泛伊斯兰主义"的公开出版物，而同期的相关通用教材当中，有关新疆地域历史的理论却要相对羸弱许多，并且同期政府的媒体之中，"政治宣传很少，而是充满了中国发达地区和西方发达地区特别是美国和欧洲的画面"[①]，因此，这些歪曲历史的书籍对鉴别力不高的普通群众和涉世不深的青少年影响甚大。《东突厥斯坦历史》和"三本书"也因此被视为分裂主义的"思想和精神支柱"[②]。

在积极进行社会意识渗透的同时，分裂势力还注意积极利用国际势力来为自己造势。随着"东突厥斯坦伊斯兰运动"被美国列为"恐怖组织"（2002年），境内外分裂势力一方面试图与"恐怖组织"划清界线，另一方面打出"维吾尔民族独立运动""争取人权和民族自决权"的旗号，开始由单纯的暴力行动转向所谓的"民主""民权"运动，并借助各种印刷物和网络、电视等多种媒体，向世界宣传其所

---

① ［美］鲍大可：《中国西部四十年》，孙英春等译，东方出版社1998年版，第362—363页。
② 参见厉声主编《中国新疆——历史与现状》，新疆人民出版社2006年版，第307—314页。

谓的"民族权利"主张，试图谋取更多国际支持。与其呼应，"国际敌对势力也加强了对新疆的舆论攻势，并开设了维吾尔语和哈萨克语广播，电台发射功率之大，可以覆盖整个新疆"①。而近几年来，其头目热比娅等人频繁受到美国政要的接见则证明其策略转变的成功。

第四，非法分裂性活动种类日渐增多、分裂性活动日渐升级。进入20世纪90年代以后，境内分裂组织的增多和一般社会意识的变化，使新疆的分裂活动呈现日渐上升的趋势，其中尤以组建过"东突厥斯坦共和国"和"东突厥斯坦伊斯兰共和国"、分裂思想遗毒颇深的北疆重镇伊犁和南疆重地和田为甚。其主要活动大致分为三类：一是假借民族、宗教之名组织非法活动，蛊惑"圣战"、宣扬暴力、煽动一般群众的偏激情绪，进而组织游行和伴有打、砸、抢、烧、杀等暴力行为的骚乱事件，扰乱社会秩序，制造紧张气氛。二是袭击、暗杀基层政府和公安部门的工作人员，以扩大影响，制造混乱。三是通过在公共场所或公共设施所制造的爆炸、纵火、投毒等针对大众的暴力恐怖事件，以制造恐慌和仇恨。

在近20年中，上述三类活动在新疆境内多达上千起。其中，比较典型的有阿克陶"巴仁乡恐怖暴乱"（1990年）、和田"7·6"骚乱（1995年）；库车"4·29"暗杀（1996年）、乌鲁木齐"2·5"爆炸案（1997年）、喀什"1·30"投毒案（1998年）、乌鲁木齐"7·5"事件（2009年）、莎车"7·28"暴恐袭击案（2014年）等。在这些事件中，少则数百多则数千的参与者在少数混入其中的分裂分子的蛊惑、煽动和带领下，大多会打出"圣战""建立伊斯兰王国""驱逐汉人"等旗帜或口号，实施从集会、非法游行，到疯狂的打、砸、抢、烧、杀等暴力行为，造成数量不等（少则几人多则数千）的无辜者死伤以及大量公共设施的损毁，带来社会气氛的紧张，严重扰乱了正常社会生产生活秩序。其中尤以乌鲁木齐"7·5"事件为甚。随着恐怖主义、分裂主义和极端主义三股势力越发猖獗的活动，其制造骚乱和暴力恐怖事件的目的也越发彰显，即通过"打死一个汉人，吓走一千

---

① 中共中央文献研究室、中共新疆维吾尔自治区委员会：《新疆工作文献选编（1949—2010年）》，中央文献出版社2010年版，第472页。

个汉人"的暴力恐怖活动，搅乱正常社会生产生活秩序，"赶走异教徒"，在新疆建立起独立的"伊斯兰王国"，最终达到分裂中国的目的。

4. 新的社会形势需要新疆生产建设兵团发挥其功效。特殊的边疆政治状况，迫使新疆不得不进一步加强边防守卫和稳定社会的力量，兵团的存在恰恰适应了这一需求。与此同时，前30年新疆发展历史证明，新疆生产建设兵团是足以担当这种特殊历史使命的。也正因为如此，才会有全国撤销兵团5年之后的王震之请和1981年的国家恢复新疆兵团之举。虽然目前新疆生产建设兵团有2/3的团场分布于自然环境和生存条件极为艰苦的塔克拉玛干沙漠和古尔班古特沙漠区域，另有1/3的团场则建于并不适宜居住人类的边境地区。但这些长年耕着"政治田"、放着"政治牧"的团场，却在常年的劳武结合中为祖国构建起了一道坚实的国防屏障。

自兵团复建以来，散布于天山南北各地的团场基层民兵武装、公安干警一如既往地为当地政府提供各种支持和帮助。然而，近20年，随着暴力恐怖与分裂分子活动方式的转换，大型非法集会和游行逐渐被作案手段日趋先进且作案方式日趋隐蔽的爆炸案、袭击与暗杀等所替代，兵团武装力量的调用也随之大幅减少，兵团的作用似乎在日渐淡化，加之兵团复建后的发展情况并不尽如人意，对于新疆经济发展的作用日趋衰落，因此，有些人认为与市场经济相融不够的兵团管理体制似乎也成为改革必须割去的"肿瘤"。尤其是近十年来，对于兵团存在合理性与合法性的质疑日渐增多，不少人因此提出"兵团无用"或"撤销兵团"的主张。似乎在新的形势下，新疆社会的稳定与发展已经不需要兵团的保驾护航，兵团是否依然能像改革开放之前发挥重大社会作用俨然已经成为一大问题。

但是，"树欲静而风不止"，就在质疑兵团存在必要性的声音日渐增大之时，乌鲁木齐发生了令世人震惊的"7·5"事件，其持续时间之长、死伤人数之多，都创下了新中国成立60年的历史纪录。事件发生3天后，全国各地数以千计的特警依靠现代化的迅捷运输方式，奔赴新疆首府和各地州主要城市平暴维稳。在荷枪实弹、军警威严之下，乌鲁木齐市逐渐恢复了平静。这似乎也说明，在日趋发达的现代化社会当中，新疆即便没有兵团的存在，也能迅速处理重大社会治安事件。然而，"7·5"事件刚刚过去不到一个月，乌鲁木齐市和天山南北多个地州主要城市同时发生的"扎针"事件，引发了乌鲁木齐市民的普遍恐慌和愤怒并由此爆发了乌鲁木齐"9·3"市民抗议游行事件。与之形成鲜明对比的是，从"7·5"事件到"9·3"事件，散布于天山南北各地的各兵团团场却始终安稳如初，在"7·5"事件之中，驻于乌鲁木齐市的各兵团单位即便没有荷枪实弹的特警，也是当时最为安全和稳定的地带，以至于在"7·5"事件后相当长的一段时间里，许多地方居民都携家带口躲到附近团场去"避难"了。新疆生产建设兵团对新疆社会稳定的作用由此可见一斑。当然，严重暴力恐怖事件凸显了兵团的重大作用并不等于其存在与发展没有任何问题。

三 "兵团人"：新中国社会发展中的一个特殊身份

（一）兵团人：一个从陌生到熟悉的身份

1. 新疆生产建设兵团人口的历史构成与结构特点。作为一个特定历史的产物，"兵团人"是新疆生产建设兵团所属人员的简称。兵团人最初主要是由进疆部队与参加新疆和平解放的起义部队约11万人及其家属（约7万人）所组成的，包含有汉、蒙、回、维吾尔、哈萨克等多个民族，具体人员可以分为以下几种：① 中国共产党所创建与领导的革命武装部队系列，其骨干是具有光荣红军传统的中国人民解放军一兵团二、六两军大部分官兵，他们大多是来自陕北参加过南泥湾大生产运动的八路军和参加过兰州战役的解放军；② 中国人民解放军二十二兵团，亦即驻扎于南北疆各地并随陶峙岳将军参加新疆和平解放的原国民党军队起义官兵；③ "三区革命"的民族军（新疆和平解放后改编为中国人民解放军第五军）。新疆生产建设兵团正式组建之后，鉴于生产建设部队人员有限和新疆地广人稀、经济凋敝、百业待兴、生产力低下的实际情况，政府又有计划地组织安排了内地青壮年及部队专业人员来到新疆，进行开发建设。人口迁移使新疆生产建设兵团的人口得到迅速增长，具体又可以十年为界大致划分为两大阶段。

第一阶段即第一、第二个五年计划期间。在第一个五年计划期间，中央从河北、河南、四川、江苏、上海等省市招收了约 5.4 万的初高中毕业生和支边知识青年，以及来自湖南、山东的女兵和其他人员约 10 万人进入兵团。①"八千湘女下天山"即是这一时期湖南籍女青年入疆扎根的一个生动写照。在第二个五年计划中，"大跃进"的错误、人民公社化运动，加上自然灾害和苏联撕毁合同的影响，使中国的经济建设受到极大挫伤，总体处于停滞状态，内地的生活、就业大受打击。为了减少全国粮食严重短缺问题，周恩来在 1961 年 5 月的中央工作会议上提出，"解决问题的根本方法是从城市压缩人口下乡"②。随后，中央做出决定，"三年内减少城镇人口 2000 万人以上"③。而新疆因为特殊体制和地广人稀、灌溉农业受到自然气候条件限制相对较小等因素的影响，较内地的经济损失要小许多，加上此前新疆生产建设兵团所取得的辉煌成就和人力需求，兵团成为内地灾民和自流人员寻亲靠友、谋求生存的最好去处之一，新建的兵团团场也因此成为国家压缩人口的较好去处。这一时期，兵团接纳了内地约 32 万人口。其中，按国家计划安置了约 10 万来自江苏、安徽等省支边青壮年及其家属，自动流入支边的人口约 21 万。

1958—1963 年，从内地动员到新疆的人口有 200 万，其中湖南 60 万、湖北 40 万、安徽 40 万、江苏 60 万，他们主要以农民为主，还有一定数量的工人（包括手工业工人）以及商业、教育、卫生和各种服务业的人员，并且是"政治可靠、身体强健、家务拖累不大的青年"，"一部分有较多生产经验的壮年"且"男女人数应该大体相等"。④

第二阶段：1963—1974 年，新疆生产建设兵团年均迁入人口 4.8 万。截至 1975 年撤销兵团体制之时，人口已达 250 余万人。1963—1966 年，原隶属于沈阳、成都、福州和南京等军区的近 10 万海陆空

---

① 刘月兰：《新疆生产建设兵团人口迁移研究》，《西北人口》2008 年第 2 期。
② 中共中央党史研究室：《中国共产党历史》第二卷（下册），中共党史出版社 2011 年版，第 585 页。
③ 同上书，第 585—586 页。
④ 《中共中央关于动员青年前往边疆和少数民族地区参加社会主义建设的决定》，中共中央文献研究室、中共新疆维吾尔自治区委员会：《新疆工作文献选编（1949—2010 年）》，中央文献出版社 2010 年版，第 202 页。

军官兵转业至新疆生产建设兵团。与此同时，还有 12.7 万来自北京、天津、上海、江苏、浙江、湖南、湖北、山东等省市的知识青年被安置于兵团。其中，自 1954 年正式组建新疆生产建设兵团至 1975 年第一次撤销兵团体制之时，内地迁入新疆生产建设兵团的人口总计约 150 万，这些迁入人口以青壮年汉族为主，其中，初高中毕业以上的知识青年主要来自北京、天津、上海、江苏、浙江、湖北、湖南、安徽、河南、河北、山东等地；自发流入人员则以陕西、甘肃、山东、河南、河北、四川、湖北、湖南、江苏（苏北）为主。这一时期流入新疆的人口受教育程度相对也比较高。

在经历了 20 年的发展以后，新疆生产建设兵团从最初的十余万人增长至 250 余万人，净增 25 倍之多。与其同步的则是新疆生产建设兵团的发展与辉煌成就。但是，这种增长与发展随着 1975 年的兵团撤销也戛然而止。到了新疆生产建设兵团复建（1981 年）以后，兵团的人口变化则呈现与前二十年完全不同的一种态势——停滞与下滑。

在 1975 年兵团撤销和 1981 年恢复兵团的过程中，在一部分兵团人口随其所属单位转入地方的同时，又有一些地方人口归入兵团。90 年代以后，国家重新重视起兵团工作，内地每年约有 2 万人到新疆生产建设兵团安家落户。但是，与前 20 年流入兵团的人口相比，这些人员多是受教育程度相对较低的文盲与半文盲，与五六十年代带着崇高理想和一腔热血投身边疆建设的知识青年相比，他们绝大多数是受到市场经济利益驱使前来打工的人员，普遍缺少屯垦戍边、报效祖国的理想和信念，宛若在经济林中觅食的小鸟一般，一旦兵团经济发展困难，或者其他导致个人难以获得较高经济收入的事情发生之时，这些人很可能就会离疆而去；即使获得了较高的经济收入，挣到了钱，但由于缺少一代兵团人的坚定信念和崇高理想，这些人"早晚也要离开兵团回老家或到其他地方发展"[1]。与此同时，每年还有近百万的短期流动人口，进入各地兵团务工经商。据统计，当前团场职工除了少部分职工子女及快要退休的老职工以外，大多数为来自内地贫困地区的

---

[1] 姚勇：《新疆生产建设兵团人口素质刍议》，《西北人口》2002 年第 3 期。

民工，其中具有高中文化程度的不到 4%，初中文化程度的占 29.7%，小学文化程度的和文盲则占 66.3%。而且他们来到兵团，大多数是利用兵团已有的社会保障体系及文化教育等公共设施，培养自己的子女，并不愿扎根兵团、报效边疆。①

随着国家建设和治疆策略的变化，新疆生产建设兵团的人口构成经历了自然生育与流动迁移和上山下乡、支援边疆、部队复员和干部分配等政策的调整，如今已经发展到拥有包括汉、维吾尔、哈萨克、蒙古、回、锡伯等 37 个民族在内的总数超过 250 万人口的庞大地域性群体。在这个肩负重大政治战略使命的群体当中，少数民族人口达 33.09 万，约占总人口的 12.86%。在这 30 余万少数民族人口当中，信仰伊斯兰教的约有 28 万，信仰基督教的约 1 万余人，信仰佛教的约 1 万人；拥有各类宗教教职人员 465 人，其中伊斯兰教教职人员 454 人。② 在沿塔里木盆地、准噶尔盆地周边和伊（犁）塔（城）阿（山）边境、遍布天山南北的 170 多个团场中，少数民族人口超过人口总数 30% 以上的团场就有 36 个。无论从人口总数还是从具体人口的地缘结构、族缘结构、文化结构和职业结构上来说，肩负新中国屯垦戍边使命的"兵团"人的多样性、复杂性都要远远超出中国历史上的任何一个时期。

在 60 多年的发展过程中，来自五湖四海、不同省份、不同民族的兵团人，在共同战斗、共同劳作、共同生活之中交融与共，携手并进，极大地改变了新疆社会发展的面貌。尤其是因五六十年代近百万来自不同地域的青壮年之间的婚姻繁衍而生的兵团二代、三代人口，极大地改变了这一地区的人口构成，在促进新疆人口优越化和多样化的同时，进一步丰富了新疆这个"人种博物馆"的内涵，从另一方面促进了社会的进步和发展。

2. "兵团人"：一个从陌生到熟悉的身份。"屯垦戍边"的使命让

---

① 参见闫新勇、王建兵《兵团产业结构调整过程中的职工队伍建设研究》，《西安社会科学》2009 年第 1 期。

② 参见付英《从边疆政治战略的角度看新疆生产建设兵团的作用》，《兵团党校学报》2011 年第 2 期；包雅钧《新疆生产建设兵团体制研究》，中央编译出版社 2010 年版，第 146 页。

新疆生产建设兵团自其诞生之日起就具备了一种不同于其他群体的特殊身份，"兵团人"则是这一特殊身份的具体承载者。"兵团人"是生活于新疆生产建设兵团所辖特殊区域内，拥有共同的群体标识与社会/集体记忆，以共同的生产生活方式和共同的精神特质区别于其他群体的一种身份，一种应历史需要而生之物。伴随着新疆生产建设兵团的诞生与发展，"兵团人"从无到有、从小到大，在经历了近60年的发展之后，成为今日新疆不可或缺的一个重要组成部分。不言而喻，"兵团人"的身份就是一个历史构建的结果，一个伴随新疆生产建设兵团历史发展的从陌生到熟悉的身份建构过程。

（1）从陌生的社会期望到世人皆熟的现实身份："兵团人"从无到有、从小到大的历史建构之路。从前文对身份的概念考察中，我们知道，作为主体在特定的关系中所处的一种不可让与的地位或资格，一种如何与他人相处的相应行为准则，身份实质上是一种通过特定的制度安排对社会资源的权力占有及再分配。现实生活中，人们正是根据个人所具有的社会身份，以及这种身份所附着的权益与社会期望来把握自己的行为并预知他人的反映，由此才能正确无误地使用社会符号并理解他人，从而与他人和周遭世界顺利地进行互动。在主体发生的一系列行为当中，身份实际起到了制约、控制和规范个体行为的作用。在这一过程中，个人对身份附着权益和社会期望的记忆与认同贯穿始终，在二者交互作用下，社会个体的"把握""预知""使用""理解""互动"等一系列行为得以发生和完成，个人期望获得的社会身份也才得以形成。因此可以说，身份这一"与某一特定地位相连的种种权利与责任"，决定了其所附着的社会期望就是社会对一定身份的权利和义务所做的限定和规范，这种期望就是身份行为赖以产生的依据和基础。

"兵团人"的身份正是应新中国成立以后"屯垦戍边"的需要，肩负着保卫边疆、稳定边疆、建设新疆、维护国家统一等众多社会期望而生的历史之物。特殊的社会期望与特殊的认定条件，决定了"兵团人"的身份必然拥有一种特殊的社会/集体记忆。这种记忆是兵团这一特殊群体在几十年屯垦戍边、建设新疆的生产生活之中，无数社会个体在具体实践当中构建并呈现出来的与生产生活于相同或相邻地域的其他群体所不同的信息集合体，除了必需的组织架构、行为规范和语言文字之外，特定的理想信念和精神气质是其最为鲜明的标志。这就是我们通常所讲的"兵团精神"。

（2）兵团精神：凝聚"兵团人"的意识。以"热爱祖国、无私奉献、艰苦创业、开拓进取"[①]为主要内涵的"兵团精神"，蕴含着国家组建新疆生产建设兵团的社会期望，体现了兵团人员的爱国主义情怀与艰苦创业的作风以及牺牲奉献意识与进取追求的精神品质。它既是一种"民族精神的爱国戍边传统、人民军队革命传统的继承和发扬"，也是具体的历史条件下，在特定的生产生活环境中，由特定的社会群体在特有的社会实践关系中内生出来的一种精神现象和精神成果。[②]作为"兵团精神"的构建者与承载者，兵团的个体成员正是在其特定身份（兵团人）所附着的固定社会期望的引导下，实现了一系列的自我定义和不断自我修正，从而将其所具有的社会功能显现出来。每一个个体的"兵团人"的身份获得都与其对新疆生产建设兵团的记忆和"兵团精神"的认同密不可分，没有认同的发生就不可能有身份的获得。有所不同的只是，身份更多地被看作一个名词性的指认或静态呈现的结果，认同则是一个动态性的过程或具体实施的行为，二者一静一动，互不可缺。

新中国成立后，伴随着新疆生产建设兵团的诞生与发展，"兵团人"的身份从无到有，渐趋明晰，时至今日已经成为一个拥有超过两百多万个体成员的庞大群体身份。在这一身份的构建过程中，国家设立新疆生产建设兵团的社会期望起着至关重要的作用。兵团所肩负的社会期望和新疆特殊的自然和历史人文环境使居于其中的众多新疆生产建设兵团人员必须面对一些基本的考量，即：是否能够通过艰苦环境的考验，是否能够适应新疆建设发展的需要，是否能维护国家最高

---

① 参见聂卫国《大力弘扬"兵团精神"，加强"八荣八耻"教育》，《求是》2006年第10期。
② 参见卢晓峰《兵团精神研究》，http://cpc.people.com.cn/GB/219457/219506/14587419.html。

利益,是否能为发展壮大兵团事业做出贡献,等等,只有能够对这一系列问题给出肯定回答的人员,亦即只有认同了国家赋予新疆生产建设兵团的社会期望并在其所包含的权利和义务的限定和规范之下完成一系列行动的人员,才有获得"兵团人"身份的资格,才能拥有"兵团人"的身份。因此,可以说,在"兵团人"身份的具体构建之中,国家战略所付的社会期望是驱动,严密的组织架构是龙骨,为数众多的生产建设部队是奠基,源源不断的复转军人与支边青壮年是主体,自然历史与人文条件和现实需求关系是土壤,积极的社会评价是助燃剂,及时的价值凝聚是油气。

"兵团人"伴随着新疆生产建设兵团的创业而生,历时几十年的发展,从无到有,从小到大,从一个抽象的概念名词到一个数量庞大的具体的人员实体,从一个负有高度社会期望的战略布署到数百万践行这一期望的成员个体,从一个世人陌生的名词变为一个全中国乃至世界都已熟悉的特定群体及其成员个体的指称,一个世人皆知的社会身份,造就了一批永不转业、世代接续的屯垦戍边卫士,对加快新疆的经济发展、保持新疆的社会稳定、巩固边防、维护祖国统一,发挥了十分重要的作用,为新疆的发展创造了勃勃生机,为新疆的美好明天奠定了坚实的基础。[①] 新疆生产建设兵团60多年的发展历程就是一个"兵团人"从陌生到熟悉的身份构建过程。这一过程可以兵团的撤销与复建为界,具体划分为积极创建与蓬勃发展时期、复建与危机两大阶段。

3. 积极创建与蓬勃发展时期(1954—1975年)"兵团人"的身份认同情况。自1954年正式组建新疆军区生产建设兵团至1975年国家撤销兵团体制为止,新疆"兵团人"的身份认同呈现出积极主动、蓬勃向上、高度认同的特点。究其原因,主要有以下三点:

首先,良好的农业生产环境与高就业、高收入、高保障的社会环境为具有相当劳动生产能力的人口输入和"兵团人"的身份认同提供了良好物质基础。由于新疆地广人稀、自然资源丰富,可开垦土地辽

[①] 参见卢晓峰《兵团精神研究》,http://cpc.people.com.cn/GB/219457/219506/14587419.html。

阔，且因农业生产主要依靠灌溉渠系进行，受自然气候条件影响程度远远小于内地大多数地区，农业生产极易获得良好收成，一般劳动付出即可获得较内地多数地区的等值劳动要多许多的劳动产出。如此自然条件对于农村人口占绝大多数且地少人多的内地来说，无疑具有极大的吸引力。与此同时，新疆生产建设兵团最初是由驻疆部队官兵携其家属整体转业而成的，在军事化的体制和计划经济的管理模式下，生产生活物资由国家统一调拨，工作人员的日常工作待遇与全国各地诸多兵团一样，并且享有数额不等的"边疆补贴"，一般收入较内地同工、同种、同级的国有企业职工的收入要高出许多。

其次，地广人稀的自然条件和屯垦戍边的现实需求所促成的积极拓荒、蒸蒸日上的事业发展，需要不断地补充劳动力，这为众多人口提供了就业机会。对具有相当劳动生产能力的青壮年人口来说，这也是一个实现个人价值的极为有利的社会环境。与此同时，因为受到国家政策倾斜惠顾，享受国有企业待遇的兵团职工，除了日常生活之中所享有的各种社会保障之外，还可以在其退休之后享受一笔数目可观的退休金。在经济生产相对落后、一般居民的日常物质生活大多凭借"票证"保障供应的时代，[①]"兵团人"所享有的这种福利与保障，对绝大多数中国人来说，无疑具有极大的吸引力。良好的农业生产条件和高就业、高收入、高保障的社会经济环境自然可以吸纳众多个体的主动进入，并积极认同"兵团人"这一能够给自己带来巨大生存与发展权益的身份。

再次，严密的组织架构和完善的管理制度为"兵团人"的身份认同提供了良好的制度保证。兵团是基于中国人民解放军若干部队而组建的，组建之初就已拥有严密组织架构和管理体制。在军事化的管理

[①] 新中国成立初期，受到经济生产能力的制约，尤其是粮食、棉花等基本生活保障品生产的不足，中国自1954年9月起实行全国范围的农产品统购统销和棉布、食用油凭票定量供应的办法。1955年11月起，全国城镇统一实行粮食即粮食制品凭票定量供应的办法，此后形成了粮、棉、油、肉等一系列基本生活用品都凭票供应的制度。同时，受到国家"优先发展工业"发展战略的影响，城市和国有企业职工的生活必需品的供应也要优先于农村。改革开放以后，随着生产力的发展和日渐充足的粮、油、面等生活必需品的供应，直至20世纪80年代末90年代初，中国的"票证供应"制度才取消。

模式中，个体对集体、下级对上级命令的无条件执行，是任何一个个人进入这一团体的首要条件。这种情况下，个人对集体的认同是无条件的和绝对的。根据国家组建生产建设兵团的战略要求，新疆生产建设兵团从其正式组建之日起，就开始进行由点到面的战略拓展，并在天山南北逐渐形成了"两圈一线"的总体布局。随着这种布局的展开，陆陆续续吸纳了大量复转军人和支边青年进入兵团，他们要么是在正规军营之中接受过严格的军事训练和政治教育，具有较高政治素养和严密组织纪律性的青壮年；要么是接受过较高文化教育，具有较高文化素养和较高理想追求的知识青年。由于这些人大多是怀揣崇高的政治理想和积极的政治热情，投身于屯垦戍边的兵团建设的，对兵团所负的社会期望有着较为清醒的认识或理解，因此在进入兵团之时他们就对"兵团人"这一群体身份有着高度积极的认同。

对于那些因为自然灾害和其他原因自发流入的人员来说，能够进入"兵团"这一共同体，获得"兵团人"的身份，享受这一身份所带来的权益，不仅是种光荣的权利而且是要经历严格选择与考察的，没有对这一共同体的集体的高度认同和对这一共同体行为规范的自觉遵守，是不可能获取"兵团人"的身份及其所附着的权益的。并且，这一时期中国所执行的严格户籍管理制度和兵团日渐完备的管理体制，使社会个体大多也都能自觉认同自己所属群体肩负的使命并主动予以践行。

最后，崇高社会期望与国家意识形态的积极引导为个人身份认同提供了良好的精神驱动。强大的思想政治教育是中国共产党取得革命胜利并夺取国家政权的"法宝"之一。新中国成立后，掌握国家政权的中国共产党自然会将自己的思想变作一种国家意识形态，以动员所有的公民在具体的生活实践中，积极实现中国共产党的理想信念和政治追求。因此，在新疆生产建设兵团组建初期，毛泽东就明确指出，担负屯垦戍边重任的生产建设兵团作为一支特殊的队伍，要"既能生产、又能工作、更能战斗"，要成为一支"战斗队、生产队、工作队"。其中，"工作队"的任务就是要在日常生产生活中，肩负起宣传党和国家的路线方针和具体政策的责任，积极团结周边的各种人民群众，携手共建边疆，保证国家的长治久安。

在兵团组建以后的20年中,时代氛围帮助其完成了"三队"任务。这一时期它的人口处于净流入高增长状态,而且流入人口主要是复转军人(及其家属)和支边的知识青年。这些拥有较高文化素质的青壮年,大多怀揣崇高的政治理想和积极的政治热情,既可以承担屯垦戍边的艰苦劳动任务,又可以胜任文明教化的社会管理工作,进入兵团后,严密的组织架构、完善的管理体制和强大的思想政治教育,使他们极易认同并加强被赋予高度政治使命的"兵团人"的身份。为数众多的自流徙入人员,政治素养与文化素质虽然相对较低,但大多是具有强烈谋生愿望和较高可塑性的青壮年,兵团的体制和国家意识形态的积极引导使他们也能够迅速认同"兵团人"的身份,担负起屯垦戍边的使命。

4. 复建与危机:新疆生产建设兵团复建之后的身份认同变化及其原因。1975年3月,国家决定撤销设置于全国各地的生产建设兵团,新疆军区生产建设兵团宣告解散。然而,作为一种历时20年之久构建而成的社会记忆,"兵团人"并未灰飞烟灭。在兵团的各个团场、单位交付所在省区的地方政府管辖以后,"兵团人"依然是一个具有特定内涵的身份指称。在新疆,"兵团人"与"地方人"也已成为日常生活中人们用以区分自我—他者(群体或个人)的身份标识。"兵团人"已成为整个新疆的深刻社会记忆,体制的撤销并不妨碍其继续存在并发挥特殊的社会功效。

1975—1981年,新疆因为兵团的撤销而出现了一些始料未及的困难,具体涉及边防安全、社会稳定与经济发展等一系列社会问题。1981年,中央决定在新疆恢复兵团建制,并在复建时将其名称由原来的"新疆军区生产建设兵团"改为"新疆生产建设兵团",正式退出国防序列。1990年,国务院又将新疆生产建设兵团实行计划单列,直属国务院管理,实行国务院与自治区的双重领导。自1981年复建至今,"兵团人"的身份认同呈现出一种辉煌渐去、日趋淡漠、由盛到衰的发展态势,日常生活中则表现为:老一代认同多,新一代认同少;过去认同多,现在认同少;上层认同多,基层认同少;维稳效用认同多,社会发展作用认同少。究其原因主要有:

第一，经济发展与整体实力的滞后难以保障人民日益增长的物质文化生活需要所致的群体身份（兵团人）的魅力下降，造成了群体身份（兵团人）认同度的整体下降。兵团撤销之前，蒸蒸日上的事业和强大的经济实力，使其成员享有高于新疆甚至全国多数地区居民平均水平的日常生活。与此同时，兵团自成一体且相对完善的科教文卫体系，能够为兵团职工及其子女提供远高于同一地区非兵团人员的成长成才条件，较好地保证了个人基本生存与发展需求。因此，"兵团人"作为一种可以拥有较多生存发展权利且能获得高于社会其他群体地位的身份，自然会获得所属成员较高程度的积极认同。

但是，复建之后，兵团撤销时全部划归地方的原兵团重点骨干企业作为支持地方经济发展的资源而未收回，使复建后更大程度上依靠农业的兵团经济实力大不如前。并且，此时新疆可供开垦的荒地基本已经开垦完毕，土地资源已从此前的净增之势转变为停滞甚至下降之势（下降原因后文将作分析）。而兵团所属团场又基本都建于戈壁沙漠之上，土地生产能力在经过几十年的发掘达到顶峰之后已经开始自然下滑。过去几十年因为单纯追求经济产出而过度开发的土地，随着时间的推移和气候条件的变化，开始出现日渐严重的退化、沙化现象，生产建设与生态环境保护的矛盾问题日渐突出。与此同时，国家与自治区对于兵团总体投资的降低[①]，使其难以解决这些日渐严重并威胁生存与发展的矛盾问题，从而使新疆生产建设兵团的整体实力开始出现日渐停滞甚至倒退之势，无法保障所属人民日益增长的物质生活需要。据有关数据统计，进入 21 世纪以后，在国家经济实力大幅上升、各国有企业职工工资整体上涨之时，同样具有国企性质的兵团职工的收入却连续 5 年位列全国倒数第一。[②] 如此情况下，个体成员对其所属群体身份（"兵团人"）的认同度下降也就成为一种必然。

第二，系统内部的强烈计划经济色彩与系统之外强烈市场经济氛

[①] 根据兵团统计年鉴（2009 年、2010 年）统计：2008 年全年兵团固定资产投资 235.95 亿元，仅占全国的 0.1%，占新疆的 10.5%；2010 年全年的固定资产投资为 448.27 亿元，但却不到新疆的 10%。

[②] 包雅钧：《新疆生产建设兵团体制研究》，中央编译出版社 2010 年版，第 69 页。

围难以适应所致的生存发展困难，带来日渐强烈的群体身份（兵团人）困惑。兵团复建后，在中国市场经济建设日渐成熟的情况下，兵团依然保留着浓厚的计划经济色彩，农耕生产实行的依然是统一播种、统一收购、统一价格、统一管理、统一销售的"五统"模式，具体生产当中的指令性计划占到95%。结果使日常生产中的具体生产者——团场职工——基本没有可以自主决定产销的权利。小系统内部的指令性调配资源模式与社会大系统中的自由配置资源要求不一致，带来的是兵团整个系统的生产难以适应市场经济发展要求的困难。

与此同时，受体制所限，无论具体产出多少，兵团自身都没有税收并且还得向自治区上缴税费，这使兵团的生产收益大打折扣。没有税收，仅仅依靠企业利润作为兵团自身发展的资金自然十分有限。而在1981年兵团复建后的十余年中，国家对兵团的资金投入严重不足，导致兵团的生存与发展困难日渐加大。进入21世纪以后，团场职工的个人收入更是从此前一直居于全国中等水平倒退为全国倒数第一。随着个人收入增加的停滞和日常物质生活水平的日渐下滑，以及这种下滑与周边地区同种、同级、同工个人收入上升所形成的巨大反差，使"扎根边疆""屯垦戍边"的自豪感和优越感在现实生活的打击之中日渐消失。有的团场为了获取更多的资金，甚至想尽办法延缓符合退休条件职工的退休。[①] 生存与发展的困难与日常生活的巨大反差，以及众多不合规定、不合情理的做法，使兵团成员个体情绪呈现一种日益加大的负增长，难对"兵团人"的身份生出积极主动的认同。

第三，日渐强烈的多元文化主义、多种西方社会思潮的冲击和日渐削弱的国家意识形态引导所致的社会/集体记忆偏失，造成了整体社会信仰的缺失和群体身份认同的危机。改革开放以后，特别是北疆乌

---

① 例如，农十三师哈密红星一场机耕连的职工Z某，是20世纪60年代初参加工作的"老兵团"。由于常年在野外执行开荒耕地任务，风餐露宿，他很早就患上了严重的关节疾病，晚年又不幸检查出直肠癌、冠心病和糖尿病。在其工龄满四十年，可以按照规定申请退休之时，单位竟以"不到六十岁"为由予以拒绝。实际上，按该单位现有工资条例规定：如果退休，他每月可以领取2000元左右的退休工资；如果在职，他就属于没有从事具体劳动业务的职工，将只能按照相关规定领取每年3000元左右的基本生活保障金。如此一来，该单位每年就可以减少2万元左右的资金支付。

伊铁路建成和兰新铁路复线的开通所带来的亚欧大陆桥的畅通，促成了近代以来随海运商贸的兴起而日渐衰落的丝绸之路的复兴。新疆作为传统的东西文化的交汇之地再放光彩，而西部大开发战略的实施则进一步推动了新疆的发展。随着生产力的发展和社会变迁以及流动性的增强，新疆社会在经济、政治和文化等多个方面发生了巨大变化，多种西方社会思潮蜂拥而至，日渐发达的传播媒介，尤其是瞬间可至的网络，使新疆几千年历史发展所形成的多元文化汇集、多种族裔群体共生、多样宗教信仰共存、多种文明影响的传统特点再次凸显出来。

特殊体制下的兵团虽然目前依旧保持一个相对独立和封闭的社会空间。但中国社会整体的巨大变化和其内部因为改革开放而生的巨大改变，已经不可避免地冲击和改造了"兵团人"的日常生活，并在相当大的程度上动摇或瓦解了原有社会记忆的基础，使现实外部世界与人的内部世界的一致性发生巨大转变。大量不一致性的突然发生所带来的分化破坏了原有的统一，导致了原有社会记忆与现实世界认同的崩溃，从而引发众多社会危机。而同期精神文明建设的迟缓甚至倒退，难以保证曾在兵团建设中发挥重要引导作用的国家意识形态效用的发挥。如此现实条件使"兵团人"的集体记忆不可避免地出现偏失，从而导致日渐严重的文化迷惘和精神恍惚，信仰缺失和身份认同危机自成必然。

（二）本土的他者还是故乡的自我："兵团人"的身份困惑

1. 社会身份与个人权利保障的缺失所致的整体生产能力的下滑和兵团存在合法性危机。新疆生产建设兵团对新疆社会发展所起的正面作用是毋庸置疑的。但其毕竟是适应历史发展所需的产物，时过境迁之后，随着改革开放和市场经济的发展，兵团存在的合理性与合法性问题日渐凸显出来。

首先，组织结构的特殊性所致的兵团存在合法性的危机。新疆生产建设兵团是一个集党、政、军、企于一体的特殊自治机构，直接隶属中央但又受到自治区和中央的双重领导。作为自治区的组成部分，兵团参加新疆地方人民代表大会，但仅在自治区一级与自治区党委和政府之间存在隶属关系，与自治区人民代表大会及其常务委员会之间存在监督与被监督的关系。而兵团系统内部的垂直领导，使其与所在地州和县市一级的党政机关没有任何隶属关系。整体来看，兵团拥有完备的党政工企和科教文卫体系，公检司法也自成一体，但却不具有政府身份；没有一级政府身份，无法拥有税收和工商权力，不享受国家的税收返还，但却要承担政府的相关职能和义务。在中国法制日渐完善、人民代表大会制度日益健全的今天，这种权力构架和组织体系显然不够正常，从而引发兵团存在合法性的危机。

其次，管理体制缺陷所致的权益失衡所带来的兵团存在合理性的质疑。如前文所讲，兵团自建立之日起，就是一个应国家战略所需而生之物，其构建布局，首要考虑的也是国防的需要。因此，所建团场多集中于边远、高寒和干旱缺水之地，自然资源和生态环境极其恶劣。与分布于绿洲之上的其他生产生活区域相比，兵团具有先天的不足。而与计划经济模式相适应的组织架构和军事化的管理体制，使其拥有一个相对封闭、自给自足的独立空间。在市场经济发展日益深入的今天，兵团依然保留着浓厚的计划经济色彩，具体生产仍以指令性计划为主。在日常生产中，具体生产者——团场职工除了上交团场的各种费用之外，还要承担完全的土地风险，管理机构则在拥有生产投入和产出价格控制权力的同时享有收取固定土地租金的权利。结果使具体的生产者既无权决定自己的生产投入也无权支配自己的劳动成果，同时还要担负日常生产生活的全部风险，而管理机构及其工作人员则在无须承担风险的情况下拥有完全的决定权和支配权。如此权利和义务的不对等，不仅难以激发个体劳动生产的积极性，而且在一定程度上形成了"一种不公平的'剥削'"[①]，使其存在的合理性受到严重质疑。

最后，劳动财富与资源权属不明和权责不分所致的身份认同危机。受其体制影响，兵团自身无权支配自己所创造的巨大财富。这一财富分配与资源权属问题，在改革开放之前的计划经济体制下尚无多大问题，也不会酿成太多权益矛盾和冲突。但是，改革开放以后，随着市场经济的发展，个人意识日渐增强、资源权属日渐明晰、劳动权益日

---

① 尚红娟：《对新疆生产建设兵团"存在合理性"思考》，《理论界》2007年第7期。

渐清楚，劳动财富与资源权属的矛盾问题随之就显现出来。比如，兵团所属的农牧团场和工矿企业均按相关法律规定向国家上缴各种税金，但却无权享受税收留成，形成了劳动创造与收益失衡矛盾。再如，由于多处沙漠戈壁，原有基础设施几乎为零，为了谋求地区发展，兵团自己投资修筑的道路却要按照规定向所属地方上缴养路费，从而造成资产投入与效益矛盾。在土地资源方面，兵团的自然资源权属不稳定，尤其在经历撤销与重建之后，"只要与地方发生纠纷，'割地赔款'的大都是农牧团场。如农八师开垦的 300 多万亩耕地，几经蚕食，已被地方占去四分之一。农九师尚存的土地面积仅为原土地面积的 33%，近几年少数地、州、县、市单位又强行划走 701 万余亩"①。上述情形常会使人生出"这是一个没有权利的'二等公民'"之感。在不少地方人眼中，"兵团人"是"非新疆人"，是居于新疆的他者身份的人，摆脱兵团身份的愿望和兵团认同危机就此而生且日渐强烈。

2. 不良的人口流动态势令新疆生产建设兵团的发展前景堪忧。兵团存在的诸多问题，特别是身份认同危机所致的直接结果就是人口流失。自 1954 年正式组建生产建设兵团至 20 世纪 90 年代初，数十年的人口数量一直是呈上升之势的。但是，从 20 世纪 90 年代中期开始，兵团人口开始出现下降趋势，除了生老病死等自然因素之外，为了谋得更好的出路与未来而出走新疆，成为众多人口离开兵团的主要原因，其中尤以青少年为主。"从 1992 年到 2003 年，团场农工出现净流失……在承包土地的职工中间，老一代军垦职工子女只占承包人总量的 20%—30%。"②"自 1990 年起，兵团每年培养近 1.3 万中专以上的人才"③，但回到兵团的寥若晨星。目前的兵团总体是一种"青年不上岗、中年跳农门、老年盼退休"的状况，真正想在新疆屯垦戍边的寥寥无几。将"兵团人"视为新疆本土的他者，生于斯长于斯却又想通过新的游弋脱离"兵团人"的本土居民不在少数，视"兵团人"为他者身份的兵团居民越来越多，结果造成"兵团人"的巨大流失。这对肩负"屯

---

① 尚红娟：《对新疆生产建设兵团"存在合理性"思考》，《理论界》2007 年第 7 期。
② 包雅钧：《新疆生产建设兵团体制研究》，中央编译出版社 2010 年版，第 179 页。
③ 尚红娟：《对新疆生产建设兵团"存在合理性"思考》，《理论界》2007 年第 7 期。

垦戍边"战略任务的兵团来讲，意义非同一般。因为，人口流失所致的最直接后果是"屯垦戍边"任务载体的缺失，没有了具体人员的支撑，庞大的躯体只会是徒有其名的空壳，不堪一击。此外，群体成员的持续大量流失表明，"兵团"作为党和国家花费几十年功夫构建起来的一个共同体的身份，已经丧失了其对所属成员的吸引力，任由这种身份认同危机的蔓延，兵团所负的"屯垦戍边""稳定边疆"等机体功能将丧失殆尽，随之而来的可能就是边防松弛、社会混乱。

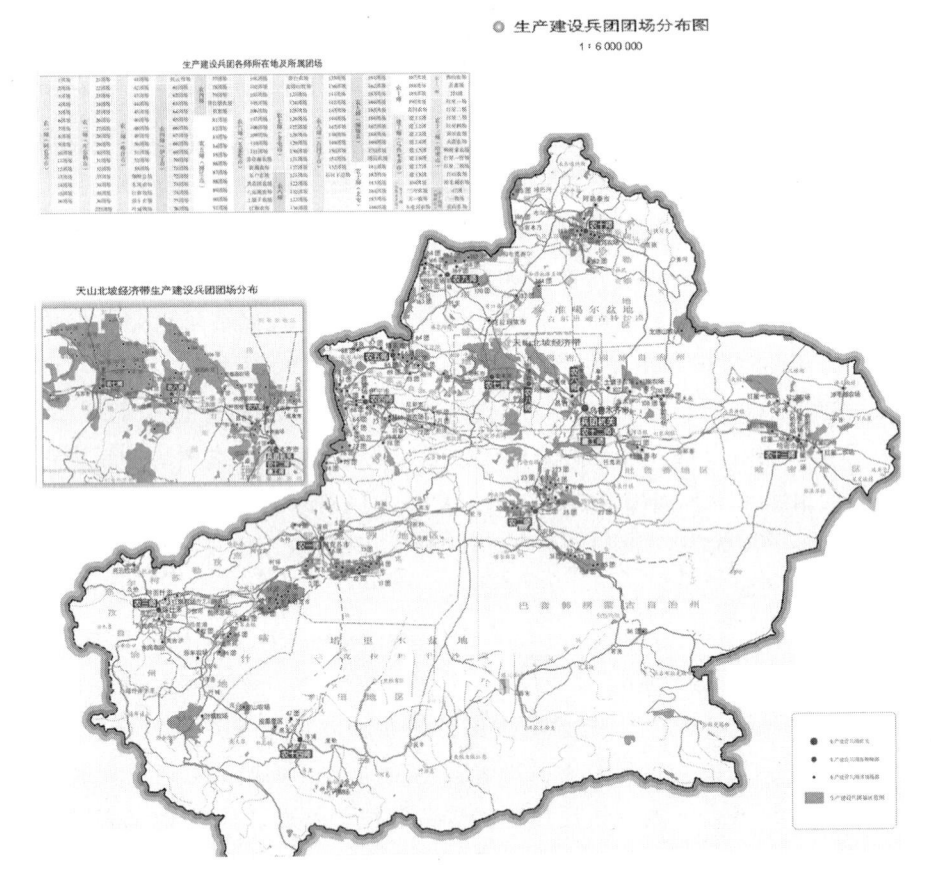

图3-1 新疆生产建设兵团团场分布图

当然，在兵团原有人口净流失的同时，也有不少人口流入兵团。据统计，"从1990年到2006年年底，兵团从外省净迁劳动力达33.8

万人，而且这些职工仍然在岗"①。但是，这种"净迁入"的背后却存在一个令人沮丧的事实，即：这些人员"多是文盲或半文盲，文化素质与政治素质都很低"②，并且基本都是受市场经济的利益驱使而来的，既没有 20 世纪五六十年代的青年所拥有的那种"扎根边疆、报效祖国"的澎湃激情，也没有五六十年代进入兵团的知识青年所具备的文化素质，更没有"越是优秀突出的人才越要往困难的地方去"的崇高信念。他们中的绝大多数人是看中了地广人稀的新疆拥有相对于内地多出许多的就业机会，而缺少崇高的理想和信念。一旦发现兵团没有发财的机会，或者兵团的经济发展出现困难之时，多数人就会抬脚离去。因此，不少人说："这些人是候鸟，他们在兵团挣不上钱，很快就会离开兵团，即使挣上了钱，早晚也要离开兵团回老家或其他地方发展。"③ 人口的大量流失，极大地制约了新疆生产建设兵团的后续发展，任其发展下去，兵团的存在自然堪忧。

---

① 曹之然、刘俊浩、王士海：《兵团团场成员代际退出与国家安全》，《西北人口》2009 年第 3 期。
② 包雅钧：《新疆生产建设兵团体制研究》，中央编译出版社 2010 年版，第 180 页。
③ 姚勇：《新疆生产建设兵团人口素质刍议》，《西北人口》2002 年第 3 期。

第四章 新中国成立以来新疆社会发展与身份构建的经验与启示

第一节 新中国成立以来新疆社会的发展

一 新中国成立以来新疆经济发展与人民生活变化

（一）从单一绿洲农业和草原游牧业向集约化现代农牧业经济的发展

1. 新中国成立初期的社会生产恢复与发展。新中国成立前，新疆是一种"南农北牧"的经济格局，农业收成年景主要取决于气候的好坏；牧业则以"逐水草而居"的自由粗放式生产为主，路途遥远的秋冬转场往往会将一个夏秋长得肥壮的畜群拖得骨瘦如柴，存活困难。夏饱、秋肥、冬瘦、春死的畜群成长怪圈成为制约新疆畜牧业发展的重大瓶颈。因此，尽管新疆可利用草场面积占到全国1/5以上，但是，畜牧业发展一直没有大的进步。1949年，全疆的农牧业产值占到整个国民经济生产总值的90%以上，粮食和棉花的人均占有量分别为195.62公斤和1.18公斤。如此经济状况下，打造以工业化、社会化的生产方式为支撑的现代文明是极为艰难的。因此，新中国成立后，新疆省政府把发展经济的重点放在与人民生活息息相关的农牧业生产上，计划以十年的恢复和建设期，基本解决百姓的温饱问题。为此，党与政府积极组织力量（主要是驻疆部队）进行恢复和发展生产所必需的筑路修桥、江河治理和水渠塘堰维修等基础设施建设，为生产力的恢复和发展提供基本物质条件保证。同时还以适合新疆实际的方式方法，对各农牧区实行了社会主义改造，以为生产力的恢复和发展提供积极的制度保证，并注意在生产力与生产关系的互动中不断调整、改善，以保证社会发展的稳步前进。

在新中国成立初期的社会改造中，新疆政府在对宗教寺院土地施以相应保护措施以保证其正常生存[①]的同时，取消了各种封建宗教特权，通过土地改革运动和农业社会化运动，建构起社会主义集体所有制经济，改变了传统的土地与畜牧私有制度，使广大农牧民获得了真正属于自己的土地和牲畜，摆脱了剥削，实现了"耕者有其田""牧者有其畜"的基本社会改造目标，使众多农民摆脱了小块土地私有制的束缚，充分调动了个体经济的生产积极性和劳动互助的自觉性，保证了各地农业生产的恢复和发展，新疆的粮食、棉花等农作物产量迅速提高。到了1957年，新疆的土地播种面积为1707.75万亩，产粮145.57万吨，产棉3.57万吨，与1949年相比，分别增长了66.14%、71.72%和600%。畜牧业发展速度明显加快，到了1957年，牲畜出栏率已超过15%，农牧民生活较新中国成立之前有了很大改观。[②]

这一时期，党和国家还依据新疆地广人稀、自然资源丰富的特点，借鉴历史经验，组建了以驻疆部队为主体的为数众多的生产建设兵团，在绿洲边缘的沙漠戈壁上，开辟出大量农田并建设起一个个现代化模式的团场和城镇。生产建设兵团自组建之初就十分重视交通、水利等基础设施建设，并且注意引进苏联现代化集体农庄的机械化集约作业的经验，积极实践大规模机械化现代农业耕作模式。到了1957年，新疆生产建设兵团已经拥有耕地337万亩，粮食总产量达12.24万吨，棉花（皮棉）产出1.085万吨，油料209.6万公斤，年终牲畜存栏74.2535万只，工农业总产值达到22871万元，[③]为新疆生产建设兵团

[①] 1952年颁布的《新疆省关于执行土地改革法若干问题的规定》规定："清真寺、麻扎、宗教学校、喇嘛庙现有土地及在乡村中属于公共所有的各种瓦合甫地及其出租的房屋，均一律保留。"

[②] 参见厉声主编《中国新疆——历史与现状》，新疆人民出版社2006年版，第236、240页。

[③] 同上书，第275页。

打下了坚实的物质基础，也为新疆社会的复兴与发展做出了贡献。

2. "大跃进"与"文化大革命"时期的新疆经济发展。经历了新中国成立后近十年的恢复与发展，日渐好转、蒸蒸日上的新疆社会经济建设，随着国际国内政治局势的变化发生了转变。

首先是受到"大跃进"和"人民公社化运动"影响而出现的跌落。1958—1962年，新疆的耕地面积迅速扩大、集体经济规模迅速飙升。但是，过于超前的生产关系不仅没有带来更快的农牧业发展，"一大二公""平均主义"的产分模式，反而在一定程度上打击了广大农牧民的生产积极性；农业生产不仅未随耕地的增加而增长，反而呈现下降趋势，不少地区出现了农民消极怠工和牧民不正常宰杀牲畜的现象。1962年，新疆粮食亩产较三年前减少26公斤，棉花总产减少56.1%。1962年以后，根据《农村人民公社工作条例（草案）》（简称"农业六十条"）、《关于城乡手工业若干政策问题的规定（试行草案）》（简称"手工业三十五条"）、《关于改进商业工作的若干规定（试行草案）》（简称"商业四十条"）和《国营工业企业工作条例（草案）》（简称"工业七十条"），新疆对农业、工业、手工业、商业的建设方针和生产管理进行了一系列的修改与调整，不仅恢复了被"大跃进"和"人民公社化运动"否定和打乱的生产秩序和规章制度，而且建立了一些"大跃进"以前未曾建立的制度，[①] 基本建构起一套适合新疆实际情况的经济管理体系，在保证经济建设正常秩序和协调平衡发展的同时，极大地调动了生产者的积极性，使新疆的经济进入了一个相对平稳的建设发展时期。

20世纪60年代，随着中苏关系的恶化，新疆成为随时可能爆发战争冲突的战略前沿，不少在建项目因此而中断或压缩，此前内地企事业单位针对新疆所做的"搬""分""帮"大多停止，极大影响了此后几十年的新疆经济与社会发展。1963年以后，随着中央经济战略的调整和对"按劳分配"原则的贯彻，广大农牧民的生产积极性再次高涨，新疆农业发展进入了新中国成立以后的一个最快发展时期。土地

[①] 中共中央党史研究室：《中国共产党历史》第二卷（下册），中共党史出版社2011年版，第583—589页。

耕种面积的迅速增加和大规模机械化生产方式的施行,使新疆的农业生产获得了迅速提高,1966年,新疆粮食总产达到332.34万吨,棉花总产达7.93万吨,分别为1957年的2.28倍和2.2倍。

这一时期的新疆能有如此成绩,众多新建的生产建设兵团城镇与团场功不可没。截至1966年,兵团农牧团场已增至166个,新垦良田809万亩,且以集约机械化作业的现代农业生产模式为主。① 由传统粗放到现代机械化作业的农业生产模式转变,使新疆的人均粮棉产量和占有量均跃居中国各省区的前列,同时也使新疆发展成为全国为数不多的余粮省区。② 然而,快速发展没有持续多久,"文化大革命"的到来使生产再次进入停滞衰退期。到了1976年,新疆已从十年前的余粮区变为缺粮省区,棉花总产量也比1966年下降了36.5%。但即便如此,1978年,新疆的人均粮食和棉花也达到300.09公斤和4.46公斤,分别是1949年的1.53倍和3.78倍。

3. 高速发展与结构转型:改革开放以后的农牧业发展。1978年以后,新疆在积极推行以家庭承包责任制为主导的农村经济体制改革的同时,不断调整和优化农业产业结构和农作物布局,逐步形成了"南棉北粮"的生产布局和"红+白"③与"名优特稀"的发展战略,棉花、瓜果、番茄、枸杞等特色经济作物的优势得以充分发挥。在具体生产中,新疆根据"绿洲生态、灌溉农业"的特点,兴建了一批现代大型水利工程和灌溉干支渠以及水利防渗工程,全疆引水量、水库库容量和有效灌溉面积迅速增加。在广兴水利的同时,新疆积极实施平原绿化、退耕还林、退牧还草等生态工程建设,努力改善农牧业生产条件,现已建成近百万公顷的高效节水农田(主要使用喷灌、滴灌),每年节水50亿立方米以上,有效控制了新疆生态环境恶化的趋势,为区域经济的可持续发展提供了广阔前景。

在广兴水利、加强基础建设的同时,新疆还积极推行以"机耕、机播、灌溉、增产技术重大措施、病虫害综合防治"为内容的"五统

---

① 参见李福生《新疆生产建设兵团简史》,新疆人民出版社1997年版,第109页。
② 参见厉声主编《中国新疆——历史与现状》,新疆人民出版社2006年版,第236页。
③ "红"指番茄、枸杞、红花;"白"即棉花。

一"服务,坚持"宜统则统、宜分则分、统分结合"的原则,实现了家庭承包经营的稳定与统分结合的双层经营体制的不断完善。随着计划经济模式的打破,日渐深入的体制改革带来了多种经营模式的发展和乡镇企业兴起,新疆逐步形成了以市场为导向、以优质粮棉为基础、以先进技术为推动、以"名优特稀"为辅助的农业经济发展模式,极大地调动了农民的生产积极性,促使新疆农业进入了一个高速发展期。

近30年来,新疆农业连续丰收,粮食、棉花生产稳步增长,香梨、哈密瓜、葡萄、啤酒花、番茄、红花、枸杞等一批独具新疆特色的农产品迅速发展。继1984年彻底扭转多年以来依靠区外调粮解决居民吃饭问题的局面之后,新疆的人均粮食占有量又于1996年超过了全国人均占有水平,目前,新疆已经实现了粮食自给有余,棉花、甜菜、瓜果等农副产品大幅度增加,农业综合生产能力显著提高,主要农作物单产水平和人均占有量均居全国中上水平,已基本形成富有新疆特色的优势农产品产业带,在显著加强农业基础地位的同时,极大地提高了新疆的农业综合生产能力,随之而来的则是成倍增长的农产品有效供给。

据统计,2010年新疆的粮食总产量达到1171万吨,保证了区内供需平衡并有结余,人均占有粮食536.69公斤,是全国平均水平的131.6%;棉花总产量248万吨,单产、人均都位居中国首位(人均占有棉花113.65公斤,是全国人均占有量的25.5倍);优质林果产品产量达800万吨;主要农作物良种覆盖率90%,农业综合机械化率80%,设施农业面积100万亩,新增高效节水面积380万亩、绿色食品原料基地620万亩、农业标准化生产示范区62个。[①] 60多年的发展使今日新疆不仅彻底告别了农产品长期短缺的历史,而且现已发展成为中国最大的棉花、甜菜糖生产基地和番茄制品加工出口基地,农民生活水平得到显著提高,总体已经进入由温饱迈向小康的发展阶段。

随着农业生产的快速增长,新疆的畜牧业生产也获得迅速提高。

---

① 参见努尔·白克力《2010年政府工作报告》,新疆政府门户网站,http://www.xinjiang.gov.cn/10013/10031/10008/2011/73853_4.htm。

随着改革开放后的"退耕还林""退耕还草"战略和畜牧业各项建设工程的实施,大面积的人工草场建设和草场改良,使新疆的年冬打草量大幅上升,"逐水草而居"的传统畜牧业迅速转向现代牧业,告别了牲畜"夏饱、秋肥、冬瘦、春死"的成长怪圈和因路途遥远的秋冬转场与冬春严寒冰雪所带来的存活困难,大大增强了畜牧业抗灾能力,减少了牲畜损失。

在积极转变畜牧业生产方式的同时,新疆业已建成一套日趋完善的畜牧科研与社会服务体系,为现代畜牧业的发展提供了保证。改革开放以后,随着"(自治)区—地州(市)—县(市)—乡四级一体"的畜牧、兽医、草原科技服务网络和完整的畜禽良种繁育与推广体系的建成,新疆的牛羊育种研究、胚胎移植技术研究及兽疫防治技术研究等方面已经步入国内先进水平。伊犁马、新疆褐牛、新疆羔皮羊、新疆军垦细毛羊、中国美利奴羊、新疆白猪、绒山羊、荷斯坦牛等多个优质畜种繁育技术的诞生和迅速推广,使新疆成为国家重要的家畜良种生产基地,畜牧业生产也由此得以迅速增长。目前,新疆的农牧业生产模式已基本告别初期的传统粗放型模式,一半以上的土地种植已经转向订单生产;借助现代媒介与物流体系,新疆多数地区已基本实现了农产品网上交易,农产品流通服务体系也日渐完善,并已在北京、上海、广州、南京等城市建立了农产品展销中心,正在走向先进的现代产销模式。2010年,新疆的肉类产量已经超过200万吨,乳品日加工能力为3000吨,畜牧业已占农业总产值的27%,[1] 成为新疆社会经济发展的重要标志。

随着农业生产模式和发展水平的提高,新疆农牧区居民的生活水平得到了迅速提高。2009年,新疆农民人均纯收入已达3883.1元,列全国第25位[2];若按人均现金收入计算,新疆农民收入排名则升至全国第14位(6231.8元),高于湖南、湖北、安徽、河南等中部省区。2010年,新疆已经建成的农牧业龙头企业,带给250万农户直

---

[1] 参见努尔·白克力《2010年政府工作报告》,新疆政府门户网站,http://www.xinjiang.gov.cn/10013/10031/10008/2011/73853_4.htm。

[2] 同期新疆城镇居民人均可支配收入排名全国倒数第二位,仅高于甘肃省。

接、间接的收入增加,其中销售收入高达516亿元;当年农村转移劳动力210万人次,实现了80亿元的劳务创收;天山南北新建或改造农村公路5503千米;当年农民人均纯收入为4643元。① 总体来看,近30年来,符合区情的政策、措施和先进的科学技术与管理,极大地解放和发展了生产力,使农牧业的生产日趋科学高效,广大农牧区的基本生活设施建设日渐加强,日常生活管理日益完善,生态环境日渐好转,居民社会水平稳步提高,已经步入一个现代科学的可持续发展之路。

(二) 从无到有、从小到大:新疆现代工业体系的构建

1. 手工业改造的实施与完成。毛泽东认为,"农业社会化的步骤,必须和以国有企业为主体的强大的工业的发展相适应"②。1949年新疆和平解放时,现代工业基本为零,全省仅有14家工业企业,全部工人不足1100人,年产值仅有170多万元。当年工业生产总值的92.8%是由传统手工业所创造的。③ "重工业是钉马掌,轻工业是烤馕"由此成为描绘新疆的形象话语。对于大工业产品严重不足的新疆来说,手工业生产具有至关重要的作用。然而,从生产方式及其发展状况来讲,新疆的手工业生产又是分散的、个体的,整体生产条件十分落后,难成规模性生产,并且难以使用新的技术。此外,传统手工业所拥有的分散的个体生产方式及其小商品经济运作模式,使其整体薄弱的基础难以抵御突发性的或规模较大的社会经济风险。新政权建立后,如果依然任由手工业自发地发展,新疆的手工业依然只会继续走上"使少数人发财、大多数人破产失业"的道路。社会主义新中国的优越性也将无法体现。

为了改造对百姓生活影响重大的手工业,新疆政府成立了专门的领导机构——手工业管理局,积极组织管理手工业生产,采取国营商业和各地供销社统一供应手工业所必需的原料并统一推销他们所生产

---

① 参见努尔·白克力《2010年政府工作报告》,新疆政府门户网站,http://www.xinjiang.gov.cn/10013/10031/10008/2011/73853_4.htm。
② 毛泽东:《论人民民主专政》,《毛泽东选集》第4卷,人民出版社1991年版,第1477页。
③ 参见新疆维吾尔自治区党委宣传部、新疆维吾尔自治区统计局《新疆四十年(1955—1995)》,中国统计出版社1995年版,第328页。

的产品的办法，通过说服、示范和国家援助等多种方式，努力提高众多手工业者的社会主义觉悟，促使其自愿地加入到手工业合作社中，从事集体化的经济生产劳动。对于天山南北的众多牧区，新疆省政府则采取类似赎买的政策，以公私合营牧场的形式实现社会主义的改造。这些不仅使新疆的众多私营小生产者进入集体经济模式，而且还在各少数民族的中心区或人口集中地区，建立起工业产业，有效保障和改善了各族人民和驻疆人民解放军的生活，促进了新中国成立初期新疆社会的稳定与发展。

2. 社会基础设施建设与现代工业体系的基本发展。和平解放时，新疆的交通、通信等社会基础设施严重不足，已有公路破烂不堪，现代社会的标志之一——铁路则为零。由于没有重工业的机器设备与现代技术装备，同时也没有来自农业的原材料，新疆为数不多的轻工业生产设备利用率极低。和平解放以后，新疆一方面大力兴办对资金与基础设备要求不高的各种小型农副产品加工、机械修理工厂；另一方面有步骤地开展以能源工业为重点的现代工业和交通运输、通信等基础设施建设，努力加强资源勘探、经济建设人才的培养。在具体建设中，新疆省政府投入大量人力、物力、财力，努力修补已有重要道路、桥梁，积极修建连通天山南北各个城镇的公路干线。同时还在国家统一规划和援助下积极修筑铁路和全疆范围的邮政、电报、电话网线体系，以保证各族人民日常生产生活的基本需要。

不懈的努力使新中国成立头十年的经济建设成效显著，除了驻疆部队生产建设部队所建立的六道湾煤矿、七一棉纺织厂、八一钢铁厂、十月汽车修配厂等一批现代工业企业以外，新疆于1955年建成的克拉玛依油田成为新中国第一个大油田，1960年原油产量即达163.67万吨（占当年全国原油产量的39%）。迅速增长的社会经济生产能力，尤其是工业生产能力的大幅提升，使新疆的国民经济开始从传统的农牧一元经济向现代的农、工二元经济发生转变，迅速提高了新疆各族人民的生活水平，使众多新疆居民切实体会到了社会主义社会建设为自己的生活所带来的好处，为新疆的后续发展奠定了基础。

1959年以后，新疆的社会经济发展的"大跃进"导致了资金、物资极度短缺，进而造成建设周期拖长、工程质量下降、投资浪费、生产滑坡、基本生活用品供给紧张和居民生活迅速下降等一系列恶果。两年后，意识到"大跃进"错误的中央做出了积极调整。随着一系列调整措施的实施，新疆不仅恢复了被"大跃进"和"人民公社化运动"打乱的生产秩序，而且建立了一些"大跃进"以前未曾建立的制度，[1] 基本建构起一套适合实际情况的管理体系，在保证经济建设正常秩序和协调平衡发展的同时极大地调动了生产者的积极性，使新疆进入了一个相对平稳的建设发展时期。

1962年12月，兰新铁路铺轨到乌鲁木齐，结束了新疆没有铁路的历史，从根本上改善了新疆投资环境，为新疆的经济发展和现代工业的大规模建设与发展奠定了坚实的基础。之后，新疆在"调整、巩固、充实、提高"方针的指导下，积极压缩基本建设项目，调整了农业、轻工业和重工业、积累与消费、经济建设与人民生活的比例关系，使国民经济发展重新回到健康发展的轨道。[2] 这一时期，新疆先后建成红山嘴电站、哈密三道岭煤矿、独山子炼油厂、八一棉纺厂等一批工业企业，迅速提高了原油、煤炭、钢铁、水泥产品产量，扩展了日常生活用品的生产能力。到了1965年，全疆工农业总产值已达36.31亿元，其中的轻、重工业产值分别占到总产值的20.6%和17.9%。标志着新疆已由新中国成立初期极不平衡的二元经济结构（农业产值占总产值的92%以上）转向现代社会的二元经济结构。这种转变，不仅带来了新疆社会生产力的迅速提高，而且使人民在享受发展红利的同时，进一步体会到了社会主义的好处。

然而，好景不长。由于众所周知的原因，1965年以后，新疆经济发展进入了一个缓滞期。1969年3—8月，东北和新疆多个边境地区先后发生中苏武装冲突，中国进入一个高度紧张的战备状态，在一定程度上抑制了国内"文革"不同派系因争权夺利而起的武斗和动乱，并促起了以战备为主要任务的国民经济恢复和建设新高。根据中央

---

[1] 中共中央党史研究室：《中国共产党历史》第二卷（下册），中共党史出版社2011年版，第583—589页。

[2] 参见《新疆四十年（1955—1995年）》，中国统计出版社1996年版，第328、350页。

《1970年国民经济计划和第四个五年国民经济计划纲要（草案）》制定的"大力发展地方'五小'工业"，"形成为农业服务地方工业体系"，"加速发展石油、天然气和电力工业"目标，① 新疆的地方经济格局与建设也做出了相应调整。到了1978年，新疆建成了一批军工企业和"五小"工业，② 各地州市基本都拥有了生产能力不一的小型工业体系。

1965—1978年的13年时间里，新疆农业总产值年均下降0.73%，居民的日常生活水平呈现出一种停滞与倒退的状态。即便如此，这一时期的新疆国民经济的整体格局，也应属于农业、工业经济稳定协调发展的时期。据统计，1952—1978年的26年间，新疆工业总产值以年均11.7%的增长速度快速增长，高于全国0.3个百分点。截至1978年，新疆的工业在国民经济中所占的比重已达55%，新中国成立30年间的农业、轻工业和重工业得到了基本协调的发展，国民经济已从新中国成立初期的一元经济转向日渐成熟的二元经济结构。

3. 社会基础设施建设与现代工业体系的基本建成与发展。改革开放以后，特别是"西部大开发战略"实施和"一带一路"战略规划出台以后，随着国家对新疆的建设投入和内地省市对新疆建设援助的日益增长，新疆的经济发展再次获得了快速发展。

据统计，2000年以来，中央政府给予新疆的财政补助平均每年递增24.4%，2008年已达685.6亿人民币。利用中央和内地兄弟省市的财力、物力和人力支援，新疆积极发展本区交通建设，以求彻底改变长期制约本地社会发展的交通通信条件。截至2014年，新疆已经建起一个以乌鲁木齐为中心，以国道干线为主骨架，环绕两大盆地（准噶尔盆地、塔里木盆地）、穿越两大沙漠（古尔班通古特沙漠、塔克拉玛干沙漠），横贯天山、连接南北疆广阔地区的干支线公路运输网络，通车里程已达17.55万千米，其中高速公路4316千米。目前，一个旨在提高公路网的密度和道路等级、调整并优化路网结构，东接甘肃、

---

① 中共中央党史研究室：《中国共产党历史》第二卷（下册），中共党史出版社2011年版，第822页。

② 1975年，"五小工业"主要指地县两级办的小钢铁、小机械、小化肥、小煤窑和小水泥厂。

青海，南连西藏，西出中亚和西亚各国，并联疆内68条省道公路和众多县乡道路即客货运输站点枢纽的机动、灵活、快速、便捷、高效的公路交通网络正在积极建设中。与此同时，随着南疆铁路、北疆铁路以及兰新铁路复线的相继建成，到了2014年末，新疆铁路营业里程已达5760.20千米，其中兰新铁路第二复线（高速铁路）新疆段710千米。目前，新疆一方面积极加快现有铁路的电气化建设的步伐，另一方面则努力扩大和拓展铁路建设，包括新疆—北京铁路、新—藏铁路在内的11条铁路已经完成论证规划并将陆续投建，待这些线路建成投运后，将形成以兰新、南北疆铁路为主干，以多条干支线为辅，南连伊尔克什坦（或吐尔尕特）、北接塔城、阿勒泰、西至霍尔果斯、阿拉山口，东出甘肃、内蒙古等各省区，沟通大部分地州市的"四横四纵"的铁路网。一旦这些建设完成，长期制约新疆发展的交通运输问题将被彻底解决，新疆的经济发展必将再上新高。

与陆上交通发展相呼应，新疆改革开放以后的航空事业发展迅猛，现已形成以乌鲁木齐为中心、联结国内外82个大中城市和区内16个地州市，拥有114条国内外航线，"区内成网、东西成扇"的空中运输网络，通航里程达到22.6万多千米，新疆已成为国内拥有航站最多、航线最长的省区。

在积极发展道路建设的同时，新疆十分注意加强邮电通信业的发展，目前已基本形成程控交换、光纤通信、数字微波、卫星通信、移动通信等一套完整的现代化通信体系，光缆、数字微波和卫星通信等现代化传输网络已经覆盖天山南北全疆各地。日益完善的社会基础设施为新疆的发展提供了良好保证。

20世纪90年代以后，随着新疆高等级公路和航空里程的迅速增长，以及兰新铁路复线与"亚欧大陆桥"和南疆铁路的建成与通车，长期制约新疆发展的交通条件得到了极大的改观。随着吐哈石油与塔里木油气开发和"天山北坡经济带"的崛起与繁荣，新疆的工业产业布局由此前的"重北轻南"逐渐调整为"南北并举"，社会经济发展的工业化进程日益加快。新疆一方面加快了石油石化、煤电煤化、有色金属、特色农产品深加工和高新技术等为主导的新型工业化步伐；

另一方面不断丰富和完善本区新型工业化发展的思路，新型生态环保型工业园区建设、循环经济和低碳经济发展受到越来越高的重视，社会产业集聚和产业升级得到越来越多的关注。近年来，新疆在积极推动进疆大企业大集团建设项目的立项、开工和建设的同时，依托本区资源优势和建设国家大型石油、石化基地的有利条件，努力争取中央石油企业的支持，积极开展石化下游产业的深度合作，进一步推动了克拉玛依、米东（米泉东区）、库车及独奎（独山子—奎屯）等石化工业园区建设，促进了石化下游产业集群化发展，提升了新疆工业经济的整体质量。

随着工业经济整体的提升，新疆社会的基础设施建设特别是现代信息化建设的步伐日益加快，物流与通信网络日益完善，重点行业和领域的信息技术应用不断加强，电子政务试点和"数字城市"建设取得初步成效，各种新建工业项目已基本实现园区化，社会建设的现代化水平迅速攀升。目前，新疆已经建成82个国家级和自治区级工业园区，形成了以乌鲁木齐、石河子、克拉玛依、哈密等城市为核心的天山北坡经济带，包括石油、煤炭、钢铁、化工、电力、建材、纺织等门类比较齐全的现代工业体系基本形成，主要工业产品产量成倍增长。2008年，新疆的原油产量已达2722万吨，成为国家第二大原油产区；同期天然气产量达240亿立方米，可以满足中国93%的城市用气——当年"全国城市燃气（居民、公共福利、LNG汽车、采暖以及城市小工业）消费量为258亿立方米"[①]。

随着"亚欧大陆桥"的贯通，中国与西亚国家相关领域的合作日益深入，石油、天然气的输入和开发带来新疆管道运输建设的快速发展。目前，新疆拥有各类油气输送管道约5000千米，一个贯通南北疆和东疆地区的油气管网框架基本成型，架起了中国能源管道的龙骨和脊梁。据统计，"截至2009年12月31日，中哈原油管道已累积输送原油2039万吨，约占中国原油年进口的12%"[②]。2010年，"西气东输"的天然气已多达180亿立方米。大量优质油气资源经由"西气东

[①] 崔民选主编：《中国能源发展报告（2010）》，社会科学文献出版社2010年版，第131页。
[②] 同上书，第86页。

输""西油东送"管道,源源不断地输向东部,极大地缓解了这些地区的能源紧张状况,同时也对当地的环境保护和"生态社会"的建设起到了极大的促进作用。[①]

新疆能源及化工业的快速发展,带来了新疆社会服务业以及其他相关产业的快速发展,促进了新疆区域经济结构的升级,对劳动就业和新疆城市化进程也有着巨大促进作用。进入21世纪以后,依托丰富的煤炭资源,新疆的煤电煤化工产业快速兴起。优势资源转换、大企业大集团战略和中小企业成长工程等战略措施的实施,使新疆中小企业的实力不断增强,不仅吸纳了越来越多的新疆劳动力就业,而且使新疆的财政税收迅速增长,经济结构得到不断优化。截至2008年,工业对新疆国民经济增长的贡献率已达52.3%,工业已成为推动新疆经济快速增长的重要因素。

(三) 从资源优势到经济优势:新疆经济格局的转变

改革开放以来,国家和自治区政府一方面积极支持基础条件相对较好,经济发展具有优势的乌鲁木齐、克拉玛依、石河子、哈密等北疆地区率先发展;另一方面采取特殊政策和措施,努力促进南疆三地州(喀什地区、和田地区、克孜勒苏柯尔克孜自治州)以及边远牧区和边境地区加快发展。21世纪以后,新疆逐渐形成了"以乌鲁木齐为中心,促南扶北,两翼展开"的新工业布局并呈现出良好的发展势头。20世纪80年代中期以降,随着塔里木油田、吐哈油田的相继投产和南疆铁路西延工程的建成,以及饮料、造纸、地毯和民族特需用品等众多特色工业产业的兴起,南疆地区的工业生产总值增长速度已经逐步赶上并超过了北疆地区。全疆工业总产值中,南疆地区所占的比重也由改革开放前的不足10%上升到30%以上。随着三大油区的开发和石油化工工业的发展,新疆的区域经济结构逐步优化升级,目前已经形成以油气化工为核心,纺织、煤电化工、有色金属和食品加工为辅助,多种并举,南北协调互动,区域竞相互促,城乡统筹互进的经济发展新格局。

---

① 天然气对环境的污染远远小于石油和煤炭,据测算,天然气燃烧后产生的温室气体只有煤炭的1/2、石油的2/3,同量煤气热值为3000多大卡,而天然气的热值则高达8500大卡。每年300亿立方米的天然气可以替代7680万吨煤炭,可以减少1.5亿吨的二氧化碳排放量。

20世纪90年代以来,天山北坡经济带主动承接了东部沿海地区的产业转移。在战略转变和产业转移中,东南沿海地区的一些企业、工厂迁至新疆,内地大批工程技术人员也随这些企业、工厂一起充实到新疆初建的骨干企业中。近年来,政府将大量的少数民族工人选送到内地企业进修学习,在很短的时间内为新疆培养了一支工程技术骨干队伍,帮助这些企业、工厂建设和发展。

此外,国家还以对口支援的形式,从京、津、沪、苏、浙、鲁等内地发达地区,选派了大批专业技术人员分赴天山南北各地(州)县党政机关和企事业单位,进行挂职援建,从经济生产、科技、管理、教育研究等多个方面帮助当地社会的发展。与此同时,新疆也选送了数量可观的党政干部与专业技术人员,分赴各对口支援的省市和国有骨干企业挂职学习。这种双向互动,既给新疆带来了大量的资金、技术、先进的生产管理与社会治理观念和经验,推动了新疆发展,也促进了新疆本地人才的成长和科技文化事业的全方位发展,为新疆的全面、科学和可持续发展提供了重要保障。

近年来,根据本区的产业资源优势,新疆大力引进和加强新型工业化发展,积极推进国家级出口加工区、开发区和工业园区建设,努力打造吐鲁番—哈密地区(简称吐哈)石化产业带和天然气、煤电煤化产业集群。如今,工业已经取代农业成为新疆主要产业,新疆正由传统农牧业大区转变为发展势头迅猛的新型工业区。此外,新疆还注意本区生态环境的保护与建设,积极发展现代服务业,以适应社会发展和转型的需求。近年来,新疆的工业、农业和第三产业均保持快速发展的良好势头。截至2010年,新疆生产总值(GDP)首次突破5000亿元大关——已达5418.81亿元。其中,第一、二、三产业的比例为19.9∶46.8∶33.3。全疆人均生产总值为24978元,以当年平均汇率折算,人均3690美元,首次突破人均3000美元大关。[①]

作为"丝绸之路"的要道,新疆历来都是中国向西开放的重要门户。近年来,随着新疆的经济发展和社会基础设施的日渐完善,特别

---

① 新疆维吾尔自治区2010年国民经济和社会发展统计公报,http://www.xjtj.gov.cn/stats_info/tjgb/11371240456169.html。

是高速公路和多个地市机场的建设和渐成网络、南疆铁路的建成开通运营，以及兰新铁路第二双线的加速推进和城乡通信网络建设不断加强，新疆"全方位开放，向西倾斜，外引内联，东联西出"的外向型经济发展方针得到了很好的贯彻和执行，实现了由封闭、半封闭向全方位开放的历史性转变。目前，新疆已与190余个国家和地区开展了经济贸易合作和科技文化交流，17个一类口岸、12个二类口岸辐射周边十几个国家，2014年，新疆外贸进出口总额已达276.69亿美元，居全国第12位（中西部省、区、市第2位）。要"把新疆建设成全面向西开放的桥头堡，建成重要的国内外商品转口基地和向西出口商品基地"的构想正在逐步实现，新疆全方位开放并参与国内外经济大循环的态势已经基本形成。

随着新疆社会基础设施建设和全方位开放并参与国内外经济大循环态势的良性增长，以及新疆所拥有的丰富物质文化和非物质文化资源，新疆的第三产业，特别是旅游业得到快速发展。截至2008年，新疆已经建起一个以"丝绸之路"为主线，[1] 以四湖、五区[2]为重点的旅游经济发展格局。全区近500处旅游景区（点）已成为新疆新的经济增长点。2010年，新疆"接待国际旅游人数106.53万人次，比上年增长43.5%；国际旅游外汇收入3.68亿美元，增长40.8%。接待国内旅游人数3037.84万人次，增长44.8%；国内旅游收入281.13亿元，增长59.1%"[3]。逐年增长的国际旅游收入已成为新疆非贸易外汇收入的重要来源，所占国内生产总值的比重逐年攀升。

总体来看，改革开放30多年来，迅速加强的社会基础设施建设，极大地促进了新疆现代工业生产方式的发展和全区经济生产能力的提高。今天，工业化程度日渐提高的新疆业已形成以能源工业为核心，

---

[1] "丝绸之路"的开发则秉行"完善中道、加强开发南北道"的布局思想。
[2] 四湖指喀纳斯湖生态旅游区，天池、赛里木湖和博斯腾湖风景旅游区；五区系以喀纳斯为重点的生态旅游区，以天池和博斯腾湖为重点的风景旅游区，以吐鲁番、库车为重点的古文化遗址旅游区，以喀什为重点的民俗风情旅游区，以伊犁为重点的塞外江南风光旅游区。
[3] 新疆维吾尔自治区统计局、国家统计局新疆调查总队：《新疆维吾尔自治区2010年国民经济和社会发展统计公报》，新疆统计信息网，http://www.xjtj.gov.cn/stats_info/tjgb/11371240456169.html。

以纺织、有色金属、食品加工和民族特色产品为辅助,多种并举,南北协调互动,区域竞相互促,城乡统筹互进的经济发展新格局,"外引内联、东进西出"之中,独具特色的自然景观与民族文化和日益增强的经济活力,极大地促进了新疆的社会发展,传统"南农北牧"、落后闭塞的大区逐步转向南北协调、开放繁荣的可持续发展之路,各族人民的日常生活发生了巨大变化,国家"再造一个山川秀美的西部"战略设想正在一步步走向现实。

(四) 新中国成立60多年来新疆居民生活变化

1. 各族人民的温饱问题得到解决,城乡居民可支配性收入迅速提高。1949年,全疆人均占有粮食195.62公斤、棉花1.18公斤、肉类11.68公斤,可谓衣不遮身、食不果腹。到了1978年,经过30年建设的新疆人均占有粮食为300.09公斤、人均占有棉花增至4.46公斤、人均占有肉类增长到7.83公斤,各族人民的温饱问题得到了基本解决。改革开放以来,新疆人民的生活状况随着社会经济的迅速发展得到了更大改观。2010年,新疆人均粮食、棉花和肉类的占有量进一步增长到536.69公斤、113.65公斤和51.37公斤,分别是1949年的2.74倍、96.31倍和4.39倍。[①] 长期困扰新疆的温饱问题得到了彻底解决。

随着社会生产能力的发展和温饱问题的解决,新疆城镇居民可支配性收入迅速增加。据统计,2008年,新疆城镇居民人均可支配收入为11432元人民币,比1978年增长了35倍;农民人均纯收入则达3503元人民币,与1978年相比增长了28倍,与西部大开发初期的2000年相比则增长了1.2倍。[②]

在居民收入整体上升的同时,新疆的城乡居民收入增长模式也日渐多元。在农村,除了粮食和棉花等传统优势农作物外,优质林果等产业已经成为农牧民增收的新渠道。据统计,2008年,"在一些林果

---

① 据国务院新闻办公室《新疆的发展与进步》和《新疆维吾尔自治区2010年国民经济和社会发展统计公报》计算出。
② 参见国务院新闻办公室《新疆的发展与进步》,中共中央文献研究室、中共新疆维吾尔自治区委员会《新疆工作文献选编(1949—2010年)》,中央文献出版社2010年版,第785—788页;《新疆维吾尔自治区2010年国民经济和社会发展统计公报》,新疆统计信息网,http://www.xjtj.gov.cn/stats_info/tjgb/11371240456169.html。

业发展较早的县市，林果收入已经占到农牧民收入的40%以上"。此外，"外出务工特别是到东部地区务工成为农牧民增收的又一新途径。2008年外出务工的新疆农牧民达150万人次以上"，"旅游业的发展带动了民族旅游产品的开发销售，也带动了民族手工业的发展，直接或间接带动了几十万人就业，增加了居民的家庭收入"。[①] 收入水平的提高和收入渠道多元化，使新疆各族人民的日常生活水平在稳步提升的同时保障系数也稳步上涨，日常消费的自由度也越来越大。

表4-1 改革开放30年新疆城乡居民家庭人均收入变化对比[②]

年份	农村居民家庭人均纯收入 绝对数（元）	指数（1978=100）	城镇居民家庭人均年可支配收入 绝对数（元）	指数（1978=100）	农村居民家庭恩格尔系数（%）	城镇居民家庭恩格尔系数（%）
1978	119	100	319	100		
1980	201	168.9	427	133.9	60.8	57.3
1985	394	331.1	735	230.4	57.9	46.8
1990	684	574.8	1314	411.8	53.7	47.8
1995	1137	955.5	4163	1172.3	50.1	44.8
2000	1618	1359.3	5645	1589.4	50.0	36.4
2001	1710	1437	6215	1749.9	50.4	34.8
2002	1863	1564.9	6554	1979.1	49	33.9
2003	2106	1768.3	7006	2115.7	45.5	35.9
2004	2245	1885	7503	2265.9	45.2	36.1
2005	2482	2084	7990	2412.9	41.8	36.4
2006	2737	2300	8871	2679	39.9	35.5
2007	3183	2674.8	10313	3114.5	39.9	35.1
2008	3503	2943.7	11432	3452.4	42.5	37.3
2009	3883	3263	12258	3701.8	41.6	36.3

注：1992年以前城镇居民人均年可支配收入为人均年生活费收入。

---

① 国务院新闻办公室：《新疆的发展与进步》，中共中央文献研究室、中共新疆维吾尔自治区委员会：《新疆工作文献选编（1949—2010年）》，中央文献出版社2010年版，第786—787页。

② 数据源自新疆统计信息网，http://www.xjtj.gov.cn/stats%5Fdata/tjnj/2010nj/g1/g1-3.htm。

2. 城乡居民的消费结构迅速改变。随着经济发展和社会物质、文化生活水平的整体提高，新疆城乡居民的消费总量不断提高，日常生活的消费结构发生了巨大改变。新中国成立60多年来，在人均占有粮食、棉花和肉类数量不断增加的同时，新疆居民用于维持日常生活的食品消费却在逐渐降低，这在改革开放后的30多年中表现尤为突出。据统计，1980年、2000年、2010年，新疆城镇居民的恩格尔系数（食品消费比重）分别为57.3%、36.4%、36.2%；同期农村居民恩格尔系数为60.8%、50.0%、40.3%。[①] 随着基本生活保障支出的降低，新疆各族城乡居民的日常生活消费已从一般家庭消费向文化教育、旅游保健、社会服务等消费发展，社会整体消费结构正在由温饱型农产品消费向小康型电子产品消费转变；食品消费则由主食果腹型向多种营养成分合理摄取的副食型转变；衣着消费朝着成衣化、时装化、名牌化、个性化的方向发展。新中国成立60多年来，新疆城乡居民的日常生活耐用消费品也已经历了从自行车、缝纫机、手表和收音机等低端工业产品，到彩电、冰箱、洗衣机、照相机等现代生活一般用品，再到电脑、智能手机、数码照相机/摄像机、小轿车和健身器材等现代生活中高端消费品的发展变化。

3. 社会基础设施建设的迅速发展和交通工具的多样化，为人们的出行提供了越加方便快捷的方式和多元的选择。新中国成立前，新疆没有一寸铁路，公路通车里程极少且路况甚糟，仅仅乌鲁木齐、伊宁等几个少数城市拥有机场，通航的线路和开通的航班也极少。那时，别说是从新疆到内地，就是从乌鲁木齐到哈密，乘坐汽车也得几天几夜，加之疆内各个城市之间多以戈壁荒漠相隔，因此大多依靠牲畜出行的新疆居民极少走出自己所生活的城市和绿洲。

新中国成立以来，随着新疆社会生产能力的提高、城乡居民收入的增加和日常生活消费结构的改变，新疆各族人民的生活条件不断改善，出行条件有了很大改观。截至2014年末，新疆铁路、公路、民航的通行里程分别达到5760.20千米、17.55万千米和22.60万千米，三种交通方

---

① 依国务院新闻办公室《新疆的发展与进步》和《新疆维吾尔自治区2010年国民经济和社会发展统计公报》计算出。

式所完成的客运量分别为 2355.30 万人、34847 万人和 2192 万人,同期货运量则为 7529.10 万吨、64756 万吨和 18.3 万吨。① 日渐方便的交通条件为新疆居民的日常生活提供了极为便利的条件,极大地促进了社会的繁荣和发展。比如,改革开放初期,乘坐火车从乌鲁木齐到北京需要一周左右——比新中国成立初期乘坐汽车和牲畜所要花费的时间缩短了一半以上,而如今从乌鲁木齐到北京的航班仅需 3 个多小时。

4. 城乡居民的住房条件得到极大改善。新中国成立前,新疆居民日常居住的大多是帐篷和草泥夯建的土木房屋,抗击风雨冰雪和地震等自然灾害的能力极差,百姓的生命和财产安全难以获得保障。新中国成立 60 多年里,新疆城乡居民的居住条件得到了根本性的改变。截至 2008 年,新疆的城镇人均住房面积已从 1983 年的 11.90 平方米增长到 27.30 平方米,农村人均住房面积也从 1983 年的 10.20 平方米增长为 22.79 平方米。随着住房面积的增加,城乡居民的住房也由抗灾能力低下的传统土木结构房屋演变为抗震抗灾能力较强的砖混或钢筋水泥的框架结构房屋,整体居住质量已经发生了根本性的改变。从 2004 年起,新疆开始在地震高发、多发地区实施抗震安居工程,截至 2008 年底,已累计投入城乡抗震安居工程建设资金 412 亿元人民币,新建和改造抗震安居房 189.5 万户,其中南疆三地州农村共有 74.23 万户贫困农牧民入住抗震安居房。2008 年,新疆全部设市城市的自来水普及率已达 97.86%,县城则为 87.18%;城市燃气普及率为 89.33%,县城为 66.67%;城市绿化覆盖率为 30.49%,绿地率为 26.19%,人均公共绿地面积为 6.94 平方米;城镇集中供热普及率为 51.2%,污水处理率为 68%,生活垃圾无害化处理率为 16%。近年来,随着"西气东输"和"中哈输油管线"的建成与油气生产能力的提高,南疆地区的库尔勒、和田、喀什等 23 个县市的 30 多万户居民也已用上了天然气,传统的"砍胡杨、烧胡杨"景观逐渐成为历史。②

---

① 新疆维吾尔自治区 2014 年国民经济和社会发展统计公报,http://www.xjtj.gov.cn/tjfw/dh_tjgb/201508/t20150826_477928.html。
② 参见国务院新闻办公室《新疆的发展与进步》,中共中央文献研究室、中共新疆维吾尔自治区委员会《新疆工作文献选编(1949—2010 年)》,中央文献出版社 2010 年版,第 789—790 页。

5. 积极扶助贫困，努力缩小地区发展差距。为了缩小因为自然地理环境和交通条件所致的社会发展差距，帮助社会发展滞缓与贫困区域加快发展，从20世纪80年代中期起，政府将解决农村贫困人口温饱问题作为主要目标，实施了以改变贫困地区经济文化落后状态为重点的大规模扶贫开发。进入21世纪后，随着社会生产能力的提升和新疆发展战略的转变，这种扶贫开发也由单纯的救济式扶贫转向有组织、有计划、有目标的开发式扶贫。从2001年到2007年，中央和自治区政府将用以扶贫的财政资金、以工代赈资金和信贷贴息资金中的78%投到了南疆三地州，70%以上的扶贫项也安排在南疆三地州。到了2008年，新疆的贫困人口已由1978年的532万人减少至253万人，贫困地区贫困人口的生产生活条件得到了明显改善。[①] 2009年以后，随着南疆铁路库尔勒—喀什—和田段的建成通车和"喀什经济特区"的筹建与发展，长期遭受发展滞缓与区域贫困问题困扰的南疆地区开始进入社会发展的快车道，随之而来的将是贫困问题的彻底解决与南北疆社会发展差距的缩小乃至消失。

6. 城乡居民就业机会与就业选择幅度大幅提升，社会保障制度日渐完善。新中国成立前，以传统农牧业为主要谋生方式的新疆绝大多数居民基本都是靠天吃饭、自生自灭，日常生活根本没有保障。新中国成立以后，社会生产方式的转变和经济生产能力的提高，使新疆由传统农牧业社会转向现代工业社会。现代化的企业、工厂的建设和发展吸纳了大量社会劳动力，为城乡居民提供了大量就业机会，越来越多的社会成员有了固定职业和稳定收入，普通居民的日常生活保障程度大幅提高，基本生活得到了前所未有的保证。改革开放后，随着新疆社会经济生产能力的快速增长和人力资源市场从无到有、从小到大的迅速发展，社会成员就业与自主择业的机会大幅增加。据统计，截至2014年末，全疆就业人数达到1142万人，通过各种途径实现城镇就业再就业47万人。[②] 目前，新疆已经初步建构起一个由县区以上综

[①] 参见《新疆工作文献选编（1949—2010年）》，中央文献出版社2010年版，第789—790页。
[②] 新疆维吾尔自治区2014年国民经济和社会发展统计公报，http://www.xjtj.gov.cn/tjfw/dh_tjgb/201508/t20150826_477928.html。

合性服务机构、街道（乡镇）社区基层服务窗口，以及各类服务实体共同组成的公共就业服务体系，社会成员就业有了基本保障。

新中国成立后，新疆除了积极建立与现代工业生产方式和城市化生活模式相适应的就业服务体系之外，还基本构建起一套与现代生活方式相适应的社会保障体系。据统计，截至2010年末，新疆基本养老保险、失业保险、医疗保险、工伤保险、生育保险五大保险参保人数达1098.35万人，占新疆人口总数的50.35%；城镇居民中有85.10万人得到政府最低生活保障救济；新疆实际参加新型农牧区合作医疗的农牧民1019.03万人，参合率达到98.6%；新型农村养老保险试点扩大到56个县（市），参保人员357.93万人，已领取养老保险待遇人员58.03万人。目前新疆所有县（市区）都建立了城乡医疗救助制度，所有社会成员的生命和财产安全保障条件得到了根本性的改变。①

二 从民主协商到民族区域自治：新疆的政治制度与社会治理变化

（一）建构适于新疆人民健康生活的现代民主政治与社会治理体系

新疆和平解放后，为适应社会发展需要，中国共产党领导下的新疆省政府首先制定了"新疆境内各民族一律平等、实行团结互助"的施政方针，在省政府内专门成立了民族事务委员会管理民族工作，积极争取社会各界的支持。与此同时，新疆省政府在中国人民解放军的支持和帮助下，一方面积极清剿制造社会混乱、侵扰人民生活的土匪武装与国民党反动残余势力；另一方面通过全疆范围开展的社会民主改革运动，积极改造社会意识，肃清各种反动势力影响。在一系列的社会整合中，新疆废除了封建王公制度、千百户长制度和保甲制度，建立了人民民主专政的城乡基层政权，通过全疆范围的普选，选出了乡、县、市、省各级人民代表大会代表，以文武结合的方式扫除了长期盘存于新疆的帝国主义、封建宗法、敌视人民的极端宗教势力，以及派别林立的各种反动会道门、土匪行帮会等政治组织，废除了千年之久的封建王公与宗教贵族的社会特权，消除了长期存在的社会对立，

---

① 此部分内容的相关数据均来自《新疆工作文献选编（1949—2010年）》和《新疆维吾尔自治区2010年国民经济和社会发展统计公报》。

形成了全新的社会政治体系，稳定了社会秩序，保证了人民的日常生活安全。与此同时，为了巩固新政权和培养人民当家做主人意识的中国共产党，有计划地培育了一批少数民族干部，为新疆实施更好的社会发展奠定了基础。

由于新疆既是中国的西北屏障，又是一个多民族聚居区，同时还是一个东西文明交汇的"种族、文化博物馆"，形成了这一地区多种宗教信仰并存、多元文化特征明显、多个民族交融共生的特点。因此，新疆的社会治理与民族、文化和宗教信仰构成相对单一的内地省市相比，要复杂许多。新旧交替完毕，社会秩序稳定下来后，如何更好地谋取新疆社会发展则成为党与政府必须认真考虑的问题。

根据中国共产党人革命战争期间的理论探索与内蒙古等地的成功实践经验，以及新疆的具体实际，新中国成立后，中央政府提出了以民族区域自治的方式解决中国少数民族地区社会发展问题的总方针，制定了《中华人民共和国民族区域自治实施纲要》。之后，新疆依照国家制定的方针政策，先后建立了1个州级、4个专区级、6个县级和若干乡级民族区域自治地方，建构起新的政治架构。1955年10月1日，新疆维吾尔自治区正式宣告成立，标志着新疆建立区、州、县三级民族自治地方和民族自治机关工作的完成。目前，全疆共有10个民族建有各级民族自治单位或民族乡，新疆也是中国唯一同时具有自治区、自治州和自治县三级自治地方的省级行政区，实现了自1884年建省之后的又一次重大政治制度的变革，并由此进入了统一于中央政府下的民族区域自治的社会治理模式，在直接纳入有效的中央管辖体制的同时获得了充分的民族区域自治和社会治理权限。

在建构适合于新疆发展的社会主义民族区域自治制度和人民民主专政的各级地方政权的同时，党和国家实施了民主改革和社会改造的一系列措施。借鉴历史经验，新疆还在各绿洲边缘的沙漠戈壁和边境地带新辟出上百个"屯垦戍边"的生产建设兵团团场，使新疆在民主集中制的组织原则下，建构起一套上至中央下至基层社会、政令统一、能够有效发挥社会管理职能的政治与社会治理体系，有效整合了新疆社会的各种力量，实现了天山南北的巨大社会变革。这种变革不仅彻

2015年4月吐鲁番地区撤地设市，辖高昌区（原吐鲁番市）、鄯善县和托克逊县；
2016年2月哈密撤地设市，辖伊州区（原哈密市）、伊吾县、巴里坤哈萨克自治县

图4-1 新疆行政区划图（2016）

底废除了旧新疆遗留的半封建半奴隶、奴隶甚至原始社会末期的生产关系，而且也把变革之前由极少数封建王公和地主阶级所垄断的巨大社会财富与权力，转移到占社会绝大多数人口的普通民众手中，消除了以往社会长期存在的阶级对立和群体利益矛盾，从根本上改变了旧新疆极不合理的社会结构，彻底结束了新疆四分五裂、一盘散沙的政治局面，逐步消除了历史遗留的各民族间的隔阂，消除或缓和了不同群体之间的对立与矛盾，有效打击了各种试图破坏祖国统一和新疆稳定发展的反动势力，形成了一个政治昌明、平等友爱、团结互助的良好社会氛围，使各族人民在更大范围内接受民主政治的训练，逐步学会行使当家做主的权利，促进了国家的统一和各族人民的团结，为社会发展提供了良好的制度保障。

（二）积极培养社会建设所需的各类人才，为各族人民当家做主提供保证

"国家能不能长治久安，从一定意义上说，关键在人。"① 新中国成立以后，党和国家在建构适合新疆的政治制度和社会治理体系的同时，以多种方式培养能够使新的政治制度和社会治理体系良好运转的各类人才。新疆和平解放之初，新政权的各级政权机构尚处于初创阶段，进疆部队拥有严密、健全的领导机构和各级组织，对统一指挥和调动力量、协调一致地完成经济恢复和民主改革的任务，起了十分重要的作用。但是，这套体系并不适用民主社会的建设，因此，在1949年10月30日所发的《关于中央人民政府成立后宣传工作中应注意事项的指示》中，中央提出，新的人民政府成立后，"不要再如过去那样有时以中国共产党名义向人民发布行政性质的决定、决议或通知"，"凡属政府职权范围者"应由"政府讨论决定，由政府明令颁布实施"②。对于党政关系，周恩来在1950年4月的全国统战工作会议上则强调，"党政有联系也有区别。党的方针、政策要组织实施，必须通过政府，党组织保证贯彻"③。时任政务院政法委主任的董必武则将党和国家政权机关的关系概括为三条："一是对政权机关工作的性质和方向给予确定的指示；二是通过政权机关及其工作部门实施党的政策，并对它们的活动实施监督；三是挑选和提拔忠诚而有能力的干部（党与非党的）到政权机关去工作。"④

为了更好地处理少数民族地区的社会改革与建设，中共中央制定了一系列政策和措施。1950年6月13日，《中央关于处理少数民族问题的指示》提出处理少数民族问题的"三必须"要求，即"在少数民族中进行工作，必须首先理解少数民族中的具体情况，并从各少数民族中的具体情况出发来决定当地的工作方针和具体工作步骤。必须严

---

① 《邓小平文选》第3卷，人民出版社1993年版，第382页。
② 中共中央党史研究室：《中国共产党历史》第二卷（上册），中共党史出版社2011年版，第173页。
③ 同上书，第174页。
④ 同上书，第175页。

格防止机械搬用汉人地区的工作经验和口号，必须严格禁止以命令的方式在少数民族中去推行汉人地区所实行的各种政策"。1951年2月，中共中央政治局扩大会议决定，将推行民族区域自治和训练少数民族自己的干部作为两项中心工作去做，在北京建立中央民族学院，作为培养少数民族干部的基地，同时在西北、西南和中南建立分院。至1954年底，先后建立了8个民族学院，培养了十多个民族的1.1万名后来成为少数民族干部队伍的重要公干。[①]

除了通过学院培养党政干部和其他社会建设与管理人才，[②] 中央还根据新疆的具体情况，提出"一定要培养共产主义的民族干部"，"要给农垦师、工厂、部队培养民族干部的任务"[③]，为民族地区培养出更多能够担负实施社会管理任务的人才，保证新疆社会治理体系良好运转。此后，随着自身建设与发展，新疆生产建设兵团成为新疆社会发展的一支重要建设力量，并且担负起为新疆培养少数民族干部的重任。截至1975年撤销时，兵团不仅为新疆培养了数十万的党政干部和各类社会管理人才，而且为新疆培育了一大批运转良好的企业工厂，为新疆实行进一步的社会改革和建设奠定了基础。

新中国成立60多年来，党和政府在日常社会治理中坚持各民族平等参与、共同管理的原则，除了根据本地实际积极制定并实施保证社会治理体系良性运转的法律法规之外，一直将选拔、培养和使用少数民族干部作为实行新疆民族区域自治和各民族人民共同当家做主的关键。除了通过专门院校、新疆生产建设兵团和军队帮助培养之外，新疆还通过加强培训、坚持锻炼、异地交流、挂职轮换等多种形式，培养和造就了一批优秀的少数民族党政干部和各类社会管理与建设人才，使新疆的少数民族党政干部和各类社会管理与建设人才队伍的人数和素质大幅提高，为新疆的社会建设与发展提供了保证。

---

  ① 参见中共中央党史研究室《中国共产党历史》第二卷（上册），中共党史出版社2011年版，第140—146页。
  ② 同上书，第143页。
  ③ 邓小平:《新疆大有可为》，中共中央文献研究室、中共新疆维吾尔自治区委员会:《新疆工作文献选编（1949—2010年）》，中央文献出版社2010年版，第239页。

据统计，1955年，新疆的少数民族干部只有4.6万人，2008年则上升为36.3万人，占全疆干部总数的51.25%。目前，新疆维吾尔自治区的区政府主席、各自治州的州长、自治县的县长，以及相应的人大常委会主任、人民法院院长、人民检察院院长均由实行民族区域自治的民族的公民担任，绝大多数的地州市行政首长均由少数民族干部担任[①]。

为了使新的政治制度和社会治理体系能在天山南北良好运转，党和国家在努力培养社会建设各类人才的同时，多次强调不同民族的干部必须要互相学习语言文字，以保证日常工作和生活的正常交流。1954年以后，为了适应形势发展的需要，根据国家宪法和中央政府机构设置的变革，中国实行了党委统一管理下的分部分级管理干部的制度。八大以后，中央政府又做出了"以简政放权为内容的国家行政体制改革和经济体制改革的酝酿和准备"，对党的领导体制、干部人事制度等方面产生了积极的影响。但在随后掀起的"人民公社化运动"中，人民公社实行的供给制和工资制相结合的分配制度，"组织军事化、行动战斗化、生活集体化"的劳动组织方式和生活方式，既没有考虑新疆的经济基础，也没有注意新疆山区草原农牧业的特点，更没有注意新疆传统社会结构的特点，盲目实行社会改造的结果是导致生产力的极大破坏，生产下滑严重和生产者的消极怠工。

1959年，中共中央八届六中全会通过的《关于人民公社若干问题的决议》首次提出以"农、轻、重"为序的战略思想，"综合平衡是整个经济工作的根本问题，国民经济应当有计划地按比例发展"，[②] 这为新疆的经济建设提供了更为切合实际需要的发展方针，在一定程度上纠正了不切新疆实际的社会改造运动。1960年后，新疆对农业、工业、手工业和商业的建设方针和生产管理进行了一系列的修改与调整，决定在农业中建立以生产队为基本核算单位、生产与分配权利相统一的农业生产关系；在工业中实行"五定""五保"的党委领导下的厂长负责制和职工代表大会制度；手工业和商业则建立以全民和集体所

---

① 数据来自《新疆工作文献选编（1949—2010年）》，第805页。
② 中共中央党史研究室：《中国共产党历史》第二卷（下册），中共党史出版社2011年版，第536页。

有制为主，以个体所有制和农村集市贸易为重要补充的多元体制。①

上述措施不仅恢复了被"大跃进"和"人民公社化运动"否定和打乱的生产秩序和规章制度，而且"建立了一些'大跃进'以前未曾建立的制度（例如厂长领导下的总会计师负责企业财务管理的有关规定）"②，使经济建设中的日常生产管理在调整之中向规范和健全的方向迈进了一步，基本建立起来一套适合社会实际的农业、工业、手工业和商业的管理体系。在保证了经济建设正常秩序和协调平衡发展的同时，极大地调动了生产者的积极性，使新疆的经济建设和社会运行进入了一个相对平稳的良好发展时期。20世纪60年代以后，中国进入一个社会运动频发时期，社会建设与发展受到极大影响。这一时期，由于"各级党委一般要考虑如何根据本民族地区的实际情况来贯彻中央的部署，因此新疆在某种程度上迟缓或减轻了'大跃进'运动对少数民族地区的冲击"，"在三年困难时期，少数民族地区的群众生活反而比汉族地区要好一些"。③ 同样原因，新疆在"文化大革命"时期的社会发展和百姓日常生活状况也较内地多数省市要好一些。

新中国成立以来，新疆不仅努力培养党政干部和各类社会建设与管理人才，还十分注意发挥帮助中国共产党取得革命胜利的法宝——群众路线——的积极作用。前文讲过，中国共产党人早在20世纪30年代就已进入新疆，并有一大批干部在盛世才政府担任过要职。但由于特殊原因，新中国成立前，党在新疆始终奉行"不公开、不发展"党组织的工作原则。因此，和平解放前的新疆基本没有中国共产党的组织机构和共产党员。新中国成立后，依据中央"公开建党"的指示，新疆开始在基层社会积极发展党员和建立党的组织机构，以保证新中国的政策、措施的贯彻和执行，帮助新疆建立新的政治制度和维护日常社会管理体系的正常运转。与此同时，新疆还十分注意"发动与组织工人、农民、青年、妇女等各人民团体，并使之成为政府各

---

① 中共中央党史研究室：《中国共产党历史》第二卷（下册），中共党史出版社2011年版，第583—589页。
② 同上书，第588页。
③ 同上书，第628页。

项建设的有力的可靠的支柱"①；对外则注意积极发展和巩固中苏、中蒙友好关系，促进建立中苏、中蒙文化的交流，学习苏联的民族政策和建国经验，为新疆的社会主义社会建设服务。

总体来说，在60余年的建设发展中，党和国家始终坚持各民族平等参与、共同管理的原则，在新疆建构了适合社会发展的政治制度和社会治理体系，为新疆培养了大批社会治理与建设人才，使其成为实行新疆民族区域自治和各民族人民共同当家做主的重要途径，保证了新疆社会的良好发展。

（三）从特权到平等、从压迫到自由：新中国成立以来新疆居民的信仰状况

新中国成立以后，党和政府还通过国家立法和政府制度等形式，实行完全的宗教信仰自由政策。然而，受到国际国内多种变化因素的影响，在新中国成立60多年的发展建设中，中国良好宗教信仰政策的具体执行并非是始终如一的。具体发展状况大致可以划分为三个阶段：

1. 废除宗教特权与剥削制度、宗教信仰自由发展时期（1949—1966年）。作为东西文明的交汇区，多元文化与多种宗教信仰并存的特点一直伴随着新疆的历史发展。然而，在新中国成立前，封建王公贵族和宗教特权人物相互勾结所致的剥削和压迫普遍存在于天山南北，各族人民群众实际上并没有信不信仰宗教和信仰何种宗教的选择自由。贫瘠困苦的生活中，无力改变现实和个人命运的普通百姓，大多只能皈依宗教以寻心灵慰藉，伊斯兰教、佛教、道教、东正教等存在于新疆的主要宗教实际沦为帮助权贵压迫人民的工具。

新中国成立初期，遍布于天山南北的寺庙道观等宗教场所所拥有的各种宗教土地数量惊人。据统计，新疆和平解放时，莎车县的清真寺所拥有的宗教土地（统称"瓦合甫"）占到全县土地总数的1/3以上，喀什的伊斯兰教阿帕巴克和卓麻扎（即"香妃墓"）则拥有1.6万亩"瓦合甫"，而当时新疆拥有万亩以上土地面积的城市不过乌鲁

---

① 《新疆省人民政府委员会目前施政方针》，中共中央文献研究室、中共新疆维吾尔自治区委员会：《新疆工作文献选编（1949—2010年）》，中央文献出版社2010年版，第46—47页。

木齐、伊宁和喀什等几座。① 除了占有大量土地外，教职人员还以名目繁多的宗教课税剥削教民，并对社会文化、教育、婚姻和法律等多个领域都有严重干涉。

新中国成立后，在积极保护宗教的前提下，党和政府历时十余年，通过符合新疆社会实际的土地和宗教改革运动，废除了长期存在于天山南北的宗教特权与剥削制度。到了1960年，不仅势力范围不大的佛教、道教的宗教特权和剥削制度已被废除，新疆势力范围最大的伊斯兰教的状况也发生了根本的变化，"伊斯兰教不再是剥削阶级利用的工具，不再有干涉国家行政、司法、教育、婚姻制度的合法权利。伊斯兰教逐步成为主要是满足穆斯林宗教信仰的组织"②。基督教和天主教也发展成为独立自主、自办教会的形成，实现了宗教"自治、自传、自养"。从此，新疆各族人民在宗教信仰自由的国家法律和政策保护下获得了信教与不信教、信仰何种宗教，以及以何种方式信仰的真正信仰自由。

这一时期的党和政府还积极团结宗教上层人士，对宗教教职人员与封建王公贵族、地主阶级做了区别对待，对寺庙教堂实施了保护。③此外，在日常生活中还对生活困难的教职人员进行必要的补助以保证其正常生活。新中国对宗教人士、宗教活动场所的保护，以及政教分离、独立自主、自办教会、对外友好往来的宗教政策和活动原则，使中国的宗教获得了前所未有的自由发展机会。即便是在20世纪50年代发生的各项社会运动中，新疆各族人民的宗教信仰自由也始终得到了很好的尊重。在良好的社会氛围中，新疆各族宗教教职人员与信教群众开始走上独立自主、自由信仰、自办宗教的良好发展道路。

2. 宗教信仰自由政策受到严重破坏时期（1967—1978年）。在经过十几年的良好发展以后，"文化大革命"的发生使中国进入一个动

---

① 参见厉声《中国新疆——历史与现状》，新疆人民出版社2006年版，第208页。
② 同上书，第210页。
③ 1952年颁布的《新疆省关于执行土地改革法若干问题的规定》规定："清真寺、麻扎、宗教学校、喇嘛庙现有土地及在乡村中属于公共所有的各种瓦合甫地及其出租的房屋，均一律保留。"

乱期，新疆的宗教信仰也难免其难。主要表现有：

（1）混淆宗教封建特权、剥削压迫制度与正常的宗教仪式或规定，以及民族风俗习惯方面的界线，粗暴干涉或限制百姓日常生活当中正常的宗教活动，伤害了广大信教群众。"文化大革命"期间，一些地方为了"破四旧"和"文化革命"，实行了不合实际的"宗教改革"，不仅合并或关闭寺庙教堂，没收经文书籍，还废除了宗教信仰或宗教制度，强制阿訇、僧人、道士、牧师等放弃神职，离开寺庙教堂，并将留下的寺庙教堂用作人民公社或生产队的仓库、食堂或学校等，对古尔邦节、肉孜节等重要民族节日也不重视。有的地方甚至以行政命令的形式将伊斯兰教的封斋、礼拜、纪念亡人、男童割礼等正常的宗教活动当作"封建迷信"予以废除和禁止。结果这种"革命"或"改革"不仅使众多群众转入"地下宗教活动"，而且极大地伤害了穆斯林群众的感情，拉远了政府与群众的距离。

（2）混淆"人民内部矛盾"和"敌我矛盾"两类不同性质的矛盾，人为制造对立。这一时期，许多地方在进行"革命"中，积极开展无神论教育并组织信教群众与非信教群众开展宗教与无神论的辩论，试图劝说信教群众放弃宗教信仰。结果由于理论修养不够和具体方法不当，绝大多数时间里教育成了攻击，辩论成了批斗，不仅无法说服信教群众接受无神论，反而刺激了信教群众的感情，影响了信教群众与非信教群众的关系，人为地制造出不少不利于团结和稳定的各种矛盾。在提倡"宗教改革"的"文化革命"中，有些地方错将阿訇、方丈、主持当作"剥削阶级""反动分子""特务"进行批判斗争，甚至捆绑、殴打，结果造成不堪忍受的神职人员和信教群众逃跑、自杀事件不断发生。

（3）宗教活动场所和设施损失惨重，正常宗教活动难以进行。新中国成立以后，经过社会主义改造和宗教制度改革，新疆范围内城乡共有寺庙教堂14000余所，而在"文化大革命"时期，这些寺庙教堂大部分被关闭、占用或拆毁。1965年，喀什地区有5500多座清真寺（喀什市有107座），而到了1978年，"喀什地区能用的清真寺只有392座，喀什市只有两座清真寺开放"，"和田地区也仅剩107座清真寺，其中和田县只有十几座可用的寺,而且县城也只有两座清真寺开放"。①

3. 宗教信仰自由恢复和社会宗教发展与繁荣时期(1978年至今)。1978年以后,随着"文化大革命"的结束,国家社会建设各个方面逐渐走向正常,宗教政策重新得到了落实。20世纪80年代后,随着改革开放的发展,宗教在新疆迅速复兴并进入一个发展繁荣期,主要表现为:宗教活动场所日渐增多、教职人员与宗教团体数量迅速增长、宗教文化与宗教活动日益增多、宗教国际友好交往活动逐渐增加。

据统计,截至2008年,全区拥有寺庙道观等宗教活动场所约2.48万座,宗教教职人员2.9万多人,宗教团体91个,宗教院校2所。其中,伊斯兰教拥有教民1130多万人;伊斯兰教清真寺由改革开放之初的2000多座发展到现在的约2.43万座(占全疆各类寺庙道观总数的98%),教职人员则由3000多人增加到2.8万多人。20世纪80年代以来,新疆各族教民赴沙特朝觐的人数累计已超5万人,近年朝觐规模保持在每年2700人左右且呈迅速增长的趋势。②

为了保证教民信仰需求和宗教事业正常有序发展,国家和自治区立法机关和人民政府依据《宪法》和《民族区域自治法》,先后颁布实行了《宗教事务条例》《新疆维吾尔自治区宗教事务管理条例》《新疆维吾尔自治区宗教活动场所管理暂行规则》《新疆维吾尔自治区宗教教职人员管理暂行规定》《新疆维吾尔自治区宗教活动管理暂行规定》等多个法律法规,充分尊重和保护各族人民的宗教信仰自由与日常生活中的风俗习惯,依法对社会宗教事务进行了有效管理。在依法保护宗教团体、宗教活动场所和信教公民合法权益的同时,有效制止了各种力量利用宗教干预国家行政、司法、教育、婚姻和日常生活,以及其他损害国家利益、社会公共利益和公民合法权益的活动,促进了社会信教和不信教公民、不同宗教信仰公民的相互尊重和理解,以及各种宗教的和谐共处。历史上曾频繁发生的因宗教信仰的不同和教

---

① 《新疆喀什、和田伊斯兰教情况调查》,《新疆维吾尔自治区社会科学首届学术报告论文选集》,新疆社会科学院1982年版,第217页。

② 参见《新疆工作文献选编(1949—2010年)》,中央文献出版社2010年版,第809页。

派的不同而产生的矛盾和冲突也已消除,各族教相处和睦。①

为了满足宗教信仰和宗教知识学习的需要,政府还以汉、维吾尔、哈萨克、柯尔克孜等多种文字编辑、印刷、出版、发行了《古兰经》《布哈里圣训实录精华》《古兰经注释》《卧尔兹选编》《新约全书》《旧约全书》《中国穆斯林》等宗教经典、书籍和杂志。此外,政府还拨付专款对乌鲁木齐洋行大寺、伊宁拜图拉清真寺、喀什艾提尕尔清真寺、吐鲁番苏公塔等多处著名宗教文化遗迹进行修缮,并将大量清真寺列入国家、自治区、县级重点文物保护单位,施予各种良好保护。这些措施在保护宗教信仰自由的同时有力促进了宗教的发展。②

针对"文化大革命"破坏所致的宗教教职人员不足、私办经文学校等违法宗教活动日益增多的实际,政府于1987年成立了新疆伊斯兰教经学院,对在职教职人员进行培训,为清真寺培养年轻爱国宗教神职人员。其后20年中,经学院先后为全疆各地培养了489名伊玛目、哈提甫或宗教学校教师,仅2001—2008年,培训宗教教职人员2万多人次。除此之外,新疆各地/州/市伊斯兰教协会从1990年开始也相继开办了经文学校、经文班,一些著名爱国宗教人士也开始自带学生。据统计,截至2008年,经文学校、经文班和宗教人士代培的塔里甫有3133名,毕业塔里甫1518名,其中已有803名担任宗教教职,既缓解了新疆宗教神职人员不足的状况,也有效遏制了私办经文学校和外来非法传教等违法宗教活动,对新疆宗教的良性发展起到了积极的引导作用。③

为了保证宗教的更好发展,政府在积极培训、培养基层宗教神职人员的同时,还注意努力培养高层次的伊斯兰教教职人员。2001年至今,新疆先后选派百余人赴埃及、巴基斯坦等伊斯兰国家的伊斯兰教高等学府留学深造。国内宗教教育和国际宗教的友好往来,帮助新疆的宗教发展进入了一个良好的自由发展期。随着宗教活动的恢复与发展,新疆各族宗教人士参与国家和社会事务讨论和管理的权利也得到

---

① 参见《新疆工作文献选编(1949—2010年)》,中央文献出版社2010年版,第809—810页。
② 同上书,第810—811页。
③ 同上书,第811页。

了保证和提升。截至 2010 年，新疆各族宗教人士在各级人民代表大会、政治协商会议担任职务的有 1800 多人，他们既代表了广大信教群众积极参政议政，也对政府贯彻宗教信仰自由政策的情况进行了监督，很好地参与了新疆社会管理，促进了社会宗教信仰自由的发展与繁荣。①

总体来说，经历 60 余年的建设与发展，新疆已经建构起一个秩序稳定、关系良好，各族人民物质、文化、生活水平稳步提高的良性发展社会，新疆各族居民已由遭受压迫和剥削的奴隶转变为自己当家做主的公民。这种身份的转变，使各族人民获得了生存与生活的基本人权，获取了包括平等参与国家事务管理、宗教信仰自由、接受教育、使用，以及发展本民族语言文字、保护和发展本民族传统文化等多种权利，广泛享受了前所未有的社会地位与政治权利，使新疆各族人民能够真正享受良好的社会秩序与经济发展所带来的稳步提升的物质文化生活。各族裔群体在日常生产生活中形成平等、团结、互助、和谐的良好社会关系，使各族人民在相互尊重、相互信任、相互帮助之中，能够交融与共、携手并进，为新疆社会的进步发展提供了根本保证，其本身也成为新疆社会进步的内容和标志。

三　从凋敝到繁荣：新疆教育文化事业的发展

（一）积极发展教育，努力提高人民素质，为人民当家做主提供文化保证

经济是社会发展的基础，但衡量一个社会发展文明程度的真正标尺并不是经济——在相当大的程度上，教育文化的发展状况直接决定了一个国家与地区的社会发展程度。然而，新疆作为一个传统文化交汇区，和平解放时的教育文化事业却极为落后。1949 年，全疆只有 1 所大学、9 所中学、1355 所小学，学龄儿童入学率仅为 19.8%，社会文盲率高达 90% 以上。

新中国成立后，新疆政府积极发展社会教育文化事业，为社会改

---

① 参见国务院新闻办公室《新疆的发展与进步》，中共中央文献研究室、中共新疆维吾尔自治区委员会《新疆工作文献选编（1949—2010 年）》，中央文献出版社 2010 年版，第 809—811 页。

造和发展服务。新中国成立60多年来，新疆的教育事业随着社会制度的变革和经济的发展获得了巨大进步。1978年，新疆已经拥有10所普通高等学校，2078所中等学校，9891所小学。新中国成立30年的发展使新疆的教育事业发生了历史性的飞跃。改革开放以后，新疆教育事业的发展更上一层楼。1990年，新疆的文盲、半文盲占全疆及少数民族15岁以上人口的比例分别为19.52%和24.68%，两项数据分别比全国平均水平（22.21%、30.83%）要低2.69个和6.15个百分点。截至2010年，新疆普通高等学校已达32所，中等学校1973所，小学4159所，全疆各类教育在校学生443.93万人，主要劳动年龄人口平均受教育达9年，小学学龄儿童入学率达99.6%以上，整个社会已经实现了基本普及九年制义务教育和基本扫除青壮年文盲。可以说，经过60余年的建设和发展，新疆各族人民的整体受教育程度得到了极大的提高。[1]

在积极兴办学校教育的过程中，新疆政府依据本地区多种民族共生、多元文化并存的特点和国家坚持优先发展少数民族教育的方针，对少数民族教育事业实施了特殊扶持政策。新中国成立后不久，政府即开始拨付专款用于编印专门的维吾尔、哈萨克、蒙古、锡伯、柯尔克孜等少数民族文字的教材，以保证多种民族文化的教育教学需要。此外，在高考和公务员考试等全国、全区性的招考中，新疆均使用维吾尔、汉、哈萨克、蒙古等多种文字的试卷，以保证民族考生获得相应优惠的入学、就业机会。

新中国成立以来，针对各民族居民因为社会发展和日益增长的交流所出现的语言文化学习的需要，以及少数民族人口中约70%的人员因为尚未掌握或根本不懂汉语文字的现实，新疆政府在新中国成立初期就开始推行基本的语言文化教育和"普通话"普及推广工作。为此，国家成立了专门负责新疆少数民族语言文字的规范化、标准化和

---

[1] 数据来源：《新疆统计年鉴2002》；国务院人口普查办公室、国家统计局人口统计司：《中国1990年人口普查资料》第1册，中国统计出版社1993年版，第38—39、736—737页；《新疆工作文献选编（1949—2010年）》，中央文献出版社2010年版，第791页；努尔·白克力：《2010年政府工作报告》（http://www.xinjiang.gov.cn/10013/10031/10008/2011/73853_4.htm）。

科学化研究管理的"新疆维吾尔自治区民族语言文字工作委员会"。从 2004 年起，自治区政府开始推行全疆范围的"民汉双语"教学工作，其主要目标之一是保证少数民族学生高中毕业之时能够达到"民汉兼通"的语言文字水平。"双语"教育的实施，为少数民族学生中学毕业顺利进入更高一级学校，接受更高层次的文化技能教育和获取更多更好的就业机会提供了良好的帮助，同时也对增进不同民族间的了解和沟通，发展平等、团结、互助、和谐的民族关系，促进新疆各民族共同繁荣发展有着重要意义。

为了保证各少数民族充分享受使用本民族语言文字的自由和权利，新中国成立后，新疆政府先后颁布了《新疆维吾尔自治区语言文字工作条例》《新疆维吾尔自治区民族语言使用管理暂行规定》《新疆维吾尔自治区语言文字工作条例》等法律法规，明确规定新疆各级自治机关在执行公务时，必须同时使用自治民族和汉语两种语言文字，以方便各族人民。针对新疆有 55 个民族、80 余种语言、13 个世居民族，使用 10 种语言和文字的现实，新疆的新闻出版、广播影视、网络等信息媒体都广泛使用少数民族语言文字，其中，《新疆日报》和新疆电视台均以维吾尔、汉、哈萨克、蒙古四种语言文字同时刊发或播放节目；新疆各类出版社出版的图书与音像制品中，使用少数民族语言文字的占到 70% 以上，而新疆最大的出版机构——新疆人民出版社则同时使用维吾尔、汉、哈萨克、蒙古、柯尔克孜、锡伯六种文字印刷出版各类图书，为新疆教育文化事业的发展提供了必要的媒介和载体保证。[①]

为了保证民族语言文化教育跟上时代发展的步伐，改革开放以来，国家还投入专门经费和力量组织研发了"博格达维哈柯文排版系统""锡伯文、满文文字处理和轻印刷系统""新疆 2000"多文种图文排版系统、"阿拉伯文及多文种排版系统"等多种计算机软件，并通过制定标准和软件研制等多种方式，为各类民族文字软件的代码、键盘布局、输入法等提供规范，满足了新疆各族人民通过及时高效的先进信

[①] 参见《新疆工作文献选编（1949—2010 年）》，中央文献出版社 2010 年版，第 764 页。

息处理与传输技术进行日常生活和生产发展的需要，保证了新疆社会的发展。①

新中国成立后，针对新疆总体发展落后、社会发展建设所需人才紧缺、基础教育水平难及内地的现实，国家制定实施了大量针对少数民族教育的优惠和照顾政策，以保证少数民族能够获得更多更好的发展机会。其中一个重要措施是，根据新疆地域辽阔和有众多少数民族游牧生活的特点，国家资助新疆在农牧区建立了为数众多的寄宿制中小学校，并为所有寄宿学生提供食宿和学习用品供应，确保了生活于边远山区的少数民族牧民子女接受良好的基础教育。此外，为保证边远落后农村地区居民的子女能够接受基本的义务教育，政府积极建立和推行经费保障机制。目前，农村义务教育经费保障机制已经在全疆推行开来，极大地保证了社会基本义务教育的实行。自2006年起，新疆所有的农村中、小学生即已实现了免费教育。2008年起，新疆政府开始对所有贫困寄宿学生实施生活补助，城市义务教育阶段的学生则全部免除了学杂费，当年全疆共安排支持教育资金187.7亿元人民币，比上年增长32.3%。截至2010年，新疆高校和高中阶段贫困家庭学生资助面已达82%。针对新疆地区师资匮乏、基础教育薄弱的实际情况，国家借鉴"内地西藏班"的成功经验，从2000年开始，先后在北京、上海、江苏等12个经济发达省市的13所中学开设"新疆高中班"，每年选送数千名学生分赴"新疆高中班"学习，使新疆边远地区少数民族学生能够接受更高水平的基础教育。截至2010年，新疆高中班已经扩大到36个城市的66所学校，在校学生2.23万人，毕业生中90%以上顺利升入内地高校进行学习，其中85%的毕业生考取重点院校。在开办"新疆高中班"的同时，自治区人民政府自2003年开始，参照内地新疆班的模式，分别在乌鲁木齐、石河子等8个城市开办了"区内初中班"，主要招收农牧区乡（镇）村小学或贫困、边境县城市小学的应届毕业生接受中学教育。其中，少数民族农牧民子女占80%以上，规模为每年招生5000人。这些措施使众多少数民族学生接受到高于生源地区社会经济发展水平的先进文化教育，

---

① 参见《新疆工作文献选编（1949—2010年）》，中央文献出版社2010年版，第800页。

极大地促进了新疆社会基础文化教育事业的发展。①

为了确保少数民族学生接受高等教育，国家自20世纪50年代开始就已在高等学校招录中，对少数民族考生实施必要的照顾和优惠。1978年恢复高考招生以后，国家又实施针对少数民族考生的单独命题考试、单划分数线录取等特殊照顾与优惠政策。自1980年起，国家先后在北京大学等10所重点大学开设了"民族班"和"预科班"，专门招收来自新疆、西藏等少数民族地区的少数民族学生。这些优惠和照顾政策执行至今，已使数千万基础教育薄弱的少数民族考生获得了相对要多很多的高等教育机会，极大地促进了少数民族的人才培养和民族地区的社会发展。作为中国最大的民族区域，新疆自然从中受惠颇多。截至1990年，维吾尔族的文盲率已经降至26.58%，每千人中接受大学教育的人口比例已达10.95%；哈萨克族的文盲率更是低至12.34%（不仅远远低于22.21%的同期全国平均水平，而且比21.53%的汉族人口文盲率要低9.19个百分点），其每千人中接受大学教育的人口比例更是高达15.15%，与同期全国平均水平（15.85%）基本持平。除了维吾尔、哈萨克族之外，生活于新疆的满、蒙古、达斡尔、锡伯、俄罗斯、乌孜别克、塔塔尔等少数民族的文盲率都要远远低于汉族以及全国平均水平。满、蒙古、回、达斡尔、塔塔尔、乌孜别克、俄罗斯等多个少数民族每千人中接受大学教育的人口比例则要远远超出同期全国平均水平。② 除了积极建设和发展新疆高等教育之外，2000年以后，国家又制定实施了"新疆少数民族科技人才特培"工程和"少数民族高层次骨干人才培养计划"，同时大量选派少数民族出国深造，进一步加大了针对少数民族地区社会发展的高层次人才培养工作。③

---

① 数据来源：《新疆统计年鉴2002》《新疆的发展与进步》《2010年政府工作报告》。
② 1990年，汉族每千人接受大学教育的人口仅为16.28，同期回族人口为17.7、满族为19.14、蒙古族为21.95、塔塔尔族为30.39、达斡尔族37.3、锡伯族38.21、乌孜别克族55.39、俄罗斯族58.77。（参见国务院人口普查办公室、国家统计局人口统计司《中国1990年人口普查资料》第2册，中国统计出版社1993年版。）
③ 数据来源杨一星《中国少数民族人口研究》，民族出版社1989年版，第179—182页；国务院人口普查办公室、国家统计局人口统计司《中国1990年人口普查资料》，中国统计出版社1993年版，表3-14。

（二）新中国成立以来新疆科技文化事业发展情况

作为东西文明交汇的中心，新疆各族人民在长期历史演进中，创造了文化积淀深厚、文化形态多样、民间文艺丰富多彩的富有鲜明特色的地域文化和文化传统，为中华文明的发展做出了独特贡献。但在19世纪以后，受到地理环境、长期战乱与地方纷争割据的影响，新疆社会基本处于一种封闭与停滞的状态，天山南北交通不便、信息闭塞、文盲充斥、人口凋零、经济落后，远离现代文明。统治阶级的种族歧视和政治压迫则使少数民族文化长期受到冷落，新疆和平解放时，多数少数民族文化处于凋敝、停滞乃至濒临灭绝的境地。

新中国成立后，在努力发展经济生产、积极加强社会基础设施建设的同时，党和国家十分注意新疆科技文化事业的建设与发展。党和政府不仅对少数民族继承和发扬自己的优秀文化传统给予充分的尊重和支持，还投入巨大的物力人力，积极发展各少数民族文化建设。经过60余年的发展，尤其是改革开放以后30余年的努力，新疆的科技文化事业有了巨大的进步。目前，新疆已经拥有一个专业布局较为合理、区域特征较为明显的科学研究与开发体系，培养起一支有着相当学术造诣的多民族科研队伍。截至2010年，新疆地方人才总量已超过200万人，取得重大科技成果总量达6000余项，获得国家级奖励近200项，申请专利达20多万件，涌现出"金风科技""特变电工"等一批国际知名品牌的科技企业。在科技这一现代社会"第一生产力"的推动下，新疆的社会经济发展得到了飞跃，文化事业也获得了巨大发展。[①]

新中国成立以后，针对新疆位居"丝绸之路"要冲、东西文明交汇特征明显、多元文化遗产丰富、少数民族古籍文种语种多、分布广泛的特点，政府成立了专门的组织机构和专业力量，在全疆范围内开展抢救、搜集、整理和出版少数民族古籍工作，以各种积极有力的措施保护和发掘新疆的优秀传统文化。60余年来，新疆先后搜集、整理、翻译、出版了维吾尔、哈萨克、蒙古、柯尔克孜、塔吉克、锡伯和乌孜别克等多个民族的大量史诗、民歌、神话传说、民间故事、寓

---

① 参见《新疆工作文献选编（1949—2010年）》，中央文献出版社2010年版，第793页。

言、谚语等丰富多彩的民间文化遗产。截至 2008 年，新疆搜集、登记造册的少数民族古籍已达 20518 册（件），整理出版少数民族古籍上百种，其中包括名著《福乐智慧》的三种抄本影印本、哈萨克族医学名著《医药志》，以及锡伯族萨满教经典《萨满神歌》等不朽名著。目前，《中国民间文学集成》（新疆卷）的编纂工作已经完成。百科全书《突厥语大词典》、柯尔克孜史诗《玛纳斯》、蒙古史诗《江格尔》和哈萨克的《阿依特斯》，维吾尔和哈萨克文学名著《热比亚与赛丁》《帕尔哈特与西琳》与《萨里哈与萨曼》等一大批民族优秀历史文化遗产的搜集、整理、翻译、出版和研究业已取得重要成果。为了更好地保护和传承、弘扬这些珍贵的非物质文化遗产，除了成立了"新疆非物质文化遗产保护研究中心"等专门的机构负责相关工作之外，新疆还制定并颁布了非物质文化遗产保护工程管理办法和非物质文化遗产代表作申报评定暂行办法。2006—2008 年，《玛纳斯》《江格尔》《阿依特斯》等63 项新疆非物质文化遗产项目被列入国家级非物质文化遗产名录。[①]

除了口头传承和文字记录的民间文化遗产和文学作品之外，少数民族音乐舞蹈在新疆民族文化中占有十分重要的地位。但是，新中国成立以前，文化凋敝的新疆没有一个专业文艺团体，更没有什么文化艺术研究机构。糟糕的软硬件条件使得新疆面临着优秀传统文化传承与发展的巨大困难，各种民间文化艺术在基本生活难以保障的人民中后继乏人。为了保护和发展优秀传统文化，新中国成立后，国家通过建立各级艺术表演团体、艺术院校、艺术研究机构等多种方式和途径，积极抢救、搜集、整理、保护各种优秀艺术文化作品。在积极保护的同时，还注意通过培养一代又一代各类艺术人才，使传统的民间音乐舞蹈后继有人，并且在传承中不断发扬光大。

中华民族音乐文化瑰宝"十二木卡姆"，是集歌、舞、乐于一体的维吾尔古典音乐套曲，被誉为维吾尔人民的"音乐之母"。但在新中国成立前，长期以口头传承方式流传于民间的"十二木卡姆"已经濒临失传。新中国成立不久，新疆人民政府就将"十二木卡姆"列为

---

① 参见《新疆工作文献选编（1949—2010 年）》，中央文献出版社 2010 年版，第 766、797—799 页。

重点抢救的艺术品予以抢救。自1951年起，政府就开始组织专门力量对木卡姆艺术进行全面的普查、搜集和整理，并于1955年完成了基本录音、记谱和歌词整理工作。1960年，随着"十二木卡姆"乐谱的出版，音乐瑰宝"十二木卡姆"顺利完成了由口头传承向文本传承的转折。2005年，联合国教科文组织将"中国新疆维吾尔木卡姆艺术"批准为"人类口头和非物质文化遗产代表作"。除了"十二木卡姆"之外，国家还组织成立了负责搜集、整理和出版新疆其他少数民族民间艺术遗产的专门机构，对新疆其他少数民族的优秀的民间文化艺术施以保护弘扬。

新中国成立60余年来，特别是近30年，新疆迅速增长的经济和社会发展，使各民族的文化艺术在得到充分保护与继承的基础上得到了前所未有的发展。维吾尔族"麦西来甫"、哈萨克族"阿依特斯"、柯尔克孜族"库姆孜弹唱会"、蒙古族"那达慕大会"、锡伯族"西迁节"、汉族"元宵灯会"等民族传统文艺活动在天山南北广泛开展。大型民族歌舞《我们新疆好地方》、话剧《蕴倩姆》、维吾尔剧《艾里甫与赛乃姆》、杂技《达瓦孜》、哈萨克族的《阿依特斯》、柯尔克孜族"玛纳斯奇"弹唱等一大批具有浓郁民族特色和地域特点的优秀艺术节目，相继被搬上艺术舞台，通过影视媒介等多种形式走向全国乃至世界，在让更多人民了解新疆的同时，很好地反映了新中国成立以来新疆发生的时代巨变。新疆在采取各种有效措施积极保护、发掘和弘扬新疆各族人民优秀传统文化的同时，还注意借助现代科技与传媒方式，努力将各种优秀文化成果保存下来，以期流传后世。1990年以来，国家先后组织编纂和出版了《中国民族民间器乐曲集成·新疆卷》《中国戏曲音乐集成·新疆卷》《中国民间歌曲集成·新疆卷》《中国民族民间舞蹈集成·新疆卷》等集成系列丛书，以音、谱、图、文、像的形式将新疆各民族的优秀传统乐舞艺术的各个门类全面集中地保存了下来。[①]

对于新疆丰富的文物古迹遗址，国家积极组织考古力量调查发掘，

[①] 参见《新疆工作文献选编（1949—2010年）》，中央文献出版社2010年版，第797—800页。

并通过立法、维修保护、博物陈列等有效措施对其实施有效保护。目前，新疆已经形成政府主导、学术支持、社会参与的文化遗产保护格局，不仅有效保护了各民族的遗产，而且使多种文明交汇、多元文化交融的特点进一步得到了凸显和弘扬，对新疆社会的全面发展起到了积极推动作用。进入21世纪以来，随着"西部大开发战略"的深入推行，国家对新疆文化建设的投资逐年上升。2009年以后，中央进一步加大了对新疆社会建设的总体投资，用以文化建设的经费投入再上新高，有力促进了社会文化事业的发展。近年来，新疆各地广泛开展了形式多样的社会文化建设活动，"百县千乡宣传文化工程"、"民族民间文化保护工程"、"丝绸之路边疆文化长廊建设"、"万村书库"工程、广播电视"西新工程"、图书出版"东风工程"、"文化信息资源共享工程"等文化建设重点工程的实施，极大地推动了新疆文化事业的发展。

在努力加强文化事业基础建设的同时，党和政府十分注意在日常生活中充分发挥保证中国共产党获取革命成功的重要法宝——思想政治工作——的作用，在天山南北的农牧区和城市中，建立健全了各级宣传机构、宣传网络。在日常生产与生活中，则以"百花齐放、推陈出新"为指导，通过对歌舞、小说、诗歌、美术、话剧和电影等文艺作品的积极挖掘，以及利用、改革和发展，以各族人民喜闻乐见的形式，把对党和国家的路线、方针、政策和各项社会改革措施的宣教，融入经常性的宣传活动中，并注意结合国内和国际生活中的重大事件，系统、生动、切合实际需要地灌输社会主义思想，宣传社会主义建设，帮助社会成员树立正确的人生观、世界观，自觉维护国家的统一和新疆的稳定与发展。随着新中国的成立与社会主义建设事业的发展，迅速发展的社会生产力和昌明平等的政治格局，使新疆的文化教育事业得到了前所未有的发展，社会结构与居民生活得到了改变，天山南北各民族之间、各地州之间经济文化发展极不平衡的状况有了很大的改观，新疆进入历史上最好的发展阶段之一。

总而言之，新中国成立以来，在国家的大力扶持下，新疆的各类社会文化设施随着社会生产能力的发展逐步建立起来，社会文化事业发展也已形成相当的规模。日常生活中，各族群众文艺活动丰富多彩，极大地提升了广大人民群众的文化生活水平。随着物质文化生活的变化和社会科技、文化、教育事业的发展,新疆的社会结构与居民身份也开始发生巨大的变化。

四 从自在到自治：新疆社会结构的变化带来的居民身份之变

（一）积极建设社会基本卫生医疗设施，努力提高新疆社会人口质量

新中国成立前,受到落后经济生产、科技文化和社会管理水平低下的影响,新疆医疗卫生水平极其低下。1949年新疆和平解放时,全疆没有一家卫生防疫机构,总共只有54个医疗机构、696张病床,每万人中只有1.6张病床、0.19名医生,并且这些卫生机构主要还分布在少数城市（镇）,农村牧区几乎没有任何医疗机构。新疆各族人民缺医少药,地方病、传染病大面积流行。日常生活中,患病后既无钱看病也无处看病的普通百姓大多依靠土方、草药和求神问卜。在许多农村牧区,巫术就是医病的基本方式,一般百姓的健康毫无保障。这也是新疆长期存在初级宗教的一个主要原因。在各族人民的基本健康保障基本为零的状况下,新疆的人口死亡率高达20.82‰,婴儿死亡率高达420‰—600‰,全疆的人口平均预期寿命不足30岁。[①]

新疆和平解放后,在积极改造社会环境、努力发展社会经济、打造殷实物质基础的同时,党和政府极为重视少数民族地区的教育文化和卫生事业的发展。针对医疗卫生水平低下、人民基本健康保障基本为零的现实,国家投入大量的人力、物力和财力,积极改变新疆落后的医疗卫生状况,以求各族人民享有健康向上的生活。1950年1月制定的《新疆省人民政府委员会目前施政方针》明确提出,要对新疆各族人民"实行新民主主义的科学文化教育,提倡各民族的文化和艺术形式,改革教育制度,培养干部,普及国民教育,改进社会教育,发展医药卫生保健工作,根绝麻烟、鸦片与赌博等社会恶习。提倡爱祖国、爱人民、爱劳动、爱科学、爱护公共财物的国民公德"[②]。为此,

---

① 参见《新疆工作文献选编（1949—2010年）》,中央文献出版社2010年版,第794页。
② 同上书,第47页。

新中国成立初期,党和政府一方面组建大量医疗队深入农村牧区,无偿救治病人,发放医疗器械和药品,宣传卫生知识;另一方面则在天山南北的各城镇乡村中积极建设医院、卫生院、防疫站及其他生活必需的卫生医疗设施,并为牧区组建了专门的流动医疗队/站。对长期存在的卖淫嫖娼、贩毒吸毒、设庄赌博等严重毒化社会环境和人们身心的诸多痼疾,予以彻底取消和打击,净化了社会环境,巩固了人民政权,振奋了民族精神。到了1957年,新疆多数地区已经普遍建立了医疗卫生机构,为各族人民的身体健康提供了基本的保障,大大降低了出生婴儿的死亡率,消灭了天花、霍乱等恶性传染疾病,使新疆居民的平均寿命大幅增长,使新疆各族人民在稳定的政治环境中过上了前所未有的健康生活。

为了提高各族人民的体质,新疆从20世纪70年代中期开始试行计划免疫,纳入计划免疫的各类疫苗接种率逐年提高。随着经济建设的发展,全疆广大农牧区医疗条件得到了明显改善,现已形成县、乡、村三级医疗预防保健网。截至2008年,新疆拥有各类卫生机构已达7238个(其中有各类医院1629所),平均每万人拥有医院床位36张、医生21人,分别是60年前的22.5倍和110.5倍。60年的建设使新疆的卫生防疫机构从无到有,现已形成较为完善的城乡卫生防疫体系,防病、灭病水平和能力显著提高,各类地方病和传染病发病率大幅度下降,乃至灭绝。[1]

不断提高的医疗卫生水平使新疆各族人民的健康状况得到极大改善,人口质量和数量都有显著提高。据2000年全国第五次人口普查,新疆55个民族的人口总数增至1667.48万人。截至2007年,百万以上人口的民族有3个:维吾尔族(965.1万)、汉族(823.9万)、哈萨克族(148.4万)。2008年,新疆总人口为2130.8万,其中汉族以外的其他民族1294.5万人,占全疆人口的60.8%,全疆人口死亡率已从新中国成立初期的20.82‰降至4.88‰,婴儿死亡率也从60年前的420‰—600‰降为29.76‰,人口平均预期寿命则从和平解放时的不足30岁提高到72

---

[1] 参见《新疆工作文献选编(1949—2010年)》,中央文献出版社2010年版,第794页。

岁。截至2010年,新疆的人口总数已达2181.33万,其中少数民族人口为1306.67万[①]。这一时期的人口增长除了因为日常生活保障条件的改善所致的自然增长率的增长和婴儿死亡率的降低以外,对少数民族相对优惠的计划生育政策成为新疆人口增长持续高于内地各省区的一大原因,具体民族人口变化情况,后文将再作分析。

(二)从奴隶到主人、从对立到共融:各族人民的身份与群体关系变化

1. 人民民主专政和民族区域自治:新疆各族人民当家做主人的制度保障。新疆和平解放时,社会权力被极少数官僚买办和封建王公与宗教特权集团所把持,南疆及北疆不少地区尚残存农奴制,个别地区农奴制甚至保存完整,普通民众根本无权过问社会权力。虽然20世纪40年代的新疆大多数地区曾经一度实行了普选,但是,社会地位低贱、基本生活没有保证、文化水平低下的各族劳动人民实际并没有进行选择的机会,实施社会管理的基本政治权利根本无法得到保障。新中国成立后,新的民主政权的建立和社会民主改革所建立的新的社会管理体系,保障了人们的基本生活与发展,使世代遭受压迫的各族人民得到了基本的人权和参与社会政治生活的权利,实现了各民族间的政治平等。

新中国成立60余年来,新疆社会建设的迅速发展和民族区域自治制度的实行,为各少数民族参与行使国家权力提供了特殊保障,各民族间的政治平等也由此得以实现和保证。1955年,以维吾尔族为主体的民族自治地方——新疆维吾尔自治区的成立是新疆自1884年改制建省后的又一重大政治变革。新疆地区在归属中国中央政府直接管辖后,再次获得不同于其他省份的政治权利。

人民民主专政政权的建立和民族区域自治制度的实施,使新疆各族首次获得了各民族之间平等和自己当家做主人的政治地位和权利。新疆各级自治机关也根据本地实际制定并实施了相应的自治法规、地方性法规和具有法律效力的决议,依法保障了民族自治地方的自治权利。根据国家相关法律的规定,各级自治机关在历届人民代表大会的

---

① 数据来源:《新疆统计年鉴2002》《新疆工作文献选编(1949—2010年)》《2010年政府工作报告》。

代表组成以及干部配备上,始终坚持各民族平等参与、共同管理的原则,保证社会各民族的共同当家做主。新中国成立60余年来,新疆不仅各级自治政府的首长由实施自治的主体民族人士担任,而且在新中国成立以来历届全国人民代表大会中,新疆各少数民族都有适当名额的代表,新疆的少数民族在享有平等社会地位的同时,开始真正享受参与国家管理的权利。

据统计,在代表新疆出席第十一届全国人民代表大会的60名代表中,60%是少数民族代表,而且他们分别来自11个民族。目前,全国人大常委会和全国政协的领导成员均有来自新疆的少数民族人士。在自治区地方各级人民代表大会中,当地每一少数民族聚居区都有代表参加。自治区第九届人民代表大会的542名代表中,有13个民族的代表,其中少数民族代表占到65.5%,[①] 这一数字比少数民族人口在新疆总人口中的比重高出4个百分点。

2. 积极培养少数民族干部,尊重各民族人民日常生活的风俗习惯。为了保证各族人民充分行使国家社会管理的政治权利,新中国成立以来,党和政府一直把选拔、培养和使用少数民族干部视为实行民族区域自治政策的关键。为此,中央和自治区各级人民政府通过外送学习、加强培训、基层锻炼、异地交流、挂职轮换等多种形式,培养了一大批优秀少数民族干部,大幅提高了新疆少数民族干部队伍的人数和素质,充分保证了各级各类少数民族干部的相应比例。据统计,新中国成立后,新疆的少数民族干部数量和质量逐年稳步上升。1955年,新疆维吾尔自治区成立时,全疆共有少数民族干部4.6万人。到1965年,全疆少数民族干部有6.7万人,到1985年则上升为20.2万人。2008年,新疆少数民族干部人数已达36.3万,占全疆干部总数的51.25%。目前,自治区的政府主席、各自治州的州长、自治县的县长,以及相应的人大常委会主任、人民法院院长、人民检察院检察长都由实行民族区域自治的民族的公民担任,绝大多数的地、州、市的行政首长均为少数民族干部担任。[②]

[①] 参见《新疆工作文献选编(1949—2010年)》,中央文献出版社2010年版,第804页。
[②] 同上书,第805页。

现代社会里，生活在同一地区的不同民族的社会地位与政治权利的平等情况，除了参政议政这一指标之外，日常生产生活中，不同民族间的关系状况、各自不同的民族风俗习惯是否能够得到尊重也是一个重要的衡量标准。在新疆，受到历史传统文化和宗教信仰不同的影响，各个民族的生产生活方式各有不同。汉、维吾尔、回、哈萨克人分别在蔬菜种植、经商、餐饮业和放马牧羊等方面各有所长。新疆和平解放前，落后的社会经济和基础设施建设，以及旧的政治制度与社会管理体系，使不同民族之间的交流甚少，不同地区、不同民族之间的居民，因为地域、语言、生活习惯和宗教文化的差异，彼此互知甚少，不同地域、不同族裔的群体之间的隔阂甚多，日常生活中因为生存利益之争或尊重不够而产生的社会矛盾、对立和冲突常有发生。

新中国成立后，国家和自治区的各级人民政府在承认各族人民都有保持或改革本民族风俗习惯自由的基础上，制定实施了一系列的政策、法规，对少数民族饮食、衣饰、年节、婚姻、丧葬等方面的习俗给予了充分的尊重和照顾。新中国成立以来，新疆各级人民政府每年都要对少数民族生活必需的肉食和副食品的生产和供应做出专项安排，在保证各民族特需食品的生产和供应中，尤其特别注意照顾10个普遍信仰伊斯兰教的民族。在伊斯兰教的重大节日（肉孜节、古尔邦节），信仰伊斯兰教的各族人民都可以享受节日的假期，信仰东正教的俄罗斯族在圣诞节和复活节同样也有法定假期。

3. 积极建构平等、团结、互助的良好社会风尚。在对各少数民族的合法权益给予充分保障的同时，在日常社会管理中，政府还注意坚持国家民族政策，积极协调各民族间的关系。除了在小学、中学、大学等各类新疆学校教育中开设民族团结及民族知识教育课程之外，还注意在日常生产生活中，以会议、培训和各种文化娱乐活动等多种方式与渠道，进行民族知识和国家民族政策与相关法规的教育和宣传，积极打造各族人民民族平等和民族团结的社会意识，努力塑造团结、平等、互助的良好社会风尚，积极反对民族之间的隔阂、歧视、仇恨和冲突。多年以来，新疆各级人民政府还注意通过对各种民族团结的优秀个人和典型事例给予及时的表彰、奖励和宣传，以促进社会的团结共进。1982年和1983年,新疆在全国各省区市中率先开始进行民族团结进步表彰和民族团结教育月活动,在对民族团结进步的先进个人和集体进行表彰、奖励和宣传的同时,集中、广泛地进行民族平等团结的宣传教育活动。这种表彰、奖励和宣传教育活动坚持至今,有效增强了新疆社会民族团结的氛围。

共同的社会制度、共同的政治经济组织、共同的社区生活和共同的文化教育,使不同新疆社会各民族成员结成了同志、同事、同学、邻居和朋友等多种稳定的合作关系,彼此间的了解和友谊大大增强。据调查,新疆"城镇维吾尔族居民和汉族居民中,有两个以上异族朋友的分别占65%和61%,没有异族朋友的人分别占30%和29%。近年来,不同民族成员通婚的现象逐渐增多。在乌鲁木齐市,1980年婚姻登记中2.1%为族际婚姻(218对),2003年上升为5.9%(811对);在塔城市,婚姻登记总数中族际婚姻的比例,1995年为5.5%,2003年增至39.5%"[①]。新疆各民族之间的关系,已由和平解放之时的彼此隔阂多于互知、彼此了解少于仇恨、彼此对立多于合作、彼此友好少于冲突的矛盾紧张型,转化为彼此了解、平等互助、团结合作、和谐共处的良好发展型的社会关系。

可以说,新中国成立以后,良好政治制度与社会管理体系的建立,使新疆各族人民不仅获得了前所未有的社会地位,完成了从奴隶到主人、从被剥削者到自己当家做主人的身份转换,而且也使共同生活于这一区域的各个不同族裔的成员在良好社会秩序和关系当中,获得了更多的自我选择与自我发展的机会。

(三)新疆和平解放以后的人口流动与居民的身份变化

根据不同时期国家政策和新疆人口流动的特点,新中国成立以后新疆地区的人口流动与迁移可以划分为自由流动期、限制性人口迁移期和半开放型自由流动期三个阶段。

1. 第一阶段:自由流动期(1949—1957年)。这一时期的中国由于各种社会制度均处于摸索性的初建阶段,还未建立起类似此后中国

[①] 国务院新闻办公室:《新疆的发展与进步》,中共中央文献研究室、中共新疆维吾尔自治区委员会:《新疆工作文献选编(1949—2010年)》,中央文献出版社2010年版,第808页。

实施的严格户籍管理制度和完善的社会管治体系。所以，全国各地不同区域间的人口流动相对要自由许多，不同省区、城市和城乡之间的居民均有自由流动迁移的可能，新兴城镇和工厂也因此得以吸纳大量原居于农村的劳动人口，中国的人口城市化水平逐渐提高。新疆由于特殊地理环境、经济发展落后与社会基础设施薄弱的影响，不同地区和城市间的人口流动相对较少，人口流动主要发生在同一地区的城乡之间。这与内地其他省份有着很大不同。这一时期，新疆的社会结构与居民身份主要发生了以下变化。

（1）社会开始发生从传统绿洲农业和牧业生产方式向现代工业生产方式的转变。随着新中国成立初期实施的社会改造运动和现代生产方式的建立，新疆传统重镇乌鲁木齐、伊宁、哈密、吐鲁番等地开始复兴并随着工业的发展而崛起。随着石油勘探和开发，以及生产建设兵团的组建，天山南北的戈壁荒漠之上兴建起克拉玛依、石河子等一批现代化的城镇，新疆数千年历史发展所形成的"南农北牧"的社会生产格局开始发生改变。

（2）社会成员从奴隶到主人的政治身份转变和各族人民自己当家做主人的主人意识的树立。新疆和平解放时，社会权力被极少数官僚买办和封建王公与宗教特权集团所把持，南疆及北疆不少地区尚存在农奴制残余，个别地区农奴制甚至保存完整，普通民众根本无权过问社会权力。新中国成立后，新的民主政权的建立和社会民主改革废除了旧制度，建立起新的社会管理体系和保障人们基本生活与发展的各种制度，使世代遭受压迫的人民得到了基本的人权和参与政治生活的权利，实现了各民族间的政治平等。中国共产党所主张的"人人平等""各族人民自己当家做主人"的主人翁意识，随着各项社会改造运动和思想政治教育工作的发展渐入人心，各族人民开始主动参与社会管理和政治活动。

（3）人口数量的增长和人口质量的改善。这一时期，新疆农牧业的稳定发展和城乡居民基本卫生医疗条件的改善，使新疆人民的日常生活获得了前所未有的保障，新疆原住居民的自然增长率由此得以稳步提高，人口增长速度开始加快。加上这一时期国家为了"屯垦戍边"所做的人口迁移，使新疆的人口总数开始迅速增长。1957年，新疆的人口总数为557.95万，比1949年增长了124.9万人（其中约1/6是兵团人口）。新中国成立后的八年时间里，新疆的现代工矿企业以及文化教育事业得到了较快发展，整体社会城镇化水平发展较快。1949年，新疆人口城市化程度仅为11.95%。到了1957年，人口城市化水平上升为16.86%，城镇人口总数已达94.07万。[①]

（4）民族身份识别与认定工作，迅速增加了新疆社会民族成分，使众多普通民族逐渐开始树立族裔性群体——民族——意识。1949年和平解放时，新疆只有14个民族成分，而且这14个民族成分还是20世纪30年代盛世才统治新疆时期为了获取政治资源而效仿苏联所做的划分。新中国成立后，随着民族识别和认定工作的开展，新疆的民族成分开始增加。随着民族区域自治制度的实行，以及由党和国家因为民族身份的区别所致的政治待遇和日常生活回顾的差别，使众多社会成员开始逐渐认识到"民族"这一族裔性群体的身份的作用。

2. 第二阶段：限制性人口迁移期（1958—1984年）。1958年后，"自然灾害"、"大跃进"运动和"文化大革命"的爆发，使中国刚刚起步的经济建设遇到了重大困难和波折，其中，经济建设整体规模的压缩和停滞形成了大量劳动力富余。为了解决富余人口——尤其是城镇富余人口——的就业与基本生活问题，国家制定出台了一系列政策和措施，放慢了城市化建设的脚步，并对城镇非农业人口的数量和社会整体的人口流动实施了日渐严格的管控。城乡自由贸易的取消和全民配给制度的实行使自流人员基本无法谋生，中国社会由此进入一个限制性人口迁移期。

这一时期，新疆由于生产建设兵团的快速发展形成了大量的劳动力需求，兰新铁路的通车（1962年）和克拉玛依油田的开发所带来的新疆投资与建设环境的改变则进一步扩大了这种需求，使新疆具备了与内地限制人口迁移完全不同的社会条件。恰好此时中央政府为了解决城镇人口富余问题，发起了"好儿女志在四方"和"到农村去，到边疆去，到祖国最需要的地方去"的革命理想教育，积极鼓励青壮年将自己的成长

---

① 参见厉声《中国新疆——历史与现状》，新疆人民出版社2006年版，第250页。

与祖国的建设、国家的命运联系起来。于是，地广人稀、劳动力缺乏的新疆，特别是新辟的大量兵团团场则成为"上山下乡运动"的一个较好去处。与此同时，因为兵团劳动力紧缺所致的相对宽松的户籍管理制度，也使个别自流入疆的青壮年劳动力获得了发展的可能。因此，这一时期的新疆，除了与全国一致的农牧区向城市流动的限制之外，对由外省区和疆内农牧区迁往生产建设兵团新建团场、城镇的单向性人口流动的限制相对也要少许多。这种限制性人口迁移，使新疆进入一个持续二十余年的人口迅速增长期。这一时期大约有二百万的内地人口迁入新疆，既满足了新疆建设紧缺的劳动力需求，也缓解了北京、上海、江苏等地的就业压力与城镇人口富余问题。并且，众多流向边疆地带新建团场的人口也充实了边疆国防，缓解了新疆数百年来"有边无防"的安全压力，带来了新疆社会人口结构的整体改变。

（1）社会族缘结构的改变。1949年和平解放时，新疆社会拥有14个民族成分，日常生活呈现出以维吾尔族为主体，各民族"大杂居、小聚居、混杂居住"的特点。到了1984年，新疆人口总数已由新中国成立初期的433.04万人增长为1343.29万人，并且新增人口除自然增长的新疆原住居民外，主要集中于辟建于荒漠戈壁上的生产建设兵团且以汉族为主。全疆少数民族人口比例已由新中国成立初期的93.28%降至60.2%。此时，新疆的民族成分已由原来的14个增至47个（民族成分的激增主要是因新中国成立以后的民族识别与认定而产生的），各民族"大杂居、小聚居、混杂居住"的整体格局没有多少改变。

（2）各民族人口数量增长迅速。新中国成立之前，受到生产力水平发展低下、人民基本生活保障条件低劣，以及地方病、传染病严重的影响，新疆的人口出生率和婴儿死亡率都很高，各民族人口总量和自然增长率都很低。新中国成立后，国家大量人力、财力和物力投入所致的经济生产能力的提高与社会整体的发展，使各族人民的基本生活条件发生了巨大改变。良好的卫生医疗保障，地方病、传染病的基本杜绝和婴儿死亡率的降低，以及相对上升的人口自然增长率[①]，使

---

① 1980年，新疆人口的自然增长率为13.6‰；2008年，新疆人口的自然增长率增至16.05‰。

新疆各民族的人口总量普遍增加。据统计，1980 年，新疆少数民族人口已由 1949 年的 403.94 万人增至 752.11 万人，其中维吾尔族 576.46 万人（比 1953 年增长了 265.43 万人）、哈萨克族 87.68 万人、回族 56.56 万人、柯尔克孜族 10.89 万人、蒙古族 11.32 万人、塔吉克族 2.41 万人、锡伯族 2.59 万人、满族 0.5 万人、俄罗斯 0.06 万人、乌孜别克族 0.79 万人、塔塔尔 0.31 万人、达斡尔 0.4 万人、汉族 532.03 万人。[①]

（3）城镇人口显著增长。1958—1984 年，国家整体的发展战略是要大力压缩城市人口，以减少经济负担。但这一时期的新疆却因生产建设兵团和石油、钢铁、煤炭等现代工业的兴起与发展，带来了城镇人口的迅速增长。在现代工业生产体系构建过程中产生的大批现代产业工人，使天山以北原以游牧为主的传统流动性社会，逐渐演变成以工业为依托的定居市民社会，社会流动性因产业和城市的兴起与发展而大大降低。天山以南的传统绿洲农业社会也因诸多团场城镇和现代工业企业的建成与发展，逐渐转向现代工业社会，社会整体结构由此从传统的一元结构转变为现代的二元经济结构。这一时期，新疆社会的整体城市化水平要高于全国平均水平。1975 年，新疆的人口城镇化水平已达 19.05%，1984 年则增至 26.4%，分别比 1957 年增长了 2.19 个和 9.5 个百分点，城市化水平位居全国前列。[②]

（4）社会成员普遍具有强烈的政治身份（阶级）意识，民族身份及其他各种社会身份意识淡薄。这一时期，随着新中国民族识别和认定工作的深入，不同族裔共同体的人口数量和类别迅速增长，新疆广大社会成员逐渐开始意识到不同群体之间的社会身份差别，民族身份意识逐渐增长。但是，由于这一时期中国社会对于"阶级"成分的强调要远远高于任何一种其他身份，特别是国家"以阶级斗争为纲"的基本方针和"文化大革命"时期对所有社会成员的阶级"出身"的强调，以及由此引发的政治待遇和社会地位的巨大差别，"阶级"这一政治身份成为社会地位和权益得失的唯一标准，人们对民族身

[①] 数据来源：新疆统计信息网≫ 2010 年统计年鉴 http：//www.xjtj.gov.cn/stats%5Fdata/tjnj/2010nj/c3/c3－1.htm。

[②] 参见厉声《中国新疆——历史与现状》，新疆人民出版社 2006 年版，第 250—251 页。

份等其他社会身份的关注甚少,社会整体以阶级意识统领一切社会意识。

(5)"回流"人口开始出现。在这一阶段的晚期(1978年以后),国家整体人口管控依然严格。但是,"文化大革命"结束以后,由于国家允许"文化大革命"期间因遭受错误批判而迁至新疆"接受改造"的干部和兵团退休职工,以及部分"支边青年"有条件地迁回原籍,加上1975年兵团建制撤销以后出现的管理混乱和经济下滑,以及内地随改革开放日益活跃起来的经济建设对人才的吸引,20世纪50—60年代迁入新疆的不少人口回迁至内地,导致了相当程度的人口"回流"。

3. 第三阶段:半开放型自由流动期(1985年至今)。改革开放后,乡镇企业的兴起和市场经济的发展带来了巨大的劳动力市场和人口流动需求。对应这种变化,国家对社会人口流动的管控也逐渐放松,大量农村人口开始进入城镇。随着"西部大开发战略"的实施,新疆与内地各省市的交流互动越发增多,新疆与内地不同城市间,开始出现日渐增多的自发、自愿的人口流动。并且这种流动与以往两个阶段以单向性迁入新疆为主的特点不同,原住新疆的回、维吾尔等有着经商传统的民族人口流向东部沿海经济发达区从事商业活动和务工的人员日渐增多,形成了疆内疆外不同地区之间的双向自由流动,改变了以往两个阶段以单向性流入为主的人口流动趋势。此外,新疆棉花种植业的发展所带来的季节性劳动力紧缺,使每年夏秋都会有由四川、河南等多个省市数十万人口组成的"拾棉大军"进入新疆各地,从事棉花采摘工作,造成了新疆与内地间的季节性人口流动和新疆周期性的人口变化特点。这一时期,新疆社会结构和居民身份变化也日渐突出,主要表现如下:

(1)人口总数的持续增长。据统计,1985年至2009年,新疆人口总数增长了797.48万人,其中,增长数量最多的维吾尔族人口是1985年的1.59倍、1949年的2.75倍;增长幅度排前三位的分别为满族、俄罗斯族、乌孜别克族;增长幅度最低的是塔塔尔族,其次为汉族。

表 4-2　　　　　　近 30 年新疆主要年份民族人口数　　　（单位：万人）①

民族	1978年	1985年	1990年	1995年	1999年	2000年	2005年	2008年	2009年	30年增长幅度（%）
维吾尔	555.53	629.44	724.95	780.00	825.03	852.33	923.50	983.18	1001.98	180.36
汉	512.90	534.92	574.66	631.81	687.15	725.08	795.66	836.33	841.69	164.10
哈萨克	82.10	98.72	113.92	123.77	130.45	131.87	141.49	151.05	151.48	184.51
回	53.12	59.96	68.89	74.76	79.26	83.93	89.35	95.30	98.04	184.56
柯尔克孜	10.40	12.35	14.44	15.78	16.64	16.47	17.15	18.64	18.93	182.02
蒙古	10.74	12.33	14.28	15.28	16.13	16.20	17.17	17.81	17.96	167.23
锡伯	2.55	2.93	3.42	3.82	4.00	4.05	4.15	4.32	4.28	167.84
塔吉克	2.28	2.89	3.44	3.82	4.01	4.09	4.40	4.54	4.72	207.02
乌孜别克	0.77	0.93	1.14	1.33	1.39	1.36	1.51	1.69	1.67	216.88
达斡尔	0.41	0.48	0.56	0.62	0.65	0.66	0.65	0.68	0.69	169.29
塔塔尔	0.31	0.33	0.40	0.47	0.48	0.48	0.47	0.49	0.49	158.06
满	0.42	0.95	1.66	1.99	2.12	2.31	2.46	2.59	2.62	623.81
俄罗斯	0.06	0.43	0.75	0.90	0.94	1.09	1.12	1.16	1.17	1950.00
其他民族	1.42	4.49	6.65	7.00	6.75	9.48	11.37	12.74	12.91	909.15
人口总数	1233.01								2158.63	175.07

这一时期新疆人口的大幅增长，主要是因为随着新疆各族居民日常生活保障条件的改善，以及对少数民族相对优惠的计划生育政策所致的人口自然增长率的上升。另外，新中国成立以后曾因满清政府给中国人民带来的悲哀和耻辱而羞于承认自己"满族旗人"身份的众多居民，因改革开放以后国家民族政策的落实和"少数民族"身份所致的权益，纷纷开始申请将自己在民族识别初期的"非满族"身份更改为"满族"，结果导致满族人口的大幅增长（2009 年满族人口是 1978 年的 6.24 倍）；而俄罗斯族、乌孜别克族人口的迅速增长则与中苏关系的好转和苏联解体以后的人口流动相关。

（2）社会人口族缘结构的改变导致新疆居民的混居特点更为明

---

① 数据来源：新疆统计信息网》2010 年统计年鉴 http：//www.xjtj.gov.cn/stats%5Fdata/tjnj/2010nj/c3/c3-8.htm。

显。为了保证各不同族裔共同体的权益,新中国成立后进行了为期数十年的民族识别与认定工作,后因"文化大革命"曾一度中断。改革开放后,民族身份识别与认定工作继续得以进行,一直持续到1980年末期才基本结束。这一工作在使新疆众多原住居民的民族身份得到识别或重新认定的同时,也增加了新疆的民族成分。

截至2010年,新疆拥有的民族成分已经增至55个,除了基诺族之外,中国各个民族都有在新疆定居生活的人口,这在彰显新疆"世界民族博物馆"特点的同时,也使新疆城镇居民的多民族混居状况更为明显。2007年,乌鲁木齐市有52个民族成分,少数民族占全市人口总数的比例也由1978年的18%增长到27%。

表4-3　　　　改革开放30年新疆城乡人口变化　　（单位：万人、%）[1]

年份	年末总人口	城镇人口	比重	乡村人口	比重
1978	1233.01	321.40	26.07	911.61	73.93
1980	1283.24	372.74	29.05	910.50	70.95
1985	1361.14	582.24	42.78	778.90	57.22
1990	1529.16	685.96	44.86	843.20	55.14
1995	1661.35	822.53	49.51	838.82	50.49
1999	1775.00	929.00	52.34	846.00	47.66
2000	1849.41	624.18	33.75	1225.23	66.25
2005	2010.35	746.85	37.15	1263.50	62.85
2009	2158.63	860.21	39.85	1298.42	60.15

（3）城镇人口增加迅猛。据统计,1978年新疆人口总数为1233.01万人,其中城镇人口所占比例只有26.07%。经过改革开放30年的发展,到了2009年,人口总数增长为2158.63万人,城镇人口比重已达39.85%,30年时间增长了近14个百分点,与1957年相比增长了23个百分点。这一时期,新疆城镇人口的迅速增长主要是因为改革开放以后,特别是"西部大开发战略"实施以来的新疆社会新兴城市和现代工业生产方式的迅速发展。实际上,早在20世纪末,新疆的

---

[1] 数据来源：新疆统计信息网》2010年统计年鉴 http://www.xjtj.gov.cn/stats%5Fdata/tjnj/2010nj/c3/c3-1.htm。

城市化水平就已经相当高了。1998年末,在全国各省市社会城市化水平排名当中,"除北京、天津、上海三个直辖市外",新疆"居省区排位第六位"。①

(4) 新疆各民族传统居住地的原住民族人口比重不断下降。由于新疆社会人口中民族成分的增加主要并非源自人口迁移,所以新增加的民族成分并没有改变新疆社会各民族"大杂居、小聚居、混杂居住"的整体格局。然而,社会整体民族成分由新中国成立初期的13个增至55个的变化则使各少数民族占据新疆人口总数的比例得到相应下降,同时也使新疆各民族传统居住地的原住民族人口比重不断下降。新中国成立初期,维吾尔族主要居住于天山以南的广大地区,天山以北则以汉族和哈萨克族为主,柯尔克孜、锡伯、塔吉克和达斡尔等民族分布相对比较集中,其他民族大多为杂居。经过新中国数十年的建设和发展,到了2007年,喀什、和田和阿克苏三地的维吾尔族人口占其人口总数的百分比已由新中国成立初期的84.6%下降到71.5%;伊犁哈萨克自治州的哈萨克族人口占全疆同族人口的比例也由1944年的83.4%下降为2007年的76.8%。②

(5) 随着社会成员"民族"身份意识的增强,"民族矛盾"日益凸显为社会主要问题。改革开放以后,随着中国从"以阶级斗争为纲"转向"以经济建设为中心","阶级"身份日渐淡出生活。改革开放后,党和国家在积极恢复和落实已有民族政策的同时,又陆续制定和实施了许多新的少数民族优惠政策和措施。在日常生活中,具有不同民族身份的个人在高考招生、公务员考录、招工和晋职等诸多事关个人前途甚至命运的事情中所获得的机会差别,使人们开始越来越多地感觉到"少数民族"这一群体身份的价值。为了在竞争日益激烈的市场中谋得先机的资本,努力寻求一个"少数民族"身份,成为众多个人用以获取地位和资格的重要筹码——犹如改革开放前借助"工人阶级"身份来获得生存与发展的机会一样。近30年,新疆的少数民族成分的增加和一些原本人口稀少的民族人口迅速增长都与此相关。随

---

① 厉声:《中国新疆——历史与现状》,新疆人民出版社2006年版,第251页。
② 参见《新疆工作文献选编(1949—2010年)》,中央文献出版社2010年版,第787页。

着这种身份资本化的转变,"民族身份"逐渐成为高于其他一切身份的个人标识之物,随之而来的是社会成员"民族"身份意识的日益增强。从一定程度上讲,"民族"身份已完全成为替代"阶级"身份的社会权益划分工具。改革开放之前被视为长期存在于中国社会的"阶级矛盾"和"阶级斗争"也被"民族"矛盾和"民族"冲突所替代,成为日渐突出的社会主要问题。对此,笔者将另行著述,此不详解。

第二节 新中国成立以来新疆社会发展与身份构建的经验

新中国成立以来的60余年,深刻影响了世界历史发展进程。其间,中国共产党依据马克思主义基本原理和中国具体实际,以社会主义民族区域自治的方式,创造性地解决了社会发展的民族问题,使新疆从和平解放时的穷苦凋敝发展到今日的繁荣昌盛,在实践中从正反两个方面积累了丰富的经验,对于新疆乃至全国人民建设美好未来,走向更加灿烂的明天有着深刻的启示,这些经验和启示主要有以下几点。

一 社会主义政治文明是良性社会发展与身份认同的制度保证

(一)良好的政治制度与社会管理体系是保证社会良性运转的根本保障

新中国成立以后,中国共产党人以民族区域自治的形式解决了少数民族地区人民解放与自由问题,帮助新疆完成了历史上最为广泛和深刻的社会变革,建立了人民当家做主的政权和制度,使各族人民掌握了自己的命运,实现和巩固了天山南北各族人民的大团结,极大地增强了中华民族的凝聚力,促使新疆社会发展获得了质的飞跃。60余年的经验和教训表明,"制度好可以使坏人无法任意横行,制度不好可以使好人无法充分做好事,甚至会走向反面"[1]。民族区域自治制度是迄今为止解决民族地区自由与发展问题的最好制度。进行社会主义

---

[1] 《邓小平文选》第2卷,人民出版社1994年版,第146页。

建设必须发展社会主义民主，加强社会主义法治建设，切实保障公民的基本权利和人身安全；要切实保障人民在政治生活和日常社会生活中的基本权利，就要依据国家的宪法和民族区域自治法来完善新疆区域的法律条文，使之成为任何人都必须严格遵守的神圣力量，绝不搞任何形式的个人或群体"例外"特权，使社会主义法制成为维护各族人民权利的强大武器，要让每一个公民都能在自己的日常生活当中，真正体会到当家做主人的感觉。

（二）社会稳定与国家统一是新疆发展与建设的基本前提

新疆的历史一再证明，各民族团结就兴盛、就繁荣，分裂就动乱、就衰败。加强民族团结，反对民族分裂，保持社会政治稳定始终是新疆的大局，是顺利进行现代化建设的重要前提和可靠保证。60余年的新疆社会发展实践表明，坚持马克思主义民族观，认真贯彻执行党的民族政策，不断加强民族团结，积极创造条件加快发展少数民族和民族地区经济文化等各项事业，促进各民族的共同繁荣进步，是新疆社会建设与发展工作的核心内容。要维护新疆的和平发展，必须旗帜鲜明地反对民族分裂主义这一社会动荡的根源。维护祖国统一和社会安定既是国家与新疆的最高利益之所在，也是新疆各族人民的根本利益之所在。

（三）坚持"屯垦戍边"方略，为祖国建立巩固的国防体系

60多年来，新疆之所以能够取得今日这般巨大的变化发展，离不开生产建设兵团的巨大贡献。事实证明，肩负"屯垦戍边"光荣使命的生产建设兵团，不仅使新疆拥有了一支坚强有力的生产队、战斗队和宣传队，而且为中国的西北建立起牢固的国防体系，为新疆培养了大量具有较高思想文化素质和生产技能的生产管理与工程技术人员，"培育出了新疆各兄弟民族的第一代产业工人，为新疆的经济建设奠定了良好的基础"[1]。今天，兵团已经构建起一套拥有相对先进的生产技术设备和管理制度、门类基本齐全的工业经济体系，为新疆现代社

---

[1] 王震：《在庆祝新疆维吾尔自治区成立三十周年干部大会上的讲话》，中共中央文献研究室、中共新疆维吾尔自治区委员会：《新疆工作文献选编（1949—2010年）》，中央文献出版社2010年版，第281页。

会的构建与发展提供了保证,新疆的稳定发展离不开新疆生产建设兵团这一坚强后盾。正如党和国家领导人在总结新疆和平解放以后社会发展的基本经验中多次讲道的:解放军进驻新疆并在新疆屯垦是新疆地区各族人民获得解放、和平与发展的首要保证;新疆生产建设兵团"不仅是巩固新疆地区的治安和国防的重大力量,而且正在成为发展新疆地区农牧业和工业的主力军"[1]。对于新疆大局来讲,新疆生产建设兵团"是稳定新疆的核心"[2]。

二 生产力的解放与发展是良性社会发展与身份认同的物质基础

(一)巩固和发展人民当家做主的社会秩序,必须努力解放和发展生产力

60余年的发展实践表明,进行社会主义新疆建设,必须积极发展生产力以夯实社会发展的物质基础,提高社会居民整体的物质文化生活水平。在具体生产中,必须尊重劳动价值规律,建构一套与历史发展需求相适应的生产资料所有制、劳动成果分配关系和经营管理模式,积极解放和发展生产力;必须处理好市场与计划的关系,协调好生产主体与客体、不同生产主体以及不同生产地域之间的关系,既要照顾个别群体与个人利益保护,又不能因为对个别利益的照顾而牺牲社会整体的均衡发展;既要注意新疆地方发展服从国家整体利益的需要,又要注意照顾本地民生与地域的繁荣与发展。

(二)社会变革必须有利于生产力的解放与发展

在社会发展程度不一的国家和地区,社会主义生产关系的实现形式并不存在具体的固定模式,要根据中国实际和新疆现实生产力发展的水平和要求,以积极的变革方式,建构起与一定时期一定区域的社会发展阶段相适应的生产关系的具体实现形式。在具体发展中,生产

---

[1] 朱德:《关于新疆发展生产和加强民族团结的问题》,中共中央文献研究室、中共新疆维吾尔自治区委员会:《新疆工作文献选编(1949—2010年)》,中央文献出版社2010年版,第210页。

[2] 邓小平:《新疆稳定是大局,选拔干部是关键》,中共中央文献研究室、中共新疆维吾尔自治区委员会:《新疆工作文献选编(1949—2010年)》,中央文献出版社2010年版,第253页。

关系的变革可以在一定程度上超越生产力的发展水平，但总体变革则不能超越历史发展阶段。在具体生产中，既不能以纯粹的发展速度和绝对的产品增加数量来衡量社会的发展状况，也不能一味地追求提高生产资料公有化程度和企图"以政治变革"来推进社会生产力的发展。单一强调生产发展的速度和数量必然会使社会发展失衡，一味地强调变革必然遭受挫折；过度强调稳定和特殊，必然会导致社会发展的裹足不前和脱离整体与普遍，最终只能是落伍与淘汰。

三 历史机遇与良好规划是良性社会发展与身份认同的必要前提

（一）建设社会主义新疆必须抓住机遇，以获得全面的社会建设与发展

新疆60余年建设的伟大成就表明，坚持党的基本理论、基本路线和基本纲领不动摇的关键是坚持以经济建设为中心的社会全面发展和建设。在历史悠久、积弊厚重的社会，只有通过各项改革，才能进一步解放和发展生产力，为社会发展和进步注入强大活力。把解放和发展生产力当作首要任务，通过改革开放，建立和完善社会主义市场经济体制，用发展的办法解决前进中的问题，是十一届三中全会以来新疆发展的重要经验。利用地缘优势，实行新疆"全方位开放、外引内联、东联西出"的发展战略是完全正确和行之有效的。紧紧抓住西部大开发的历史机遇，实施优势资源转换战略，变资源优势为经济优势，争取后来居上，努力实现新疆经济社会跨越式发展的思路也是完全正确和行之有效的，既符合新疆实现经济持续快速健康发展的要求，也充分体现了造福于各族人民根本利益的要求。

（二）建设社会主义新疆必须依据国情和区情制定切实可行的发展规划

新中国在经历了社会改造和从新民主主义向社会主义的基本过渡后，至今仍然处于初级阶段的社会主义发展时期，是一个从传统向现代转型的社会发展时期。历史条件决定了新疆建设的各项方针政策的制订都要以社会主义初级阶段的国情和区情为基本依据，坚持把党的路线方针政策同新疆实际相结合，依据新疆实际和国家整体战略发展

需要，制定切实可行的发展规划，积极创造适合新疆发展的制度和体制，创造性地开展工作，保证社会可持续发展。在日常生产生活中，既要充分认识和把握新疆 60 余年建设所取得的伟大成就和成功经验，同时也要充分认识中国社会主义建设的长期性、复杂性和艰巨性，还要注意认识和把握新疆与内地省区、相邻国家与地区的差别；既要反对因为相对发展落后所致的消极情绪和因地理环境相对闭塞所致的保守思想，也要反对因为追求发展速度与社会改革所致的急躁倾向和与其他自然条件类似地区相比所致的不满和抱怨。

（三）建设社会主义新疆必须建设适合社会发展的制度和体制

60 余年新疆社会发展的事实表明，地处祖国西北边陲，新疆除了具有与全国相通的共性外，具体的历史、经济、政治、文化等都有着明显的区情特点。因此，新疆的经济生产和社会发展，必须依据自己地广人稀、自然资源丰富和社会发展落后的实际，既要坚持党的路线方针政策不动摇，又要坚持解放思想、实事求是、与时俱进的思想路线，一切从实际出发，从新疆的历史、自然、区域、经济文化特点出发，制定符合新疆工作实际的方针政策、发展重点和目标任务，统筹兼顾、适当安排、综合平衡、稳步前进；既要借鉴和学习内地乃至国外先进的发展经验和管理方法，博采众长，为我所用，又要避免脱离实际，生搬硬套。无论是改革还是建设，都要根据新疆的条件，采取切合实际的步骤和做法，因地制宜，扬长避短，突出特色，发挥优势，开拓进取，只有坚持把党的路线方针政策同新疆实际相结合，创造性地开展工作，才能不断开创发展和稳定的新局面。

四 独立自主与交流合作是良性社会发展与身份认同的基本要素

（一）社会建设与发展必须坚持独立自主、自力更生

新中国 60 余年的建设经验证明，独立自主、自力更生，无论是过去、现在还是将来，都是新疆社会建设与发展的立足点。然而，讲求独立自主并不是要闭关自守，强调自力更生也不是盲目排外。因为新疆的建设离不开兄弟省、区、市和周边友好邻邦，关起门来搞建设，是不可能获取现代社会的成功发展的。世界已经进入全球化的电子信息

时代，中国进行社会主义现代化建设，既需要继承和弘扬中华民族的优秀文化传统，也需要学习和吸收世界各国创造的文明成果。新疆作为东西文明交汇的"世界民族文化博物馆"，多元文化特点明显，多种族裔并存，多种信仰同在，历史造就了新疆文明的包容性与共生性，具有适应于全球化时代特点的先天区位优势。要改变新疆由于历史原因所致的社会发展相对落后的面貌，不仅需要继承和弘扬天山南北各族人民的优秀文化传统，而且需要在自力更生的基础上，通过积极的交流与多方面的合作，秉持兼容并蓄、融会贯通的精神和"取其精华、去其糟粕"的原则，积极学习和吸收内地省、区、市和世界各国人民所创造的文明成果，才有可能将区位优势和资源优势转化为经济优势和现代社会发展优势。

（二）社会建设必须注意外部条件的变化，努力将自然区位优势转化为社会发展优势

新疆地处亚欧中心，自然资源丰富，是中国拥有最大领土面积、最长陆上边境线和最多邻国的省区。特殊的地理位置和区位资源，使其成为各种国际势力垂涎的宝地。20世纪90年代以后，周边国家和地区此起彼伏的各种"革命"与"三股势力"的影响，使新疆成为中国社会最为复杂、地域形势最为严峻的省区。在这种情况下，新疆要进行社会主义现代化建设，必须科学判断时代特点，正确分析国际形势，及时制定和调整社会治理的方针政策和具体措施。无论何时，新疆的社会建设与发展都必须坚决维护国家的独立、主权、统一和领土完整，任何时候都不能违背国家宪法和民族区域自治法的精神，不以生产力发展的状况和社会意识与宗教信仰的差别划分所谓"先进民族"与"落后民族"，不搞任何形式具有民族分裂性质的"民族独立"运动，不允许任何国家和境外势力干涉新疆内政，反对宗教极端主义和暴力恐怖主义。

五 良好社会意识引导是社会良性发展与身份认同的基本精神要件

（一）社会科学文化教育的发展是提升社会文明程度的重要标尺

实践证明，教育科学和文化发展落后，社会成员整体素质偏低，是新疆社会发展滞后的关键原因之一。要建设现代化的新疆，必须坚

决扫除轻视教育科学文化建设的错误倾向，必须纠正意识形态领域的两种错误倾向：一种是过度强调政治立场差别，极端夸大意识形态领域中不同社会意识的此消彼长和阶级斗争，结果导致社会似乎时时都有"危险"、处处都是"敌人"，弄得整个社会都不得安宁，人人都惶惶不安；一种是过度强调"稳定"与"团结"，对于各种不同声音和力量都是不讲党性和原则的妥协与退让，轻视现实社会中所存在的多种不同性质的意识形态间的矛盾斗争，结果导致日常生活和工作中错误地纵容不良意识——甚至敌对势力的滋生，使得社会表面"一团和气"实则危机四伏。新疆建设要把注意力集中于团结各族人民、充分发挥所有社会成员的社会主义积极性和创造精神上来，要真正尊重知识，尊重人才，尊重不同文化习俗和生活习惯，积极提高教育科学文化在社会现代化建设中的地位和作用。

（二）社会发展必须有良好的意识引导

新疆的发展实践证明，坚持发展社会主义思想文化建设，必须以马克思主义理论为指导，要始终坚持贴近实际、贴近生活、贴近群众，要借助一切媒介积极进行媒体宣传工作，以积极的社会意识引领社会，要大力弘扬爱国主义、集体主义、社会主义的思想和精神，为激励各族人民奋勇前进提供强大的精神动力和智力支持。新的形势下，要充分利用广播影视和网络等现代传媒手段，努力"从思想内容、表现形式、宣传方法等方面增强广播影视的影响力，用更多更好的广播影视作品凝聚人心、鼓舞干劲，促进开发和现代化建设"[1]。要尽量避免或杜绝现代社会发展的"七大罪恶"[2]，社会建设必须不断发展社会主义先进文化，积极建设社会主义精神文明，以良好的社会建设文化引领社会意识，使人民群众在提高思想道德素质和科学文化素质的过程中，自觉抵御不良社会思潮的侵扰。在具体的生产生活实践中，必须以贴近生活实

---

[1] 江泽民：《让党和国家的声音传入西藏、新疆等边远地区的千家万户》，中共中央文献研究室、中共新疆维吾尔自治区委员会：《新疆工作文献选编（1949—2010年）》，中央文献出版社2010年版，第469页。

[2] 即追求政治而不讲原则、拥有财富而无勤缺勉、追求享乐而忘却良知、学识渊博而人格低贱、善于敛财而无视仁义、沉湎科学而忽略人性、崇拜神灵而疏于奉献。

际的文化建设和思想政治教育工作，建构积极向上的社会主义精神文化，引导每一个社会成员树立正确的世界观、人生观和价值观，使各族人民群众具备自觉区别和抵制不良社会意识与文化的科学文化素质。

六　党的领导、群众路线是良性社会发展与身份认同的主体必需

（一）建设社会主义新疆离不开马克思主义和中国共产党的领导

几千年历史发展表明，只有中国共产党和社会主义是真正为各族人民着想的，只有中国共产党和社会主义让新疆各族人民过上了安定幸福、繁荣昌盛的好日子。要保证新疆社会的安定幸福、繁荣发展，必须坚持马克思主义的指导地位，必须以科学的态度对待马克思主义，坚持正确的思想路线。要建设社会主义政治文明，既要积极维护党和政府的威信，又要保证使它们的活动处于全体党员和公民的监督下，必须认真贯彻民主集中制的原则，坚决克服官僚主义、教条主义；要正确处理党同各种社会组织和宗教机构的关系，保证国家权力机关和各种社会经济文化组织有效行使其职权，保证各类群众组织主动负责地运行。党的各级组织必须在国家宪法和法律的范围内活动，既要注意充分发挥党在新疆的社会主义现代化建设中的核心领导作用，又要坚持群众路线，使党员干部成为各族人民日常生活的贴心人和社会生产的领头羊，使普通百姓能够对党员干部放心，让全体社会成员在日常生活当中有话敢说、有处去说、说了管用。只有让普通百姓在日常生活中切实感觉到党和政府的"大仁大义"，他们才不会被邪恶势力的"小仁小义"所煽惑，各种敌视社会主义的势力与不良社会意识才会因为没有滋生的土壤而消亡，新疆的社会主义现代化建设事业才有可能获得稳定发展的良好环境。

（二）强大有力的干部队伍是保证各项政策落实的根本保证

"新疆工作能不能搞好，关键是干部问题。"[①] 干部队伍的好坏，关键在党的建设。新中国成立60余年的发展实践证明，中国共产党是

[①] 胡锦涛：《高举民族团结的伟大旗帜，全心全意为新疆各族人民谋利益》，中共中央文献研究室、中共新疆维吾尔自治区委员会：《新疆工作文献选编（1949—2010年）》，中央文献出版社2010年版，第503页。

领导中国现代化建设事业的核心力量。没有共产党,就没有新中国,就没有新疆各族人民的翻身解放,就没有适合中国国情的民族政策和民族区域自治制度;没有共产党的正确领导,就不可能有新疆60多年来经济发展、社会稳定和人民生活不断改善的大好局面。在新世纪、新阶段,新疆各族人民只有更加坚信和依靠党的领导,坚定不移地走社会主义道路,才能同心同德,与时俱进,开拓创新,建设更加繁荣、富强、文明的新疆。不可否认,中国共产党从革命党到执政党,在具体的社会建设中发生了不少错误和曲折,并且现在问题依然不少,比如令人深恶痛绝的腐败问题,使中国人民痛心不已。但是,中国共产党能够以巨大的勇气和对人民负责的态度,在坦承错误的同时积极努力地修改和纠正所犯的错误,使之始终保持"为人民服务"的主流和本质,让人民没有丧失在中国共产党的领导下建设社会主义并为之继续努力的信念,这些信念和努力则是中国共产党人纠正各种错误、开辟新的道路的内在力量。

(三)充分发挥广大人民群众的智慧和力量,积极建设社会主义新疆

新中国成立60余年的实践证明,在地广人稀、自然地理环境差别巨大的新疆,建设社会主义现代化社会,必须注意因地制宜,积极调动一切社会积极因素。在具体工作中,要正确认识和分析我国的社会现状,尤其是社会阶层阶级状况,要注意区别不同区域、不同阶级、不同阶层、不同族裔群体居民之间的差别和利益要求,制定符合实际的方针政策,充分调动和发挥各种力量建设社会主义新疆的热情和智慧。既要注意坚定不移地依靠工人、农牧民和知识分子,充分发挥他们的主人翁意识和主动精神,又要注意团结一切可以团结的力量,共同建设社会主义新疆。不要简单依据"阶级""民族"或其他某种特殊身份来做"先进"与"落后"的划分,而要依据是否有利于坚持社会主义道路和现代化建设,是否有利于维护祖国统一和民族振兴,是否有利于社会进步和人民幸福,这样"三个有利于"[①] 的标准来作区

---

① 参见中共中央党史研究室《中国共产党历史》第二卷(下),中共党史出版社2011年版,第1067页。

别,充分发挥帮助中国共产党人取得革命胜利的法宝"统一战线"和"群众路线"的作用,积极团结一切可以团结的社会力量,进行社会主义新疆建设。

七 正确处理现实矛盾问题是良性社会发展与身份认同的客观要求

新疆60余年的发展表明,任何时候的社会发展都会遇到意想不到的复杂矛盾和问题。随着社会转型和改革开放的日渐深入,中国已经进入一个社会矛盾高发期,加之国际国内各种因素的影响和干扰,新疆的社会矛盾将会越发复杂和突出。要保证新疆各族人民的安居乐业和社会主义建设事业的稳定发展,必须正确认识和把握中国和新疆社会内部大量存在的各种不同性质的社会矛盾。既要注意解决社会建设的一般性和普遍性的矛盾(比如生产力与生产关系的矛盾、经济基础与上层建筑之间的矛盾),又要注意解决社会主义新疆的建设发展之中所出现的各种特殊性、个别性的矛盾。要注意运用马克思主义哲学实践的科学方法论,认真分析和处理各类社会矛盾问题,要实事求是、具体问题具体分析,要像毛泽东所说的那样,"学会'弹钢琴'",要"十个指头都动作,不能有的动,有的不动",并且,"十个指头的动作都要有节奏,要互相配合",才有可能"产生好的音乐"。[①]

新中国成立后,社会整体的阶级对立消灭了,人民群众之间整体上是一种平等、互助的关系。但是,受到地域、经济和历史文化差别,以及国际国内多种因素的影响,各种政治性的、经济性的、族裔性和其他各种性质的社会群体和分层依然存在,社会关系依然复杂,阶级斗争还将在一定范围内长期存在——甚至在某些条件下还有可能激化。对待这种复杂的社会关系,必须坚持运用马克思主义哲学实践的科学方法论正确认识和处理,既要坚持原则,又要注意灵活多变。在日常生产生活各种关系问题的处理上,要注意把民主和集中、民主和法制辩证地统一起来,从集中、法制和纪律等方面给民主的方法以必要补充。在对社会建设的经济、政治、科学和艺术发展中出现的不同学派

[①] 参见《毛泽东选集》第4卷,人民出版社1991年版,第1442页。

或不同流派的问题上、在对待政党之间和民族关系的问题上，要注意"百花齐放、百家争鸣""长期共存、互相监督""既反对大汉族主义，又反对地方民族主义"等原则，以恰当的手段和方法来妥善地予以解决，努力建构一种"各美其美、美人之美、美美与共、天下大同"的和谐社会关系。

回顾过去，在千年历史流变中，西域—新疆的居民身份万般变化，在多元汇聚、交融与共中形成了今日55个民族共同生活、难分（自）我他（者）的现实。几千年历史实践中，不断游弋的他者与不断吸收他者之长的自我构建中，无数族裔群体融生出庞大而稳定的共同体——中华民族，并被其成员所认同。虽然近代以来屡经磨难，但广大中国人民却在中国共产党的领导下，以马克思主义理论为指导，准确认识并成功解决了中国社会存在与发展的主要矛盾问题。今天，中国道路前行需要解决现代社会转型的身份认同危机，必须在社会生产力的解放与发展中，解决广大人民群众日益增长的物质文化生活需要与落后的社会生产之间的矛盾，以新的生产方式构建新的社会关系和居民生活空间，使各族人民远离茂密的宗教丛林，走进良性社会生活空间，真正实现民主、文明、和谐。

西域—新疆居民身份流变的历史表明，新疆稳定发展需要强有力的政府和良好社会治理下的千百万居民发自内心的身份认同，以及由此而来的强大合力。孟子曰："仁言，不如仁声之入人深也；善政，不如善教之得民也。"今日新疆需要给予普通百姓更多实惠，使每个社会成员都能分享国家统一和社会发展的红利，在国家认同中获得更多更好的生存资源和更多更好的发展机会。与此相辅，党和政府需要通过良好教育和社会意识引导，使每一个社会成员深刻认识"民族""宗教"的本质及其生成与发展的历史，清楚认识"公民"身份的责任与义务，真正懂得个人自由与国家认同的辩证关系，从而产生良好的个人独立意识与主体责任意识，彻底消除穆斯林与非穆斯林、少数民族与非少数民族等狭隘性壁垒，使目前普遍存在于新疆的天然血族与宗法神权从熟悉走向陌生，使权利与义务相统一的公民身份从名为人熟走向实为人行。这是一个从熟悉到陌生、从陌生到熟悉的身份认同变化，不可能一蹴而就，其发生与完成需要以生产力的发展所创造的现代化城市和廉价便利的交通为必要手段，需要以社会经济、政治、文化的全方位建设来构建新的生活空间，需要我们运用马克思主义实践的科学方法论，准确认识和解决现实社会矛盾问题，需要以个人—家庭—社会—国家的合力施以积极有效的引导，在发展实践中重书历史、重塑记忆，使个体在从自然、自在，走向自觉、自由的自我发展与身份转换中提高自觉抵御不良意识侵扰的能力，从而实现社会意识重塑与身份重构，最终实现多元社会的和谐共处和社会成员对国家的自觉认同与忠诚。

参考文献

一 经典著作与基本文献

［1］《马克思恩格斯文集》第1、2、5、8、10卷，人民出版社2009年版。
［2］《马克思恩格斯全集》第3卷，人民出版社2002年版。
［3］《马克思恩格斯全集》第10卷，人民出版社1998年版。
［4］《马克思恩格斯全集》第45卷，人民出版社1985年版。
［5］《列宁选集》第1卷，人民出版社1992年版。
［6］《列宁选集》第2卷，人民出版社1995年版。
［7］《列宁全集》第1卷，人民出版社1984年版。
［8］《列宁全集》第2卷，人民出版社1959年版。
［9］《列宁全集》第43卷，人民出版社1987年版。
［10］《毛泽东选集》第1、3、4卷，人民出版社1991年版。
［11］《毛泽东文集》第7卷，人民出版社1999年版。
［12］《邓小平文选》第2卷，人民出版社1994年版。
［13］《邓小平文选》第3卷，人民出版社1993年版。
［14］《孙中山全集》第5卷，中华书局1985年版。
［15］《新疆工作文献选编（1949—2010年）》，中央文献出版社2010年版。
［16］《民族问题文献汇编》，中共中央党校出版社1991年版。
［17］《中华人民共和国民族政策法规选编》，中国民航出版社1997年版。
［18］《中国共产党主要领导人论民族问题》，民族出版社1994年版。

[19]《中国共产党新疆历史大事记》,新疆人民出版社 1993 年版。
[20]《十五大以来重要文献选编》,人民出版社 2000 年版。
[21]《中国共产党第二次至第六次全国代表大会文件汇编》,人民出版社 1981 年版。
[22] 薄一波:《若干重大决策与历史事件的回顾》(上、下),中央党校出版社 1993 年版。
[23] 荣孟源主编:《中国国民党历次代表大会及中央全会资料》(上、下),光明日报出版社 1985 年版。
[24] 刘锦藻等:《清朝续文献通考》第 3 册,商务印书馆民国二十五年版。
[25] (西汉)司马迁:《史记》,中华书局 2008 年版。
[26] (西汉)司马迁:《史记》,线装书局 2006 年版。
[27] (唐)房玄龄等:《晋书》,中华书局 2000 年版。
[28] (南朝宋)范晔:《汉书》,中华书局 2000 年版。
[29] (东汉)班固:《后汉书》,中华书局 2007 年版。
[30] (西晋)陈寿:《三国志》,中华书局 2006 年版。
[31] (北齐)魏收:《魏书》,中华书局 2000 年版。
[32] (唐)令狐德棻:《周书》,中华书局 2000 年版。
[33] (唐)姚思廉:《梁书》,中华书局 2000 年版。
[34] (唐)魏徵等:《隋书》,中华书局 2000 年版。
[35] (唐)李延寿:《北史》,中华书局 2000 年版。
[36] (后晋)刘昫等:《旧唐书》,中华书局 2000 年版。
[37] (北宋)欧阳修、宋祁:《新唐书》,中华书局 2000 年版。
[38] (元)脱脱等:《宋史》,中华书局 2000 年版。
[39] (元)脱脱等:《金史》,中华书局 2000 年版。
[40] (元)脱脱等:《辽史》,中华书局 2000 年版。
[41] (明)宋濂等:《元史》,中华书局 2000 年版。
[42] (清)张廷玉等:《明史》,中华书局 2000 年版。
[43] 甘肃省古籍文献整理编译中心编:《西北稀见方志文献》第一卷,线装书局 2006 年版。

［44］袁大化、王树楠：《新疆图志》，新疆省公署清宣统三年1911年版。

［45］《中国地方志集成·新疆府县志辑》第3—7卷，凤凰出版社2008年版。

［46］《清实录五三·德宗景皇帝实录》（二），中华书局2008年影印版。

［47］南炳文、白新良主编：《清史纪事本末》第9卷，上海大学出版社2006年版。

［48］刘锦棠：《清朝续文献通考》第3册，商务印书馆民国二十五年版。

［49］《刘襄勤公（锦棠）奏稿》第3册，（台北）文海出版社1968年版。

［50］《刘锦棠奏稿·李续宾奏疏》，杨云辉校点，岳麓书社2013年版。

［51］左宗棠：《左宗棠全集·奏稿五》，岳麓书社1991年版。

［52］左宗棠：《左宗棠全集·奏稿六》，岳麓书社1992年版。

［53］左宗棠：《左宗棠全集·奏稿七》，岳麓书社1996年版。

［54］左宗棠：《左宗棠全集·书信三》，岳麓书社1996年版。

［55］吴汝纶、李国杰编：《李鸿章全集·奏稿》卷24，海南出版社1997年版。

［56］梁启超：《梁启超全集》第1—6册，人民出版社1999年版。

［57］杨度：《杨度集》，湖南人民出版社2008年版。

［58］阮元校刻：《十三经注疏》，中华书局1980年版。

［59］曾问吾：《中国经营西域史》，上海商务印书馆1936年版。

［60］翁独健主编：《中国民族关系史纲要》，中国社会科学出版社2001年版。

［61］王桐龄：《中国民族史》，北京文化学社1928年版。

［62］吕思勉：《中国民族史》，上海世界书局1934年版。

［63］林惠祥：《中国民族史》，上海商务印书馆1936年版。

［64］刘义棠：《中国边疆民族史》，（台北）中华书局1992年版。

［65］柳诒徵：《中国文化史》（上、下），上海三联书店2007年版。

［66］徐杰舜主编：《中华民族史记》，福建教育出版社2014年版。

［67］戴逸主编：《简明清史》（1—2），中国人民大学出版社2006年版。

［68］萧一山：《清代通史》（1—5），华东师范大学出版社2006年版。

［69］刘光华主编：《西北通史》第1卷，兰州大学出版社2005年版。

［70］齐陈俊主编：《西北通史》第 2 卷，兰州大学出版社 2005 年版。

［71］郭厚安、李清凌主编：《西北通史》第 3 卷，兰州大学出版社 2005 年版。

［72］尹伟先、马啸主编：《西北通史》第 4 卷，兰州大学出版社 2005 年版。

［73］宋仲福主编：《西北通史》第 5 卷，兰州大学出版社 2005 年版。

［74］余太山主编：《西域通史》，中州古籍出版社 2003 年版。

［75］余太山：《西域文化史》，中国友谊出版公司 1995 年版。

［76］余同元：《清朝通史·光绪宣统卷》，紫禁城出版社 2003 年版。

［77］沈志华编译：《俄国解密档案：新疆问题》，新疆人民出版社 2013 年版。

［78］厉声主编：《中国新疆历史与现状》，新疆人民出版社 2006 年版。

［79］苗普生、田卫疆主编：《新疆史纲》，新疆人民出版社 2004 年版。

［80］马汝珩、马大正主编：《清代的边疆政策》，中国社会科学出版社 1995 年版。

［81］马大正等：《新疆史鉴》，新疆人民出版社 2006 年版。

［82］米尔咱·马黑麻·海答儿：《中亚蒙兀儿史：拉失德史》，新疆社科院民族研究所译，新疆人民出版社 1983 年版。

［83］李福生：《新疆生产建设兵团简史》，新疆人民出版社 1997 年版。

［84］陈慧生、陈超：《民国新疆史》，新疆人民出版社 1999 年版。

［85］魏良弢：《喀喇汗王朝史稿》，新疆人民出版社 1986 年版。

［86］魏良弢：《叶尔羌汗国史纲》，新疆人民出版社 1999 年版。

［87］魏良弢：《西辽史纲》，人民出版社 1991 年版。

［88］张尔驹：《中国民族区域自治史纲》，民族出版社 1995 年版。

［89］［英］崔瑞德、鲁惟一编：《剑桥中国秦汉史》，中国社会科学出版社 1992 年版。

［90］［英］崔瑞德编：《剑桥中国隋唐史》，中国社会科学出版社 1992 年版。

［91］［德］傅海波、［英］崔瑞德编：《剑桥中国辽西夏金元史》，中国社会科学出版社 1992 年版。

［92］［美］牟复礼、［英］崔瑞德编：《剑桥中国明代史》（上、下），中国社会科学出版社1992年版。

［93］［美］费正清、刘广京编：《剑桥中国晚清史》（上、下），中国社会科学出版社1992年版。

［94］［美］费正清、费维恺编：《剑桥中华民国史》（上、下），中国社会科学出版社1992年版。

［95］［美］R. 麦克法夸尔、费正清主编：《剑桥中华人民共和国史》（上、下），中国社会科学出版社1992年版。

［96］玉素甫·哈斯·哈吉甫：《福乐智慧》，郝关中等译，民族出版社1986年版。

［97］麻赫默德·喀什噶里：《突厥语大词典》，何锐译，民族出版社2002年版。

［98］铁木尔·达瓦买提：《中国少数民族文化大辞典》（西北卷），民族出版社1999年版。

［99］冯大真主编：《〈维吾尔人〉等三本书问题讨论会论文集》，新疆人民出版社1992年版。

［100］范秀传主编：《中国边疆古籍题解》，新疆人民出版社1995年版。

［101］包尔汉：《新疆五十年——包尔汉回忆录》，中国文史出版社1994年版。

二 中文著作

［102］阿班·毛力提汗：《新疆农村贫困问题研究》，新疆人民出版社2006年版。

［103］阿拉腾奥其尔：《清代伊犁将军论稿》，民族出版社1995年版。

［104］包雅钧：《新疆生产建设兵团体制研究》，中央编译出版社2010年版。

［105］毕长朴：《回纥与维吾尔》，（台北）新文丰出版公司1986年版。

［106］编写组：《维吾尔族古典文学作品选编》，新疆人民出版社1984年版。

［107］朝戈金主编：《中国西部的文化多样性与族群认同：沿丝绸之

路的少数民族口头传统现状报告》，社会科学文献出版社 2008 年版。

[108] 陈垣：《元西域人华化考》，上海世纪出版集团 2008 年版。

[109] 陈延琪、潘志平主编：《泛突厥主义文化透视》，新疆人民出版社 2000 年版。

[110] 陈云生：《中国民族区域自治制度》，经济管理出版社 2002 年版。

[111] 程憬：《中国古代神话研究》，顾颉刚整理，北京大学出版社 2011 年版。

[112] 褚松燕：《个体与共同体：公民资格的演变及其意义》，中国社会科学出版社 2003 年版。

[113] 丁山：《古代神话与民族》，商务印书馆 2005 年版。

[114] 杜军林：《西部少数民族政治文化建设研究》，光明日报出版社 2011 年版。

[115] 段金生：《调试与冲突——杨增新思想与治新实践》，云南人民出版社有限责任公司 2010 年版。

[116] 费孝通：《文化与文化自觉》，群言出版社 2010 年版。

[117] 顾颉刚：《顾颉刚古史论文集》第 1 册，中华书局 1988 年版。

[118] 郭湛：《主体性哲学——人的存在及其意义》，云南人民出版社 2002 年版。

[119] 郝时远、阮西湖主编：《当代世界民族问题与民族政策》，四川人民出版社 1994 年版。

[120] 何琼：《西部民族文化研究》，民族出版社 2004 年版。

[121] 侯丕勋、刘再聪主编：《西北边疆历史地理概论》，甘肃人民出版社 2008 年版。

[122] 黄光学主编：《中国的民族识别》，民族出版社 1995 年版。

[123] 黄建华：《国民党政府的新疆政策研究》，民族出版社 2003 年版。

[124] 霍维洮、胡铁球：《近代西北少数民族变迁》，宁夏人民出版社 2009 年版。

[125] 江宜桦：《自由主义、民族主义与国家认同》，（台北）杨智文化事业股份有限公司 1998 年版。

[126] 金谊久：《伊斯兰教概论》，青海人民出版社1987年版。

[127] 李朝东、王金元：《教育启蒙与公民人格建构》，中国社会科学出版社2009年版。

[128] 李晓霞：《多民族区域自治的现状》，新疆人民出版社2007年版。

[129] 李学勤主编：《中国古代文明与国家的形成》，中国社会科学出版社2007年版。

[130] 李友梅、肖英等：《社会认同：一种结构视野的分析——以美、德、日三国为例》，上海人民出版社2007年版。

[131] 厉声主编：《"东突厥斯坦"分裂主义的由来与发展》，新疆人民出版社2007年版。

[132] 厉声主编：《三区革命运动与新疆和平解放》，新疆人民出版社2007年版。

[133] 林永匡、王熹：《清代西北民族贸易史》，中央民族学院出版社1991年版。

[134] 刘大明：《〈民族再生〉的期望：法国大革命时期的公民教育》，中国社会科学出版社2005年版。

[135] 刘义棠：《维吾尔研究》，（台北）正中书局1997年版。

[136] 刘义棠：《中国西域研究》，（台北）正中书局1997年版。

[137] 刘迎胜：《丝绸之路》，江苏人民出版社2014年版。

[138] 刘迎胜：《察合台汗国史研究》，上海古籍出版社2006年版。

[139] 罗家伦主编：《新疆研究》，（台北）中国边疆历史语文学会1964年版。

[140] 马戎：《民族社会学：社会学的族群关系研究》，北京大学出版社2004年版。

[141] 马勇：《重新认识近代中国》，社会科学文献出版社2013年版。

[142] 马建春：《元代东迁西域人及其文化研究》，民族出版社2003年版。

[143] 马利清：《原匈奴、匈奴——历史与文化的考古学探索》，内蒙古大学出版社2005年版。

[144] 毛星主编：《中国少数民族文学》（上），湖南人民出版社1983

年版。

[145] 孟新华：《中国问题报告——中国文化冲突》，今日中国出版社1997年版。

[146] 苗普生：《伯克制度》，新疆人民出版社1995年版。

[147] 纳日碧力戈：《现代背景下的族群建构》，云南教育出版社2000年版。

[148] 宁骚：《民族与国家：民族关系与民族政策的国际比较》，北京大学出版社1995年版。

[149] 潘志平：《民族自决还是民族分裂》，新疆人民出版社1999年版。

[150] 钱乘旦：《欧洲文明：民族的融合与冲突》，贵州人民出版社1999年版。

[151] 施联朱：《民族识别与民族研究文集》，中央民族大学出版社2009年版。

[152] 宋希濂：《北塔山事件的实况与经过》，《新疆文史资料选辑》第三辑，新疆人民出版社1979年版。

[153] 孙伯鍨、张一兵：《走进马克思》，江苏人民出版社2001年版。

[154] 孙德忠：《社会记忆论》，湖北人民出版社2006年版。

[155] 田澍、何玉红主编：《西北边疆社会研究》，中国社会科学出版社2009年版。

[156] 田继周：《少数民族与中华文化》，上海人民出版社1996年版。

[157] 拓和提·莫扎提：《中世纪维吾尔社会》（修订版），人民出版社2013年版。

[158] 童星：《发展社会学与中国现代化》，中国社会科学出版社2005年版。

[159] 王邦佐：《执政党与社会整合：中国共产党与新中国社会整合实例分析》，上海人民出版社2007年版。

[160] 王成兵：《当代认同危机的人类学解读》，中国社会科学出版社2004年版。

[161] 王戈柳：《民族区域自治制度》，民族出版社2001年版。

[162] 王翰林：《毛泽东屯垦思想研究论文选》，新疆人民出版社1998

年版。

[163] 王建娥：《族际政治：20世纪的理论与实践》，社会科学文献出版社 2011 年版。

[164] 王珂：《东突厥斯坦独立运动：1930年代至1940年代》，香港中文大学出版社 2013 年版。

[165] 王明珂：《华夏边缘：历史记忆与族群认同》，社会科学文献出版社 2006 年版。

[166] 王明珂：《羌在汉藏之间：一个华夏边缘的历史人类学研究》，中华书局 2008 年版。

[167] 王明珂：《英雄祖先与弟兄民族：根基历史的文本与情境》，中华书局 2009 年版。

[168] 王日蔚：《伊斯兰传入新疆考》，兰州大学出版社 1989 年版。

[169] 王文光、段红云：《中国古代的民族识别（修订本）》，云南大学出版社 2011 年版。

[170] 王希恩：《民族过程与国家》，甘肃人民出版社 1998 年版。

[171] 王希恩：《全球化中的民族过程》，社会科学文献出版社 2009 年版。

[172] 王小平：《21世纪治理新疆的策略研究》，新疆人民出版社 2004 年版。

[173] 王尧、陈践：《敦煌吐蕃文书论文集》，四川民族出版社 1983 年版。

[174] 吴晓萍、徐杰舜：《中华民族认同与认同中华民族》，黑龙江人民出版社 2009 年版。

[175] 新疆社会科学院考古研究所：《新疆考古三十年》，新疆人民出版社 1983 年版。

[176] 徐纪霖：《共和、社群与公民》，江苏人民出版社 2004 年版。

[177] 阎学通：《中国国家利益分析》，天津人民出版社 1996 年版。

[178] 杨桂华：《转型社会控制论》，北京师范大学出版社 2009 年版。

[179] 杨一星：《中国少数民族人口研究》，民族出版社 1989 年版。

[180] 杨增新：《补过斋文牍》，（台北）文海出版社 1965 年版。

- [181] 尹筑光、茆永福:《新疆民族关系研究》,新疆人民出版社 1996 年版。
- [182] 余建华:《民族主义、国家机构与国际化:南斯拉夫民族问题研究》,民族出版社 2004 年版。
- [183] 俞吾金:《意识形态论》(修订版),人民出版社 2009 年版。
- [184] 袁祖亮主编:《丝绸之路人口问题研究》,新疆人民出版社 1998 年版。
- [185] 张大军:《新疆风暴七十年》,(台北)兰溪出版社 1980 年版。
- [186] 张大军:《新疆民族变迁及现状》,(台北)中央文物供应社 1954 年版。
- [187] 张岱年、方克立:《中国文化概论》,北京师范大学出版社 1994 年版。
- [188] 张尔驹、刘鹗等编著:《中国民族区域自治的理论和实践》,中国社会科学出版社 1988 年版。
- [189] 张克非、王劲主编:《西北近代社会研究》,民族出版社 2008 年版。
- [190] 张茂桂等:《族群关系与国家认同》,(台北)业强出版社 1993 年版。
- [191] 张淑娟:《民族主义与近代中国民族理论》,光明日报出版社 2011 年版。
- [192] 张天路、黄荣清:《中国少数民族人口调查研究》,高等教育出版社 1996 年版。
- [193] 张旭东:《全球化时代的文化认同——西方普遍主义话语的历史批判》,北京大学出版社 2005 年版。
- [194] 张一兵:《马克思历史辩证法的主体向度》,南京大学出版社 2002 年版。
- [195] 张一兵:《回到马克思——经济学语境中的哲学话语》,江苏人民出版社 2005 年版。
- [196] 赵可金:《全球公民社会与民族国家》,上海三联书店 2008 年版。
- [197] 杨洁勉、赵念渝:《国际恐怖主义与当代国际关系》,贵州人民出版社 2002 年版。

[198] 郑永廷、江传月：《宗教影响与社会主义意识形态主导研究》，中山大学出版社 2009 年版。

[199] 中央民族学院民族研究所编：《民族研究论文集》第 1 辑，中央民族学院民族研究所 1981 年版。

[200] 周晓虹：《社会心理学——多位视野中的社会行为研究》，上海人民出版社 1997 年版。

[201] 周崇经主编：《中国人口·新疆分册》，中国财政经济出版社 1990 年版。

三　外文（译）著作

[202] ［阿拉伯］伊本·凯西尔：《古兰经注》，孔德军译，中国社会科学出版社 2010 年版。

[203] ［澳］迈克尔·A. 豪格、［英］多米尼克·阿布拉姆斯：《社会认同过程》，高明华译，中国人民大学出版社 2011 年版。

[204] ［德］恩斯特·卡西尔：《人论》，李琛译，光明日报出版社 2009 年版。

[205] ［德］冯·加班：《高昌回鹘王国的生活》，邹如山译，吐鲁番市地方志编辑室 1989 年版。

[206] ［德］弗里德里希·梅尼克：《世界主义与民族国家》，孟钟捷译，上海三联书店 2007 年版。

[207] ［德］盖奥尔格·西美尔：《社会学：关于社会化形式的研究》，林荣远译，华夏出版社 2004 年版。

[208] ［德］哈贝马斯：《后民族结构》，曹卫东译，上海人民出版社 2002 年版。

[209] ［德］哈贝马斯：《交往行为理论》，曹卫东译，上海人民出版社 2004 年版。

[210] ［德］哈贝马斯：《交往与社会进化》，张博树译，重庆出版社 1989 年版。

[211] ［德］哈斯-格奥尔格·伽达默尔：《真理与方法：哲学诠释学

的基本特征》，洪汉鼎译，上海译文出版社 2004 年版。

[212] [德] 黑格尔：《历史哲学》，王造时译，上海书店出版社 2001 年版。

[213] [德] 卢克曼：《无形的宗教》，覃方明译，中国人民大学出版社 2003 年版。

[214] [德] 马克斯·韦伯：《新教伦理与资本主义精神》，李修建、张云江译，中国社会科学出版社 2009 年版。

[215] [德] 马克斯·韦伯：《宗教社会学》，康乐、简惠美译，广西师范大学出版社 2011 年版。

[216] [德] 尼采：《权力意志》，杨向荣编译，陕西人民出版社 2007 年版。

[217] [德] 约翰·内森：《历史认识的新途径》，綦甲福、来炯译，上海人民出版社 2005 年版。

[218] [俄] 阿甫基耶夫：《古代东方史》，王以铸译，上海书店出版社 2007 年版。

[219] [俄] 巴尔托里德：《中亚简史》，耿世民译，新疆人民出版社 1980 年版。

[220] [俄] 谢·卡拉-穆尔扎：《论意识操纵》，徐昌翰等译，社会科学文献出版社 2004 年版。

[221] [法] 阿尔都塞：《哲学与政治：阿尔都塞读本》，陈越编，吉林人民出版社 2003 年版。

[222] [法] 阿尔弗雷德·格罗塞：《身份认同的困境》，王鲲译，社会科学文献出版社 2010 年版。

[223] [法] 埃德加·莫兰：《反思欧洲》，康征、齐小曼译，生活·读书·新知三联书店 2005 年版。

[224] [法] 伏尔泰：《风俗论》，梁守锵等译，商务印书馆 1995 年版。

[225] [法] 古斯塔夫·勒庞：《乌合之众——大众心理研究》，戴光年译，新世界出版社 2010 年版。

[226] [法] 雷蒙·阿隆：《社会学主要思潮》，葛智强、胡秉诚、王沪宁译，上海译文出版社 2005 年版。

[227] [法] 鲁保罗：《西域的历史与文明》，耿昇译，新疆人民出版社 2006 年版。

[228] [法] 罗兰·巴尔特：《如何共同生活：某些日常空间的故事性模拟》，怀宇译，中国人民大学出版社 2010 年版。

[229] [法] 莫里斯·哈布瓦赫：《论集体记忆》，毕然、郭金华译，上海人民出版社 2002 年版。

[230] [法] 让·鲍德里亚：《消费社会》，刘成富、全志钢译，南京大学出版社 2000 年版。

[231] [加] 查尔斯·泰勒：《自我的根源——现代认同的形成》，韩震译，译林出版社 2008 年版。

[232] [加] 威尔·金里卡：《少数的权利：民族主义、多元文化主义和公民》，邓红风译，上海译文出版社 2005 年版。

[233] [加] 威尔·金里卡：《多元文化公民权：一种有关少数族群权利的自由主义理论》，杨立峰译，上海译文出版社 2009 年版。

[234] [美] T. 帕森斯：《现代社会的结构与过程》，梁向阳译，光明日报出版社 1988 年版。

[235] [美] 埃里克·霍弗：《狂热分子：群众运动圣经》，梁永安译，广西师范大学出版社 2011 年版。

[236] [美] 埃米尔·涂尔干：《宗教生活的基本形式》，渠东译，上海人民出版社 1999 年版。

[237] [美] 爱德华·赛义德：《东方学》，王宇根译，生活·读书·新知三联书店 2000 年版。

[238] [美] 保罗·康纳顿：《社会如何记忆》，纳日碧力戈译，上海人民出版社 2000 年版。

[239] [美] 鲍大可：《中国西部四十年》，孙英春等译，东方出版社 1998 年版。

[240] [美] 本尼迪克特·安德森：《想象的共同体：民族主义的起源与散布》，吴叡人译，上海人民出版社 2003 年版。

[241] [美] 彼得·M. 布劳：《社会生活中的交换与权力》，孙非、张黎勤译，华夏出版社 1988 年版。

[242] [美] 彼得·伯格、托马斯·卢克曼:《现实的社会构建》,汪涌译,北京大学出版社 2009 年版。

[243] [美] 杜赞奇:《从民族国家拯救历史:民族主义话语与中国现代史研究》,王宪明译,江苏人民出版社 2008 年版。

[244] [美] 菲利克斯·格罗斯:《公民与国家:民族、部族和族属身份》,王建娥、魏强译,新华出版社 2003 年版。

[245] [美] 哈罗德·伊罗生:《群氓之族:群体认同与政治变迁》,邓伯宸译,广西师范大学出版社 2008 年版。

[246] [美] 哈里·亨德森:《全球恐怖主义——完全参考指南》,贾伟等译,中国社会科学出版社 2003 年版。

[247] [美] 海斯:《现代民族主义演进史》,帕米尔等译,华东师范大学出版社 2005 年版。

[248] [美] 科马克·奥·勃里恩:《帝国衰亡史:十六个古代帝国的崛起、霸业和衰亡》,邵志军译,现代出版社 2013 年版。

[249] [美] 刘易斯·科塞:《社会冲突的功能》,孙立平译,华夏出版社 1989 年版。

[250] [美] 罗宾·多克:《伊斯兰世界帝国》,王宇洁、李晓瞳译,商务印书馆 2015 年版。

[251] [美] 迈克尔·帕伦蒂:《少数人的民主》,张萌译,北京大学出版社 2009 年版。

[252] [美] 曼纽尔·卡斯特:《认同的力量》,曹荣湘译,社会科学文献出版社 2006 年版。

[253] [美] 皮特·F. 伯恩斯:《仅有选举政治是不够的:少数群体利益表达与政治回应》,任国忠译,中央编译出版社 2011 年版。

[254] [美] 乔治·赫伯特·米德:《心智、自我与社会》,渠东译,生活·读书·新知三联书店 2000 年版。

[255] [美] 塞缪尔·亨廷顿:《我们是谁?——美国国家特性面临的挑战》,程克雄译,新华出版社 2005 年版。

[256] [美] 塞缪尔·亨廷顿:《文明的冲突与世界秩序的重建》,周琪、刘绯等译,新华出版社 2010 年版。

[257] [美] 桑戴克：《世界文化史》，冯雄译，东方出版社 2014 年版。

[258] [美] 塔尔科特·帕森斯：《社会行动的结构》，张明德、夏遇南、彭刚等译，译林出版社 2008 年版。

[259] [美] 伊恩·莱塞：《反新恐怖主义》，程克雄译，新华出版社 2002 年版。

[260] [美] 詹姆斯·科尔曼：《社会理论的基础》，邓方来译，社会科学文献出版社 1999 年版。

[261] [瑞典] 多桑：《多桑蒙古史》（上、下），冯承钧译，东方出版社 2013 年版。

[262] [日] 参佐口透：《18—19 世纪新疆社会史研究》，凌讼纯译，新疆人民出版社 1984 年版。

[263] [日] 羽田亨：《西域文明史概论》，耿世民译，中华书局 2005 年版。

[264] [日] 杉山正明：《游牧民的世界史》，黄美蓉译，中国工商联合出版社 2014 年版。

[265] [苏] 尼·维·鲍戈里亚夫连斯基：《长城外的中国西部地区》，新疆大学外语系译，商务印书馆 1980 年版。

[266] [意] 安东尼奥·葛兰西：《狱中札记》，葆熙译，人民出版社 1983 年版。

[267] [意] 尼科洛·马基雅维里：《论李维》，冯克利译，上海人民出版社 2005 年版。

[268] [英] 埃里克·霍布斯鲍姆：《民族与民族主义》，李金梅译，上海人民出版社 2000 年版。

[269] [英] 爱德华·莫迪默、罗伯特·法恩主编：《人民、民族、国家：族性与民族主义的含义》，刘泓、黄海慧译，中央民族大学出版社 2009 年版。

[270] [英] 安东尼·D. 史密斯：《民族主义：理论、意识形态、历史》，叶江译，上海人民出版社 2006 年版。

[271] [英] 安东尼·D. 史密斯：《全球化时代的民族与民族主义》，龚维斌、良警宇译，中央编译出版社 2002 年版。

[272] ［英］安东尼·吉登斯：《民族—国家与暴力》，胡宗泽、赵力涛译，生活·读书·新知三联书店1998年版。

[273] ［英］安东尼·吉登斯：《现代性与自我认同：晚期现代的自我与社会》，赵旭东、方文译，生活·读书·新知三联书店1998年版。

[274] ［英］巴特·范·斯廷博根：《公民身份的条件》，郭台辉译，吉林出版集团有限责任公司2007年版。

[275] ［英］保罗·霍普：《个人主义时代与共同体重建》，沈毅译，浙江大学出版社2010年版。

[276] ［英］布莱恩·特纳：《公民身份与社会理论》，郭忠华、将红军译，吉林出版集团有限责任公司2007年版。

[277] ［英］戴维·米勒：《社会正义原则》，应奇译，江苏人民出版社2001年版。

[278] ［英］戴维·莫利、凯文·罗宾斯：《认同的空间：全球媒介、电子世界景观与文化边界》，司艳译，南京大学出版社2001年版。

[279] ［英］德里克·希特：《公民身份——世界史、政治学与教育学中的公民理想》，郭台辉、余慧元译，吉林出版集团有限责任公司2007年版。

[280] ［英］德里克·希特：《何谓公民身份》，郭忠华译，吉林出版集团有限责任公司2007年版。

[281] ［英］厄内斯特·盖尔纳：《民族与民族主义》，韩红译，中央编译出版社2002年版。

[282] ［英］恩靳·伊辛、布雷恩·特纳：《公民权研究手册》，王小章译，浙江人民出版社2007年版。

[283] ［英］法拉、帕特森主编：《记忆》，户晓辉译，华夏出版社2006年版。

[284] ［英］罗伯特·鲍柯克、肯尼思·汤普森编：《宗教与意识形态》，龚方震等译，四川人民出版社1992年版。

[285] ［英］罗伯特·马歇尔：《东方风暴：从成吉思汗到忽必烈，挑动欧亚大陆》，李鸣飞译，山西人民出版社2014年版。

[286]［英］尼克·史蒂文森编:《文化与公民身份》,陈志杰译,吉林出版集团有限责任公司2007年版。

[287]［英］休·希顿·沃森:《民族与国家:对民族主义起源与民族主义政治的探讨》,吴洪英、黄群泽译,中央民族大学出版社2009年版。

[288] Anthony Elliott, *Routledge Handbook of Identity Studies*, London and New York: Routledge, 2011.

[289] Roddolfo D. Torres, Louis F. Mirón, Jonathan Xavier Inda, *Race, Identity, and Citizenship: A Reader*, Oxford: Blackwell Publishers, 1999.

[290] Bloom W., *Personal Identity, National Identity and International Relations*, U.K.: Cambridge University Press, 1990.

[291] Clive J. Christie, *Race and Nation: A Reader*, London and New York: I. B. Tauris Publishers, 1998.

[292] Hans Kohn, *The Idea of Nationalism: A Study in its Origins and Background*, Transaction Publishers, 2005.

[293] Rupert Brown and Dora Capozza, *Social Identity: Motivational, Emotional and Cultural Influences*, Psychology Press, 2006.

[294] Stephen Worchel, J. Francisco Morales, Dario Paez and Jean-Clude Deschamps, *Social Identity: International Perspectives*, SAGE publications, 1998.

[295] Thomas Hylland Eriksen, *Ethnicty & Nationalism: Anthropological Perspectives*, Pluto Press, 1993.

[296] Serge Gruzinski, *When The Eagle Visits the Dragon*, The Keynote Speech at the 22nd International Congress of Historical Sciences, Jinan: August 26, 2015.

四 期刊论文

[297]曹之然、刘俊浩、王士海:《兵团团场成员代际退出与国家安全》,《西北人口》2009年第3期。

[298] 陈建樾：《认同与承认——基于西方相关政治理论的思考》，《民族研究》2010年第3期。

[299] 范可：《历史脉络、权力与多民族国家：关于公民意识的若干问题》，《西北民族研究》2014年第2期。

[300] 范可：《信任、认同与"他者"——关于族群、民族的省思》，《广西民族大学学报》2013年第6期。

[301] 范可：《全球化时代的公民意识与认同政治》，《云南民族大学学报》2009年第2期。

[302] 范可：《他者的再现与国家政治》，《开放时代》2008年第6期。

[303] 范可：《中西语境里的"族群"与"民族"》，《广西民族学院学报》2003年第4期。

[304] 费孝通：《关于我国民族的识别问题》，《中国社会科学》1980年第1期。

[305] 葛玛丽：《高昌回鹘王国（公元850—1250年）》，耿世民译，《新疆大学学报》1980年第2期。

[306] 谷禾：《民族政策与少数民族身份认同的建构》，《学术探索》2007年第12期。

[307] 韩震：《论历史解释的历史性》，《求是学刊》2005年第3期。

[308] 郝时远：《中文"民族"一词源流考辨》，《民族研究》2004年第6期。

[309] 何树林：《"维吾尔"的汉译名是谁提出来的?》，《科学与文化》1999年第10期。

[310] 胡鞍钢、胡联合：《第二代民族政策：促进民族交融一体和繁荣一体》，《新疆师范大学学报》2011年第5期。

[311] 金志远：《论国家认同与民族（族群）认同的共生性》，《前沿》2010年第19期。

[312] 刘国防：《西域都护府的设置及其年代》，《西域研究》2002年第3期。

[313] 刘月兰：《新疆生产建设兵团人口迁移研究》，《西北人口》2008年第2期。

［314］吕普生：《多元文化主义对族裔少数群体权利的理论建构》，《民族研究》2009年第4期。

［315］罗新慧：《顾颉刚先生对古代民族融合的考察》，《史学史研究》2011年第2期。

［316］罗志祥：《浅析民族分离运动中的认同因素》，《社科纵横》2006年第12期。

［317］马戎：《中国的民族问题与20世纪50年代的"民族识别"》，《西北民族研究》2012年第3期。

［318］马戎：《如何看待当前中国的民族关系问题》，《理论视野》2011年第3期。

［319］牛汝极：《"中和"共建与认同重构——新疆稳定问题研究之一》，《西北民族研究》2009年第4期。

［320］潘志平：《新疆经验：建设"和谐社会"的初步实践》，《新疆社会科学》2006年第4期。

［321］钱雪梅：《从认同的基本特性看族群认同与国家认同的关系》，《民族研究》2006年第6期。

［322］王成兵：《对当代认同危机问题的几点理解》，《北京师范大学学报》（社会科学版）2004年第4期。

［323］王继雨：《新时期新疆稳定问题实证研究》，《科学社会主义》2006年第4期。

［324］王明珂：《反思性研究与当代中国民族认同》，《南京大学学报》（哲学·人文科学·社会科学版）2008年第1期。

［325］王明珂：《族群历史之文本与情境——兼论历史心性、文类与范式化情节》，《陕西师范大学学报》（哲学社会科学版）2005年第6期。

［326］王沛、刘峰：《社会认同理论视野下的社会认同威胁》，《心理科学进展》2007年第5期。

［327］王希恩：《民族意识与民族认同》，《民族研究》1995年第6期。

［328］王希恩：《中国民族识别的依据》，《民族研究》2010年第5期。

［329］魏长洪、美丽班：《维吾尔族名汉译名称新考》，《新疆大学学

报》（哲学社会科学版）2007年第1期。

[330] 吴小勇、黄希庭等：《身份及其相关研究进展》，《西南大学学报》（社会科学版）2008年第3期。

[331] 徐新建：《当代中国的民族身份表述："龙传人"和"狼图腾"的两种认同类型》，《民族文学研究》2006年第4期。

[332] 闫国疆：《人类存在的矛盾性与和谐社会的构建》，《河海大学学报》（哲学社会科学版）2006年第1期。

[333] 闫国疆：《问题与反思：近30年中国身份认同问题研究析评》，《西南民族大学学报》（社会科学版）2013年第4期。

[334] 闫国疆：《蒙元初期的丝绸之路与国家治理》，《河海大学学报》（哲学社会科学版）2016年第2期。

[335] 闫国疆、郝新鸿：《多元共生、动态交融：回鹘西迁后的西域文明与居民身份变化》，《西北民族大学学报》（哲学社会科学版）2015年第6期。

[336] 俞祖华：《近代国际视野下基于中华一体的民族认同、国家认同与文化认同》，《人文杂志》2011年第1期。

[337] 张康之、张乾友：《对"市民社会"和"公民国家"的历史考察》，《中国社会科学》2008年第3期。

[338] 赵汀阳：《认同与文化自身认同》，《哲学研究》2003年第7期。

[339] 赵志裕、温静等：《社会认同的基本心理历程：香港回归祖国的研究范例》，《社会学研究》2005年第5期。

[340] 周晓虹：《认同理论：社会学与心理学的分析路径》，《社会科学》2008年第4期。

[341] 中共新疆维吾尔自治区党委组织部课题组：《关于正确认识和处理新形势下新疆宗教问题的调查报告》，《马克思主义与现实》2001年第2期。

五 学位（博士）论文及其他

[342] 郭艳：《全球化语境下的国家认同》，博士学位论文，中共中央党校，2005年。

[343] 李信成：《中共少数民族政策与国家整合》，博士学位论文，台湾政治大学东亚研究所，2001年。

[344] 蒋新卫：《冷战后中亚地缘政治格局变迁与新疆安全和发展》，博士学位论文，华东师范大学，2007年。

[345] 佟春霞：《文化殊异与民族认同：现代背景下湖南维吾尔族的身份建构》，博士学位论文，中央民族大学，2010年。

[346] 王慧敏：《新中国建立以来新疆若干重大问题研究》，博士学位论文，兰州大学，2009年。

[347] 王利中：《20世纪50年代以来新疆工业变迁研究》，博士学位论文，西北大学，2010年。

[348] 王力：《清代治理回疆政策研究》，博士学位论文，兰州大学，2008年。

[349] 夏迪娅亚·伊布拉音：《维吾尔民族汉语教学历史与现状研究》，博士学位论文，新疆大学，2006年。

[350] 张咏：《认同与发展：一个边疆汉人移民社区的文化研究》，博士学位论文，中央民族大学，2004年。

[351] 张云鹏：《文化权：自我认同与他者认同的向度》，博士学位论文，吉林大学，2005年。

[352] 赵伟：《当代新疆伊斯兰教问题研究》，博士学位论文，中共中央党校，2006年。

[353] 《中国伊斯兰教百科全书》，四川出版集团、四川辞书出版社2007年版。

[354] 新疆维吾尔自治区统计局：《新疆统计年鉴2005》，中国统计出版社2005年版。

[355] 中国边疆史地研究资料数据库，http://211.166.9.36/。

[356] 不列颠百科全书，http://www.britannica.com/?cameFromBol=true。

后　　记

　　看着即将付梓的书稿和窗外的天山雪峰，内心百感交集。书稿内容是我近十年所思所研之物，它不仅伴随我走完五年研究生（直博）生活，帮我获得了南京大学博士学位，而且与我近年的工作和博士后经历紧密相连。弹指一挥间，十年随心随性的生活，快乐远远大于辛苦。

　　能够拥有今日的身份与快乐生活，首先要感谢父母，是父母让我来到人间，尽享人生之乐；是父母无尽的关爱照料与精神之力，让我战胜病魔重获生命，今日方得拥有如此身份与生活。如今，二老虽已仙去，但却永远与我相伴。今日恰逢母亲节，只想对天堂的母亲轻轻地道一句：亲爱的妈妈，谢谢您！小儿没有辜负您和爸爸的期望，小儿已经健康，小儿依然阳光，我们永远笑对生活。

　　本书的完成离不开南京大学和诸位恩师，首先要感谢张异宾老师，他的《回到马克思》让而立之年却深陷信仰与职业困惑的我找到了前行的方向。如果没有他的不拘一格，我不会放弃中国人民大学而到南大读书，也不可能体会立足现实、走进文本和日常生活的学问之乐，体验哲学社会理论之美和"回到马克思"意蕴，并由此生出直面困难、探索学术敏感区的勇气。在南京大学，有幸赶上刘林元先生的最后一年课堂，可谓人生的福气，课上、课下，每与先生交流，都会被老人家的责任之心、学问之深和其爱之深、其恨之切的精神所感动，如果没有先生的启发和鼓励，我可能不会选择敏感、棘手却又极其重要的现实问题去做研究，老人家的鼓励让我一路坚持并更加明白我新拥有的身份意蕴为何。十年来，受到姚润皋、陈晓律老师的躬身指点，乃人生之幸，他们严谨求实、细致入微、宽容自由的精神，直面现实、放眼世界、纵横古今、深入历史的学风，让我有了潜心典籍、深入历史、游弋于学术的可能和底蕴。当然，学海游弋，离不开郭湛、张新、刘迎胜、范可、姚顺良、刘怀玉、唐正东、胡大平、尚庆飞、张亮、张传平、姜迎春、沈晓珊、张建军、徐小跃、郑毓信、萧玲、华涛等诸位老师，他们让我更多感受到哲学与文化的魅力，使我对历史学、人类学、社会学、边疆学等诸多学科有了更多的了解，没有这些知识的学习与补足，我的研究不可能拓深，也不可能进行哲学社会学和历史人类学的探索。此外，还要感谢刘志铭、卫泉秀、蔡灿津、高发水、赵成、王玲等几位老师，没有他们的帮助，我不可能走上今日学问之路。

感谢明星、宋涛、陈建、秦刚、王兵、麦子等师兄弟们的一路相伴，感谢嘉昕、乐强、阿飞、俊杰、毅昆、振江、王华等诸位兄弟的帮助与支持。更要感谢天赐良缘——我与爱人从相识相知到相伴相爱，一路甜酸苦辣，铭刻的不仅是记忆。感谢我所有的亲朋好友，他们的关爱与支持让我寻回生命重塑了自己，我方得以在此言说"身份"。感谢李儒忠、李中耀等新疆单位的领导与同事，他们的关心、帮助与支持，使我得到实现自我的空间与机会，使我得以静思与追寻。感谢中国社会科学出版社编辑武兴芳老师和熊瑞老师，没有她们的关注、帮助和支持，没有她们的认真编校，此书不可能顺利面世。

芸芸世界之中，拥有如此众多的关爱，拥有如此多样的身份，享受着无尽的生命之乐，真乃人之福分。面对众多意味着权利更意味着责任的身份，我不一定能够做得最好，但会努力去做得更好。大爱无疆，大爱难谢，唯有继续走好。

衷心感谢所有帮助过我的人！

闫国疆

2016 年 5 月 8 日于果浆苑